이기적 스터디 카페

카페 회원가입 시 전부 제공!

1:1 질문답변

궁금한 문제는 바로 답변을 받아야죠!
전문가가 달아주는 친절한 답변!

온라인 스터디 모임

같은 목표를 두고 함께 공부해봐요!
스터디 모임 인증하고 간식도 챙겨요!

다양한 추가 자료

스터디 카페에서만 받아볼 수 있는!
아주 특별한 학습자료!

리뷰 이벤트

이기적 도서에 대한 리뷰를 달아보세요!
네이버 페이 포인트를 드려요!

*제공되는 혜택은 도서별 상이합니다. 도서별 제공되는 혜택을 확인해주세요.

 | 이기적 스터디 카페 | 🔍 | 검색

이기적 스터디 카페 회원 가입하러 가기

365 이벤트

홈페이지와 스터디 카페에서 365일 진행!

정오표 이벤트

이기적 수험서로 공부하다가 오타·오류를 발견하셨나요?
그럼 영진닷컴에 제보해 주세요.

참여 방법

- 이기적 수험서의 오타·오류를 'book2@youngjin.com'에 보내주세요.
- [도서명], [페이지], [수정사항], [이름], [연락처]를 꼭 적어 주세요.

QR로 세부 내용 확인!

기출문제 복원 이벤트

시험보고 오셨다면 이기적 스터디 카페에 공유해 주세요.
참여해주시는 모든 분께 푸짐한 상품을 드립니다.

참여 방법

- 이기적 수험서로 공부하신 후, 시험을 보고 오세요.
- 기억나는 문제를 '이기적 스터디 카페'에 와서 공유해 주세요.

QR로 세부 내용 확인!

참여 혜택

영진닷컴 도서
최대 30,000원 상당

이벤트 선물
다양하게 아낌없이 팡팡!

정오표 이벤트 당첨자는 매월 5일 이기적 홈페이지(license.youngjin.com)에서 확인하세요.

※ 이벤트의 세부 내용은 변경될 수 있습니다. 자세한 사항은 이기적 홈페이지나 카페를 확인하세요.

당첨자 확인

GTQ
일러스트 1급 ver.CS6

10일 학습 플랜

일자	날짜	단계	학습내용
1일차	월 일	PART 1	일러스트레이터 핵심 기능 익히기
2일차	월 일		시험 문항별 기능 익히기 Chapter01
3일차	월 일	PART 3	시험 문항별 기능 익히기 Chapter02
4일차	월 일		시험 문항별 기능 익히기 Chapter03
5일차	월 일	PART 4	최신 기출 유형 따라하기
6일차	월 일		기출 유형 문제 1회, 2회
7일차	월 일		기출 유형 문제 3회, 4회
8일차	월 일	PART 5	기출 유형 문제 5회, 6회
9일차	월 일		기출 유형 문제 7회, 8회
10일차	월 일		기출 유형 문제 9회, 10회

01 일러스트 핵심 기능 익히기

* 일러스트의 기본 기능을 미리 학습할 수 있도록 소개하였습니다.

02 시험 문항별 기능 익히기

* 출제되는 기능별로 구성하여 이해하기 쉽게 설명하였습니다.

03 최신 기출 유형 따라하기

* 시험에 출제된 최신 기출문제를 각색하여 자세하게 따라하기 식으로 구성하였습니다.

04 기출 유형 문제

* 10회의 기출 유형 문제를 수록하였습니다.

차례

* Part1은 GTQ 일러스트 시험 안내에 대한 설명이며, Part2는 일러스트 메뉴 관련 툴 설명으로 제공하지 않습니다.
* 부록 자료(완성 파일 및 답안 전송 프로그램)는 이기적 수험서 사이트(license.youngjin.com/)의 [자료실]—[GTQ]에서 '[6021] 이기적 GTQ 일러스트 1급'을 다운 받으실 수 있습니다.

PART 01

GTQ 일러스트는
이렇게 준비하세요

시험 안내

01 응시 자격 조건

02 원서 접수하기

- license.kpc.or.kr에서 접수
- 인터넷 홈페이지를 통해 접수한 후 수험표를 인쇄하여 직접 선택한 고사장, 날짜, 시험시간 확인(방문 접수 가능)
- 응시료
  1급 : 28,000원 / 2급 : 19,000원 /
  3급 : 12,000원

03 시험 응시

90분 만에 답안 파일 작성과 네트워크로 연결된 감독위원 PC로 답안 전송

04 합격자 발표

자격증 발급 신청

01 자격검정 응시 안내

가. 응시 자격 : 전 국민 누구나 응시 가능

나. 시험 등급 및 버전, 시험시간

자격 종목	등급	프로그램 버전	평가 범위	시험 시간	합격 기준
GTQ 일러스트	1급	Adobe Illustrator CS4(영문) 이상	1. BI, CI 디자인 2. 패키지, 비지니스 디자인 3. 광고 디자인	90분	100점 만점 70점 이상
	2급		1. 기본 툴 활용 2. 문자와 오브젝트 3. 어플리케이션 디자인		100점 만점 60점 이상
	3급		1. 기본 툴 활용 2. 응용 툴 활용 3. 어플리케이션 디자인	60분	100점 만점 60점 이상

다. 시험 배점 및 문항

급수	시험 배정	문항 및 시험방법
3급	총점 100점(1문항 : 20점, 2문항 : 35점, 3문항 : 45점)	작업형 실기시험
1, 2급	총점 100점(1문항 : 25점, 2문항 : 35점, 3문항 : 40점)	

라. 응시료

	1급	2급	3급
일반 접수	28,000원	19,000원	12,000원
군장병 접수	22,000원	15,000원	9,000원

02 GTQ 일러스트 응시 절차

가. 원서 접수
    1) 온라인 접수
    2) 단체인 경우 지도자 선생님을 통한 지역센터 방문 접수 가능

나. 수험표 출력

다. 시험 응시

라. 합격자 발표
    1) 시험일로부터 3주 후 10시부터
    2) license.kpc.or.kr 〉 합격확인/자격증 신청 〉 합격자 발표

마. 자격증 발급
    1) 자격증은 필요 시 신청 가능하며, 신청에서 수령까지 약 2주 소요

02

CHAPTER

시험 소개

수험자 유의사항 및 답안 작성요령

수 험 자 유 의 사 항

- 수험자는 문제지를 받는 즉시 응시하고자 하는 과목 및 급수가 맞는지 확인한 후 수험번호와 성명을 작성합니다.
- 파일명은 본인의 "수험번호–성명–문제번호"로 공백 없이 정확히 입력하고 답안폴더(내문서₩GTQ₩)에 ai 파일 포맷으로 저장(버전 : illustrator CS6(영문))해야 하며, 다른 파일 형식과 버전으로 저장하였을 경우 0점 처리됩니다. 답안문서 파일명이 "수험번호–성명–문제번호"와 일치하지 않거나, 답안 파일을 전송하지 않아 미제출로 처리될 경우 불합격 처리됩니다(예 : 내문서₩GTQ₩수험번호–성명–1.ai).
- 수험자 정보와 저장한 파일명, 저장 위치가 다를 경우 전송이 되지 않으므로, 주의하시기 바랍니다.
- 답안 작성 중에도 주기적으로 '저장'과 '답안 전송'을 이용하여 감독위원 PC로 답안을 전송하셔야 합니다. (※ 작업한 내용을 저장하지 않고 전송할 경우 이전의 저장내용이 전송되오니 이점 반드시 유념하시기 바랍니다.)
- 답안문서는 지정된 경로 외의 다른 보조기억장치에 저장하는 행위, 지정된 시험 시간 외에 작성된 파일을 활용한 행위, 기타 통신수단(이메일, 메신저, 네트워크 등)을 이용하여 타인에게 전달 또는 외부 반출하는 행위는 부정으로 간주되어 자격기본법 제32조에 의거 본 시험 및 국가공인 자격시험을 2년간 응시할 수 없습니다.
- 시험 중 부주의 또는 고의로 시스템을 파손한 경우와 〈수험자 유의사항〉에 기재된 방법대로 이행하지 않아 생기는 불이익은 수험자의 책임임을 알려 드립니다.
- 시험을 완료한 수험자는 최종적으로 저장한 답안파일이 전송되었는지 확인한 후 감독위원의 지시에 따라 문제지를 제출한 후 퇴실합니다.

❶ 답안 파일 저장 시 반드시 '수험번호–성명–문제번호' 형식으로 파일 포맷은 ai, 버전은 Illustrator CS6를 지정하여 저장해야 하며 '내문서₩GTQ' 폴더에 저장해야 합니다. 예를 들어 '수험번호 : G123456789, 성명 : 홍길동, 문제 번호 : 3번 문제'라면 'G123456789–홍길동–3.ai' 파일로 저장하여 제출하면 됩니다.

❷ 작업 진행 중 있을 수 있는 시스템 오류를 대비하여 새 도큐먼트를 만든 후 파일명(수험번호–성명–문제번호)을 지정하여 저장한 후 중간 중간 작업을 진행하며 `Ctrl`+`S`를 눌러 저장합니다.

❸ 모든 작업이 마무리된 후 완성한 정답 파일을 다시 한 번 꼼꼼히 점검 후 전송합니다.

- **온라인 답안 작성 절차**

  수험자 등록 ⇒ 시험 시작 ⇒ 답안파일 저장 ⇒ 답안 전송 ⇒ 시험 종료
- 배점은 총 100점으로 이루어지며, 점수는 각 문제별로 차등 배분됩니다.
- 각 문제는 주어진 조건에 맞게 답안을 작성하셔야 하며, 조건을 지키지 못했을 경우에는 0점 또는 감점 처리됩니다.
- 조건에서 주어진 단위는 'mm(밀리미터)'입니다. 그 외는 출력형태(레이아웃, 색상, 문자, 규격 등)와 같이 작업하시오.
- 문제 조건에 서체의 지정이 없을 경우 한글은 굴림이나 돋움, 영문은 Arial로 작업하십시오.

  (단, 그 외에 제시되지 않은 문자 속성을 기본 값으로 작성하지 않은 경우는 감점 처리됩니다.)
- 문제 조건에 크기와 색상, 두께의 지정이 없을 경우《출력형태》를 참고하여 면 또는 선으로 작업 해주시기 바랍니다.
- Image Mode(이미지 모드)는 별도의 처리 조건이 없을 경우에는 CMYK로 작업하시오.
- 조건에서 제시한 기능의 속성을 해지할 경우 해당 요소는 0점 처리됩니다.

한 국 생 산 성 본 부

❶ 새 도큐먼트 설정 시 [New Document] 대화상자에서 'Units : mm'로 설정하고
작품 규격에 맞게 'Width'와 'Height'를 설정한 후 작업을 진행합니다.

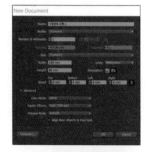

❷ 문제지의 주어진 지시사항에 서체에 대한 조건이 주어지며 보통 기본 속성 값(스타일,
장평, 자간 등)을 이용하여 문자를 작성합니다. 응시자가 임의의 속성 값을 변경하여
입력하면 감점처리 되므로 특별히 문제지 지시문 사항에 주어지지 않은 경우를 제외
하고는 기본 속성 값을 이용해 문자를 작성합니다.

❸ 새 도큐먼트 설정 시 [New Document] 대화상자에서
'Advanced'를 클릭하여 추가 옵션을 펼친 후 'Color Mode :
CMYK'를 설정한 후 작업을 진행합니다. 각 문제를 작성할
때마다 해상도는 꼭 확인하여 새 도큐먼트를 엽니다.

답안 전송 프로그램

부록으로 제공된 자료 '[6021] 이기적 GTQ 일러스트 1급 부록자료'를 다운 받고 답안 전송 프로그램을 설치한 다음 최신 기출 유형 문제를 풀어보세요.

❶ 부록 자료를 다운 받은 후, 압축을 풀어줍니다.

    부록 자료는 이기적 수험서 사이트(license.youngjin.com/)의 [자료실]−[GTQ]에서 다운 받으실 수 있습니다.

❷ 'SETUP.EXE'를 더블 클릭합니다.

❸ 다음 그림과 같이 설치 화면이 나오면 [다음]을 클릭합니다.

❹ 프로그램이 설치될 폴더를 보여주며 [설치시작]을 클릭합니다.

❺ [확인]을 클릭하여 설치를 완료합니다.

❻ 프로그램이 설치되었는지 확인합니다.

❼ 바탕화면에 'GTQ 수험자용' 아이콘을 더블 클릭합니다. [수험자 등록] 화면에 수험번호를 입력한 후 [확인] 버튼을 클릭합니다.

− 수험번호는 수험자 유의사항 페이지에 있습니다.
  실제 시험장에서는 본인의 수험번호를 입력합니다.

⑧ 수험번호가 맞으면 [예] 버튼을 클릭합니다.

⑨ 수험번호, 성명, 수험과목, 좌석번호를 확인한 후 [확인] 버튼을 클릭합니다.

⑩ 출력화면을 확인 후 아무 곳이나 클릭하여 다음 단계로 진행합니다. 실제 시험장에서는 감독위원의 지시를 기다립니다.

⑪ 시험지를 받으면 시험이 시작되기 전까지 답안작성 요령을 숙지하며 시험문제를 검토합니다.

⑫ 수험자 화면의 잠금 상태는 해제되며 수험 프로그램이 바탕화면 상단에 나타납니다.

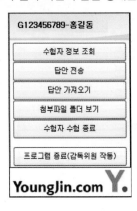

⑬ 답안이 모두 완료되면 '내문서₩GTQ' 폴더에 저장합니다.

⑭ 수험 프로그램의 [답안 전송]을 클릭합니다.

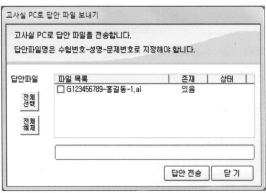

⑮ 답안 파일의 위치와 이름이 오류 없이 저장되었다면 다음과 같이 화면에 나타납니다. 파일 목록에서 존재 유무(파일이'내문서₩GTQ'폴더에 있을 경우'있음'이라 표시됨)를 확인한 후 파일의 체크 상자를 선택하고 [답안 전송]을 클릭합니다. 다음과 같이 [상태]가 '성공'으로 바뀌면 [닫기]를 클릭합니다.

⑯ 시험 종료 전에 답안 파일을 감독 PC로 전송했는지 다시 확인합니다.

⑰ 수험 프로그램의 [수험자 수험 종료]를 클릭한 후 감독위원의 지시를 기다립니다.

⑱ 감독위원의 퇴실 지시에 따라 퇴실하면 시험은 종료됩니다.

★ 문제 1 BI, CI 디자인 : 무료 동영상 : ▶ 25점 ★

다음의 《조건》에 따라 아래의 《출력형태》와 같이 작업하시오.

조건

파일저장규칙	AI	파일명	내문서₩GTQ₩수험번호-성명-1.ai
		크기	100 × 80mm

출력형태

1. 작업 방법
① 도형, 변형 툴과 Pathfinder 등을 이용하여, 오브젝트를 만든다.
② 그 외 《출력형태》 참조

2. 문자 효과
① SKI JUMP (Arial, Bold Italic, 15pt, 20pt, K100)

★ 자세한 지시사항은 **최신 기출 유형 10회**를 참고하세요.

❶ 답안 저장 시 ai 파일 포맷, Illustrator CS6 버전으로 제시 조건에 준하여 파일을 저장합니다.

❷ 도형, 변형 툴과 Pathfinder를 활용하여 제시된 출력 형태와 동일하게 오브젝트를 제작합니다.

❸ Pathfinder를 활용한 오브젝트는 윤곽선 보기와 미리보기가 동일하도록 합치거나 삭제하여 오브젝트를 정리합니다.

❹ 안내선 등을 활용하여 출력 형태와 맞는 크기와 위치를 지정하여 배치합니다.

❺ 제시된 조건과 동일한 CMYK 색상을 적용합니다.

❻ 그라데이션의 색상 및 방향은 출력 형태와 동일하게 적용합니다.

❼ 테두리의 색상과 두께는 제시된 조건과 동일하게 적용합니다.

❽ 문자는 제시된 글꼴을 사용하고 자간, 행간, 장평 등 문자 속성을 기본값으로 작성합니다.

❾ 작업 완료 후 레이아웃을 맞추기 위해 Scale Tool로 임의로 크기를 조절할 경우, 반드시 'Scale Strokes & Effects : 체크 해제'하고 조절을 해야 문자의 크기나 선의 두께가 변경되지 않습니다.

❿ 제시된 조건 외에 블렌드나 이펙트 등을 사용하여 오브젝트를 생성한 경우는 반드시 속성을 확장합니다.

⓫ 답안 전송 전 최종적으로 저장할 때 작업 중 생성된 불필요한 오브젝트는 삭제하고 눈금자와 안내선 가리기를 합니다.

다음의 《조건》에 따라 아래의 《출력형태》와 같이 작업하시오.

출력형태

조건

파일저장규칙	AI	파일명	내문서\GTQ\수험번호-성명-2.ai
		크기	160 × 120 mm

1. 작업 방법
① 태그는 Pattern 기능을 이용하여 작업한다. (패턴 등록 : 자몽)
② 컵의 홀더는 Clipping Mask를 적용한다.
③ Brush는 아래를 참고하여 작업한다.
　– Artistic > Artistic_ChalkCharcoalPencil > Charcoal – Smooth
④ Effect는 아래를 참고하여 작업한다.
　– Illustrator Effects > Stylize > Drop Shadow
⑤ 그 외 《출력형태》 참조

2. 문자 효과
① NEW CAFE (Times New Roman, Regular, 13pt, 10pt, C60M70Y80K30)
② Homemade (Arial, Regular, 11pt, 8pt, C60M70Y80)

★ 자세한 지시사항은 **최신 기출 유형 3회**를 참고하세요.

❶ 답안 저장 시 ai 파일 포맷, Illustrator CS6 버전으로 제시 조건에 준하여 파일을 저장합니다.

❷ 안내선 등을 활용하여 출력 형태와 맞는 크기와 위치를 지정하여 배치합니다.

❸ 제시된 조건과 동일한 CMYK 색상을 적용합니다.

❹ 그라데이션의 색상 및 방향은 출력 형태와 동일하게 적용합니다.

❺ 테두리의 색상과 두께는 제시된 조건과 동일하게 적용합니다.

❻ 문자는 제시된 글꼴을 사용하고 자간, 행간, 장평 등 문자 속성을 기본값으로 작성합니다.

❼ 작업 완료 후 레이아웃을 맞추기 위해 Scale Tool로 임의로 크기를 조절할 경우, 반드시 'Scale Strokes & Effects : 체크 해제'하고 조절을 해야 문자의 크기나 선의 두께가 변경되지 않습니다.

❽ 제시된 조건 외에 블렌드나 이펙트 등을 사용하여 오브젝트를 생성한 경우는 반드시 속성을 확장합니다.

❾ 브러쉬와 이펙트는 출력 형태와 동일하게 적용하며 적용한 후 속성을 확장하지 않습니다.

❿ Pattern은 제시된 이름, 색상, 크기, 회전 방향, 간격 등 출력 형태와 동일하게 적용합니다.

⓫ 오브젝트의 불투명도는 Transparency 패널에서 Opacity의 %를 지정하여 적용합니다.

⓬ Clipping Mask가 적용된 오브젝트는 정확한 적용 범위와 적용 후 테두리의 속성을 출력 형태와 동일하게 지정합니다.

⓭ 답안 전송 전 최종적으로 저장할 때 작업 중 생성된 불필요한 오브젝트는 삭제하고 눈금자와 안내선 가리기를 합니다.

문제 3 광고 디자인

 : 무료 동영상 : ▶ **40**점

다음의 《조건》에 따라 아래의 《출력형태》와 같이 작업하시오.

조건

파일저장규칙	AI	파일명	내문서₩GTQ₩수험번호-성명-3.ai
		크기	210 x 297mm

1. 작업 방법

① 집과 나무 모양은 《참고도안》을 참고하여 직접 제작한 후 Symbol 기능을 활용한다. (심볼 등록 : 집과 나무)

② 'CLEAN CITY / Town Village' 문자에 Envelope Distort 기능을 적용한다.

③ Brush는 아래를 참고하여 작업한다.

– Borders > Borders_Novelty > Flowers

④ Effect는 아래를 참고하여 작업한다.

– Illustrator Effects > Stylize > Drop Shadow

⑤ Clipping Mask를 이용하여 디자인을 정리한다.

⑥ 그 외 《출력형태》참조

2. 문자 효과

① CLEAN CITY (Arial, Bold, 50pt, 90pt, C20, C50)

② Town Village (Times New Roman, Regular, 25pt, C100M30K60)

③ ECO life (Times New Roman, Regular, 27pt, C0M0Y0K0)

참고도안

출력형태

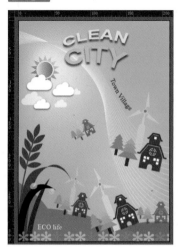

★ 자세한 지시사항은 **최신 기출 유형 5회**를 참고하세요.

❶ 답안 저장 시 ai 파일 포맷, Illustrator CS6 버전으로 제시 조건에 준하여 파일을 저장합니다.

❷ 도형, 변형 툴과 Pathfinder를 활용하여 제시된 출력 형태와 동일하게 오브젝트를 제작합니다.

❸ Pathfinder를 활용한 오브젝트는 윤곽선 보기와 미리보기가 동일하도록 합치거나 삭제하여 오브젝트를 정리합니다.

❹ 안내선 등을 활용하여 출력 형태와 맞는 크기와 위치를 지정하여 배치합니다.

❺ 제시된 조건과 동일한 CMYK 색상을 적용합니다.

❻ 그라데이션의 색상 및 방향은 출력 형태와 동일하게 적용합니다.

❼ 테두리의 색상과 두께는 제시된 조건과 동일하게 적용합니다.

❽ 문자는 제시된 글꼴을 사용하고 자간, 행간, 장평 등 문자 속성을 기본값으로 작성합니다.

❾ 작업 완료 후 레이아웃을 맞추기 위해 Scale Tool로 임의로 크기를 조절할 경우, 반드시 'Scale Strokes & Effects : 체크 해제'하고 조절을 해야 문자의 크기나 선의 두께가 변경되지 않습니다.

❿ 제시된 조건 외에 블렌드나 이펙트 등을 사용하여 오브젝트를 생성한 경우는 반드시 속성을 확장합니다.

⓫ 브러쉬와 이펙트는 출력 형태와 동일하게 지정하며 적용한 후 Expand 등으로 속성을 확장하지 않습니다.

⓬ 오브젝트의 불투명도는 Transparency 패널에서 Opacity의 %를 지정하여 적용합니다.

⓭ Clipping Mask를 작업의 최종 단계에 적용하여 제시된 크기인 210 x 297mm에 맞게 사각형을 그리고 불필요한 오브젝트 등 디자인을 정리합니다.

⓮ 심볼 오브젝트는 제시된 《참고도안》과 동일하게 제작하며 문제에서 제시된 이름으로 등록하고 적용된 심볼의 개수, 크기, 위치, 불투명도, 회전, 색상 효과는 출력 형태와 최대한 동일하게 지정합니다.

⓯ Brush는 제시된 브러쉬를 라이브러리에서 정확하게 불러와 사용하며 출력 형태와 동일하도록 시작 방향과 속성을 지정하며 특히 Scatter 브러쉬는 속성상 여러 번 적용하여 출력 형태와 최대한 동일하게 지정합니다.

⓰ Blend는 제시된 패스의 색상, 두께, 불투명도, 단계 등을 정확하게 적용하여 출력 형태와 동일한 레이아웃으로 배치하되 그 속성은 확장하지 않습니다.

⓱ Mesh가 적용된 사각형의 크기는 210 x 297mm에 맞게 정확하게 배치하며 제시된 색상과 위치를 출력 형태와 동일하게 적용합니다.

⓲ 문자에 적용된 Envelope Distort 기능은 출력 형태와 동일하게 대화상자에서 옵션을 지정하고 반드시 Clipping Mask를 적용하기 전에 적용합니다.

⓳ 답안 전송 전 최종적으로 저장할 때 작업 중 생성된 불필요한 오브젝트는 삭제하고 눈금자와 안내선 가리기를 합니다.

Q. 온라인 답안 작성 절차는 어떻게 되나요?

A. 수험자 등록 → 시험 시작 → 수시로 답안 저장 및 전송 → 최종 답안 전송 → 시험 종료

Q. 새 도큐먼트의 색상 모드와 작업 단위의 설정은 무엇으로 하나요?

A. 별도의 처리조건이 없을 경우 답안 파일의 색상 모드는 CMYK로 설정하고 작업조건에서 주어진 단위는 'mm'를 지정합니다.

Q. 작업 중인 도큐먼트의 색상 모드와 파일의 규격은 어떻게 변경하나요?

A. – 색상 모드의 변경 : [File]–[Document Color Mode]에서 변경할 수 있습니다.

　　– 파일의 규격의 변경 : Artboard Tool(▦)을 선택하고 작업 도큐먼트 상단의 Control 패널에서 'W, H'의 수치를 변경하거나 Artboard Tool(▦)을 더블 클릭하여 대화상자에서 'Width'와 'Height'를 변경할 수 있습니다.

Q. 작업 중 일부 패널이 사라져서 안 보이면 어떻게 하나요?

A. [Window]-[Workspace]-[Reset Essentials]를 선택하거나 작업 도큐먼트 오른쪽 상단의 '작업 영역 전환기'
에서 'Reset Essentials'를 클릭하면 모든 패널이 초기 값으로 정렬되어 패널이 모두 나타납니다.

Q. 답안 파일을 저장 경로인 답안폴더(내문서\GTQ 또는 라이브러리\문서\GTQ)에 지정하지 않고 도큐먼
트를 닫았을 때 어떻게 찾나요?

A. [File]-[Open Recent Files]를 선택하면 최근에 작업한 파일의 이름을 확인할 수 있습니다. 클릭하여 파일을
열고 [File]-[Save As]로 저장 위치를 답안 폴더로 지정하고 저장합니다.

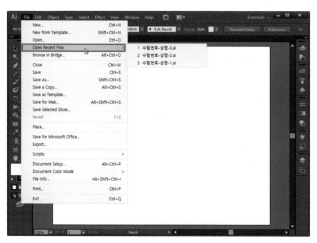

Q. 문제지에 제시된 브러쉬 이름이 Brushes 패널에 없는데 직접 그려야 하나요?

A. 일러스트레이터가 실행될 때는 기본적인 브러쉬만 Brushes 패널에 표시되며 그 외에 제시된 브러쉬는
Brushes 패널 하단에 'Brush Libraries Menu'를 클릭한 후 추가로 불러오거나 [Window]-[Brush Libraries]
메뉴를 클릭하여 불러올 수 있습니다.

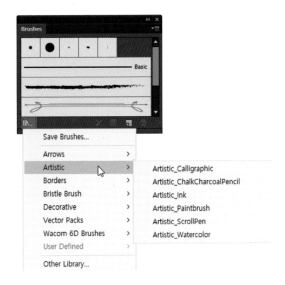

Q. Color 패널 또는 Gradient 패널에서 편집 중 Color Stop을 더블 클릭하여 색상을 지정하는데 흑백으로 나오면 어떻게 CMYK로 설정하나요?

A. 색상이 RGB나 'K'만 있는 Grayscale일 때는 Color 패널 오른쪽 상단의 팝업 버튼을 눌러 표시되는 메뉴에서 CMYK를 지정합니다.

Q. 패턴을 만들어 적용하면 답안의 패턴과 크기 및 각도와 위치가 다르게 나오는데 어떻게 맞춰 주나요?

A. – 패턴의 크기 조절 : Scale Tool(▣)을 더블 클릭하고 Options 항목의 'Transform Objects : 체크 해제, Transform Patterns : 체크'를 지정하고 배율을 입력하면 오브젝트의 크기는 그대로 유지되며 패턴의 크기만 확대 및 축소할 수 있습니다.

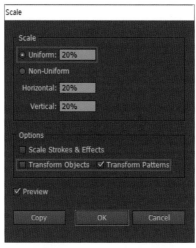

– 패턴의 각도 조절 : Rotate Tool()을 더블 클릭하고 Options 항목의 'Transform Objects : 체크 해제, Transform Patterns : 체크'를 지정하고 각도를 입력하면 오브젝트의 각도는 그대로 유지되며 패턴만 회전할 수 있습니다.

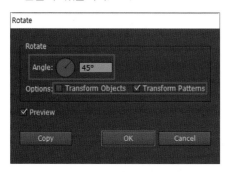

– 패턴의 위치 조절 : [Object]–[Transform]–[Move] 대화상자에서 Options 항목의 'Transform Objects : 체크 해제, Transform Patterns : 체크'를 지정하고 'Horizontal'과 'Vertical'에 수치를 입력하여 패턴의 위치를 이동할 수 있습니다.

PART 02

일러스트 핵심 기능 익히기

❶ **메뉴 표시줄** : 일러스트레이터에서 사용하는 기능들을 분류한 곳으로 명령 실행을 위한 조건이 맞지 않으면 메뉴 이름이 비활성 상태로 표시됩니다.

❷ **실행 바** : Bridge를 실행하여 이미지나 파일을 불러올 수 있고 열려 있는 도큐먼트의 정렬을 효율적으로 할 수 있습니다. 작업 시에 자주 사용하는 기능을 모아 놓은 곳으로 작업 화면의 비율이나 위치 등을 효율적으로 조절할 수 있습니다.

❸ **컨트롤 패널** : 선택한 도구와 선택된 오브젝트의 세부 옵션을 설정할 수 있는 곳으로 Color, Stroke, Opacity 등의 속성을 지정할 수 있습니다. 오브젝트에 따라 제공되는 옵션이 서로 다릅니다.

❹ **도구 패널** : 일러스트레이터 작업에 필요한 각종 도구들을 모아 놓은 곳으로 선택 후 작업 도큐먼트에 드래그하여 작업을 할 수 있고, 작업 도큐먼트에 클릭하거나 각 도구 패널 자체를 더블 클릭하면 각 도구의 대화상자가 표시되어 정확한 수치 및 세부 옵션을 입력하여 작업할 수 있습니다. 오른쪽 하단 모서리에 검정색 삼각형이 표시된 도구는 마우스를 클릭하면 숨겨진 관련도구가 표시되어 선택할 수 있고 떼어내기로 분리가 가능합니다.

❺ **패널** : 일러스트레이터에서 제공하는 다양한 기능들을 손쉽게 사용할 수 있도록 팔레트 형식으로 구성되어 있으며 패널들을 서로 합치거나 분리하여 새롭게 정렬할 수 있으며 Window 메뉴를 이용하여 패널을 다시 표시할 수 있습니다.

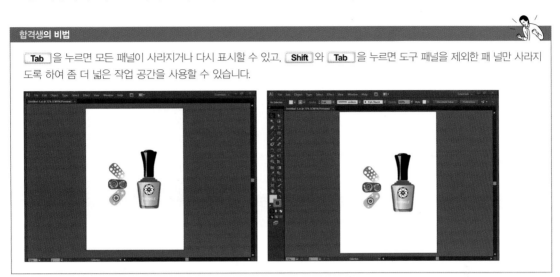

❻ **도큐먼트** : 실제 작업 중인 공간으로 파일의 이름과 포맷, 확대/축소 비율이 표시되며 열려 있는 도큐먼트를 탭의 형식으로 나열합니다.

❼ **상태 표시줄** : 현재 작업 중인 도큐먼트의 파일 크기, 확대 비율, 도구 패널에서 선택된 도구에 대한 간단한 정보를 표시합니다.

❽ **작업 영역 전환기** : 작업의 유형에 따라 유저 인터페이스의 구성을 손쉽게 변경할 수 있으며 사용자가 직접 구성하여 저장할 수 있습니다.

01 새 도큐먼트 만들기 및 임시 파일 저장하기

1 [File]-[New]를 선택하고 'Width : 210mm, Height : 297mm, Units : Millimeters, Color Mode : CMYK'로 설정한 후 [OK]를 클릭하여 새 도큐먼트를 만듭니다. [View]-[Rulers]-[Show Rulers] (**Ctrl** + **R**)를 선택하여 눈금자를 표시합니다.

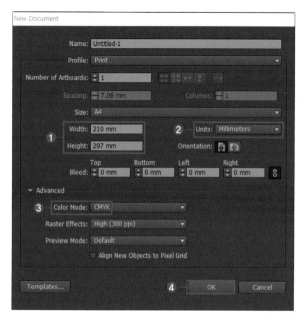

합격생의 비법

Advanced를 클릭하여 확장하면 CMYK 컬러 모드를 확인 및 설정할 수 있습니다.

2 [File]-[Save As]를 선택하고 '저장 위치 : 내문서\GTQ, Format : Adobe Illustrator(*AI), 파일 이름 : 수험번호-성명-문제번호.ai'를 입력하고 [저장]을 클릭한 후 [Illustrator Options] 대화상자에서 'Version : Illustrator CS6'로 설정하고 [OK]를 클릭하여 작업 도큐먼트를 저장합니다

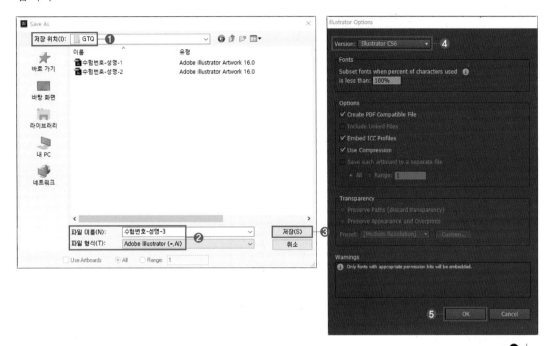

합격생의 비법

작업 중에 발생할 수 있는 에러나 시스템 오류에 대비하여 **Ctrl** + **S** 를 수시로 눌러 저장합니다.

1 작품의 규격 왼쪽 상단에 원점(0,0)을 확인하고 왼쪽과 상단 눈금자 위에서 마우스를 드래그하여 제시된 출력형태와 레이아웃 구성을 동일하게 작업하기 위해서 안내선을 표시합니다.

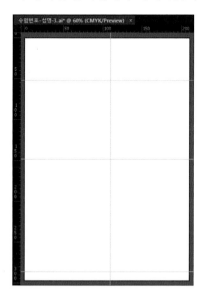

2 문제지에 주어진 조건에 맞추어 모든 작업을 완료합니다.

03 저장하기

1 [View]–[Guides]–[Hide Guides](**Ctrl** + **;**)를 선택하여 안내선을 숨기고, [View]–[Fit Artboard in Window](**Ctrl** + **0**)를 선택하여 현재 창에 맞추기를 합니다. [File]–[Save As]를 선택하고 '저장 위치 : 내문서\GTQ, Format : Adobe Illustrator(*AI), 파일 이름 : 수험번호–성명–문제번호.ai'를 입력하고 [저장]을 클릭한 후 [Illustrator Options] 대화상자에서 'Version : Illustrator CS6'로 설정하고 [OK]를 클릭합니다.

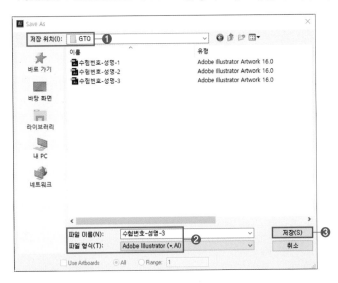

03 Tool Panel

01 선택 도구

❶ Selection Tool(⬚) : 오브젝트를 선택 · 이동할 수 있는 도구로 더블 클릭하여 [Move] 대화상자를 불러와 수치를 입력하여 오브젝트를 이동하거나 복사할 수 있습니다. Bounding Box의 조절점을 드래그하여 오브젝트의 크기 조절과 회전과 같은 변형을 할 수 있습니다.

Selection Tool(▶)의 다양한 활용법

- 다중 선택하기 : 여러 개의 오브젝트가 포함되도록 드래그하여 선택하거나 [Shift]를 누르고 클릭하면 다중 선택할 수 있고 이미 선택한 오브젝트의 선택을 해제할 수도 있습니다.
- 오브젝트 복사하기 : 선택한 오브젝트를 [Alt]를 누르고 드래그합니다.
- 오브젝트 수평, 수직 이동하기 : 드래그할 때 [Shift]를 눌러 줍니다.
- 오브젝트 회전하기 : 조절점의 바깥쪽에서 드래그하여 회전할 수 있고 [Shift]를 누르면 45° 단위로 회전이 됩니다.
- 크기 조절하기 : 조절점을 드래그하여 조절하며 [Shift]를 누르면 비율이 고정되어 크기 조절이 됩니다.
- Isolation Mode로 전환하기 : 그룹화된 오브젝트나 패스파인더를 적용한 오브젝트를 더블 클릭하면 격리모드에서 별도의 편집이 가능하며 도큐먼트의 빈 곳을 더블 클릭 또는 [Esc]를 눌러 정상 모드로 전환합니다.

❷ Direct Selection Tool(▶) : 오브젝트의 부분적인 고정점 또는 선분을 선택하거나 이동, 삭제 등 편집할 때 사용하는 도구입니다.

❸ Group Selection Tool(▶+) : 그룹이 지정된 오브젝트의 개별 객체를 선택하거나 이동할 때 사용하는 도구로 그룹으로 지정된 오브젝트를 더블 클릭하면 그룹 전체가 선택됩니다.

❹ Magic Wand Tool(✦) : 오브젝트 중에 면과 테두리의 색상, 두께 등 같은 속성을 가진 오브젝트를 클릭하여 선택할 때 사용하는 도구입니다. 더블 클릭하면 대화상자에서 옵션을 지정할 수 있습니다.

❺ Lasso Tool(◉) : 오브젝트의 고정점이나 패스를 자유 곡선으로 드래그하여 선택할 때 사용하는 도구입니다. 메쉬가 적용된 오브젝트의 점들을 자유롭게 드래그하여 선택할 때 유용합니다.

02 그리기 도구

❶ Pen Tool(✒) : 고정점과 패스를 이용해서 직선이나 곡선을 자유롭게 그리는 도구입니다.

❷ Add Anchor Point Tool(✒+) : 그려진 패스의 선분 위에 클릭하여 고정점을 추가하는 도구입니다.

❸ Delete Anchor Point Tool(✒-) : 그려진 패스의 고정점에 클릭하여 불필요한 고정점을 삭제하는 도구입니다.

❹ Convert Anchor Point Tool(◣) : 패스의 방향선을 재편집하는 도구로 직선의 고정점에 클릭하여 드래그하면 방향선이 생성되어 패스를 곡선으로 변환할 수 있고 곡선의 고정점에 클릭하면 방향선이 삭제되어 직선으로 변환할 수 있는 도구입니다.

❺ Line Segment Tool() : 드래그하여 직선을 그릴 수 있습니다. **Shift** 를 누르고 드래그하면 수 직선, 수평선, 45° 사선을 그릴 수 있습니다. 도큐먼트에 클릭하거나 툴을 더블 클릭하여 대화 상자에서 길이와 각도를 지정할 수 있습니다.

– Length : 선의 길이를 지정합니다.
– Angle : 선의 각도를 지정합니다.
– Fill Line : 선에 면 색상을 지정합니다.

❻ Arc Tool() : 도큐먼트에 드래그하는 방향과 크기대로 부채꼴 모양의 호를 그릴 수 있습니다. 도큐먼트에 클릭 또는 툴을 더블 클릭하여 대화상자에서 정확한 수치를 입력하고 축 길이와 형 식을 지정하여 그릴 수 있습니다.

❼ Spiral Tool() : 도큐먼트에 드래그하는 방향과 크기대로 나선 모양을 그릴 수 있습니다. 도큐 먼트에 클릭하여 대화상자에서 정확한 수치를 입력하여 나선의 반지름, 회전 방향, 선분의 수 를 지정하여 그릴 수 있습니다.

– Radius : 나선의 중심에서부터의 반지름을 지정합니다.
– Decay : 나선의 회전 정도를 지정합니다.
– Segment : 나선형의 고정점 간의 사이를 연결하는 선분의 수를 지정합니다.
– Style : 시계 방향, 반시계 방향으로 회전 방향을 지 정합니다.

❽ Rectangular Grid Tool() : 도큐먼트에 드래그하여 사각형의 그리드를 그릴 수 있습니다. 도큐 먼트에 클릭하거나 또는 더블 클릭하여 대화상자에서 정확한 수치를 입력하여 너비, 높이, 그 리드 분할 수, 면 색상 등을 지정하여 그릴 수 있고 주로 표 모양을 그릴 때 유용합니다.

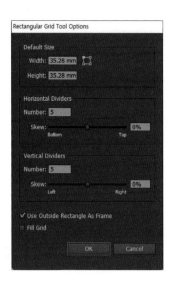

– Width : 가로 방향 크기를 지정합니다.
– Height : 세로 방향 크기를 지정합니다.
– Horizontal Dividers : 가로 방향으로 분할되는 수와 밀집 정
도를 지정합니다.
– Vertical Dividers : 세로 방향으로 분할되는 수와 밀집 정도
를 지정합니다.
– Use Outside Rectangle As Frame : 체크 시, 외곽의 라인을
사각형으로 만듭니다.
– Fill Grid : 체크 시, 그리드에 면 색상을 채웁니다.

❾ Polar Grid Tool( ) : 도큐먼트에 드래그하여 방사형의 그리드를 그릴 수 있습니다. 도큐먼트에
클릭하거나 툴을 더블 클릭하여 대화상자에서 정확한 수치를 입력하여 너비, 높이, 원과 선의
분할 개수와 밀집 정도를 지정하여 그릴 수 있습니다.

❿ Rectangle Tool( ) : 도큐먼트에 드래그하여 직사각형이나 **Shift** 를 누르고 정사각형을 그릴
수 있고 도큐먼트에 클릭하여 대화상자에서 사각형의 너비와 높이를 지정하여 그릴 수 있습니
다.

합격생의 비법

Alt +클릭 : 클릭 지점이 오브젝트의 중심(Center)으로 지정되며, 대화상자에서 세부 옵션을 지정할 수 있습니다.

⓫ Rounded Rectangle Tool( ) : 도큐먼트에 드래그하여 둥근 모서리의 사각형을 그릴 수 있고
도큐먼트에 클릭하여 대화상자에서 둥근 사각형의 너비와 높이, 모서리의 둥근 정도를 지정하
여 그릴 수 있습니다.

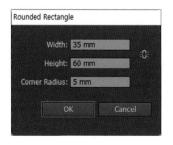

– Width : 가로 크기를 지정합니다.
– Height : 세로 크기를 지정합니다.
– Corner Radius : 모서리의 둥근 정도를 지정합니다.

> **합격생의 비법**
>
> 드래그하는 동안 키보드의 화살표를 누르면 모서리의 둥근 정도를 조절할 수 있습니다.
> - ← : 모서리를 한 번에 직각으로 만듭니다.
> - → : 모서리를 한 번에 가장 둥근 상태로 만듭니다.
> - ↑ : 모서리의 둥근 정도가 점증적으로 커집니다.
> - ↓ : 모서리의 둥근 정도가 점증적으로 작아집니다.

⑫ Ellipse Tool( ) : 도큐먼트에 드래그하여 타원 또는 **Shift** 를 누르고 정원을 그릴 수 있고 도큐먼트에 클릭하여 대화상자에서 원형의 너비와 높이를 지정하여 그릴 수 있습니다.

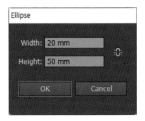

⑬ Polygon Tool( ) : 도큐먼트에 드래그하여 정삼각형, 정오각형 등 다각형을 그릴 수 있고 도큐먼트에 클릭하여 대화상자에서 다각형의 변의 수를 지정하여 그릴 수 있습니다.

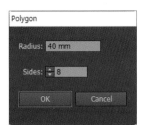

– Radius : 다각형의 반지름을 지정합니다.
– Sides : 다각형의 변의 수를 지정합니다.

> **합격생의 비법**
>
> 드래그하는 동안 키보드의 화살표 ↑을 누르면 변의 개수가 많아지고 ↓을 누르면 변의 개수가 적어집니다.

⑭ Star Tool( ) : 도큐먼트에 드래그하여 별을 그릴 수 있고 도큐먼트에 클릭하여 대화상자에서 꼭짓점의 개수와 안과 밖의 반지름을 지정하여 다양한 별의 모양을 그릴 수 있습니다.

– Radius 1 : 중심에서 바깥쪽 꼭짓점까지의 반지름을 지정합니다.
– Radius 2 : 중심에서 안쪽 꼭짓점까지의 반지름을 지정합니다.
– Points : 꼭짓점의 개수를 지정합니다.

> **합격생의 비법**
>
> 드래그하는 동안 키보드의 화살표 ↑을 누르면 꼭짓점의 개수가 많아지고 ↓을 누르면 적어집니다.

⑮ Flare Tool(📷) : 도큐먼트에 드래그하여 광선 효과의 중심이 되는 빛의 위치와 크기를 지정하고 마무리 빛은 클릭하여 지정합니다. 툴을 더블 클릭하여 대화상자에서 광원의 지름, 투명도, 밝기, 길이 등을 지정할 수 있습니다.

⑯ Pencil Tool(✏️) : 드래그하여 손으로 그린 것 같이 자연스럽게 자유 곡선을 그릴 수 있는 도구입니다.

⑰ Smooth Tool(✏️) : 드로잉한 패스의 고정점에 드래그하여 거친 선을 부드럽게 만들 수 있는 도구입니다.

⑱ Path Eraser Tool(✏️) : 선택한 패스에 클릭 또는 드래그하여 패스를 부분적으로 지워 열린 패스를 만들 수 있는 도구입니다.

합격생의 비법

베지어 곡선의 명칭 및 패스 익히기

Pen Tool(✏️)은 벡터 방식을 대표하는 베지어 곡선으로 이루어진 패스를 그려 정교한 작업이 가능합니다.

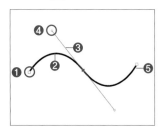

❶ Anchor Point(고정점) : 패스를 이루는 기준이 되는 점입니다. 클릭하여 연결하면 직선으로, 드래그하면 방향선이 나와 곡선을 그릴 수 있습니다.
❷ Segment(선분) : 2개의 고정점과 고정점을 연결하는 선입니다.
❸ Direction Line(방향선) : 고정점을 드래그하여 곡선을 그릴 때 나오는 선으로 곡선의 형태를 조절할 수 있으며 기본적으로 2개의 방향점이 생깁니다.
❹ Direction Point(방향점) : 방향선의 끝점이며 방향선의 각도와 길이를 조절합니다.
❺ Path(패스) : 고정점과 선분으로 연결되어 이루어진 선을 말합니다.

---

03 문자 도구

❶ Type Tool(T) : 문자를 가로쓰기로 입력하는 도구로 클릭하여 짧은 개별 문자나 드래그하여 사각형 영역 안에 들어갈 단락을 입력할 수 있고 문자의 세부 속성은 Character 패널에서, 단락 속성은 Paragraph 패널에서 지정할 수 있습니다.

Adobe
ILLUSTRATOR
TYPOgraphy

위치에 따른 Type Tool(T)의 모양

– ⊺ : 오브젝트가 아닌 작업 도큐먼트에 위치했을 때의 모양으로, [Enter]를 누르기 전까지 한 줄의 가로쓰기로 입력이 가능합니다.

– ⊺ : 닫힌 패스의 외곽선에 마우스가 위치했을 때 모양으로, 클릭하면 Area Type Tool(⊞)처럼 영역 안에 입력이 가능합니다.

– ⊥ : 열린 패스의 외곽선에 마우스가 위치했을 때 모양으로, 클릭하면 Type on a Path Tool(↘)처럼 패스를 따라 문자 입력이 가능합니다.

  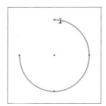

❷ Area Type Tool(⊞) : 패스의 외곽선을 클릭하여 그 영역 안에 가로쓰기로 문자를 입력하는 도구로 Paragraph 패널에서 단락의 정렬을 지정하여 패스의 모양대로 문자를 배치합니다.

❸ Type on a Path Tool(↘) : 열린 패스나 닫힌 패스의 외곽선에 클릭하여 가로쓰기로 입력하는 도구로 패스를 따라 흐르는 문자를 지정할 수 있습니다.

❹ Vertical Type Tool(⫿T) : 문자를 세로쓰기로 입력하는 도구로 클릭하여 짧은 개별 문자나 드래그하여 사각형 영역 안에 들어갈 단락을 입력할 수 있습니다. 한글이나 한자 등 동양권의 문자를 입력할 때 많이 쓰입니다.

❺ Vertical Area Type Tool(⫿⊞) : 닫힌 패스를 클릭하여 그 영역 안에 세로쓰기로 문자를 입력하는 도구로 패스의 모양대로 문자가 입력됩니다.

❻ Vertical Type on a Path Tool(↘) : 패스의 외곽선에 클릭하여 세로쓰기로 입력하는 도구로 곡선을 따라 흐르는 문자를 지정할 수 있습니다.

04 페인팅 도구

❶ Paintbrush Tool(✐) : Brushes 패널에서 브러쉬 종류를 선택한 후 페인트 브러쉬 도구를 사용하여 붓으로 그리듯이 자연스럽게 드로잉하고 선 속성으로 다양한 모양을 만듭니다.

❷ Blob Brush Tool(✑) : Paintbrush Tool(✐)처럼 자연스럽게 드로잉할 수 있으며 드로잉의 결과가 면 속성으로 지정됩니다.

❸ Mesh Tool() : 오브젝트의 면에 클릭하여 그물망과 같은 형태로 분할하여 그 교차점마다 다양한 색상을 적용하여 자연스러운 색상 표현이 가능하며 방향선을 변형하여 다양한 색 표현을 할 수 있습니다. 그라디언트나 블렌드 도구로 구현이 어려운 실사 느낌의 표현에 많이 사용합니다.

Mesh 적용법

 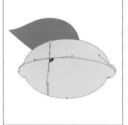  

❹ Gradient Tool(■) : 2개 이상의 색상을 지정하여 그 중간을 자연스럽게 채워서 처리하는 도구로 색상과 유형은 Gradient 패널에서 지정할 수 있습니다. 그라디언트가 적용된 오브젝트 위에 드래그하여 각도와 밀도를 다양하게 조절할 수 있습니다.

Gradient 적용과 편집 방법

– Gradient Tool(■)을 선택하고 그라디언트가 적용된 오브젝트 위에 마우스를 드래그하여 방향과 각도를 지정합니다. 그라디언트의 시작점은 O모양으로 표시되고 끝점은 ■모양으로 표시됩니다.

– Gradient Tool(■)을 선택하고 그라디언트가 적용된 오브젝트 위에 마우스 포인터를 올리면 그라디언트 바가 나타나고 'Color Stop'을 더블 클릭하여 나오는 Color 패널에서 색상을 편집할 수 있습니다.

– 그라디언트의 끝점인 ■모양 위에 마우스 포인터를 올리면 이동 커서(▶)가 나타나는데 드래그하여 그라디언트가 적용된 거리를 조절할 수 있고 회전 커서(↻)가 나타나면 그라디언트의 각도를 조절할 수 있습니다.

– 그룹 상태의 오브젝트에는 그라디언트 바가 나타나지 않으며, 그라디언트 바는 [View]–[Hide/Show Gradient Annotator]로 보이거나 숨길 수 있습니다.

❺ Eyedropper Tool(✐) : 도큐먼트에 그려진 오브젝트에 클릭하여 색상 속성을 추출할 수 있는 도구로 오브젝트를 선택하고 이미 만들어진 오브젝트를 클릭하여 동일한 색상을 적용할 수 있습니다.

❻ Measure Tool(▦) : 2개의 점 사이에 드래그하여 거리를 측정하는 도구로 Info 패널에서 그 값을 확인할 수 있습니다.

❼ Shape Builder Tool(◉) : 간단한 오브젝트를 클릭 또는 드래그하여 형태를 재구성할 수 있습니다.

❽ Live Paint Bucket Tool(▦) : 오브젝트의 테두리를 자동으로 감지하여 클릭하면 색을 채우는 도구입니다.

❾ Live Paint Selection Tool(▦) : 라이브 페인트로 표현된 오브젝트의 면이나 테두리를 선택하는 도구입니다.

05 변형 도구

❶ Rotate Tool(⟳) : 선택한 오브젝트를 회전하는 도구로 더블 클릭하면 오브젝트의 중심점에 자동으로 회전축이 지정되며 대화상자에서 회전각을 입력할 수 있는 도구입니다. 작업 도큐먼트에 **Alt** 를 누르고 클릭하면 클릭한 지점이 회전축으로 지정되며 대화상자가 표시됩니다. **Shift** 를 누르고 드래그하면 45° 단위로 회전이 가능합니다.

– Angle : 회전되는 각도를 지정합니다.
– Transform Objects : 패턴이 적용된 오브젝트의 경우에 활성화되며 패턴의 모양은 등록된 상태를 그대로 유지하며 오브젝트만 회전합니다.
– Transform Patterns : 패턴이 적용된 오브젝트의 모양은 그대로 유지되며 패턴만 입력된 수치대로 회전합니다.
– Copy : 회전 값대로 복사본을 만듭니다.
– Preview : 작업 도큐먼트에 회전한 오브젝트를 미리 표시합니다.

▲ 원의 중앙에 **Alt** +클릭

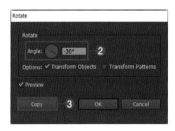
▲ Angle : −30°, Copy

▲ 회전 복사

▲ **Ctrl** + **D** 로 반복 복사

❷ Reflect Tool() : 선택한 오브젝트를 반사하는 도구로 대칭이 되는 오브젝트를 만들 때 사용합니다. 더블 클릭하면 오브젝트의 중심점에 자동으로 축이 지정되며 대화상자에서 대칭축을 선택할 수 있는 도구입니다. 작업 도큐먼트에 **Alt** 를 누르고 클릭하면 클릭한 지점이 대칭축으로 지정되며 대화상자가 표시됩니다.

- Axis : 반사하는 축을 지정하는 부분으로 Horizontal(가로 대칭), Vertical(세로 대칭), Angle(각도)를 지정할 수 있습니다.

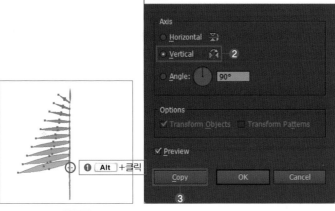

▲ 줄기 부분에 **Alt** +클릭   ▲ Axis : Verttical, Copy   ▲ 대칭 복사

❸ Scale Tool() : 선택한 오브젝트의 크기를 확대하거나 축소하는 도구로 더블 클릭하면 오브젝트의 중심점에 자동으로 축이 지정되며 대화상자에서 수치와 옵션을 선택할 수 있는 도구입니다. 작업 도큐먼트에 **Alt** 를 누르고 클릭하면 클릭한 지점이 축으로 지정되며 대화상자가 표시됩니다. 선택한 오브젝트를 **Shift** 를 누르고 드래그하면 비율에 맞게 크기 조절이 가능합니다.

- Uniform : 가로와 세로 비율을 동일한 크기로 지정할 수 있습니다.
- Non-Uniform : 가로와 세로 비율을 각각 입력하여 크기를 지정할 수 있습니다.
- Scale Strokes & Effects : 체크 시 크기를 조절할 때 테두리의 두께와 오브젝트에 적용한 효과의 수치가 같은 비율로 적용됩니다.

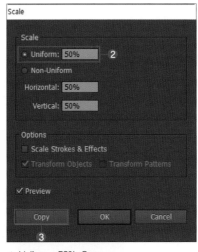

▲ 도큐먼트 우측 하단에 **Alt** +클릭   ▲ Uniform : 50%, Copy   ▲ 축소 복사

❹ Shear Tool() : 선택한 오브젝트의 기울기를 조절하는 도구로 더블 클릭하면 오브젝트의 중심점에 자동으로 축이 지정되며 대화상자에서 수치와 옵션을 선택할 수 있는 도구입니다. 작업 도큐먼트에 **Alt** 를 누르고 클릭하면 클릭한 지점이 축으로 지정되며 대화상자가 표시됩니다. 선택한 오브젝트를 **Shift** 를 누르고 드래그하면 기울이는 방향으로 반듯하게 조절이 가능합니다.

❺ Reshape Tool() : 오브젝트의 전체적인 세부 모양은 그대로 유지하면서 선택한 고정점만을 조정할 수 있는 도구입니다.

❻ Width Tool() : 선 폭을 조정하고 선의 굵기 기준점을 이동, 복제, 삭제할 수 있는 도구입니다.

❼ Warp Tool() : 오브젝트를 핑거 페인팅을 하듯이 손가락으로 밀어 마우스 커서의 움직임에 따라 변형하는 도구로 더블 클릭하여 대화상자에서 브러쉬의 크기와 한 번 클릭 시 왜곡되는 강도를 지정할 수 있습니다.

❽ Twirl Tool() : 오브젝트에 클릭하여 소용돌이 모양으로 왜곡, 변형할 수 있는 도구입니다.

❾ Pucker Tool() : 오브젝트에 클릭하여 클릭 지점을 향해 수축시키는 도구입니다.

❿ Bloat Tool() : 오브젝트에 클릭하여 클릭 지점으로부터 바깥쪽을 향해 확대, 팽창시키는 도구입니다.

⓫ Scallop Tool() : 오브젝트의 테두리에 임의의 곡선을 안쪽으로 추가하여 마치 조개 모양처럼 왜곡하는 도구입니다.

⓬ Crystallize Tool() : 오브젝트의 테두리에 임의의 뾰족한 모양을 바깥쪽으로 추가하여 마치 수정결정체 모양처럼 왜곡하는 도구입니다.

⓭ Wrinkle Tool() : 오브젝트의 테두리에 주름 모양처럼 추가하여 왜곡하는 도구입니다.

⓮ Free Transform Tool() : 선택한 오브젝트의 크기, 회전, 기울기, 왜곡 등의 변형을 한 번에 조절할 수 있는 도구입니다.

⓯ Perspective Grid Tool() : 선택 면 위젯을 지정하여 관찰자 시점의 오브젝트를 원근감 있게 그리기 위한 격자 면을 선택할 수 있습니다.

⓰ Perspective Selection Tool() : 원근감 있는 오브젝트를 선택하거나 원근 격자에서 오브젝트를 이동하거나 편집할 수 있습니다.

⓱ Blend Tool() : 선택한 2개 이상의 오브젝트의 모양과 색상, 크기, 테두리 두께 등의 점증적인 변화를 만드는 도구입니다. 툴을 더블 클릭하여 대화상자에서 블렌드 단계와 방향을 지정할 수 있습니다.

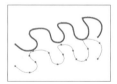

06 심볼 도구

❶ Symbol Sprayer Tool(⬚) : Symbol 패널에서 클릭하여 선택한 심볼 모양을 도큐먼트에 클릭 또는 드래그하여 뿌려주는 도구입니다. **Alt** 를 누르고 클릭하면 이미 뿌려진 심볼 모양을 삭제할 수 있습니다.

❷ Symbol Shifter Tool(⬚) : 작업 도큐먼트에 뿌려진 심볼을 드래그하여 위치를 이동하는 도구입니다.

❸ Symbol Scruncher Tool(⬚) : 작업 도큐먼트에 뿌려진 심볼의 위치를 조밀하게 하거나 **Alt** 를 누르고 클릭하여 퍼지도록 이동하는 도구입니다.

❹ Symbol Sizer Tool(⬚) : 작업 도큐먼트에 뿌려진 심볼을 드래그하여 크기를 확대하거나 **Alt** 를 누르고 클릭하여 축소하는 도구입니다.

❺ Symbol Spinner Tool(⬚) : 작업 도큐먼트에 뿌려진 심볼을 드래그하여 각도를 회전하는 도구입니다.

❻ Symbol Stainer Tool(⬚) : Swatches 패널에서 해당 색상을 클릭한 후 작업 도큐먼트에 뿌려진 심볼에 클릭하여 색상을 입히거나 **Alt** 를 누르고 클릭하여 원래 등록된 심볼의 색상으로 복구하는 도구입니다.

❼ Symbol Screener Tool(⬚) : 작업 도큐먼트에 뿌려진 심볼에 클릭하여 투명하게 만들거나 **Alt** 를 누르고 클릭하여 불투명하게 만들어주는 도구입니다.

❽ Symbol Styler Tool(⬚) : Graphic Styles 패널에서 스타일을 클릭하여 선택한 후 심볼에 클릭하여 스타일을 적용하거나 **Alt** 를 누르고 클릭하여 적용된 스타일을 삭제하는 도구입니다.

07 그래프 도구

❶ Column Graph Tool(⬚) : 작업 도큐먼트에 드래그하여 그래프의 크기를 결정하며 대화상자에서 데이터를 입력하여 세로 막대 그래프를 만드는 도구입니다.

❷ Stacked Column Graph Tool(⬚) : 작업 도큐먼트에 드래그하여 그래프의 크기를 결정하며 대화상자에서 데이터를 입력하여 세로 누적 막대 그래프를 만드는 도구입니다.

❸ Bar Graph Tool(⬚) : 작업 도큐먼트에 드래그하여 그래프의 크기를 결정하며 대화상자에서 데이터를 입력하여 가로 막대 그래프를 만드는 도구입니다.

❹ Stacked Bar Graph Tool(⬚) : 작업 도큐먼트에 드래그하여 그래프의 크기를 결정하며 대화상자에서 데이터를 입력하여 가로 누적 막대 그래프를 만드는 도구입니다.

❺ Line Graph Tool(⬚) : 데이터 값을 점으로 나타내며 각 집합의 점들을 직선으로 연결하여 데이터 변화를 표현하는 도구입니다.

❻ Area Graph Tool() : 선 그래프와 유사하지만 데이터 값의 전체 양의 변화를 표현하는 도구입니다.

❼ Scatter Graph Tool() : 데이터를 X, Y 좌표 위에 점의 위치로 표현하는 분산 그래프를 표현하는 도구입니다.

❽ Pie Graph Tool() : 전체 데이터에서 하나의 데이터가 차지하는 비율을 표현하는 파이 모양의 그래프를 표현하는 도구입니다.

❾ Radar Graph Tool() : 방사형으로 분할되어 점의 치우침으로 변화를 쉽게 알아볼 수 있도록 레이더 모양으로 그래프를 표현하는 도구입니다.

08 분할 및 오리기 도구

❶ Eraser Tool() : 클릭 또는 드래그하여 오브젝트를 지우는 도구로 닫힌 패스를 만들며, 툴을 더블 클릭하여 대화상자에서 지우개 브러쉬의 각도와 둥글기, 크기 등을 지정할 수 있습니다.

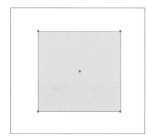

▲ 원본 오브젝트

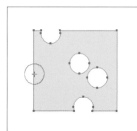

▲ 클릭하여 지우기

▲ [Illustrator Effects]-[Stylize]-[Drop Shadow] 적용하기

❷ Scissors Tool() : 가위로 선을 자르듯이 오브젝트의 테두리에 클릭하여 자르는 도구로 열린 패스를 만듭니다.

❸ Knife Tool() : 선택한 오브젝트의 패스 위에 드래그하여 오브젝트를 자유롭게 분리하여 닫힌 패스를 만들 수 있는 도구로 선택한 오브젝트가 없으면 드래드할 때 스치는 오브젝트에 전체적으로 적용됩니다. **Shift** 와 **Alt** 를 누르고 오브젝트를 가로지르면 직선으로 분리됩니다.

▲ 드래그하여 면 분리하기

▲ 색상 편집하기

❹ Artboard Tool() : 인쇄 또는 출력할 별도의 대지를 만드는 도구로 더블 클릭하여 Artboard Options 대화상자에서 작품의 규격을 지정할 수 있습니다.

⑤ Slice Tool(🔪) : 웹 페이지용 이미지로 분할하는 도구입니다.

⑥ Slice Select Tool(🔪) : 웹 페이지용 이미지로 분할한 영역을 선택하는 도구입니다.

09 이동 및 확대/축소 도구

❶ Hand Tool(✋) : 작업 도큐먼트를 드래그하여 원하는 위치로 이동하는 도구로 다른 도구를 사용하여 작업 중에 **Space Bar**를 누르면 Hand Tool(✋)로 일시적으로 변환되며 툴 자체를 더블 클릭하면 [View]-[Fit Artboard in Window](**Ctrl**+**0**)을 선택한 것과 같이 현재 창에 맞추기가 됩니다.

❷ Print Tiling Tool(⬛) : 인쇄할 부분의 위치를 조절하는 도구입니다.

❸ Zoom Tool(🔍) : 작업 도큐먼트를 클릭하거나 드래그하여 확대할 수 있는 도구로 **Alt**를 누르고 클릭하면 축소됩니다. 다른 도구를 사용하여 작업 중에 **Ctrl**+**Space Bar**를 누르면 확대를, **Ctrl**+**Alt**+**Space Bar**를 누르면 축소할 수 있는 상태로 변환됩니다. 툴 자체를 더블 클릭하면 화면 비율이 100%에 맞춰집니다.

10 칠 및 테두리 색상 설정

❶ Fill(🔳) : 오브젝트의 내부를 채우는 면 색상을 지정합니다.

❷ Stroke(🔳) : 오브젝트의 외곽선에 적용하는 테두리 색상을 지정합니다.

❸ Swap Fill & Stroke(🔄) : 오브젝트의 면 색상과 테두리 색상을 서로 교체합니다.

❹ Default Fill and Stroke(🔳) : 오브젝트의 면과 테두리 색상을 흰색과 검정색으로 초기화합니다.

❺ Color(⬜) : 오브젝트의 면과 테두리에 단일 색상을 지정합니다.

❻ Gradient(◼) : 오브젝트의 면과 테두리에 그라디언트 색상을 지정합니다.

❼ None(◪) : 오브젝트의 면과 테두리에 색상을 지정하지 않은 상태입니다.

04 Menu

01 File

❶ New : 새로운 도큐먼트를 만드는 메뉴로 문제지에서 제시한 규격대로 단위를 지정하여 만듭니다.

❷ Open : 저장된 일러스트 도큐먼트를 열거나 이미지를 열 수 있습니다.

❸ Close : 현재 선택된 일러스트 도큐먼트를 닫습니다.

❹ Save : 현재 선택된 일러스트 도큐먼트를 처음 저장했던 동일한 이름, 동일한 위치, 동일한 포맷으로 저장할 때 사용하는 메뉴입니다.

❺ Save As : 현재 선택된 일러스트 도큐먼트를 다른 이름 또는 다른 위치와 포맷으로 저장할 때 사용하는 메뉴입니다.

❻ Place : 다른 프로그램에서 작업한 파일을 현재 작업 중인 도큐먼트에 가져올 때 사용하는 메뉴입니다.

02 Edit

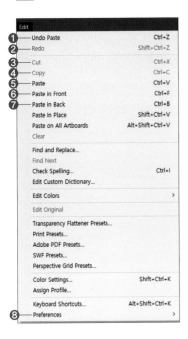

❶ Undo : 현재 작업 중인 도큐먼트에 작업 과정을 순차적으로 취소하는 메뉴입니다.

❷ Redo : 작업 과정을 취소한 만큼 복구하는 메뉴입니다.

❸ Cut : 선택한 오브젝트를 잘라서 클립보드에 임시로 저장하는 메뉴입니다.

❹ Copy : 선택한 오브젝트를 복사하여 클립보드에 임시로 저장하는 메뉴입니다.

❺ Paste : 자르거나 복사하여 클립보드에 임시로 저장한 오브젝트를 현재 작업 중인 도큐먼트에 붙여 넣는 메뉴입니다.

❻ Paste in Front : 자르거나 복사하여 클립보드에 임시로 저장한 오브젝트를 현재 선택된 오브젝트 앞에 붙여 넣는 메뉴입니다.

❼ Paste in Back : 자르거나 복사한 오브젝트를 현재 선택된 오브젝트 뒤에 붙여 넣는 메뉴입니다.

❽ Preferences : 작업자의 편의대로 다양한 환경 설정을 지정할 수 있는 메뉴입니다.

03 Object

❶ Transform : 선택한 오브젝트의 이동, 회전, 크기, 반사 등 변형을 대화상자를 이용해 지정하고 [Copy]를 눌러 복사할 수 있는 메뉴입니다.
- Transform Again(**Ctrl** + **D**) : 이전에 변형 과정을 반복할 수 있는 메뉴입니다.

❷ Arrange : 선택한 오브젝트의 드로잉 순서를 변경할 수 있는 메뉴로 겹쳐진 오브젝트의 앞뒤 순서를 재배열할 때 주로 사용합니다.
- Bring to Front : 선택한 오브젝트를 맨 앞으로 가져오는 메뉴입니다.
- Bring Forward : 선택한 오브젝트를 한 단계 앞으로 가져오는 메뉴입니다.
- Send Backward : 선택한 오브젝트를 한 단계 뒤로 보내는 메뉴입니다.
- Send to Back : 선택한 오브젝트를 맨 뒤로 보내는 메뉴입니다.

❸ Group : 2개 이상 선택한 오브젝트를 하나로 묶어서 그룹화 시켜주는 메뉴입니다.

❹ Ungroup : 그룹화된 오브젝트를 개별 오브젝트로 해제하는 메뉴입니다.

❺ Lock : 선택한 오브젝트를 편집이 불가능한 상태로 잠그는 메뉴입니다.

❻ Unlock All : Lock 메뉴로 잠근 오브젝트의 잠금을 모두 해제하는 메뉴입니다.

❼ Hide : 선택한 오브젝트를 도큐먼트에서 숨겨주는 메뉴입니다.

❽ Show All : Hide 메뉴로 숨긴 오브젝트를 모두 표시하는 메뉴입니다.

❾ Expand : 블렌드, 심볼, 문자, 그라디언트, 패턴 등의 속성을 개별 오브젝트로 확장하여 변경하는 메뉴입니다.

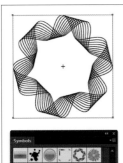

▲ 심볼 인스턴스

▲ 확장된 오브젝트

▲ 그라디언트 편집

❿ Expand Appearance : Appearance 패널에 등록된 속성을 개별 오브젝트로 확장하여 분리하는 메뉴입니다. Effect를 적용한 오브젝트나 브러쉬를 적용한 오브젝트를 확장하면 편집 가능한 패스로 변환되며 [View]−[Outline/Preview]에서 확장된 모양이 동일하게 표시됩니다.

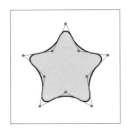

▲ [Effect]−[Stylize]−
　[Round Corners]

▲ Expand Appearance
　적용

⓫ Create Gradient Mesh : 선택한 오브젝트의 면을 그물망 모양으로 분할하는 옵션을 대화상자로 지정할 수 있는 메뉴입니다.

⓬ Path : 열린 패스를 연결하거나 선을 면으로 확장하는 등 패스의 수정과 편집을 지정할 수 있는 메뉴입니다.
　－ Join : 열린 패스의 2개의 끝 고정점을 연결하여 닫힌 패스를 만드는 메뉴입니다.

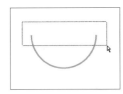

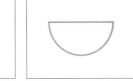

▲ Direct Selection Tool(　)로 드래그　　　　　　▲ Join 적용

　－ Average : 선택한 고정점들의 평균적인 위치를 정렬하는 메뉴입니다.
　－ Outline Stroke : 선택한 오브젝트의 테두리 선의 속성을 면으로 변환하는 메뉴입니다.
　－ Offset Path : 선택한 오브젝트를 입력된 수치만큼 안쪽 또는 바깥쪽으로 이동하여 동일한 간격으로 복사본을 만드는 메뉴입니다.

▲ 오브젝트 선택   ▲ 수치 입력   ▲ 확대된 복사본에 색상 적용

- Add Anchor Points : 패스의 고정점과 고정점 사이의 중간에 균일하게 점을 추가하는 메뉴입니다.

⓭ Pattern

- Make : 선택한 오브젝트를 패턴으로 정의하여 등록하는 메뉴입니다. Control 패널 하단의 'Done'을 클릭하면 패턴 편집 모드에서 정상 모드로 전환되며 패턴은 Swatches 패널에 자동으로 등록됩니다.

① Pattern Tile Tool() : 클릭하여 표시되는 바운딩 박스를 드래그하여 영역을 수정할 수 있습니다.

② Name : 패턴의 이름을 입력합니다.

③ Tile Type : 기본적인 배열은 'Grid'이며, 'Brick by Row, Brick by Column, Hex by Column, Hex by Row'로 패턴의 열과 행이 반복적으로 배열되는 방법을 지정할 수 있습니다.

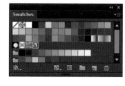

▲ Grid   ▲ Brick by Row   ▲ Brick by Column   ▲ Hex by Column   ▲ Hex by Row

— Edit Pattern : 오브젝트에 적용된 패턴을 편집할 수 있는 모드로 패턴의 크기, 너비, 간격 등 배열이나 색상 등을 편집할 수 있으며 오브젝트를 추가할 수 있는 메뉴입니다.

— Tile Edge Color : 패턴의 기본 영역을 표시하는 사각형의 테두리 색상을 수정하는 메뉴입니다.

⓮ Blend : 선택한 2개 이상의 오브젝트 사이에 모양과 색상, 크기, 테두리 두께 등의 점증적인 변화를 만들거나 세부 옵션, 스파인 변환 등의 기능을 지정하는 메뉴입니다.

— Make : 선택한 2개 이상의 오브젝트에 중간 단계를 만들어 Blend 효과를 적용하는 메뉴입니다.

— Release : 적용된 Blend 효과를 해제하여 원래의 개별 오브젝트로 만드는 메뉴입니다.

— Blend Options : Blend 효과의 적용 방법이나 단계 등 세부 옵션을 지정하는 메뉴로 Blend Tool()을 더블 클릭해도 대화상자가 나옵니다.

① Spacing : 블렌드가 적용된 오브젝트의 중간 단계의 간격을 지정합니다.
② Align to Page() : 블렌드 방향을 페이지의 X축에 수직하게 지정합니다.
③ Align to Path() : 블렌드 방향을 패스에 수직으로 지정합니다.

⓯ Envelope Distort : 선택한 오브젝트를 특정한 스타일로 왜곡하거나 선택된 오브젝트의 모양 또는 베지어 곡선을 추가하여 자유롭게 변형할 수 있는 메뉴입니다. 실제로 오브젝트의 외곽선이 변형되는 것이 아니라 특정 스타일의 틀로 왜곡되어 보이는 것으로 수정이 용이합니다.

— Make with Warp / Reset with Warp : 선택한 오브젝트 또는 문자를 다양한 스타일로 왜곡할 수 있는 메뉴입니다. 스타일이 적용된 오브젝트를 선택하고 Reset with Warp로 재설정이 가능하고 Control 패널에서도 재설정이 가능합니다.

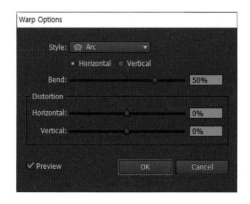

① Style : 15가지의 변형을 지정할 수 있고 Warp 효과를 가로 또는 세로로 지정할 수 있습니다.

② Bend : 오브젝트를 왜곡시킬 때 변형의 정도를 값으로 표시합니다.

③ Horizontal : 선택한 오브젝트를 수평 방향으로 왜곡시킵니다.

④ Vertical : 선택한 오브젝트를 수직 방향으로 왜곡시킵니다.

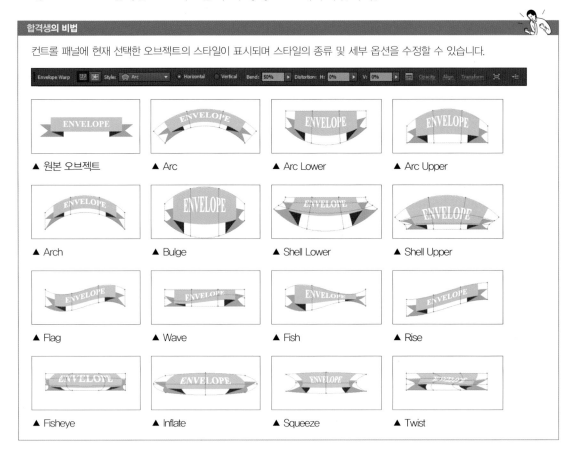

합격생의 비법

컨트롤 패널에 현재 선택한 오브젝트의 스타일이 표시되며 스타일의 종류 및 세부 옵션을 수정할 수 있습니다.

▲ 원본 오브젝트   ▲ Arc   ▲ Arc Lower   ▲ Arc Upper

▲ Arch   ▲ Bulge   ▲ Shell Lower   ▲ Shell Upper

▲ Flag   ▲ Wave   ▲ Fish   ▲ Rise

▲ Fisheye   ▲ Inflate   ▲ Squeeze   ▲ Twist

– Make with Mesh / Reset with Mesh : 선택한 오브젝트 또는 문자에 베지어 곡선을 추가하여 일러스트에서 지원하는 15가지 스타일 외에 자유로운 변형을 할 수 있는 메뉴입니다.

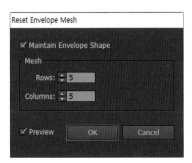

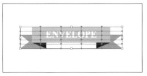

▲ Make with Mesh 적용

▲ Direct Selection Tool로 Mesh 편집

– Make with Top Object : 2개의 선택된 오브젝트 중에 맨 위에 있는 오브젝트의 패스 모양대로 변형할 수 있는 메뉴입니다.

- Release : 왜곡이 적용된 오브젝트 스타일을 해제하는 메뉴입니다.
- Expand : 왜곡이 적용된 오브젝트를 스타일대로 확장하여 개별 오브젝트로 분리하는 메뉴입니다.

❻ Image Trace : 현재 도큐먼트에 불러오기한 비트맵 이미지를 벡터 이미지로 변환할 수 있는 메뉴입니다.

- Make : Image Trace 메뉴를 적용하여 이미지를 추적하는 메뉴입니다. 추적된 이미지는 Control 패널의 'Image Trace Panel'을 클릭하여 색상의 종류 및 단계, 패스의 정밀도 등 다양한 옵션을 지정할 수 있습니다.
- Make and Expand : 이미지를 추적과 확장을 동시에 지정하여 이미지를 개별 오브젝트로 확장하여 색상 편집과 패스의 삭제, 변형 등의 편집이 가능한 상태로 변환하는 메뉴입니다.

❼ Clipping Mask : 선택한 2개 이상의 오브젝트 중에 맨 위에 배치된 오브젝트의 면과 겹치는 아래 오브젝트 부분만 보이고 나머지 부분은 투명하게 가려주는 메뉴입니다.
- Make : Clipping Mask를 적용하여 맨 위 오브젝트 면과 겹치는 부분만 보이게 만드는 메뉴입니다.
- Release : Clipping Mask가 적용된 오브젝트를 원래의 개별 오브젝트로 해제하는 메뉴입니다. 해제 후에는 맨 위에 배치된 오브젝트는 면과 테두리가 'None'으로 처리되어 투명해집니다.
- Edit Mask : Clipping Mask를 적용한 오브젝트를 편집할 수 있는 메뉴입니다.

❽ Compound Path : 선택한 2개 이상의 오브젝트의 면이 서로 겹치는 부분을 투명하게 만드는 메뉴입니다.
- Make : Compound Path를 적용하여 투명하게 만드는 메뉴입니다.
- Release : Compound Path가 적용된 오브젝트를 원래의 개별 오브젝트로 해제하는 메뉴입니다.

04 Type

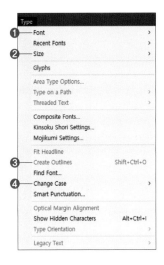

❶ Font : 글꼴을 선택하는 메뉴로 Character 패널에서도 지정할 수 있습니다.

❷ Size : 글꼴의 크기를 선택하는 메뉴로 Character 패널에서도 지정할 수 있습니다.

❸ Create Outlines : 문자를 편집이 가능한 패스로 변환하는 메뉴입니다. Selection Tool(⟨ ⟩)로 문자를 선택해야 윤곽선으로 변환이 가능하며 문자의 윤곽선을 편집하거나 Pathfinder를 활용한 편집 및 그라디언트 적용을 위해 변환합니다.

❹ Change Case : 입력된 문자를 선택하고 UPPERCASE, lowercase로 대/소문자를 변환합니다.

05 Select

❶ All : 작업 중인 도큐먼트에 있는 모든 오브젝트를 선택합니다. 단, Lock이 적용된 오브젝트는 선택에서 제외됩니다.

❷ Inverse : 오브젝트의 선택을 반전하는 메뉴로 선택된 오브젝트의 선택을 해제시키고 선택되지 않은 나머지 오브젝트가 선택됩니다.

❸ Same : 현재 선택한 오브젝트와 동일한 속성을 가진 오브젝트를 선택하는 메뉴로 동시에 선택하여 빠른 편집을 할 수 있는 메뉴입니다.

❹ Object : 도큐먼트에 특정 속성이 적용된 오브젝트를 선택하는 메뉴입니다.

    – Brush Strokes : Brush가 적용된 오브젝트를 선택합니다.

    – Clipping Masks : Clipping Masks가 적용된 오브젝트를 선택합니다.

    – Text Objects : 문자 속성의 오브젝트를 선택합니다.

06 Effect

❶ 3D : 선택한 2차원의 오브젝트에 Extrude & Bevel과 Revolve를 지정하여 돌출과 회전으로 3 차원 효과를 적용하는 메뉴입니다.

❷ Distort & Transform : 선택한 오브젝트의 실재 윤곽선을 변형하지 않고 오브젝트를 다양하게 왜 곡하여 변형 효과를 적용하는 메뉴입니다.

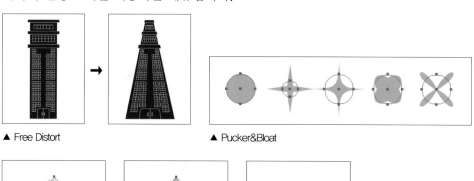

▲ Free Distort   ▲ Pucker&Bloat

▲ Roughen   ▲ Tweak   ▲ Zig Zag

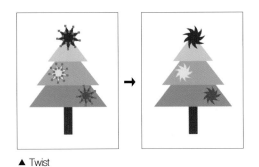

▲ Twist

❸ Stylize : 선택한 오브젝트의 실재 윤곽선을 변형하지 않고 특정 스타일 효과를 적용할 수 있는
메뉴입니다.

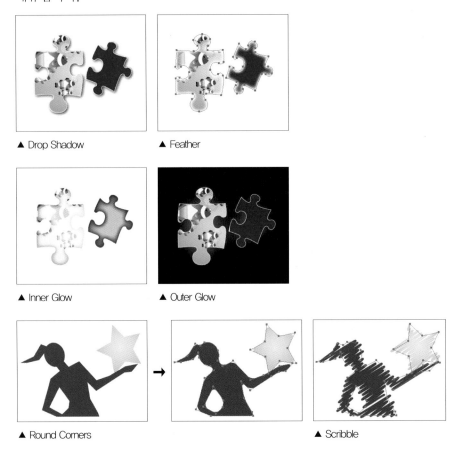

▲ Drop Shadow   ▲ Feather

▲ Inner Glow   ▲ Outer Glow

▲ Round Corners   ▲ Scribble

❹ Warp : 선택한 오브젝트의 실재 윤곽선을 변형하지 않고 오브젝트를 휘거나 왜곡하여 변형 효
과를 적용하는 메뉴입니다.

07 View

```
View
❶  Outline                      Ctrl+Y
    Overprint Preview            Alt+Shift+Ctrl+Y
    Pixel Preview                Alt+Ctrl+Y

    Proof Setup                  >
    Proof Colors
❷  Zoom In                      Ctrl++
❸  Zoom Out                     Ctrl+-
❹  Fit Artboard in Window       Ctrl+0
    Fit All in Window            Alt+Ctrl+0
    Actual Size                  Ctrl+1
❺  Hide Edges                   Ctrl+H
    Hide Artboards               Shift+Ctrl+H
    Show Print Tiling

    Hide Slices
    Lock Slices

    Hide Template                Shift+Ctrl+W
❻  Rulers                       >
❼  Hide Bounding Box            Shift+Ctrl+B
    Show Transparency Grid       Shift+Ctrl+D
    Hide Text Threads            Shift+Ctrl+Y

    Hide Gradient Annotator      Alt+Ctrl+G
    Show Live Paint Gaps
❽  Guides                       >
❾  Smart Guides                 Ctrl+U

    Perspective Grid             >
❿  Show Grid                    Ctrl+"
    Snap to Grid                 Shift+Ctrl+"
✓  Snap to Point                Alt+Ctrl+"

    New View...
```

❶ **Outline/Preview** : 작업 도큐먼트의 전체 오브젝트를 윤곽선만 보이게 하거나 색상이 미리 보이는 상태로 볼 수 있는 메뉴입니다.

❷ **Zoom In** : 작업 도큐먼트의 보기 배율을 단계적으로 확대할 수 있는 메뉴입니다.

❸ **Zoom Out** : 작업 도큐먼트의 보기 배율을 단계적으로 축소할 수 있는 메뉴입니다.

❹ **Fit Artboard in Window** : 작업 도큐먼트의 현재 창에 맞춥니다.

❺ **Hide Edges** : 선택한 오브젝트를 표시하는 고정점이나 선의 색상 표시를 보거나 숨기는 메뉴입니다.

❻ **Rulers** : 작업 도큐먼트에 상단과 왼쪽에 눈금자 표시를 보거나 숨기는 메뉴입니다.

❼ **Show Bounding Box** : Selection Tool(▤)로 오브젝트를 선택하여 크기와 회전을 할 수 있는 조절점이 표시된 사각형 박스를 보거나 숨기는 메뉴입니다.

❽ **Guides** : 작업 도큐먼트에 상단과 왼쪽에 표시된 눈금자에서 마우스를 드래그하여 안내선을 보거나 숨기는 메뉴입니다.

❾ **Smart Guides** : 스마트 가이드를 활성화시키거나 비활성화시키는 메뉴로 정확한 작업에 유용합니다.

❿ **Show Grid** : 작업 도큐먼트 전체에 격자 표시를 보거나 숨기는 메뉴입니다.

08 Window

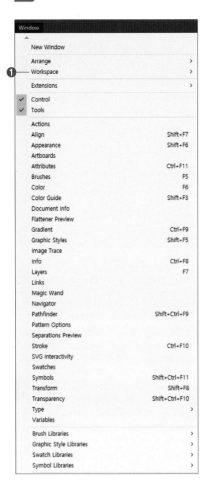

❶ **Workspace** : 작업 목적에 맞게 작업 환경을 전환하거나 저장할 수 있는 메뉴입니다.

- Essentials : 모든 패널이 처음 상태인 필수 환경으로 전환하는 메뉴입니다. 각종 패널을 이
동하거나 닫았을 때는 'Reset Essentials'를 클릭하여 초기화할 수 있으며 메뉴 바 아래 작업
영역 전환기의 'Reset Essentials'를 클릭해도 됩니다.

05 CHAPTER Panel

01 Control

현재 선택한 오브젝트의 세부 옵션을 지정할 수 있습니다.

01 Color

색상 탭을 조절하여 면 색상이나 테두리 색상을 만들고 오브젝트에 적용할 수 있는 패널입니다. 하단의 색상 스펙트럼에서 다양한 색상을 지정할 수 있고, None과 흰색과 검정색을 바로 클릭하여 지정할 수 있습니다. 패널 오른쪽 상단의 팝업 버튼을 눌러 색상 모드를 변환할 수 있습니다.

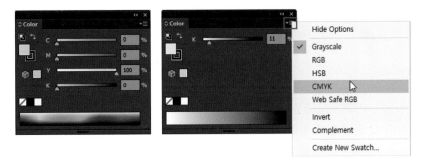

03 Swatches

사용자 정의 색상을 등록할 수 있는 팔레트로 기본적으로 단일색상, 그라디언트. 패턴이 등록되어 있고 필요하면 색상, 그라디언트, 패턴을 등록하거나 삭제할 수 있는 패널입니다. 패널 하단의 Swatch Libraries Menu를 클릭하여 다양한 별도의 색상 패널을 추가할 수 있습니다.

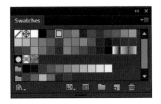

04 Stroke

오브젝트의 선에 두께와 다양한 형태를 지정하는 패널입니다.

❶ Weight : 선의 두께를 지정합니다.

❷ Cap : 열린 패스의 끝점의 모양을 지정합니다.
  - Butt Cap : 열린 패스의 끝점에서 직선으로 지정됩니다.
  - Round Cap : 열린 패스의 끝점이 선 두께의 1/2 두께만큼 튀어나와 둥글게 지정됩니다.
  - Projecting Cap : 열린 패스의 끝점이 선 두께의 1/2 두께만큼 튀어나와 사각형으로 지정됩니다.

❸ Corner : 패스의 꺾인 모서리의 바깥쪽 모양을 지정합니다.
  - Miter Join : 꺾인 모서리의 바깥쪽 모양이 뾰족하게 지정되며 모서리의 꺾인 정도에 따라 Limit 수치를 조절합니다.
  - Round Join : 꺾인 모서리의 바깥쪽 모양이 둥글게 지정됩니다.
  - Bevel Join : 꺾인 모서리의 바깥쪽 모양이 경사지게 지정됩니다.

❹ Limit : 꺾인 모서리 각의 한계값을 지정하며 값이 클수록 선 모양이 뾰족합니다.

❺ Align Stroke : 패스 위에 선 두께의 위치를 지정합니다.

❻ Dashed Line : 점선의 길이와 간격을 지정하여 규칙적 또는 불규칙적인 점선을 만듭니다.
  - dash : 점선의 길이를 지정합니다.
  - gap : 점선 사이의 간격을 지정합니다.

❼ Arrowheads : 선의 시작점과 끝점에 다양한 화살표를 지정합니다.

05 Gradient

Gradient의 색상이나 방향, 적용 범위 등을 조절할 수 있으며 Gradient Tool( )을 사용하여 적용할 수 있는 패널입니다.

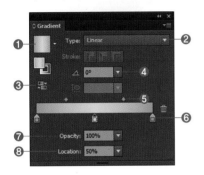

❶ Gradient Fill : 설정한 그라디언트를 미리 표시합니다.

❷ Type : 그라디언트의 스타일을 지정합니다(Linear : 직선형, Radial: 원형).

❸ Reverse Gradient : 설정한 그라디언트를 반전합니다.

❹ Angle : 그라디언트의 진행 각도를 지정합니다.

❺ Gradient Slider : 그라디언트 색상을 지정하는 바입니다.

❻ Color Stop : 더블 클릭하여 그라디언트 색상을 지정합니다. 클릭하여 추가할 수 있고 불필요한 Color Stop은 패널 아래로 드래그하면 삭제됩니다.

❼ Opacity : Color Stop의 불투명도를 지정합니다.

❽ Location : Color Stop의 위치를 지정합니다.

06 Transform

선택한 오브젝트의 X,Y 위치와 크기, 각도, 기울기를 지정할 수 있는 패널입니다. 오브젝트를 만든 후 크기 등을 다시 입력하여 설정할 수 있는 패널입니다.

07 Align

선택된 2개 이상의 오브젝트를 가로/세로 상의 특정 위치에 정렬시키거나 선택된 3개 이상의 오브젝트를 일정한 간격으로 분포시킬 수 있는 패널입니다.

▲ 원본

▲ Horizontal Align Left(　)

▲ Horizontal Align Center(　)

▲ Horizontal Align Right(　)

▲ Vertical Align Top(　)

▲ Vertical Align Center(　)

▲ Vertical Align Bottom(　)

08 Pathfinder

서로 겹쳐져 배치된 2개 이상의 오브젝트를 합치거나 자르거나 빼는 등 새로운 모양의 오브젝트를 만들 수 있는 패널입니다. 그룹화된 오브젝트는 그룹을 해제한 후 적용합니다.

❶ Unite(　) : 선택된 2개 이상의 오브젝트의 겹친 부분을 하나로 합칩니다.

❷ Minus Front(　) : 겹쳐진 2개 이상의 오브젝트 중 앞에 있는 오브젝트의 모양으로 삭제합니다.

❸ Intersect(　) : 오브젝트의 겹친 부분을 남기고 나머지는 삭제합니다.

❹ Exclude(　) : 오브젝트의 겹친 부분을 뚫어 투명하게 합니다.

❺ Divide(　) : 선택된 2개 이상의 오브젝트의 겹친 부분이 외곽선대로 개별 오브젝트의 면으로 분리됩니다.

❻ Trim(　) : 뒤쪽에 있는 오브젝트의 겹친 부분은 삭제되며 보이는 부분만 남깁니다.

❼ Merge(　) : 뒤쪽에 있는 오브젝트의 겹친 부분은 삭제되며 동일한 색상의 겹쳐진 오브젝트는 합칩니다.

❽ Crop(　) : 겹쳐진 오브젝트 중 맨 앞에 있는 오브젝트의 윤곽선대로 잘라줍니다.

❾ Outline(　) : 오브젝트의 겹친 부분이 외곽선으로 분리되며 각각의 면의 색상이 테두리 색상으로 지정됩니다.

⑩ Minus Back(⊟) : 겹쳐진 2개 이상의 오브젝트 중 뒤에 있는 오브젝트의 모양으로 삭제합니다.

▲ Unite(⬚)

▲ Minus Front(⬚)

▲ Intersect(⬚)

▲ Exclude(⬚)

▲ Divide(⬚)

▲ Trim(⬚)

▲ Merge(⬚)

▲ Crop(⬚)

▲ Outline(⬚)

▲ Minus Back(⬚)

09 Brushes

Paintbrush Tool(✏)을 사용하여 그릴 수 있는 다양한 형태의 붓 모양을 지정하는 패널입니다.

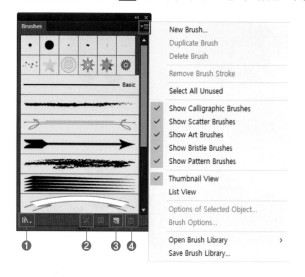

❶ Brush Libraries Menu : 일러스트레이터에서 기본적으로 제공하는 다양한 브러쉬 라이브러리를 지정하여 추가로 적용할 수 있습니다.

합격생의 비법

추가 브러쉬 패널의 팝업 메뉴에서 'List View'를 클릭하여 '목록 보기'를 하면 문제지에 제시된 브러쉬 이름을 빠르게 찾아 선택할 수 있습니다.

❷ Remove Brush Stroke : 오브젝트에 적용된 브러쉬를 해제합니다.

❸ New Brush : 새로운 브러쉬를 등록하거나 복사합니다. 선택한 오브젝트를 브러쉬 패널 내부에 Drag & Drop으로 새롭게 등록할 수 있습니다.

▲ Calligraphic Brush

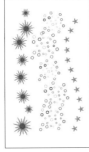
▲ Scatter Brush

▲ Art Brush

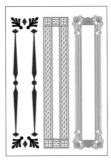
▲ Pattern Brush

❹ Delete Brush : Brushes 패널에서 선택한 브러쉬를 삭제합니다.

10 Symbols

심볼을 새로 등록하거나 추가로 불러오고 적용하는 패널입니다.

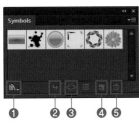

❶ Symbol Libraries Menu : 일러스트레이터에서 기본적으로 제공하는 심볼 라이브러리를 지정합니다.

❷ Place Symbol Instance : 심볼 패널에 저장되어 있는 심볼을 작업 도큐먼트에 표시합니다.

❸ Break Link to Symbol : 심볼 패널에 등록된 심볼과 작업 도큐먼트에 적용된 심볼과의 연결을 해제하여 서로 영향을 미치지 않고 편집이 가능합니다.

❹ New Symbol : 작업 도큐먼트에서 선택한 오브젝트를 새로운 심볼로 등록합니다.

❺ Delete Symbol : 심볼 패널에서 선택한 심볼을 삭제합니다.

11 Transparency

오브젝트의 혼합 모드를 지정하여 다양한 합성 효과를 적용하거나 불투명도를 지정할 수 있고 마스크 기능을 적용할 수 있는 패널입니다.

− Opacity : '%'를 지정하여 불투명도를 조절합니다.

12 Character

도큐먼트에 입력하는 문자에 대한 글꼴, 크기, 자간, 행간, 장평 등의 속성을 지정하는 패널입니다.

13 Paragraph

입력한 단락의 정렬, 좌우 여백, 들여쓰기 등의 속성을 지정하는 패널입니다.

14 Layers

레이어의 생성, 삭제, 순서 변경과 같이 레이어를 관리할 수 있는 패널입니다. 오브젝트가 많을수록 선택과 관리를 위하여 레이어를 추가하여 사용하면 편리하고 레이어별로 보기와 가리기, 잠김, 미리보기와 윤곽선 보기를 별도로 지정할 수 있습니다.

15 Navigator

축소된 이미지 표시를 통해 빠르게 도큐먼트의 위치를 바꿀 수 있으며 작업 도큐먼트의 화면 비율 조정과 이동을 쉽게 제어하는 패널입니다. 큰 아트보드 작업이나 섬세한 작업을 할 때 편리합니다.

16 Graphic Styles

❶ Graphic Styles Libraries Menu : 일러스트레이터에서 기본적으로 제공하는 이펙트가 혼용된 다양한 그래픽 스타일을 지정합니다.

❷ Break Link to Graphic Style : 그래픽 스타일이 적용된 오브젝트의 연결을 끊습니다.

❸ New Graphic Style : 현재 선택한 오브젝트에 설정된 이펙트를 새로운 스타일로 등록합니다.

❹ Delete Graphic Style : 현재 선택한 스타일을 해제합니다.

17 Appearance

오브젝트에 적용된 면과 테두리, 불투명도, 이펙트 등의 속성을 정의하는 패널로 적용된 속성을 클릭하여 나타나는 각각의 해당 패널에서 변경하거나 제거할 수 있습니다.

시험 문항별 기능 익히기

주요 기능	메뉴	단축키	출제빈도
Selection Tool	⯈, ⯈, ⯈⁺	V , A	★★★★★
Pen Tool	✒	P	★★★★★
Gradient Tool	▨	G	★★★★★
Shape Tool	╱, ◎, ▦, ▢, ▢, ◯, ◯, ★	M , L	★★★★★
Type Tool	T, ↘	T	★★★★★
Transform Tool	↻, ◹, ▣, ◿	R , O , S	★★★★★
Outline Stroke	[Object]-[Path]-[Outline Stroke]		★★★
Offset Path	[Object]-[Path]-[Offset Path]		★★★★
Transform Again	[Object]-[Transform]-[Transform Again]	Ctrl + D	★★★★
Pathfinder Panel	[Window]-[Pathfinder]	Shift + Ctrl + F9	★★★★★
Color Panel	[Window]-[Color]	F6	★★★★★
Stroke Panel	[Window]-[Stroke]	Ctrl + F10	★★★★
Character Panel	[Window]-[Type]-[Character]	Ctrl + T	★★★★★
Paragraph Panel	[Window]-[Type]-[Paragraph]	Alt + Ctrl + T	★★
Gradient Panel	[Window]-[Gradient]	Ctrl + F9	★★★★★
Align Panel	[Window]-[Align]	Shift + F7	★★★★

01 선택 도구로 오브젝트 모양 변경하여 캐릭터 만들기

완성이미지

무료 동영상

01 원 그리고 강아지 얼굴 모양으로 변형하기

1 [File]-[New]를 선택하여 새 도큐먼트를 만듭니다. Ellipse Tool(⬤)로 작업 도큐먼트를 클릭하고 'Width : 26mm, Height : 18mm'를 입력하여 그리고 '면 : 임의 색상, 테두리 : 임의 색상'을 지정합니다.

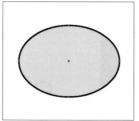

2 Direct Selection Tool(▶)로 원의 왼쪽 상단의 선분을 드래그하여 선택한 후 **Alt**를 누른 채 방향점을 왼쪽 위로 드래그하여 패스를 변형합니다. 계속해서 **Alt**를 누른 채 오른쪽 방향점을 위로 드래그하여 조절합니다.

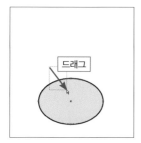

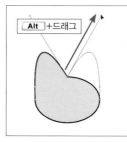
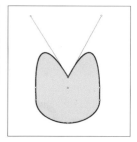

02 그라디언트 적용하기

1 Gradient 패널에서 'Type : Radial'을 적용하고 Gradient Slider의 왼쪽 'Color Stop'을 더블 클릭하여 C0M0Y0K0을, 오른쪽 'Color Stop'을 더블 클릭하여 M20Y30을 지정하여 적용한 후 '테두리 : 없음'을 지정합니다.

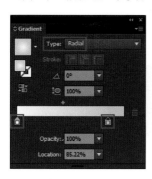

03 타원 그리고 패스 변형하여 눈, 코, 입, 귀모양 만들기

1 Ellipse Tool(⬭)로 작업 도큐먼트를 클릭하고 'Width : 4mm, Height : 3mm'를 입력하여 그리고 '면 : 없음, 테두리 : K100'을 지정합니다. Stroke 패널에서 'Weight : 1.8pt, Cap : Round Cap'을 적용합니다.

2 Direct Selection Tool(▶)로 타원 하단의 고정점을 클릭하여 선택하고 **Delete**를 눌러 삭제한 후, [Object]-[Path]-[Outline Stroke]을 선택하여 선을 면으로 확장합니다.

3 Ellipse Tool(⬭)로 **Shift**를 누르면서 드래그하여 정원을 그리고 Direct Selection Tool(▶)로 상단의 고정점을 클릭하여 선택하고 아래로 드래그하여 이동하여 패스를 변형합니다. 계속해서 하단 고정점도 아래로 이동하여 코 모양을 만든 후 '면 : K100, 테두리 : 없음'을 지정합니다.

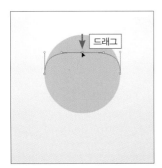  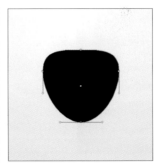

합격생의 비법

키보드의 화살표 **↓**를 여러 번 눌러 이동할 수도 있습니다. **Shift**와 같이 누르면 약 10배수로 이동할 수 있습니다.

4 [View]−[Rulers]−[Show Rulers](**Ctrl** + **R**)를 선택하여 눈금자를 표시합니다. 왼쪽 눈금자에서 도큐먼트로 마우스를 드래그하여 얼굴 모양의 세로 중앙에 안내선을 표시합니다.

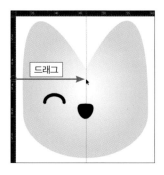 

5 Ellipse Tool(●)로 드래그하여 크기가 다른 2개의 타원을 그리고 각각 '면 : M50, C0M0Y0K0, 테두리 : 없음'을 지정합니다. Selection Tool(▶)로 **Shift** 를 누른 채 2개의 타원을 함께 선택하고 [Object]−[Arrange]−[Send Backward](**Ctrl** + **[**)를 선택하고 코 모양 뒤로 보내기를 합니다.

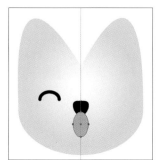 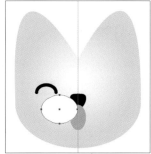 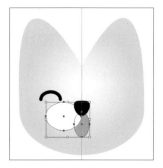

6 Selection Tool(▶)로 흰색 타원을 선택한 후, [Edit]−[Copy](**Ctrl** + **C**)로 복사하고 [Edit]−[Paste in Front](**Ctrl** + **F**)를 선택하여 앞에 붙여 넣기를 한 후 '면 : 없음, 테두리 : K60'을 지정합니다. Stroke 패널에서 'Weight : 1pt, Cap : Round Cap'을 적용한 후, Direct Selection Tool(▶)로 타원 상단의 고정점을 선택하고 **Delete** 를 눌러 삭제합니다.

 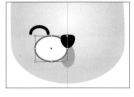  

7 Ellipse Tool()로 드래그하여 타원을 그리고 '면 : K10, 테두리 : 없음'을 지정한 후, Direct Selection Tool(▶)로 타원 하단의 고정점을 선택하고 **Delete** 를 눌러 삭제합니다. Selection Tool(▶)로 조절점 밖을 반시계 방향으로 드래그하여 회전하고 배치합니다.

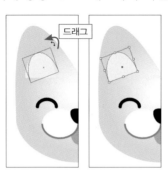

04 반사 대칭으로 복사하고 오브젝트 순서 정돈하기

1 [View]-[Outline](**Ctrl** + **Y**)을 선택하여 '윤곽선 보기'를 한 후, Selection Tool(▶)로 드래그하여 3개의 오브젝트를 함께 선택하고 Reflect Tool(▦)로 **Alt** 를 누르면서 수직 안내선을 클릭하여 'Axis : Vertical'을 지정하고 [Copy]를 눌러 복사합니다.

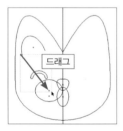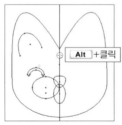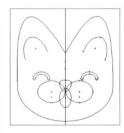

2 [View]-[Preview](Ctrl + Y)을 선택하여 '미리보기'를 한 후, Selection Tool(▶)로 코 모양 오브젝트를 선택하고 [Object]-[Arrange]-[Bring to Front](Shift + Ctrl +])를 선택하여 맨 앞으로 가져오기를 합니다.

3 Ellipse Tool(⬭)로 작업 도큐먼트를 클릭한 후 'Width : 33mm, Height : 20mm'를 입력하여 그리고 '면 : M30Y40, 테두리 : 없음'을 지정합니다.

 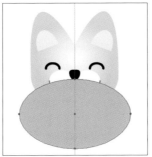

4 Direct Selection Tool(▶)로 Shift 를 누르면서 상단과 하단의 고정점을 클릭하여 함께 선택하고 위로 이동하여 패스를 변형합니다. [Object]-[Arrange]-[Send to Back](Shift + Ctrl + [ )을 선택하여 맨 뒤로 보내기를 합니다.

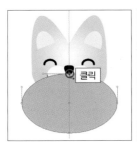   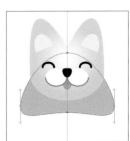

⑤ Direct Selection Tool(🔺)로 왼쪽 하단의 선분을 드래그하여 선택한 후 **Alt** 를 누른 채 방향점을 왼쪽 아래로 드래그하여 패스를 변형합니다. 계속해서 **Alt** 를 누른 채 오른쪽 방향점을 아래로 드래그하여 조절합니다.

⑥ Ellipse Tool(⬭)로 드래그하여 타원을 그리고 '면 : M30Y40K20, 테두리 : 없음'을 지정합니다. Selection Tool(🔺)로 2개의 오브젝트를 함께 선택하고 [Object]-[Arrange]-[Send to Back](**Shift** + **Ctrl** + **[**)을 선택하여 맨 뒤로 보내기를 합니다.

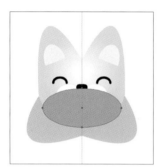 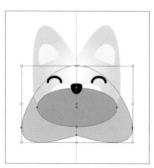 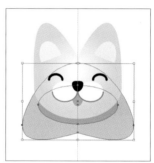

⑦ Ellipse Tool(⬭)로 작업 도큐먼트를 클릭한 후 'Width : 58mm, Height : 60mm'를 입력하여 그리고 '면 : C50Y20, 테두리 : 없음'을 지정합니다. Direct Selection Tool(🔺)로 **Shift** 를 누르면서 상단과 하단의 고정점을 클릭하여 함께 선택하고, [Object]-[Transform]-[Move]를 선택하여 'Horizontal : 0mm, Vertical : -6mm'를 입력하고 [OK]를 눌러 위로 패스를 변형합니다.

   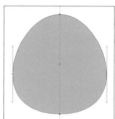

⑧ Selection Tool(🔲)로 오브젝트를 선택한 후 [Object]-[Arrange]-[Send to Back](【Shift】+ 【Ctrl】+【[】)을 선택하고 맨 뒤로 보내기를 합니다. Rotate Tool(🔄)을 더블 클릭하여 'Angle : 90°'를 지정하고 [OK]를 눌러 회전하고 레이아웃에 맞게 배치합니다.

05 문자 입력하기

① Type Tool(【T】)로 도큐먼트를 클릭한 후, Character 패널에서 'Set the font family : Arial, Set the font style : Bold, Set the font size : 15pt'를 설정합니다. Color 패널에서 '면 : C60M80Y30, 테두리 : 없음'을 지정한 후 PUPPY를 입력합니다.

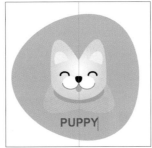

② Selection Tool(🔲)로 PUPPY 문자를 선택하고 [Edit]-[Copy](【Ctrl】+【C】)로 복사한 후 '테 두리 : C0M0Y0K0'을 지정합니다. Stroke 패널에서 'Weight : 4pt'을 적용한 후, [Edit]- [Paste in Front](【Ctrl】+【F】)를 선택하여 앞에 붙여 넣기를 합니다.

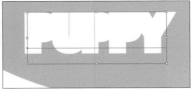

무료 동영상

01 구름과 원형 배경 만들고 그라디언트 적용하기

1 [File]-[New]를 선택하여 새 도큐먼트를 만듭니다. [View]-[Rulers]-[Show Rulers](**Ctrl** + **R**)를 선택하여 눈금자를 표시하고 왼쪽과 위쪽 눈금자에서 도큐먼트로 마우스를 드래그하여 안내선을 표시합니다.

2 Ellipse Tool( )로 **Alt** 를 누르면서 안내선의 교차 지점에 클릭한 후 'Width : 105mm, Height : 105mm'를 입력하여 그리고 '면 : 없음, 테두리 : C70M10'을 지정하고 Stroke 패널에서 'Weight : 1.5pt, Dashed Line : 체크, dash : 4pt'를 지정합니다.

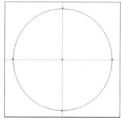

3 Scale Tool( )을 더블 클릭하여 'Uniform : 95%'를 지정하고 [Copy]를 눌러 축소 복사한 후 '면 : 임의 색상, 테두리 : 임의 색상'을 지정합니다.

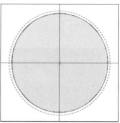

4 Ellipse Tool(⬭)로 그림과 같이 크기가 다른 8개의 원을 서로 겹치도록 그린 후, Selection Tool(▨)로 **Shift** 를 누르면서 축소된 정원과 함께 선택한 후 Pathfinder 패널에서 'Divide (▣)'를 클릭하여 면을 분할합니다.

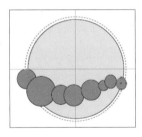 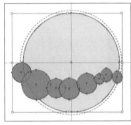  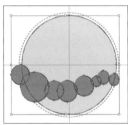

5 Selection Tool(▨)로 분할된 오브젝트를 더블 클릭하여 Isolation Mode로 전환하고 불필요한 오브젝트를 선택하여 **Delete** 를 눌러 삭제합니다. 아래쪽 오브젝트를 모두 선택하고 Pathfinder 패널에서 'Unite(▣)'를 클릭하여 합치고 '면 : C20, 테두리 : 없음'을 지정합니다.

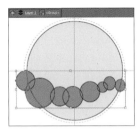 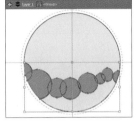  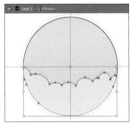

6 Selection Tool(▨)로 상단 오브젝트를 선택한 후, Gradient 패널에서 'Type : Radial'을 적용하고 Gradient Slider의 왼쪽 'Color Stop'을 더블 클릭하여 C80M30K30을, 오른쪽 'Color Stop'을 더블 클릭하여 C40Y10을 적용한 후 '테두리 : 없음'을 지정하고 도큐먼트의 빈 곳을 더블 클릭하여 정상 모드로 전환합니다.

 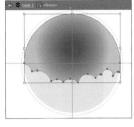

02 삐에로 캐릭터 얼굴 만들기

1 Ellipse Tool(⬭)로 **Alt** 를 누르면서 세로 안내선에 클릭하여 'Width : 40mm, Height : 40mm'를 입력하여 그리고 '면 : M20Y30, 테두리 : 없음'을 지정합니다.

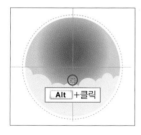  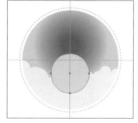

2 Ellipse Tool(⬭)로 크기가 다른 4개의 타원을 겹치도록 그리고, Selection Tool(▶)로 함께 선택한 후, Pathfinder 패널에서 'Unite(⬛)'를 클릭하여 합치고 '면 : M50Y100, 테두리 : 없음'을 지정한 후 [Object]-[Arrange]-[Send Backward](**Ctrl** + **[**)를 선택하여 뒤로 보내기를 합니다.

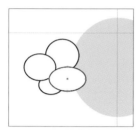  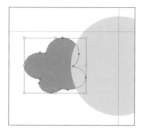

3 Ellipse Tool(⬭)로 크기가 다른 2개의 타원을 겹치도록 그리고 '면 : C0M0Y0K0, K100, 테두리 : 없음'을 각각 지정합니다. Arc Tool(◠)로 하단에서 상단으로 드래그하여 호를 그리고 '면 : 없음, 테두리 : K100'을 지정한 후, Stroke 패널에서 'Weight : 3pt, Cap : Round Cap'을 지정합니다.

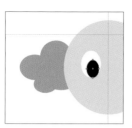   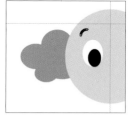

4 Selection Tool(▶)로 **Shift** 를 누르면서 클릭하여 4개의 오브젝트를 함께 선택하고, Reflect Tool(🔁)로 **Alt** 를 누르면서 수직 안내선을 클릭하여 'Axis : Vertical'을 지정하고 [Copy]를 눌러 복사합니다. Selection Tool(▶)로 오른쪽 오브젝트를 선택하고 **Ctrl** + **[** 를 여러 번 눌러 얼굴 모양의 뒤로 보내기를 합니다.

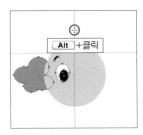

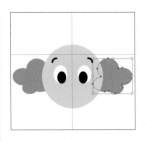

5 [Edit]-[Copy](**Ctrl** + **C**)로 복사를 하고 [Edit]-[Paste](**Ctrl** + **V**)로 붙여 넣기를 하고, Scale Tool(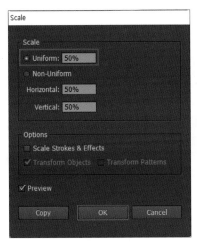)을 더블 클릭하여 'Uniform : 50%'로 지정하고 축소한 후, Rotate Tool(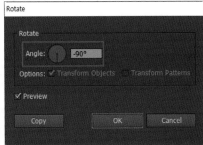)을 더블 클릭하여 'Angle : -90°'로 지정하여 상단 중앙에 배치합니다.

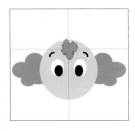

6 Ellipse Tool()로 **Alt** 를 누르면서 세로 안내선에 클릭하여 'Width : 35mm, Height : 17mm'를 입력하여 그리고, Direct Selection Tool(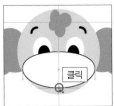)로 하단의 고정점을 클릭하여 선택하고 [Object]-[Transform]-[Move]를 선택한 후 'Horizontal : 0mm, Vertical : 6mm'를 입력하여 패스를 변형합니다.

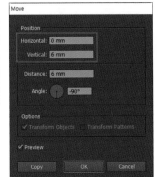

7 Direct Selection Tool(🔺)로 상단의 고정점을 클릭한 후, [Object]-[Transform]-[Move]를 선택하고 'Horizontal : 0mm, Vertical : 4mm'로 입력하여 패스를 변형합니다. 계속해서 **Alt** 를 누른 채 왼쪽 방향점을 상단으로 드래그하여 패스를 변형하고 오른쪽 방향점도 상단으로 드래그하여 조절한 후 '면 : M90Y90, 테두리 : 없음'을 지정합니다.

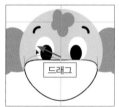
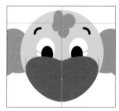

8 [Object]-[Path]-[Offset Path]를 선택한 후 'Offset : −2.5mm'를 지정하여 축소된 복사본을 만든 후 '면 : M60Y50, 테두리 : 없음'을 지정합니다. 계속해서 [Offset Path]를 반복하여 지정하고 '면 : M30Y30, 테두리 : 없음'을 지정한 후 상단으로 약간 이동하여 배치합니다.

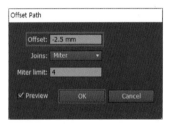

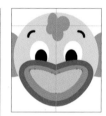

9 Ellipse Tool(⬮)로 **Alt** 를 누르면서 세로 안내선에 드래그하여 타원을 그리고 '면 : M90Y90, 테두리 : 없음'을 지정합니다. 계속해서 **Alt** 와 **Shift** 를 누르면서 드래그하여 크기가 다른 두 개의 정원을 그리고 '면 : M100Y100K30, C0M0Y0K0, 테두리 : 없음'을 각각 지정하여 배치합니다.

03 모자 모양 만들기

1 Pen Tool(🖋)로 모자 모양의 닫힌 패스를 그리고 '면 : M80Y90, 테두리 : 없음'을 지정합니다.

  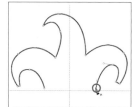 

2 Pen Tool(🖋)로 드래그하여 열린 곡선 패스를 그림과 같이 모자 모양과 겹치도록 그립니다.
`Ctrl` 을 누른 채 도큐먼트의 빈 곳을 클릭하여 열린 패스를 완료합니다. 계속해서 그림과 같이 열린 패스를 그리고 '면 : 없음, 테두리 : 임의 색상'을 지정합니다.

 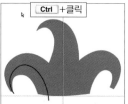 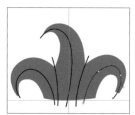 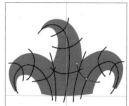

3 Selection Tool(▶)로 모자 모양과 열린 패스를 함께 선택한 후 Pathfinder 패널에서 'Divide(🖿)'를 클릭하여 면을 분할하고 '테두리 : 임의 색상'을 지정합니다.

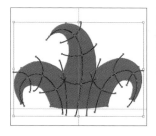  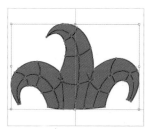

4 Selection Tool(▶)로 분할된 오브젝트를 더블 클릭하여 Isolation Mode로 전환하고, 불필요한 선이 있는 오브젝트를 각각 선택하고 Pathfinder 패널에서 'Unite(🖿)'를 클릭하여 합칩니다.

5 Selection Tool()로 **Shift** 를 누르면서 12개의 오브젝트를 함께 선택하고 '면 : C30M80Y80K40'을 지정합니다. [Select]−[All](**Ctrl** + **A**)로 모두 선택하고 '테두리 : 없음'을 지정한 후 **Esc** 를 눌러 정상 모드로 전환합니다. Ellipse Tool(●)로 **Shift** 를 누르면서 드래그하여 크기가 다른 3개의 정원을 그리고 '면 : Y100, 테두리 : 없음'을 지정합니다.

04 나비 넥타이 모양 만들기

1 Rounded Rectangle Tool(●)로 **Alt** 를 누르면서 세로 안내선에 클릭한 후 'Width : 34mm, Height : 15mm, Corner Radius : 2mm'를 입력하여 그리고 '면 : 임의 색상, 테두리 : 없음'을 지정합니다. [Object]−[Path]−[Add Anchor Points]를 선택하고 각각의 선분 중앙에 고정점을 균일하게 추가합니다.

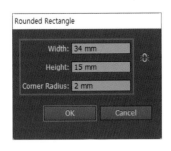
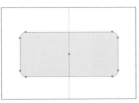
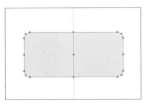

2 Direct Selection Tool(▶)로 드래그하여 둥근 사각형 가로 중앙의 2개의 고정점을 선택하고, Scale Tool(⊡)을 더블 클릭한 후 'Uniform : 30%'를 지정하여 패스를 축소합니다.

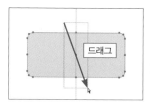
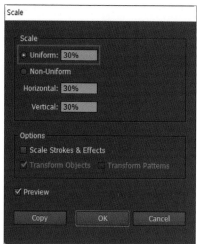
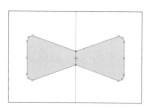

③ Direct Selection Tool(▶)로 드래그하여 둥근 사각형 세로 중앙의 2개의 고정점을 선택하고, Scale Tool(⬚)로 그림과 같이 안쪽으로 드래그하여 패스를 축소한 후 '면 : C60M90, 테두리 : 없음'을 지정합니다.

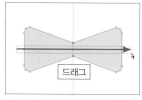
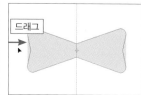

④ Ellipse Tool(◯)로 크기가 다른 7개의 원을 겹치도록 그리고 '면 : K100, 테두리 : 없음'을 지정합니다. Selection Tool(▶)로 리본 모양과 함께 선택하고 Pathfinder 패널에서 'Divide (⬚)'를 클릭한 후 더블 클릭하여 Isolation Mode로 전환하고 불필요한 오브젝트를 선택하고 **Delete**를 눌러 삭제합니다.

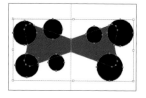

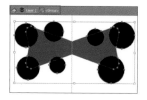
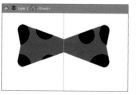

⑤ Ellipse Tool(◯)로 크기가 다른 2개의 원을 겹치도록 그리고 '면 : K100, 테두리 : 없음'을 지정합니다. Rounded Rectangle Tool(◯)로 드래그하여 둥근 사각형을 가운데 그리고 '면 : K100, 테두리 : 없음'을 지정하고 **Esc**를 눌러 정상 모드로 전환합니다.

패키지, 비즈니스 디자인

주요 기능	메뉴	단축키	출제빈도
Selection Tool		V , A	★★★★★
Pen Tool		P	★★★★★
Gradient Tool		G	★★★★★
Shape Tool		M , L	★★★★★
Type Tool		T	★★★★★
Transform Tool		R , O , S	★★★★★
Outline Stroke	[Object]-[Path]-[Outline Stroke]		★★★
Offset Path	[Object]-[Path]-[Offset Path]		★★★★★
Expand Appearance	[Object]-[Expand Appearance]		★★
Pattern	[Object]-[Pattern]-[Make]		★★★★★
Clipping Mask	[Object]-[Clipping Mask]-[Make]	Ctrl + 7	★★★★★
Create Outlines	[Type]-[Create Outlines]	Shift + Ctrl + O	★
Effect	[Effect]-[Illustrator Effects]-[Stylize]-[Drop Shadow]		★★★★★
Color Panel	[Window]-[Color]	F6	★★★★★
Pathfinder Panel	[Window]-[Pathfinder]	Shift + Ctrl + F9	★★★★★
Stroke Panel	[Window]-[Stroke]	Ctrl + F10	★★★★★
Character Panel	[Window]-[Type]-[Character]	Ctrl + T	★★★★★
Paragraph Panel	[Window]-[Type]-[Paragraph]	Alt + Ctrl + T	★★★
Gradient Panel	[Window]-[Gradient]	Ctrl + F9	★★★★★
Align Panel	[Window]-[Align]	Shift + F7	★★★
Brushes Panel	[Window]-[Brushes]	F5	★★★★★
Transparency Panel	[Window]-[Transparency]	Shift + Ctrl + F10	★★★★★

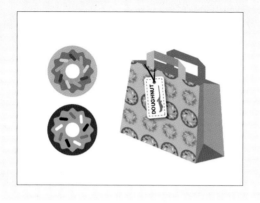

무료 동영상

01 도넛 모양 만들기

1 [File]-[New]를 선택하여 새 도큐먼트를 만듭니다. Ellipse Tool( )로 작업 도큐먼트를 클릭한 후 'Width : 35mm, Height : 35mm'를 입력하여 그리고 '면 : M30Y60, 테두리 : 없음'을 지정합니다. Scale Tool( )을 더블 클릭하여 'Uniform : 80%'를 지정하고 [Copy]를 눌러 축소 복사한 후 '면 : M80Y10, 테두리 : 없음'을 지정합니다.

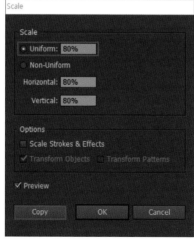

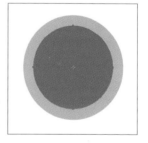

2 [Effect]-[Illustrator Effects]-[Distort & Transform]-[Zig Zag]를 선택한 후 'Size : 1mm, Absolute : 체크, Ridges per segment : 5, Points : Smooth'를 지정하고 [Object]-[Expand Appearance]를 선택하여 오브젝트의 속성을 확장합니다.

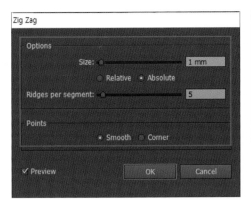
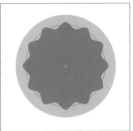
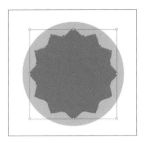

3 Ellipse Tool(⬤)로 작업 도큐먼트를 클릭한 후, 'Width : 17mm, Height : 17mm'를 입력하여 그리고 '면 : M50Y10, 테두리 : 없음'을 지정합니다.

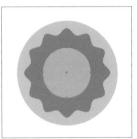

4 Scale Tool(⬜)을 더블 클릭하여 'Uniform : 60%'를 지정하고 [Copy]를 눌러 축소 복사한 후 '면 : 임의 색상, 테두리 : 임의 색상'을 지정합니다.

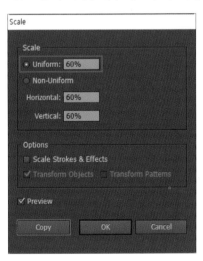

5 Rounded Rectangle Tool(⬛)로 드래그하여 그림과 같이 겹치도록 그리고 '면 : C60M90, 테두리 : 없음'을 지정합니다. [Select]-[All](**Ctrl**+**A**)로 모두 선택하고 Align 패널에서 'Horizontal Align Center(⬓)'를 클릭하여 가로 가운데 정렬을 지정합니다.

6 Selection Tool(🔲)로 둥근 사각형을 선택하고 Rotate Tool(🔲)로 **Alt** 를 누른 채 정원의 중심점을 클릭한 후 'Angle : 40˚'를 지정하고 [Copy]를 눌러 복사하고 **Ctrl** + **D** 를 7번 눌러 반복하여 회전 복사합니다.

합격생의 비법

[View]–[Smart Guides](**Ctrl** + **U**)를 선택하면 오브젝트의 중심점(center)를 확인할 수 있습니다.

7 Selection Tool(🔲)로 9개의 둥근 사각형을 선택하고 [Object]–[Transform]–[Transform Each]를 선택하여 'Angle : 45˚'를 지정하고 [OK]를 눌러 오브젝트를 각각 회전합니다. Selection Tool(🔲)로 3개의 둥근 사각형을 함께 선택하고 '면 : C60, 테두리 : 없음'을 지정한 후 나머지 3개의 둥근 사각형을 선택하고 '면 : Y100, 테두리 : 없음'을 지정합니다.

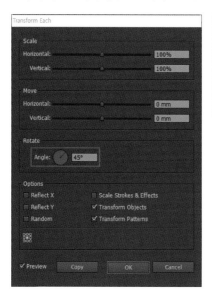

⑧ Selection Tool(◄)로 도넛 오브젝트를 선택하고 [Object]-[Transform]-[Move]를 선택하고 'Horizontal : 0mm, Vertical : 40mm'를 입력하고 [Copy]를 눌러 아래로 이동하여 복사합니다.

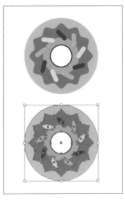

⑨ Selection Tool(◄)로 하단 도넛 오브젝트의 '면 : M50Y10, 테두리 : 없음'인 정원을 선택하고 Delete 를 눌러 삭제합니다. 뒤쪽부터 순서대로 오브젝트를 선택하여 '면 : C50M50Y90K50, C50Y100, 테두리 : 없음'을 각각 지정합니다. 계속해서 나머지 오브젝트도 3개씩 함께 선택하고 '면 : C50M70Y80K70, M80Y10, C0M0Y0K0, 테두리 : 없음'을 각각 지정합니다.

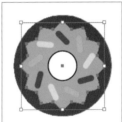

⑩ Selection Tool(◄)로 뒤쪽 3개의 오브젝트를 함께 선택하고 Pathfinder 패널에서 'Divide (◧)'를 클릭하여 면을 분할한 후 더블 클릭하여 Isolation Mode로 전환합니다. 가운데 정원을 선택하고 Delete 를 눌러 삭제하고 Esc 를 눌러 정상 모드로 전환합니다. 상단의 도넛 오브젝트도 뒤쪽 4개의 오브젝트를 함께 선택하고 동일한 방법으로 면을 분할한 후 가운데 정원을 삭제합니다.

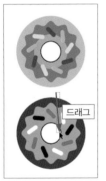

02 패턴 등록하기

1 Selection Tool()로 도넛 오브젝트를 각각 선택하여 [Object]-[Group](**Ctrl** + **G**)으로 그룹을 지정합니다. Rectangle Tool(■)로 작업 도큐먼트에 클릭하여 'Width : 40mm, Height : 80mm'를 입력하여 그리고 '면 : 없음, 테두리 : 없음'을 지정하고 [Object]-[Arrange]-[Send to Back](**Shift** + **Ctrl** + **[**)을 선택하고 맨 뒤로 보내기를 합니다.

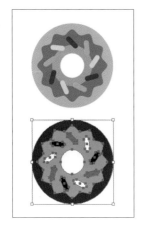

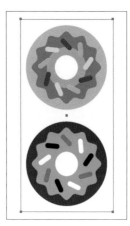

2 [Select]-[All](**Ctrl** + **A**)로 오브젝트를 모두 선택하고 Align 패널에서 'Horizontal Align Center(■)'를 클릭하여 가로 가운데 정렬을 지정합니다.

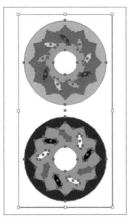

3 [Object]-[Pattern]-[Make]로 'Name : 도넛'을 지정하고 패턴으로 등록하여 Swathes 패널에 저장합니다. 도큐먼트 상단의 'Done'을 클릭하여 패턴 편집 모드에서 정상 모드로 전환합니다.

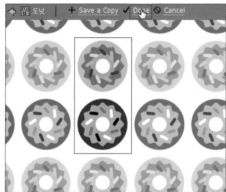
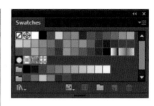

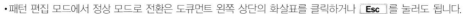

03 패키지 모양 만들기

1 Rectangle Tool(▣)로 작업 도큐먼트에 클릭하여 'Width : 48mm, Height : 50mm'를 입력하여 그리고 '면 : 임의 색상, 테두리 : 임의 색상'을 지정합니다. 계속해서 직사각형을 상단에 겹치도록 그리고 Selection Tool(▶)로 <kbd>Alt</kbd>를 누르면서 오른쪽으로 드래그하여 복사합니다.

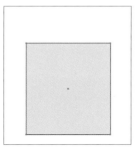
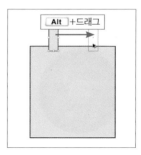
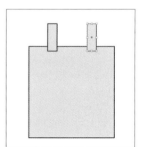

2 Direct Selection Tool(▶)로 <kbd>Shift</kbd>를 누르면서 왼쪽과 오른쪽 상단의 2개의 고정점을 클릭하여 선택하고 그림과 같이 아래쪽으로 이동하여 패스를 변형합니다.

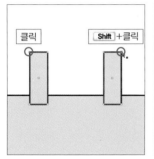
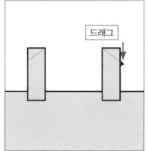
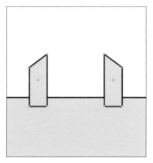

❸ Rectangle Tool(■)로 2개의 오브젝트 사이에 드래그하여 직사각형을 그리고 Selection Tool(▷)로 3개의 오브젝트를 함께 선택하고 Align 패널에서 'Vertical Align Top(┰)'를 클릭하여 상단에 정렬을 지정합니다.

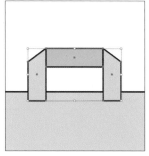

❹ Selection Tool(▷)로 4개의 오브젝트를 함께 선택하고 '면 : C30M50Y70K20, 테두리 : 없음'을 지정합니다. [Object]-[Transform]-[Move]를 선택하고 'Horizontal : -14mm, Vertical : 6mm'를 입력하고 [Copy]를 눌러 왼쪽 아래로 이동하여 복사하고 '면 : C10M20Y50, 테두리 : 없음'을 지정합니다. 손잡이 모양 중간의 오브젝트를 선택하고 '면 : C20M40Y60K10, 테두리 : 없음'을 지정합니다.

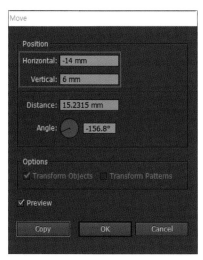
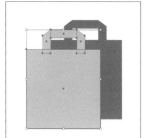

❺ Selection Tool(▷)로 패키지 모양의 오브젝트를 함께 선택하고 Shear Tool(◩)을 더블 클릭하여 'Shear Angle : 200°, Axis : Vertical'을 지정하고 [OK]를 눌러 기울이기를 적용합니다.

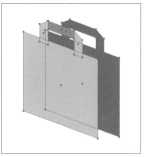

6 Direct Selection Tool(⬆)로 그림과 같이 3개의 고정점을 각각 이동하여 패키지 모양을 변성합니다.

7 Pen Tool(✎)로 클릭하여 3개의 닫힌 패스를 그림과 같이 오른쪽에 그리고 '면 : C20M40Y60K20, C20M40Y50, C30M50Y70K30, 테두리 : 없음'을 각각 지정합니다. 계속해서 왼쪽 상단에 클릭하여 그리고 '면 : C30M50Y70K20, 테두리 : 없음'을 지정하고 [Object]-[Arrange]-[Send to Back](Shift + Ctrl + [ )을 선택하고 맨 뒤로 보내기를 합니다.

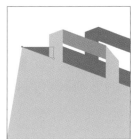

04 패턴 적용하고 투명도 적용하기

1 Selection Tool(◾)로 패키지 모양의 왼쪽 오브젝트를 선택하고 [Edit]-[Copy](`Ctrl` + `C`)
로 복사를 하고 [Edit]-[Paste in Front](`Ctrl` + `F`)로 복사한 오브젝트 앞에 붙여 넣기를 하
고 Swathes 패널에서 '도넛' 패턴을 클릭하여 면 색상에 패턴을 적용합니다.

 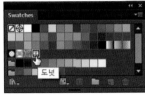 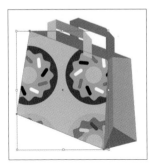

2 Scale Tool(◾)을 더블 클릭하고 'Uniform : 35%, Transform Objects : 체크 해제, Transform
Patterns : 체크'를 지정하여 패턴의 크기를 축소합니다. [Object]-[Arrange]-[Bring to
Front](`Shift` + `Ctrl` + `]`])로 맨 앞으로 가져오기를 합니다.

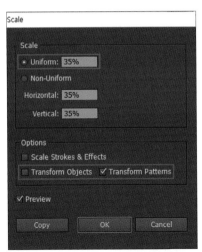 

3 Shear Tool(◾)을 더블 클릭하여 'Shear Angle : 200°, Axis : Vertical, Transform Objects :
체크 해제, Transform Patterns : 체크'를 지정하고 패턴의 기울이기를 적용한 후, Transparency
패널에서 'Opacity : 70%'를 지정하여 패턴의 불투명도를 조절합니다.

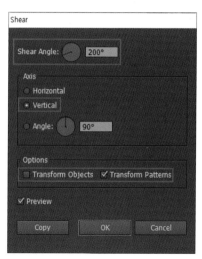

변형 도구의 대화상자에서 Options의 'Transform Objects : 체크 해제, Transform Patterns : 체크'를 지정해야 오브젝트는 그대로 유지하면서 패턴만 변형할 수 있습니다.

05 태그 만들고 문자 입력하기

1 Rounded Rectangle Tool()로 작업 도큐먼트를 클릭한 후 'Width : 28mm, Height : 14mm, Corner Radius : 2mm'를 입력하여 그리고 '면 : 임의 색상, 테두리 : 임의 색상'을 지정합니다. [Object]-[Path]-[Offset Path]를 선택한 후 'Offset : −1.5mm'를 지정하여 축소된 복사본을 만든 후 '면 : 없음, 테두리 : M80Y90'을 지정하고 Stroke 패널에서 'Weight : 1pt, Dashed Line : 체크, dash : 3pt'를 입력하여 점선을 지정합니다.

2 Ellipse Tool(●)로 **Shift**를 누르면서 드래그하여 임의 색상의 정원을 그리고 Selection Tool(▶)로 3개의 오브젝트를 함께 선택하고 Align 패널에서 'Vertical Align Center(▮▮)'를 클릭하여 세로 가운데 정렬을 지정합니다.

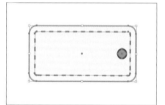

③ Selection Tool()로 큰 둥근 사각형과 정원을 함께 선택하고 Pathfinder 패널에서 'Minus Front(□)'를 클릭한 후 [Object]-[Arrange]-[Send Backward](Ctrl + [ )을 선택하고 뒤로 보내기를 합니다.

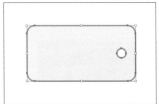
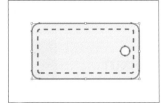

④ Type Tool(T)로 작업 도큐먼트를 클릭한 후 Character 패널에서 'Set the font family : Arial, Set the font style : Bold, Set the font size : 10pt'를 설정하고 '면 : K100, 테두리 : 없음'을 지정한 후 DOUGHNUT을 입력합니다.

06 브러쉬 및 이펙트 적용하기

① Line Segment Tool(✏)로 Shift 를 누르면서 오른쪽에서 왼쪽으로 드래그하여 수평선을 그리고 '면 : 없음, 테두리 : M80Y90'을 지정하고 Stroke 패널에서 'Weight : 1pt'를 지정합니다. Brushes 패널 하단에 'Brush Libraries Menu'를 클릭한 후 [Decorative]-[Elegant Curl & Floral Brush Set]을 선택하여 추가 브러쉬 패널을 불러온 후 'Floral Stem 4'를 선택합니다.

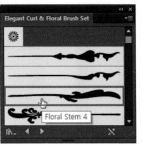

② Selection Tool()로 큰 둥근 사각형을 선택하고 '면 : C0M0Y0K0, 테두리 : 없음'을 지정한 후 태그 모양을 모두 선택하고 [Object]−[Group]([Ctrl]+[G])으로 그룹을 지정한 후 [Effect] −[Illustrator Effects]−[Stylize]−[Drop Shadow]를 선택하고 'Opacity : 75%, X Offset : 1mm, Y Offset : 1mm, Blur : 1mm'를 지정하여 그림자 효과를 적용합니다.

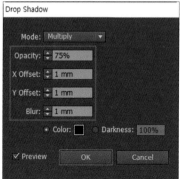

③ Rotate Tool()을 더블 클릭하여 'Angle : 95°'를 지정하고 [OK]를 눌러 회전하고 레이아웃에 맞게 배치합니다.

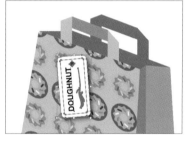

④ Pen Tool()로 클릭하여 열린 패스를 그림과 같이 그리고 '면 : 없음, 테두리 : K100'을 지정하고 Stroke 패널에서 'Weight : 1pt'를 지정합니다. Brushes 패널 하단에 'Brush Libraries Menu'를 클릭한 후 [Artistic]−[Artistic_ChalkCharcoalPencil]을 선택하여 추가 브러쉬 패널에서 'Charcoal − Pencil'을 선택하여 적용합니다.

02 패턴 브러쉬가 적용된 인형 만들기

무료 동영상

01 패스파인더를 활용한 인형 오브젝트 만들기

1 [File]-[New]를 선택하고 새 도큐먼트를 만들고 [View]-[Rulers]-[Show Rulers](**Ctrl** + **R**)로 눈금자 보기를 한 후 세로 안내선을 표시합니다.

2 Ellipse Tool( )로 작업 도큐먼트를 클릭한 후 'Width : 35mm, Height : 30mm'를 입력하여 그리고 '면 : 임의 색상, 테두리 : 임의 색상'을 지정합니다. 계속해서 클릭하여 'Width : 54mm, Height : 45mm'와 'Width : 33mm, Height : 13mm'를 각각 입력하여 그리고 그림과 같이 겹치도록 배치합니다.

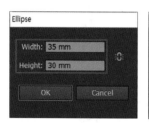

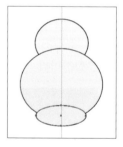

3 [Select]-[All](**Ctrl** + **A**)로 모두 선택하고 Align 패널에서 'Horizontal Align Center( )'를 클릭하여 가로 가운데 정렬을 지정합니다.

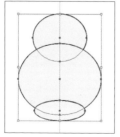

④ Pathfinder 패널에서 'Unite( )'를 클릭하여 합친 후 [Effect]−[Illustrator Effects]−[Stylize]
−[Round Corners]를 선택하고 'Radius : 3mm'를 지정하여 모서리를 둥글게 만들고 [Object]
−[Expand Appearance]를 선택하여 오브젝트의 속성을 확장합니다.

 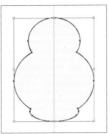  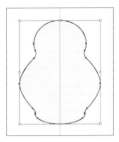

⑤ Ellipse Tool( )로 드래그하여 상단과 겹치도록 타원을 그리고 '면 : 없음, 테두리 : 임의 색
상'을 지정합니다. Direct Selection Tool( )로 상단의 고정점을 클릭하여 선택하고 **Delete** 를
눌러 삭제한 후 열린 패스로 만든 후 Selection Tool( )로 **Alt** 를 누른 채 하단으로 드래그
하여 복사하여 배치합니다.

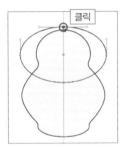 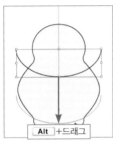 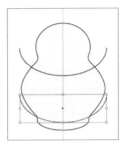

⑥ [Select]−[All](**Ctrl** + **A**)로 모두 선택하고 Align 패널에서 'Horizontal Align Center( )'
를 클릭하여 가로 가운데 정렬을 지정하고 Pathfinder 패널에서 'Divide( )'를 클릭하여 면을
분할합니다.

 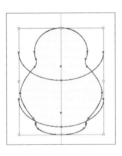  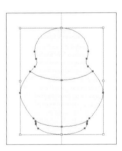

⑦ Selection Tool( )로 분할된 오브젝트를 더블 클릭하여 Isolation Mode로 전환하고 위쪽 오
브젝트부터 순서대로 선택하고 '면 : Y70, M50, M100Y20, 테두리 : 없음'을 각각 지정한 후
Esc 를 눌러 정상 모드로 전환합니다.

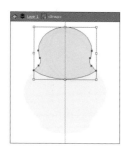 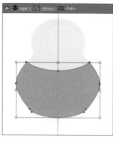 

02 얼굴 모양 만들고 대칭하여 복사하기

1 Ellipse Tool(◯)로 **Alt** 를 누른 채 수직의 안내선에 클릭하여 'Width : 24mm, Height : 22mm'를 입력하여 그리고 '면 : C0M0Y0K0, 테두리 : 없음'을 지정합니다.

 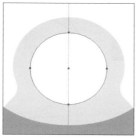

2 Ellipse Tool(◯)로 드래그하여 타원을 그리고 '면 : 없음, 테두리 : 임의 색상'을 지정합니다. Selection Tool(▶)로 조절점 밖을 시계방향으로 드래그하여 회전한 후 **Alt** 를 누른 채 드래그하여 복사하고 그림과 같이 회전하여 배치합니다.

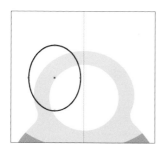 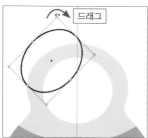 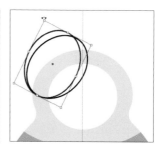

3 Selection Tool(▶)로 드래그하여 2개의 타원을 함께 선택하고 Reflcct Tool(◸)로 **Alt** 를 누르면서 수직 안내선을 클릭하여 'Axis : Vertical'을 지정하고 [Copy]를 눌러 복사한 후 회전과 위치를 조절하여 배치합니다.

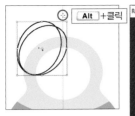   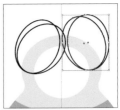

④ Selection Tool(▨)로 드래그하여 5개의 오브젝트를 함께 선택하고 Pathfinder 패널에서 'Divide(▨)'를 클릭하여 면을 분할합니다.

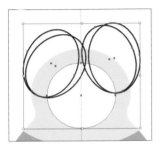  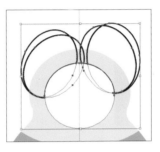

⑤ Selection Tool(▨)로 분할된 오브젝트를 더블 클릭하여 Isolation Mode로 전환하고 불필요한 오브젝트를 선택하고 **Delete** 를 눌러 삭제합니다. 오브젝트를 순서대로 선택하고 '면 : M40Y80, M60Y100, 테두리 : 없음'을 각각 지정한 후 **Esc** 를 눌러 정상 모드로 전환합니다.

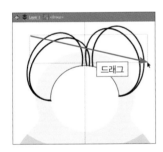 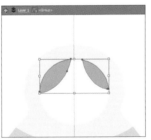 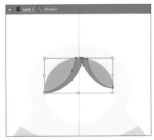

⑥ Pen Tool(▨)로 눈썹 모양의 패스를 그리고 '면 : K100, 테두리 : 없음'을 지정합니다. Ellipse Tool(▨)로 **Shift** 를 누른 채 드래그하여 크기가 다른 5개의 정원을 그리고 '면 : C100M30, K100, C0M0Y0K0, 테두리 : 없음'을 각각 지정합니다. 계속해서 타원을 그리고 면 : K80, 테두리 : 없음'을 지정합니다.

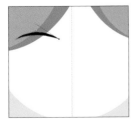 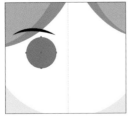 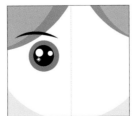 

7 Ellipse Tool()로 **Shift**를 누른 채 드래그하여 볼의 위치에 정원을 그리고 Gradient 패널에서 'Type : Radial'을 적용하고 Gradient Slider의 왼쪽 'Color Stop'을 더블 클릭하여 M30Y20을, 오른쪽 'Color Stop'을 더블 클릭하여 C0M0Y0K0을 적용한 후 '테두리 : 없음'을 지정합니다.

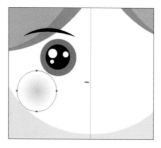

8 Selection Tool(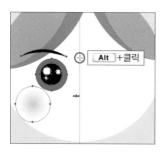)로 대칭 복사할 오브젝트를 함께 선택하고 Reflect Tool()로 **Alt**를 누르면서 수직 안내선을 클릭하여 'Axis : Vertical'을 지정하고 [Copy]를 눌러 복사한 후 배치합니다.

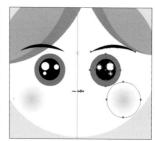

9 Pen Tool()로 윗입술 모양의 열린 패스를 그리고 '면 : 없음, 테두리 : M80Y70'을 지정하고 Stroke 패널에서 'Weight : 2pt, Cap : Round Cap'을 적용합니다. 계속해서 아랫입술 모양의 열린 패스를 그리고 '면 : M80Y70, 테두리 : 없음'을 지정합니다.

03 꽃 모양 만들기

1 Ellipse Tool()로 작업 도큐먼트에 클릭하여 'Width : 8mm, Height : 8mm'를 입력하여 그리고 '면 : 임의 색상, 테두리 : 임의 색상'을 지정합니다. Direct Selection Tool(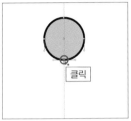)로 하단의 고정점을 클릭하여 선택하고 아래쪽으로 이동하여 패스를 변형합니다.

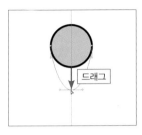
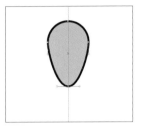

2 Scale Tool(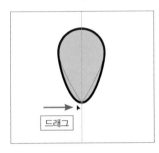)을 세로 인내선쪽으로 드래그하여 하단 패스를 축소합니다.

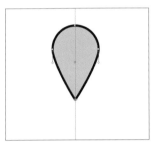

3 Rotate Tool()을 클릭하고 **Alt** 를 누른 채 하단 고정점에 클릭합니다. [Rotate] 대화상자에서 'Angle : 72'로 지정한 후 [Copy]를 눌러 복사하고, **Ctrl** + **D** 를 3번 눌러 반복 복사합니다.

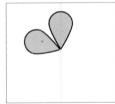
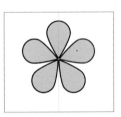

4 Selection Tool()로 꽃 모양을 모두 선택하고 [Object]-[Group](**Ctrl** + **G**)으로 그룹을 지정합니다. [Object]-[Transform]-[Transform Each]를 선택하여 'Horizontal : 60%, Vertical : 60%, Angle : 45'를 지정하고 [Copy]를 눌러 크기와 회전을 동시에 조절하며 복사하고 **Ctrl** + **D** 를 눌러 복사합니다.

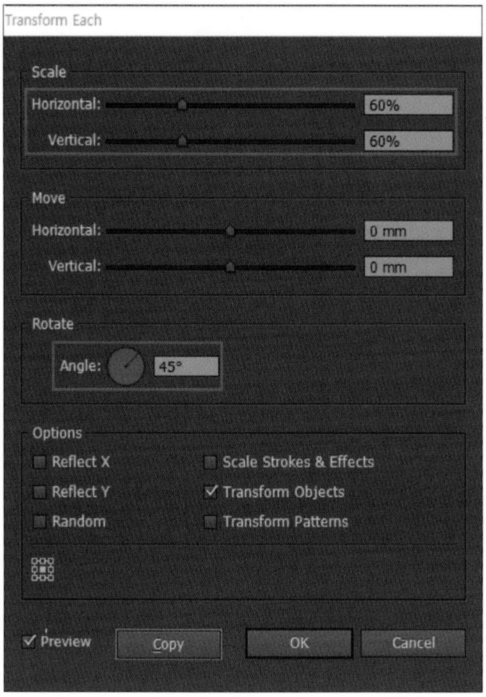

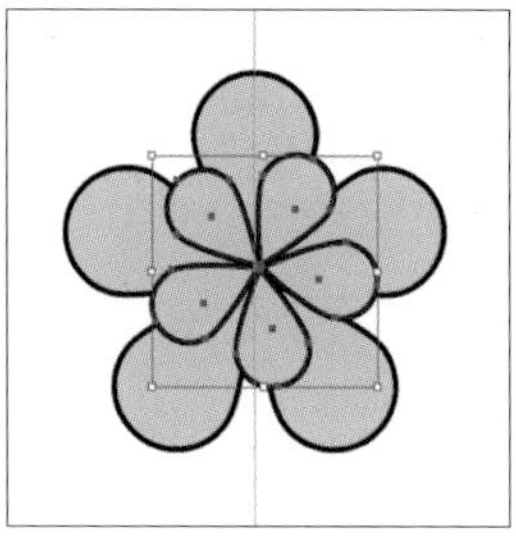

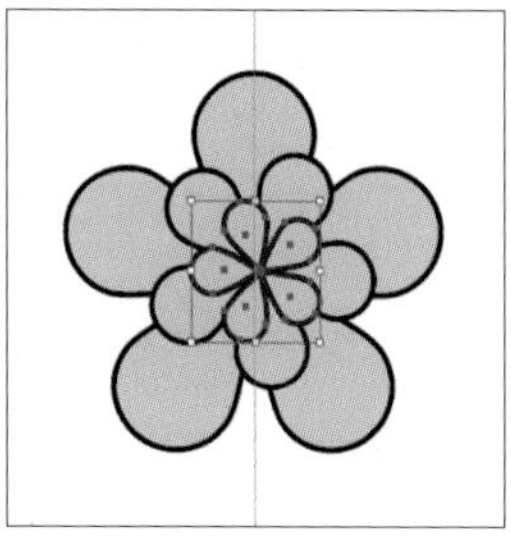

5 작은 크기의 꽃 모양에 '면 : Y100, 테두리 : 없음'을 지정한 후 Selection Tool(▶)로 중간 크기의 꽃 모양을 더블 클릭하여 Isolation Mode로 전환하고 모두 선택합니다. Gradient 패널에서 'Type : Radial'을 적용하고 Gradient Slider의 왼쪽 'Color Stop'을 더블 클릭하여 M90Y80을, 오른쪽 'Color Stop'을 더블 클릭하여 Y80을 지정하여 적용한 후 '테두리 : 없음'을 지정합니다.

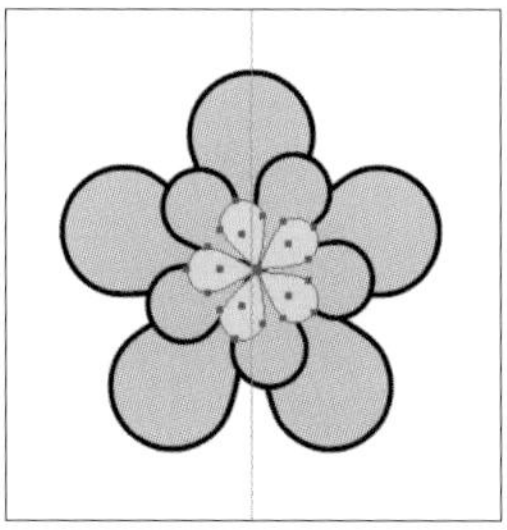

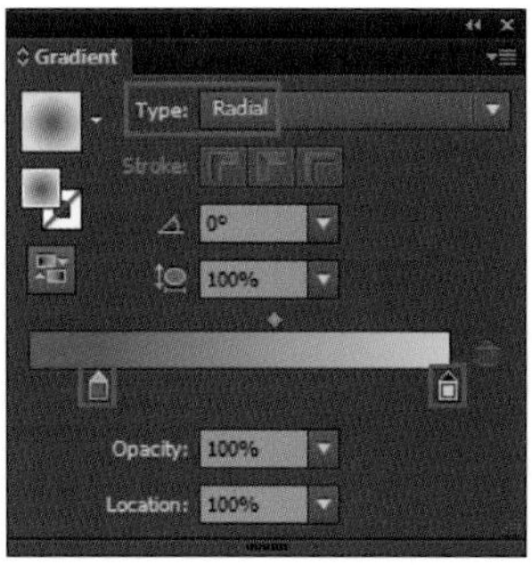

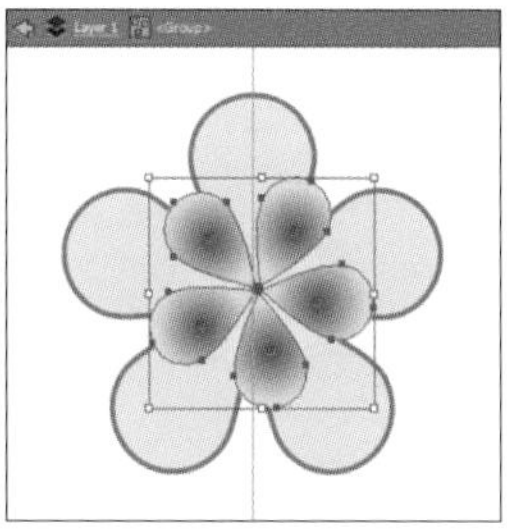

6 Gradient Tool(■)로 꽃 모양의 중심에서 바깥쪽으로 드래그하여 그라디언트를 조절합니다. Esc 를 눌러 정상 모드로 전환하고 큰 꽃 모양을 선택하고 '면 : C0M0Y0K0, 테두리 : 없음'을 지정하고 배치합니다.

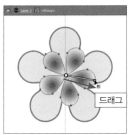 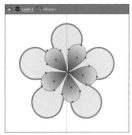 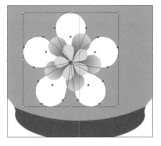

7 Selection Tool(🔺)로 3개의 꽃 모양을 함께 선택하고 Scale Tool(⬚)을 더블 클릭하여 'Uniform : 60%'를 지정하고 [Copy]를 눌러 축소 복사한 후 Selection Tool(🔺)로 조절점 밖을 반시계 방향으로 드래그하여 회전하고 오른쪽에 배치합니다.

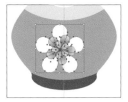   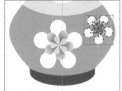

8 Selection Tool(🔺)로 **Alt** 를 누른 채 왼쪽으로 드래그하여 복사하고 조절점을 드래그하여 크기를 축소한 후 회전하여 배치합니다.

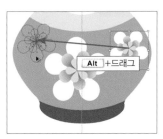 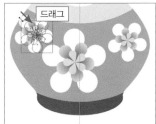 

9 Selection Tool(🔺)로 2개의 꽃 모양을 선택하고 Transparency 패널에서 'Opacity : 70%'를 지정하여 불투명도를 조절합니다.

 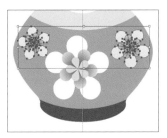

04 패턴 브러쉬 등록 및 적용하기

1 Ellipse Tool(⬭)로 작업 도큐먼트를 클릭한 후 'Width : 5mm, Height : 5mm'를 입력하여 그리고 '면 : 없음, 테두리 : K100'을 지정하고 Stroke 패널에서 'Weight : 1pt'를 지정합니다.

  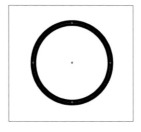

2 Scale Tool(▣)을 더블 클릭하여 'Uniform : 80%'를 지정하고 [Copy]를 눌러 축소 복사한 후 Stroke 패널에서 'Weight : 0.5pt'를 지정합니다.

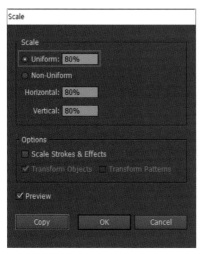  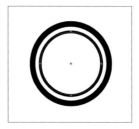

3 Direct Selection Tool(▶)로 상단 2개의 고정점을 드래그하여 선택하고 **Delete**를 눌러 삭제합니다.

 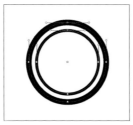 

4 Selection Tool(▶)로 2개의 오브젝트를 선택하고 Brushes 패널 하단의 'New Brush(▤)'를 클릭하여 'Pattern Brush'를 선택하고 [OK]를 클릭한 후 'Name : 문양, Colorization Method : Tints'를 지정하여 패턴 브러쉬로 등록한 후 **Delete**를 눌러 삭제합니다.

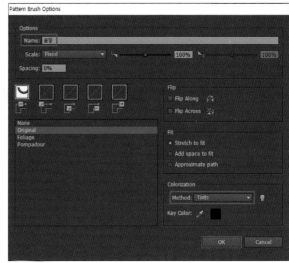

새로운 브러쉬를 등록할 때 'Method : Tints'를 지정하면 브러쉬를 적용한 오브젝트에 지정한 테두리 색상이 반영됩니다.

5 Pen Tool(✑)로 드래그하여 열린 곡선 패스를 그림과 같이 그리고 Brushes 패널에서 '문양' 브러쉬를 클릭한 후 '면 : 없음, 테두리 : M100Y100K20'을 지정하고 Stroke 패널에서 'Weight : 1pt'를 지정합니다.

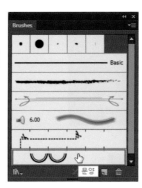

6 Ellipse Tool(◯)로 작업 도큐먼트를 클릭한 후 'Width : 4.5mm, Height : 4.5mm'를 입력하여 그리고 '면 : K100, 테두리 : 없음'을 지정합니다. 계속해서 클릭하여 'Width : 1mm, Height : 1mm'를 입력하여 그리고 '면 : C0M0Y0K0, 테두리 : 없음'을 지정하고 상단에 겹치도록 배치합니다.

7 Selection Tool(▶)로 2개의 오브젝트를 선택하고 Brushes 패널 하단에 'New Brush(◧)'를 클릭하여 'Pattern Brush'를 선택하고 [OK]를 클릭한 후 'Name : 원형, Colorization Method : Tints'를 지정하여 패턴 브러쉬로 등록한 후 **Delete**를 눌러 삭제합니다.

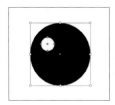

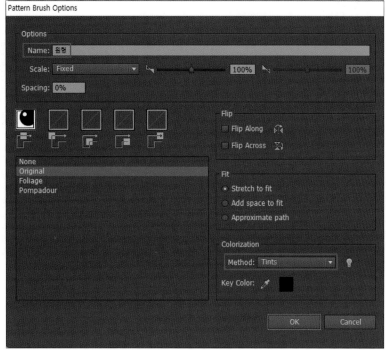

⑧ Ellipse Tool(◉)로 작업 도큐먼트를 클릭한 후 'Width : 25mm, Height : 23mm'를 입력하여 그리고 '면 : 없음, 테두리 : 임의 색상'을 지정합니다. [Object]-[Path]-[Add Anchor Points] 를 선택하고 각각의 선분 중앙에 고정점을 균일하게 추가하고 Direct Selection Tool(▶)로 하 단 고정점을 선택하고 **Delete** 를 눌러 삭제합니다.

⑨ Brushes 패널에서 '원형' 브러쉬를 클릭한 후 '면 : 없음, 테두리 : M80Y20'을 지정하고 Stroke 패널에서 'Weight : 0.5pt'를 지정합니다.

05 크기 변형과 색상 편집하기

1 **Ctrl** + **A** 로 모두 선택하고 Scale Tool()을 더블 클릭하여 'Uniform : 70%, Sacle Strokes & Effects : 체크'를 지정하고 [Copy]를 눌러 축소 복사한 후 하단 2개의 오브젝트를 선택하고 '면 : C70, C100M1000Y20K20, 테두리 : 없음'을 각각 지정합니다.

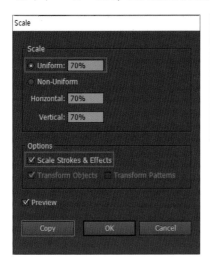

03 클리핑 마스크가 적용된 기타 모양 만들기

무료 동영상 ▶

01 음표 모양 만들기

1 [File]-[New]를 선택하고 새 도큐먼트를 만들고 Ellipse Tool(⬤)로 작업 도큐먼트를 클릭한 후 'Width : 6mm, Height : 4mm'를 입력하여 그리고 '면 : M50Y10, 테두리 : 없음'을 지정합니다. Line Segment Tool(╱)로 **Shift** 를 누른 채 작업 도큐먼트에 드래그하여 수직선을 그리고 '면 : 없음, 테두리 : M50Y10'을 지정하고 Stroke 패널에서 'Weight : 2pt, Cap : Round Cap'을 지정합니다.

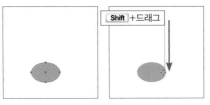

2 Arc Tool()로 그림과 같이 하단에서 상단으로 드래그하여 호를 그리고 배치한 후 '면 : 없음, 테두리 : M50Y10'을 지정하고 Stroke 패널에서 'Weight : 2pt, Cap : Round Cap'을 지정합니다. Selection Tool()로 왼쪽 2개의 오브젝트를 선택하고 **Ctrl** + **C** 로 복사를 하고 **Ctrl** + **A** 로 모두 선택한 후 [Object]-[Path]-[Outline Stroke]로 선을 면으로 확장합니다.

3 Pathfinder 패널에서 'Unite()'를 클릭하여 합치고 Selection Tool()로 조절점을 반시계 방향으로 드래그하여 회전하여 배치합니다.

4 앞서 복사한 오브젝트를 **Ctrl** + **V** 로 붙여 넣기를 하고 Selection Tool()로 **Alt** 와 **Shift** 를 누른 채 오른쪽으로 드래그하여 복사합니다. Line Segment Tool()로 **Shift** 를 누른 채 상단에 드래그하여 2개의 수평선을 그리고 '면 : 없음, 테두리 : M50Y10'을 지정하고 Stroke 패널에서 'Weight : 2pt'를 지정합니다.

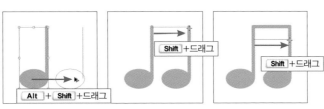

5 Selection Tool()로 6개의 오브젝트를 함께 선택하고 [Object]-[Path]-[Outline Stroke]로 선을 면으로 확장한 후 Pathfinder 패널에서 'Unite()'를 클릭하여 합치고 Shear Tool()을 더블 클릭하여 'Shear Angle : 20°, Axis : Horizontal'을 지정하고 [OK]를 눌러 기울이기를 적용합니다.

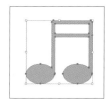
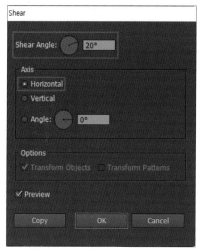

02 펜 툴로 오브젝트 만들기

1 Ellipse Tool()로 작업 도큐먼트를 클릭한 후 'Width : 9mm, Height : 9mm'를 입력하여 그리고 '면 : 임의 색상, 테두리 : 임의 색상'을 지정합니다.

2 Pen Tool(🖊)로 열린 곡선 패스를 그림과 같이 정원과 겹치도록 그리고 '면 : 없음, 테두리 : C30'을 지정하고 Stroke 패널에서 'Weight : 12pt'를 적용한 후 [Object]-[Path]-[Outline Stroke]로 선을 면으로 확장합니다.

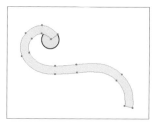

3 Direct Selection Tool(▶)로 하단 고정점과 방향점을 조절하여 패스를 변형합니다. Selection Tool(▶)로 2개의 오브젝트를 선택하고 Pathfinder 패널에서 'Unite(🔳)'를 클릭하여 합칩니다.

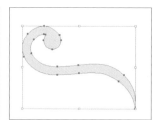

4 Pen Tool(🖋)로 열린 곡선 패스를 그림과 같이 그리고 '면 : 없음, 테두리 : C100Y50'을 지정하고 Stroke 패널에서 'Weight : 12pt'를 적용한 후 [Object]-[Path]-[Outline Stroke]로 선을 면으로 확장합니다. **Shift** + **Ctrl** + **[** 로 맨 뒤로 보내기를 하고 Direct Selection Tool(🔺)로 하단 패스를 변형합니다.

5 Pen Tool(🖋)로 2개의 열린 곡선 패스를 그림과 같이 그리고 '면 : 없음, 테두리 : 임의 색상'을 지정하고 Stroke 패널에서 'Weight : 11pt'를 적용합니다.

6 Selection Tool(🔺)로 2개의 열린 패스를 선택하고 [Object]-[Path]-[Outline Stroke]로 선을 면으로 확장합니다. Direct Selection Tool(🔺)로 하단 4개의 고정점을 드래그하여 선택하고 [Object]-[Path]-[Average]를 선택하고 'Axis : Both'를 지정하여 한 점에 정렬합니다.

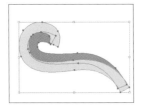
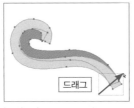

7 Ellipse Tool(⬭)로 드래그하여 임의 색상의 원을 그림과 같이 그리고 Selection Tool(🔺)로 2개의 오브젝트를 선택하고 Pathfinder 패널에서 'Unite(⬚)'를 클릭하여 합칩니다.

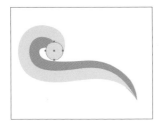

⑧ Selection Tool()로 2개의 오브젝트를 선택하고 Scale Tool(⬚)을 더블 클릭하여 'Uniform : 75%'를 지정하고 [Copy]를 눌러 축소 복사한 후 Selection Tool(⬚)로 조절점을 반시계 방향으로 드래그하여 회전하여 배치합니다. 오브젝트를 뒤에서부터 순서대로 선택하고 '면 : M60Y10, M20Y30, C50M10Y90, Y70, 테두리 : 없음'을 각각 지정합니다

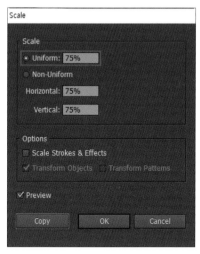

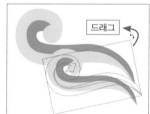

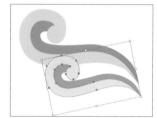

⑨ Selection Tool(⬚)로 '면 : Y70, 테두리 : 없음'인 오브젝트를 선택하고 Reflect Tool(⬚)을 더블 클릭하여 'Axis : Horizontal'을 지정하고 [Copy]를 눌러 복사한 후 Scale Tool(⬚)을 더블 클릭하여 'Uniform : 80%'를 지정하고 '면 : C50Y10, 테두리 : 없음'을 지정합니다. Selection Tool(⬚)로 조절점을 드래그하여 회전하고 **Shift** + **Ctrl** + **[** 로 맨 뒤로 보내기를 합니다.

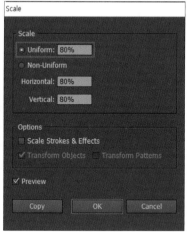

03 별 입체 모양 만들기

① Star Tool(⭐)로 작업 도큐먼트에 드래그하여 별을 그리고 '면 : M20Y30, 테두리 : 없음'을 지정한 후 Pen Tool(✒)로 3개의 닫힌 패스를 그림과 같이 그리고 '면 : M70Y80, M40Y100, 테두리 : 없음'을 각각 지정합니다. Selection Tool(⬚)로 3개의 오브젝트를 선택하고 **Shift** + **Ctrl** + **[** 로 맨 뒤로 보내기를 합니다.

   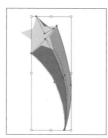

2 Selection Tool(▶)로 4개의 오브젝트를 선택하고 Reflect Tool(▷)을 더블 클릭하여 'Axis : Vertical'을 지정하고 [Copy]를 눌러 복사하고 Scale Tool(▣)을 더블 클릭하여 'Uniform : 130%'를 지정하고 Selection Tool(▶)로 조절점을 드래그하여 회전한 후 '면 : M20Y20, M40Y20, C30M70, 테두리 : 없음'을 각각 지정합니다.

 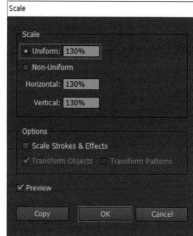 

04 기타 바디 모양 만들기

1 Ellipse Tool(⬤)로 작업 도큐먼트를 클릭한 후 'Width : 37mm, Height : 32mm'를 입력하여 그리고 '면 : 없음, 테두리 : 임의 색상'을 지정합니다. Rounded Rectangle Tool(⬜)로 작업 도큐먼트를 클릭한 후 'Width : 27mm, Height : 30mm, Corner Radius : 12mm'를 입력하여 그리고 겹치도록 배치합니다.

2 Selection Tool(▶)로 2개의 오브젝트를 선택한 후 Align 패널에서 'Horizontal Align Center(▣)'를 클릭하여 가로 가운데 정렬을 지정하고 Pathfinder 패널에서 'Unite(▣)'를 클릭하여 합칩니다.

 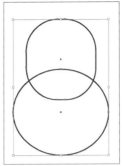  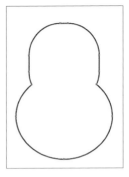

③ [View]-[Rulers]-[Show Rulers](**Ctrl** + **R**)로 눈금자 보기를 한 후 세로 안내선을 표시합니다. Ellipse Tool(◯)로 드래그하여 타원을 그리고 Selection Tool(▶)로 조절점을 드래그하여 회전한 후 그림과 같이 배치합니다. Reflect Tool(◀)로 **Alt** 를 누른 채 세로 안내선에 클릭하여 'Axis : Vertical'을 지정하고 [Copy]를 눌러 복사합니다. Rounded Rectangle Tool(◻)로 드래그하여 그리고 상단에 겹치도록 배치합니다.

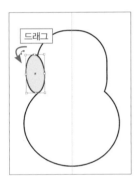 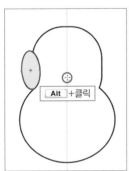 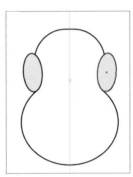 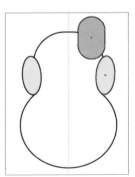

④ Selection Tool(▶)로 4개의 오브젝트를 선택한 후 Pathfinder 패널에서 'Minus Front(◻)'를 클릭합니다. Direct Selection Tool(▶)로 상단의 고정점을 드래그하여 선택하고 아래로 이동합니다.

 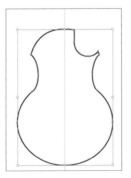 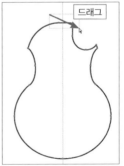 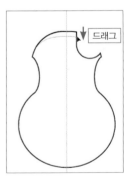

⑤ Direct Selection Tool(▶)로 그림과 같이 방향점을 드래그하여 패스를 곡선으로 변형합니다.

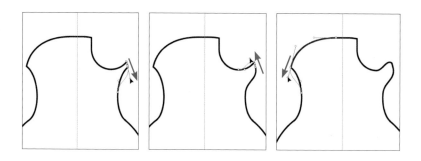

⑥ Gradient 패널에서 'Type : Linear, Angle : 0°'를 적용하고 Gradient Slider의 왼쪽 'Color Stop'을 더블 클릭하여 C50M50Y60K20을, 가운데 빈 곳을 클릭하여 'Color Stop'을 추가하고 C0M0Y0K0을, 오른쪽 'Color Stop'을 더블 클릭하여 C50M50Y60K20을 지정하여 적용한 후 '테두리 : 없음'을 지정합니다.

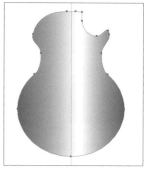

⑦ [Object]-[Path]-[Offset Path]를 선택한 후 'Offset : −1.5mm'를 지정하여 축소된 복사본을 만든 후, Gradient 패널에서 'Type : Linear'를 적용하고 Gradient Slider의 왼쪽 'Color Stop'을 더블 클릭하여 M100Y100K20을, 오른쪽 'Color Stop'을 더블 클릭하여 M100Y100K80을 지정하여 적용한 후 '테두리 : 없음'을 지정합니다.

⑧ Rounded Rectangle Tool( )로 Alt 를 누른 채 세로 안내선에 드래그하여 그리고 '면 : 없음, 테두리 : C20M30Y40'을 지정하고, Stroke 패널에서 'Weight : 1pt'를 적용합니다. 계속해서 동일한 방법으로 크기가 작은 둥근 사각형을 그리고 '면 : K100, 테두리 : 없음'을 지정합니다.

9 Selection Tool()로 2개의 오브젝트를 선택한 후 **Alt** 와 **Shift** 를 누른 채 아래쪽으로 드래그하여 복사하여 배치합니다.

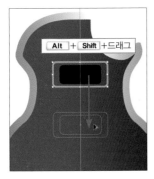 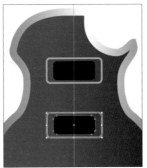

10 Rounded Rectangle Tool()로 **Alt** 를 누른 채 세로 안내선에 드래그하여 그리고 Selection Tool()로 **Alt** 와 **Shift** 를 누른 채 위쪽으로 드래그하여 복사하여 배치한 후 '면 : K100, K10, 테두리 : 없음'을 각각 지정합니다. 계속해서 Rounded Rectangle Tool()로 크기가 다른 둥근 사각형을 하단에 그리고 동일한 방법으로 복사하고 색상을 변경하여 배치합니다.

 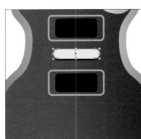 

11 Ellipse Tool()로 **Shift** 를 누른 채 드래그하여 정원을 그리고 '면 : K100, 테두리 : 없음'을 지정합니다. 계속해서 크기가 큰 정원을 그리고 '면 : 없음, 테두리 : C20M30Y50'을 지정하고 Stroke 패널에서 'Weight : 1pt'를 적용한 후 [Object]-[Path]-[Outline Stroke]을 선택하여 선을 면으로 확장합니다.

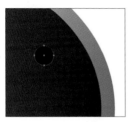   

⓬ Selection Tool(▢)로 2개의 오브젝트를 선택하고 **Alt** 를 누른 채 아래쪽으로 드래그하여 복사하여 배치합니다. Scale Tool(▣)을 더블 클릭하여 'Uniform : 60%'를 지정하고 [Copy]를 눌러 축소 복사한 후 배치합니다.

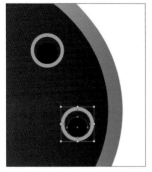 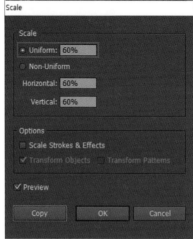 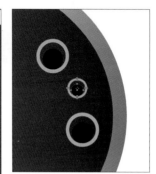

05 기타 헤드와 넥 모양 만들기

❶ Pen Tool(✎)로 닫힌 패스를 그림과 같이 그리고 [Effect]−[Illustrator Effects]−[Stylize]−[Round Corners]를 선택하고 'Radius : 0.7mm'를 지정하여 모서리를 둥글게 만들고 [Object]−[Expand Appearance]를 선택하여 오브젝트의 속성을 확장합니다. Eyedropper Tool(✐)로 하단 기타 모양의 안쪽 오브젝트를 클릭하여 동일한 그라디언트를 적용합니다.

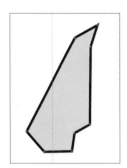   

❷ Ellipse Tool(⬭)로 드래그하여 '면 : C20M30Y60, 테두리 : 없음'을 지정합니다. Direct Selection Tool(▶)로 그림과 같이 드래그하여 선택하고 왼쪽으로 이동하여 변형합니다.

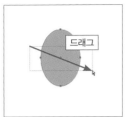
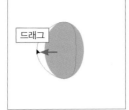
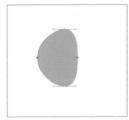

③ Rectangle Tool(■)로 드래그하여 동일한 색상의 사각형을 겹치도록 그리고 Selection Tool(▶)로 2개의 오브젝트를 선택하고 Align 패널에서 'Vertical Align Center(⊞)'를 클릭한 후 Pathfinder 패널에서 'Unite(◉)'를 클릭하여 합칩니다.

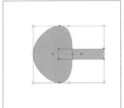

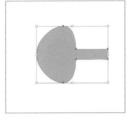

④ Ellipse Tool(●)로 Shift 를 누른 채 드래그하여 정원을 그리고 '면 : C20M30Y60, 테두리 : 없음'을 지정합니다. Selection Tool(▶)로 2개의 오브젝트를 선택하고 Align 패널에서 'Vertical Align Top(▥)'을 클릭하여 상단에 정렬을 지정하고 [Object]-[Group](Ctrl + G) 으로 그룹을 지정합니다.

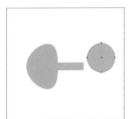

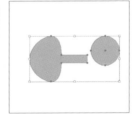

⑤ Selection Tool(▶)로 Alt 를 누른 채 왼쪽 하단으로 드래그하여 복사한 후 2개의 그룹 오브젝트를 선택하고 [Object]-[Blend]-[Make]를 적용하고 [Object]-[Blend]-[Blend Options]로 'Specified Steps : 3'을 적용한 후 [Object]-[Blend]-[Expand]로 확장합니다.

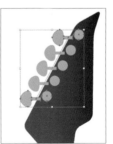
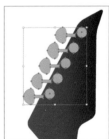

6 [Object]-[Ungroup](**Shift** + **Ctrl** + **G**)을 2번 연속 지정한 후 Selection Tool(▶)로 **Shift** 를 누른 채 왼쪽 5개의 오브젝트를 함께 선택하고 [Object]-[Arrange]-[Send to Back] (**Shift** + **Ctrl** + **[**)을 선택하고 맨 뒤로 보내기를 합니다.

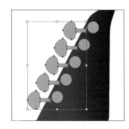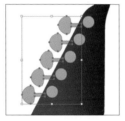

합격생의 비법

Blend가 적용된 오브젝트는 그룹으로 지정되므로 Ungroup을 연속 2번 지정해야 Selection Tool(▶)로 왼쪽 오브젝트를 별도로 선택하고 정돈을 할 수 있습니다.

7 Rectangle Tool(■)로 드래그하여 헤드와 기타 바디 사이에 사각형을 그리고 '면 : K100, 테두리 : 없음'을 지정하고 Selection Tool(▶)로 더블 클릭하여 Isolation Mode로 전환합니다. Direct Selection Tool(▶)로 그림과 같이 드래그하여 2개의 고정점을 선택한 후 Scale Tool(▦)로 바깥쪽으로 드래그하여 하단 패스를 확대하고 **Esc** 를 눌러 정상 모드로 전환합니다.

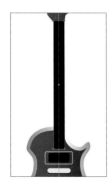

8 Pen Tool(✎)로 닫힌 패스를 그림과 같이 그리고 '면 : C0M0Y0K0, 테두리 : 없음'을 지정합니다. Selection Tool(▶)로 **Alt** 를 누른 채 하단으로 드래그하여 복사하고 조절점을 드래그하여 높이만 축소합니다.

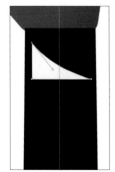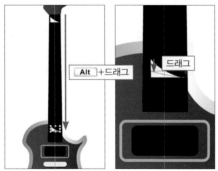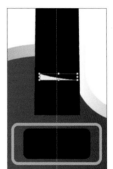

9 Selection Tool(⬚)로 2개의 오브젝트를 선택하고 [Object]-[Blend]-[Make]를 적용하고 [Object]-[Blend]-[Blend Options]로 'Specified Steps : 8'을 적용한 후 [Object]-[Blend]-[Expand]로 확장합니다.

10 Selection Tool(⬚)로 더블 클릭하여 Isolation Mode로 전환하고 그림과 같이 오브젝트의 위치를 이동하여 조절한 후 **Esc**를 눌러 정상 모드로 전환합니다.

11 Line Segment Tool(⬚)로 드래그하여 2개의 길이가 다른 선을 그리고 '면 : 없음, 테두리 : K50'을 지정하고 Stroke 패널에서 'Weight : 1pt, Cap : Round Cap'을 지정합니다. Selection Tool(⬚)로 2개의 선을 선택하고 [Object]-[Blend]-[Make]를 적용하고 [Object]-[Blend]-[Blend Options]로 'Specified Steps : 3'을 적용한 후 [Object]-[Blend]-[Expand]로 확장합니다.

⑫ Selection Tool(⬚)로 더블 클릭하여 Isolation Mode로 전환하고 Direct Selection Tool(⬚)
로 그림과 같이 드래그하여 5개의 고정점을 선택한 후 [Object]-[Path]-[Average](**Alt** +
Ctrl + **J**)를 선택하고 'Axis : Horizontal'을 지정하여 수평의 위치에 정렬하고 **Esc** 를 눌
러 정상 모드로 전환합니다. Selection Tool(⬚)로 헤드 부분의 4개의 원을 선택하고 **Shift** +
Ctrl + **]** 를 눌러 맨 앞으로 가져오기를 합니다.

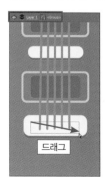  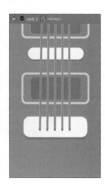 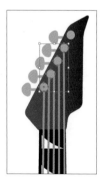

06 문자 입력하고 회전하기

❶ Type Tool(**T**)로 도큐먼트를 클릭한 후 Character 패널에서 'Set the font family : Times
New Roman, Set the font style : Bold Italic, Set the font size : 8pt'를 설정하고 Color 패
널에서 '면 : C0M0Y0K0, 테두리 : 없음'을 지정한 후 Electric Guitar를 입력합니다.

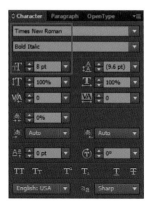 

❷ Rotate Tool(⟳)을 더블 클릭하여 'Angle : −90°'를 지정하고 회전하여 배치합니다.

07 클리핑 마스크 및 그림자 효과 적용하기

1 Selection Tool(⬉)로 별과 곡선 모양 오브젝트를 선택하고 **Ctrl** + **G** 로 그룹을 지정하고 **Ctrl** + **C** 로 복사하고 **Ctrl** + **V** 로 붙여 넣기를 한 후 Scale Tool(⬈)을 더블 클릭하여 'Uniform : 50%'를 지정합니다.

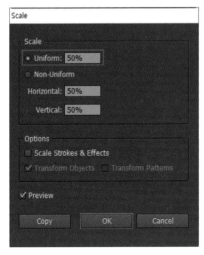 

2 Selection Tool(⬉)로 기타 바디의 안쪽 오브젝트를 선택하고 **Ctrl** + **C** 로 복사하고 **Ctrl** + **F** 로 복사한 오브젝트 앞에 붙여 넣기를 한 후 **Shift** + **Ctrl** + **]** 를 눌러 맨 앞으로 가져 오기를 합니다. 별과 곡선 모양 오브젝트와 함께 선택하고 [Object]-[Clipping Mask]-[Make] 로 마스크를 적용합니다.

3 Selection Tool(⬉)로 더블 클릭하여 Isolation Mode로 전환하고 별과 곡선 모양 오브젝트를 선택하고 Rotate Tool(⟳)을 더블 클릭하여 'Angle : −15°'를 지정하여 회전한 후 Transparency 패널에서 'Opacity : 70%'를 지정하여 불투명도를 조절하고 **Esc** 를 눌러 정 상 모드로 전환합니다.

④ Selection Tool(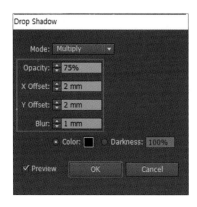)로 기타 모양을 모두 선택하고 **Ctrl** + **G** 를 눌러 그룹으로 설정합니다. [Effect]—[Illustrator Effects]—[Stylize]—[Drop Shadow]를 선택하고 'Opacity : 75%, X Offset : 2mm, Y Offset : 2mm, Blur : 1mm'를 지정하여 그림자 효과를 적용합니다.

[Window]–[Type]–[Character]	메뉴	단축키	출제빈도
Selection Tool		V, A	★★★★★
Pen Tool		P	★★★★★
Gradient Tool		G	★★★★★
Shape Tool		M, L	★★★★★
Type Tool		T	★★★★★
Transform Tool		R, O, S	★★★★★
Mesh Tool		U	★★★★★
Blend	[Object]-[Blend]-[Make]	Alt + Ctrl + B	★★★★★
Symbol Sprayer Tool		Shift + S	★★★★★
Outline Stroke	[Object]-[Path]-[Outline Stroke]		★★★
Offset Path	[Object]-[Path]-[Offset Path]		★★★★★
Envelope Distort	[Object]-[Envelope Distort]-[Make with Warp]		★★★★★
Clipping Mask	[Object]-[Clipping Mask]-[Make]	Ctrl + 7	★★★★★
Expand Appearance	[Object]-[Expand Appearance]		★★
Create Outlines	[Type]-[Create Outlines]	Shift + Ctrl + O	★★
Effect	[Effect]-[Illustrator Effects]		★★★★★
Pathfinder Panel	[Window]-[Pathfinder]	Shift + Ctrl + F9	★★★★★
Color Panel	[Window]-[Color]	F6	★★★★★
Stroke Panel	[Window]-[Stroke]	Ctrl + F10	★★★★
Character Panel	[Window]-[Type]-[Character]	Ctrl + T	★★★★★
Paragraph Panel	[Window]-[Type]-[Paragraph]	Alt + Ctrl + T	★★
Gradient Panel	[Window]-[Gradient]	Ctrl + F9	★★★★
Align Panel	[Window]-[Align]	Shift + F7	★★★
Brushes Panel	[Window]-[Brushes]	F5	★★★★★
Transparency Panel	[Window]-[Transparency]	Shift + Ctrl + F10	★★★★★

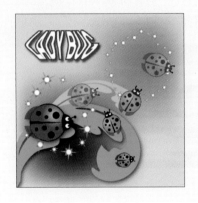

무료 동영상

01 메쉬로 배경 만들기

1 [File]-[New]를 선택하고 'Width : 200mm, Height : 200mm, Units : Millimeters, Color Mode : CMYK'를 설정하여 새 도큐먼트를 만듭니다. Rectangle Tool(▦)로 작업 도큐먼트 왼쪽 상단의 원점(0,0)을 클릭한 후 'Width : 200mm, Height : 200mm'를 입력하여 그리고 '면 : C10M10Y20, 테두리 : 없음'을 지정합니다.

합격생의 비법

도큐먼트 왼쪽 상단의 원점(0,0)을 클릭한 후 입력하면 제시된 도큐먼트 크기와 동일한 사각형을 정렬하여 그릴 수 있습니다.

2 Mesh Tool(▦)로 사각형의 왼쪽 상단과 오른쪽 하단에 각각 클릭합니다. Mesh Tool(▦)로 오른쪽 상단 교차점은 M60Y80과 왼쪽 하단 교차점은 C40M70Y100K60 색상을 각각 적용합니다.

01 브러쉬 적용하고 그림자 효과 적용하기

1 Brushes 패널 하단에 'Brush Libraries Menu'를 클릭한 후 [Decorative]−[Elegant Curl & Floral Brush Set]을 선택하여 추가 브러쉬 패널을 불러온 후 'Floral Brush 12'를 선택합니다.

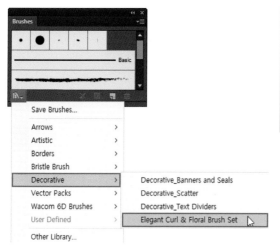 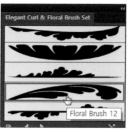

2 Paintbrush Tool()로 '면 : 없음, 테두리 : C10Y100'을 지정하고 Stroke 패널에서 'Weight : 1pt'를 지정하여 왼쪽에서 오른쪽으로 드래그하여 칠합니다.

3 계속해서 그림과 같이 그리고 '면 : 없음, 테두리 : C50Y100'을 지정하고, Stroke 패널에서 'Weight : 2pt'를 지정합니다.

4 [Effect]−[Illustrator Effects]−[Stylize]−[Drop Shadow]를 선택하고 'Opacity : 75%, X Offset : 2mm, Y Offset : 2mm, Blur : 2mm'를 지정하여 그림자 효과를 적용합니다.

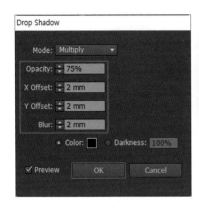

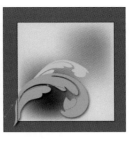

⑤ Ellipse Tool(⬤)로 작업 도큐먼트를 클릭한 후 'Width : 70mm, Height : 70mm'를 입력하여 그립니다. Brushes 패널 하단에 'Brush Libraries Menu'를 클릭한 후 [Decorative]-[Decorative_Scatter]를 선택하여 추가 브러쉬 패널을 불러온 후 '4pt. Star'를 선택하고 '면 : 없음, 테두리 : 임의 색상'을 지정하고 Stroke 패널에서 'Weight : 1pt'를 지정합니다.

⑥ Selection Tool(▸)로 Alt 를 누른 채 오른쪽 위로 드래그하여 정원을 복사하고, Stroke 패널에서 'Weight : 0.5pt'를 지정합니다.

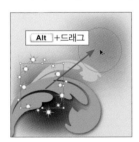

03 무당벌레 오브젝트 만들기

❶ Ellipse Tool(⬤)로 작업 도큐먼트를 클릭한 후 'Width : 43mm, Height : 43mm'를 입력하여 그리고 '면 : K100, 테두리 : 없음'을 지정합니다. Scale Tool(🔲)을 더블 클릭하여 'Uniform : 95%'를 지정하고 [Copy]를 눌러 축소 복사한 후 '면 : 임의 색상, 테두리 : 임의 색상'을 지정합니다.

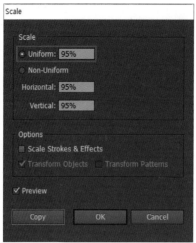
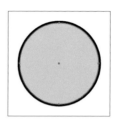

☑ Rectangle Tool(■)로 작업 도큐먼트를 클릭한 후 'Width : 4mm, Height : 45mm'를 입력하여 그리고 '면 : 임의 색상, 테두리 : 임의 색상'을 지정합니다. Selection Tool(▶)로 2개의 원과 함께 선택하고 Align 패널에서 'Horizontal Align Center(♣)'를 클릭하여 가로 가운데 정렬을 지정합니다.

☑ Direct Selection Tool(▶)로 사각형 상단을 드래그하여 선택한 후 [Object]-[Path]-[Average]를 선택하고 'Axis : Both'를 지정하여 한 점에 정렬합니다.

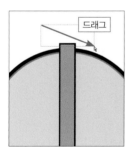

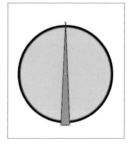

☑ Selection Tool(▶)로 작은 정원과 함께 선택하고 Pathfinder 패널에서 'Divide(▣)'를 클릭하여 면을 분할한 후 더블 클릭하여 Isolation Mode로 전환하고 중앙의 불필요한 오브젝트를 선택하여 **Delete**를 눌러 삭제합니다.

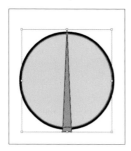

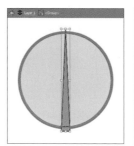

⑤ [Select]-[All]($\boxed{\text{Ctrl}}$+$\boxed{\text{A}}$)로 모두 선택하고 Gradient 패널에서 'Type : Radial'을 적용하고 Gradient Slider의 왼쪽 'Color Stop'을 더블 클릭하여 M20Y20을, 오른쪽 'Color Stop'을 더블 클릭하여 M100Y100을 지정하여 적용한 후 '테두리 : 없음'을 지정하고 Gradient Tool(◼)로 그림과 같이 드래그하여 그라디언트를 조절합니다.

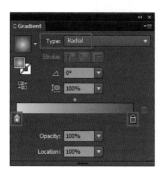
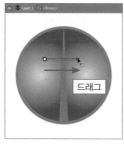
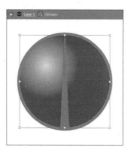

⑥ Scale Tool(◼)을 더블 클릭하여 'Uniform : 85%'를 지정하고 [Copy]를 눌러 축소 복사합니다. [Object]-[Transform]-[Move]를 선택하고 'Horizontal : 0mm, Vertical : 10mm'를 입력하고 [OK]를 눌러 아래로 이동합니다.

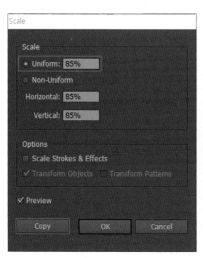

⑦ Transparency 패널에서 'Opacity : 60%'를 지정하여 불투명도를 조절하고 [Object]-[Arrange]-[Send Backward]($\boxed{\text{Ctrl}}$+$\boxed{\text{[}}$)를 선택하고 뒤로 보내기를 합니다.

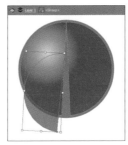

⑧ Reflect Tool()로 **Alt** 를 누르면서 정원의 상단 고정점을 클릭하여 'Axis : Vertical'을 지정하고 [Copy]를 눌러 복사하여 배치하고 **Esc** 를 눌러 정상 모드로 전환합니다.

⑨ Ellipse Tool(●)로 **Shift** 를 누른 채 드래그하여 크기가 다른 8개의 정원을 그리고 '면 : K100, 테두리 : 없음'을 지정합니다. 계속해서 드래그하여 크기가 다른 2개의 원을 겹치도록 그리고 '면 : 없음, 테두리 : 임의 색상'을 지정합니다.

⑩ Selection Tool(▨)로 2개의 원을 함께 선택하고 Align 패널에서 'Horizontal Align Center(⊞)'를 클릭한 후 Pathfinder 패널에서 'Intersect(⊡)'를 클릭하여 겹친 부분만 남긴 후 '면 : K100, 테두리 : 없음'을 지정합니다.

 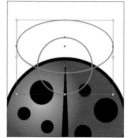  

11 Ellipse Tool(◯)로 크기가 다른 4개의 원을 그리고 '면 : K100, C0M0Y0K0, 테두리 : 없음'을 각각 지정합니다.

12 Arc Tool(◠)로 그림과 같이 상단에서 하단으로 드래그하여 호를 그리고 배치한 후 '면 : 없음, 테두리 : K100'을 지정하고 Stroke 패널에서 'Weight : 2pt'를 지정합니다. Selection Tool(▶)로 4개의 오브젝트를 함께 선택하고 Reflect Tool(⬛)로 **Alt** 를 누른 채 중앙을 클릭하여 'Axis : Vertical'을 지정하고 [Copy]를 눌러 복사합니다.

13 Selection Tool(▶)로 무당벌레 오브젝트를 선택하고 [Object]-[Group](**Ctrl** + **G**)으로 그룹을 지정한 후 Rotate Tool(⟳)을 더블 클릭하여 'Angle : -90°'를 지정하고 회전하고 레이아웃에 맞게 배치합니다. [Edit]-[Copy](**Ctrl** + **C**)로 복사를 하고 [Effect]-[Apply Drop Shadow](**Shift** + **Ctrl** + **E**)를 선택하고 앞서 지정한 그림자 효과를 적용합니다.

04 심볼 등록 및 적용하기

1 [Edit]−[Paste](**Ctrl** + **V**)로 복사한 무당벌레 오브젝트를 붙여 넣기를 하고 Scale Tool(🔳)을 더블 클릭하여 'Uniform : 50%'를 지정한 후 Selection Tool(🔲)로 더블 클릭하여 Isolation Mode로 전환하고 그라디언트가 적용된 2개의 오브젝트를 선택하고 Gradient 패널에서 오른쪽 'Color Stop'을 더블 클릭하여 M50Y100을 지정한 후 **Esc** 를 눌러 정상 모드로 전환합니다.

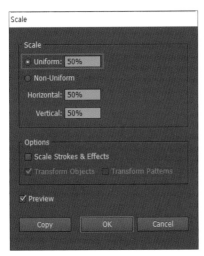

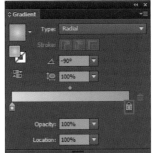

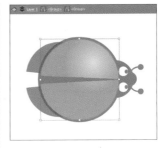

2 Selection Tool(🔲)로 무당벌레 오브젝트를 선택하고 Symbols 패널 하단에 'New Symbol'을 클릭하고 'Name : 무당벌레, Type : Graphic'을 지정하여 심볼로 등록한 후 **Delete** 를 눌러 삭제합니다.

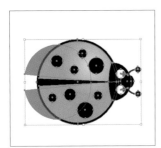

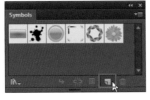

③ Symbols 패널에서 '무당벌레' 심볼을 선택하고 Symbol Sprayer Tool()로 작업 도큐먼트를 클릭한 후 뿌려 줍니다.

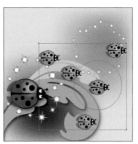

④ Symbol Sizer Tool()로 클릭하여 일부 심볼의 크기를 확대하고 **Alt**를 누르고 클릭하여 일부 크기를 축소합니다. Symbol Shifter Tool()로 심볼의 위치를 이동시킨 후 Symbol Spinner Tool()로 일부를 회전하여 배치합니다.

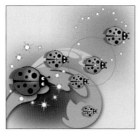

⑤ Symbol Screener Tool(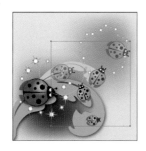)로 일부를 클릭하여 투명하게 하고 Symbol Stainer Tool()로 Swatches 패널에서 제시된 출력형태와 유사한 색상을 면 색상으로 선택한 후 일부에 클릭하여 색조의 변화를 적용합니다.

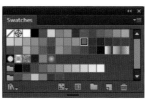

05 문자 입력 및 왜곡하기

❶ Type Tool(**T**)로 작업 도큐먼트를 클릭한 후 Character 패널에서 'Set the font family : Arial, Set the font style : Bold, Set the font size : 40pt'를 설정하고 '면 : C0M0Y0K0, 테두리 : C10M100Y90K10'을 지정하고 Stroke 패널에서 'Weight : 8pt'를 지정한 후 LADY BUG을 입력합니다. Selection Tool()로 문자를 선택하고 **Ctrl** + **C**로 복사를 하고 **Ctrl** + **F**로 복사한 오브젝트 앞에 붙여 넣기를 하고 '면 : C0M0Y0K0, 테두리 : 없음'을 지정합니다.

② Polygon Tool()로 작업 도큐먼트를 클릭한 후 'Radius : 30mm, Sides : 6mm'를 입력하여 그리고 '면 : 임의 색상, 테두리 : 임의 색상'을 지정합니다. Scale Tool(   )을 더블 클릭하여 'Horizontal : 150%, Vertical : 80%'를 지정합니다.

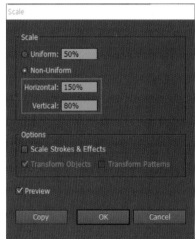 

③ Selection Tool(   )로 'LADY BUG' 문자와 함께 선택하고 [Object]-[Envelope Distort]-[Make with Top Object]를 선택하여 왜곡시킵니다. [Effect]-[Illustrator Effects]-[Stylize]-[Drop Shadow]를 선택하고 'Opacity : 75%, X Offset : 2mm, Y Offset : 2mm, Blur : 1mm'를 지정하여 그림자 효과를 적용합니다.

 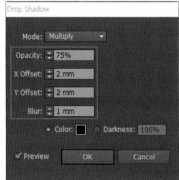 

06 클리핑 마스크 적용하기

1 Rectangle Tool(▣)로 작업 도큐먼트 왼쪽 상단의 원점(0,0)을 클릭하여 'Width : 200mm, Height : 200mm'을 입력하여 그리고 '면 : 임의 색상, 테두리 : 없음'을 지정합니다.

2 [Select]-[All](Ctrl + A)로 오브젝트를 모두 선택하고 [Object]-[Clipping Mask]-[Make](Ctrl + 7)로 마스크를 적용합니다.

 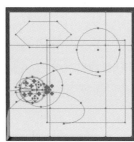 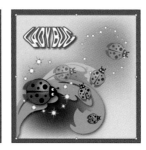

02 광고 디자인 만들기

무료 동영상

01 메쉬와 블렌드 효과

1 [File]-[New]를 선택하고 'Width : 210mm, Height : 297mm, Units : Millimeters, Color Mode : CMYK'를 설정하여 새 도큐먼트를 만듭니다. Rectangle Tool(▣)로 작업 도큐먼트 왼쪽 상단의 원점(0,0)을 클릭한 후 'Width : 210mm, Height : 297mm'를 입력하여 그리고 '면 : C40Y30, 테두리 : 없음'을 지정합니다.

2 Mesh Tool(▨)로 사각형의 왼쪽 상단과 오른쪽 하단에 각각 클릭합니다. 오른쪽 상단과 왼쪽 하단 교차점은 C20 색상을 적용하고 왼쪽 2개의 교차점을 그림과 같이 드래그하여 각각 변형합니다.

③ Pen Tool(🖋)로 작업 도큐먼트를 완전히 벗어나는 2개의 곡선을 그리고 아래쪽 곡선은 '면 : 없음, 테두리 : C60M10Y30'을 지정한 후 Stroke 패널에서 'Weight : 3pt'를 적용합니다. 위쪽 곡선은 '면 : 없음, 테두리 : C0M0Y0K0'을 지정한 후 Stroke 패널에서 'Weight : 1pt'를 적용합니다.

④ Selection Tool(▶)로 2개의 곡선을 선택한 후 [Object]-[Blend]-[Make]를 적용하고 [Object]-[Blend]-[Blend Options]로 'Specified Steps : 15'를 적용합니다.

02 건물 오브젝트 만들고 브러쉬 적용하기

① Rectangle Tool(▬)로 작업 도큐먼트를 클릭한 후 'Width : 137mm, Height : 38mm'를 입력하여 그리고 '면 : 임의 색상, 테두리 : 임의 색상'을 지정합니다. 계속해서 크기가 다른 사각형을 그림과 같이 상단에 겹치도록 그려서 배치합니다.

  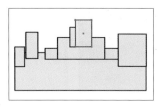

2 Selection Tool(⬚)로 사각형을 모두 선택하고 Pathfinder 패널에서 'Unite(▣)'를 클릭하여 합칩니다.

 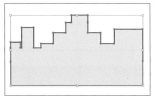

3 Rectangle Tool(▣)로 드래그하여 사각형을 그리고 Selection Tool(⬚)로 **Alt** 와 **Shift** 를 누른 채 이동하여 복사한 후 [Object]-[Transform]-[Transform Again](**Ctrl** + **D**)을 적용하여 반복 복사합니다. 계속해서 크기가 다른 사각형을 각각 그리고 동일한 방식으로 나머지 창문 모양을 완성합니다.

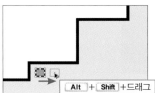 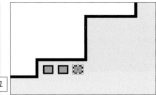 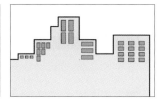

4 Selection Tool(⬚)로 건물 모양과 사각형을 모두 선택하고 Pathfinder 패널에서 'Exclude (▣)'를 클릭하여 겹친 부분을 뚫어 투명하게 만듭니다.

 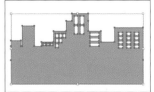

5 Gradient 패널에서 'Type : Linear, Angle : −90°'를 적용하고 Gradient Slider의 왼쪽 'Color Stop'을 더블 클릭하여 C80M20Y30을, 오른쪽 'Color Stop'을 더블 클릭하여 C0M0Y0K0'을 지정하여 적용한 후 '테두리 : 없음'을 지정한 후 도큐먼트 하단에 배치합니다.

6 Reflect Tool()을 더블 클릭하여 'Axis : Vertical'을 지정하고 [Copy]를 눌러 복사한 후 Scale Tool()을 더블 클릭하여 'Uniform : 80%'를 지정하고 배치합니다.

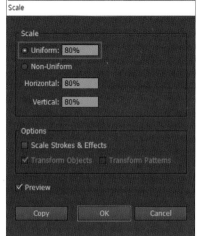

7 Line Segment Tool()로 **Shift** 를 누르면서 드래그하여 도큐먼트의 너비보다 긴 수평선을 하단에 그리고 '면 : 없음, 테두리 : C20K40'을 지정합니다.

8 Brushes 패널 하단에 'Brush Libraries Menu'를 클릭한 후 [Decorative]-[Elegant Curl & Floral Brush Set]을 선택하여 추가 브러쉬 패널을 불러온 후 'City'를 선택하여 적용하고 Stroke 패널에서 'Weight : 0.75pt'를 지정합니다.

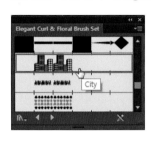

9 Ellipse Tool()로 작업 도큐먼트를 클릭한 후 'Width : 121mm, Height : 121mm'를 입력하여 그리고 '면 : C0M0Y0K0, 테두리 : 없음'을 지정하고 Transparency 패널에서 'Opacity : 50%'를 지정하여 불투명도를 조절합니다.

03 자동차 오브젝트 만들고 이펙트 적용하기

1 Rounded Rectangle Tool(◉)로 작업 도큐먼트에 클릭한 후 'Width : 97mm, Height : 16mm, Corner Radius : 3mm'를 입력하여 그리고 '면 : 임의 색상, 테두리 : 임의 색상'을 지정합니다. 계속해서 클릭하여 'Width : 94mm, Height : 35mm, Corner Radius : 20mm'를 입력하여 그리고 겹치도록 배치합니다.

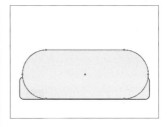

2 Ellipse Tool(◉)로 작업 도큐먼트를 클릭한 후 'Width : 55mm, Height : 55mm'를 입력하여 그리고 '면 : 임의 색상, 테두리 : 임의 색상'을 지정합니다. Scale Tool(◨)을 더블 클릭하여 'Uniform : 80%'를 지정하고 [Copy]를 눌러 축소 복사합니다.

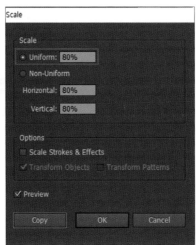
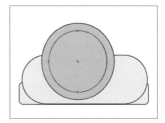

③ Selection Tool()로 4개의 오브젝트를 함께 선택하고 Pathfinder 패널에서 'Divide()'를 클릭하여 면을 분할합니다.

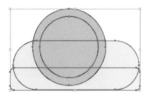

④ Selection Tool(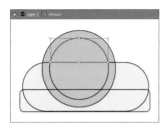)로 더블 클릭하여 Isolation Mode로 전환하고 상단의 작은 반원 오브젝트를 선택하고 [Select]-[Inverse]로 선택을 반전한 후 Pathfinder 패널에서 'Unite()'를 클릭하여 합칩니다.

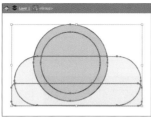

⑤ Delete Anchor Point Tool(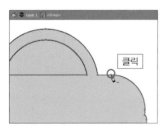)로 그림과 같이 고정점에 클릭하여 삭제하고 패스를 변형한 후 '면 : C20Y100, 테두리 : 없음'을 지정합니다.

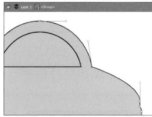

⑥ Rounded Rectangle Tool(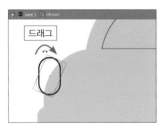)로 드래그하여 자동차 모양의 좌우에 둥근 사각형을 각각 그리고 '면 : 없음, 테두리 : 임의 색상'을 지정합니다. Selection Tool()로 조절점을 각각 그림과 같이 드래그하여 회전하여 배치합니다.

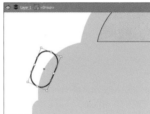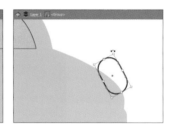

7 Group Selection Tool(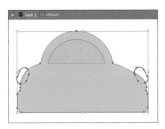)로 반원 오브젝트를 제외한 나머지 3개의 오브젝트를 함께 선택하고 Pathfinder 패널에서 'Divide(□)'를 클릭하여 면을 분할합니다. 불필요한 오브젝트를 선택하고 **Delete** 를 눌러 삭제한 후 2개의 오브젝트를 함께 선택하고 '면 : M50Y100, 테두리 : 없음'을 지정합니다.

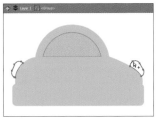

8 Ellipse Tool(●)로 **Shift** 를 누른 채 드래그하여 임의 색상의 정원을 겹치도록 그리고 **Alt** 를 누른 채 드래그하여 복사한 후 나란히 배치합니다. 3개의 오브젝트를 함께 선택하고 Pathfinder 패널에서 'Minus Front(□)'를 클릭합니다.

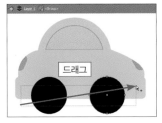

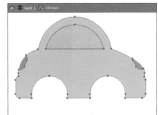

9 Group Selection Tool()로 반원 오브젝트를 선택하고 Gradient 패널에서 'Type : Linear, Angle : −90°'를 적용한 후 Gradient Slider의 왼쪽 'Color Stop'을 더블 클릭하여 C0M0Y0K0을, 오른쪽 'Color Stop'을 더블 클릭하여 K60을 지정하여 적용한 후 '테두리 : 없음'을 지정합니다.

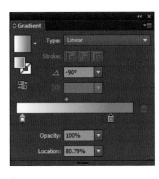
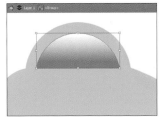

10 Ellipse Tool(●)로 **Shift** 를 누른 채 드래그하여 큰 정원을 그린 후 **Alt** 와 **Shift** 를 누른 채 정원의 중심점에서부터 드래그하여 크기가 다른 3개의 정원을 겹치도록 그리고 '면 : K100, C0M0Y0K0, K50, C0M0Y0K0, 테두리 : 없음'을 각각 순서대로 지정합니다.

  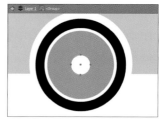

11 Polygon Tool(◯)로 작업 도큐먼트를 클릭한 후 'Radius : 3mm, Sides : 3'을 입력하여 그리고 '면 : K100, 테두리 : 없음'을 지정합니다. Scale Tool(◳)을 더블 클릭하여 'Horizontal : 50%, Vertical : 100%'를 지정하고 정원의 하단에 배치합니다.

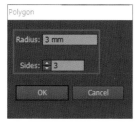 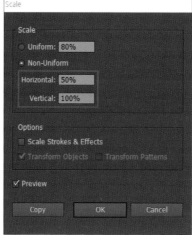 

12 Selection Tool(▶)로 5개의 오브젝트를 함께 선택하고 Align 패널에서 'Horizontal Align Center(▤)'를 클릭하여 가로 가운데 정렬을 지정합니다.

 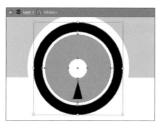

13 Selection Tool(▶)로 삼각형을 선택하고 Rotate Tool(↻)로 정원의 중심점에 **Alt**를 누른 채 클릭하여 'Angle : 45°'를 지정하고 [Copy]를 눌러 회전 복사한 후 [Object]–[Transform]–[Transform Again](**Ctrl**+**D**)을 6번 적용하여 반복 복사합니다.

14 Ellipse Tool(⬭)로 Shift 를 누른 채 드래그하여 정원을 그리고 '면 : 없음, 테두리 : Y40'을 지정합니다. Scissors Tool(✂)로 그림과 같이 원의 좌우 선분에 2번 클릭하여 패스를 자른 후 Delete 를 2번 눌러 하단의 열린 패스를 삭제합니다.

15 Selection Tool(▶)로 상단의 열린 패스를 선택하고 Stroke 패널에서 'Weight : 7pt, Cap : Round Cap'을 지정한 후 [Object]-[Path]-[Outline Stroke]을 선택하고 선을 면으로 확장합니다.

16 Selection Tool(▶)로 바퀴 오브젝트와 함께 선택하고 Alt + Shift 를 누른 채 오른쪽으로 드래그하여 복사하고 배치합니다.

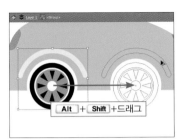
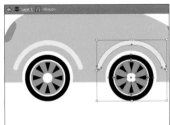

17 Ellipse Tool(⬤)과 Pen Tool(✒)로 그림과 같이 그리고 '면 : C70Y100, C0M0Y0K0, 테두리 : 없음'을 각각 지정한 후 Esc 를 눌러 정상 모드로 전환합니다.

⑱ Selection Tool()로 그룹으로 지정된 자동차 오브젝트를 선택하고 [Effect]-[Illustrator Effects]-[Stylize]-[Drop Shadow]를 선택하고 'Opacity : 75%, X Offset : 2mm, Y Offset : 2mm, Blur : 1mm'를 지정하여 그림자 효과를 적용합니다.

합격생의 비법

Selection Tool()로 더블 클릭하여 Isolation Mode로 전환한 후 오브젝트를 추가로 그리면 생성된 오브젝트들은 하나의 그룹으로 지정됩니다.

04 심볼 오브젝트 만들기

➊ Pen Tool()로 닫힌 패스를 그리고 '면 : C40Y80, 테두리 : 없음'을 지정합니다. 계속해서 그림과 같이 4개의 열린 곡선 패스를 그리고 '면 : 없음, 테두리 : 임의 색상'을 지정합니다.

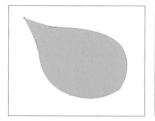  

합격생의 비법

Pen Tool()로 열린 패스를 그리고 Selection Tool()로 도큐먼트의 빈 곳을 클릭하면 열린 패스를 완료할 수 있습니다.

2 Selection Tool()로 4개의 열린 곡선 패스를 선택하고 Stroke 패널에서 'Weight : 7pt, Cap : Round Cap'을 지정한 후 [Object]-[Path]-[Outline Stroke]을 선택하고 선을 면으로 확장합니다.

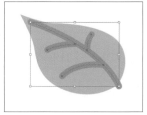
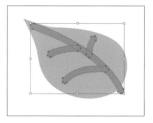

3 Delete Anchor Point Tool()로 그림과 같이 2개의 고정점에 각각 클릭하여 고정점을 삭제하고 패스를 변형합니다.

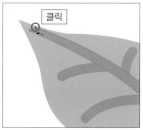

4 Selection Tool(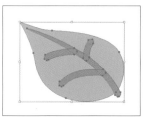)로 나뭇잎 오브젝트와 함께 선택하고 Pathfinder 패널에서 'Minus Front()'를 클릭합니다.

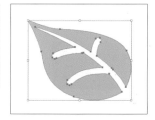

5 Reflect Tool()을 더블 클릭하여 'Axis : Vertical'을 지정하고 [Copy]를 눌러 복사한 후 Scale Tool()을 더블 클릭하여 'Uniform : 120%'를 지정하고 '면 : C70Y80, 테두리 : 없음'을 지정한 후 배치합니다.

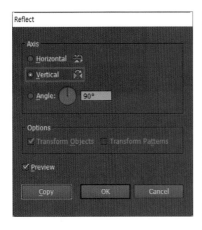
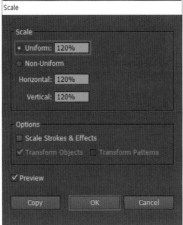

6 Scale Tool(⊞)을 더블 클릭하여 'Uniform : 50%'를 지정하고 [Copy]를 눌러 복사한 후 Rotate Tool(↻)을 더블 클릭하여 'Angle : 25°'를 지정하여 회전합니다. '면 : C90M20Y80, 테두리 : 없음'을 지정하고 [Object]-[Arrange]-[Send Backward](**Ctrl** + **[**)를 선택하고 뒤로 보내기를 합니다.

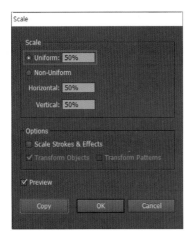
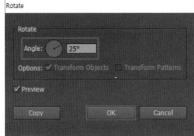

7 Ellipse Tool(⬭)로 **Shift** 를 누른 채 드래그하여 크기가 다른 3개의 정원을 그림과 같이 그리고 '면 : C70, C30, 테두리 : 없음'을 각각 지정합니다. 하단의 정원을 선택하고 Transparency 패널에서 'Opacity : 50%'를 지정하여 불투명도를 조절합니다.

⑧ Ellipse Tool(⬤)로 **Shift** 를 누른 채 드래그하여 크기가 다른 2개의 정원을 그리고 '면 : 없음, 테두리 : C0M0Y0K0'을 지정한 후 Stroke 패널에서 'Weight : 1pt'를 지정합니다.

05 심볼 등록 및 적용, 편집하기

① Selection Tool(▶)로 심볼로 등록할 오브젝트를 모두 선택하고 Symbols 패널 하단에 'New Symbol'을 클릭하고 'Name : 나뭇잎, Type : Graphic'을 지정하여 심볼로 등록한 후 회색 사각형과 함께 선택하고 **Delete** 를 눌러 삭제합니다.

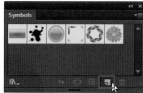
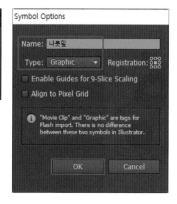

② Symbols 패널에서 '나뭇잎' 심볼을 선택하고 Symbol Sprayer Tool(🖊)로 작업 도큐먼트를 클릭한 후 뿌려 줍니다.

3 Symbol Sizer Tool( 아이콘)로 [Alt]를 누르고 클릭하여 일부 심볼의 크기를 축소하고 Symbol Shifter Tool(아이콘)로 심볼의 위치를 이동시킨 후 Symbol Spinner Tool(아이콘)로 일부를 회전하여 배치합니다.

4 Symbol Screener Tool(아이콘)로 일부를 클릭하여 투명하게 하고 Symbol Stainer Tool(아이콘)로 Swatches 패널에서 제시된 출력형태와 유사한 색상을 면 색상으로 선택한 후 일부에 클릭하여 색조의 변화를 적용합니다.

 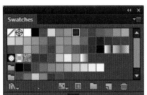 

05 입체 화살표 오브젝트 만들기

1 Pen Tool(아이콘)로 클릭하여 열린 패스를 그리고 '면 : 없음, 테두리 : 임의 색상'을 지정하고 Stroke 패널에서 'Weight : 41pt, Cap : Butt Cap'을 지정한 후 [Object]-[Path]-[Outline Stroke]을 선택하고 선을 면으로 확장합니다.

2 Pen Tool()로 그림과 같이 삼각형을 그리고 면으로 확장된 오브젝트와 함께 선택하고 Pathfinder 패널에서 'Unite(🔲)'를 클릭하여 합칩니다.

3 [Effect]-[Illustrator Effects]-[3D]-[Extrude & Bevel]을 선택하고 'Specify rotation around the X axis : −18°, Y axis : −26°, Z axis : 8°, Perspective : 0°, Extrude Depth : 50pt'를 입력하여 입체 모양을 만들고 [Object]-[Expand Appearance]를 선택하여 오브젝트의 속성을 확장합니다.

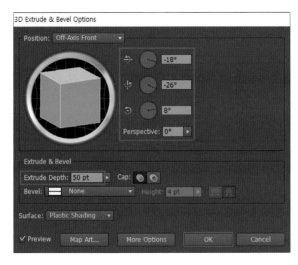  

4 Selection Tool()로 연속해서 2번 더블 클릭하여 Isolation Mode로 전환하고 앞쪽 오브젝트를 선택하고 '면 : M30Y80, 테두리 : 없음'을 지정합니다. [Select]-[Inverse]로 선택을 반전한 후 Gradient 패널에서 'Type : Linear, Angle : −3°'를 적용하고 Gradient Slider의 왼쪽 'Color Stop'을 더블 클릭하여 M30Y80을, 오른쪽 'Color Stop'을 더블 클릭하여 M80Y80K50을 지정하여 적용한 후 '테두리 : 없음'을 지정하고 **Esc** 를 눌러 정상 모드로 전환합니다.

06 문자 입력 및 왜곡하기

1 Type Tool(T)로 작업 도큐먼트를 클릭한 후 Character 패널에서 'Set the font family : 돋움, Set the font size : 48pt'를 설정하고 '면 : K100, 테두리 : 없음'을 지정하고 친환경자동차를 입력합니다.

2 Selection Tool( )로 친환경자동차 문자를 선택하고 [Object]-[Envelope Distort]-[Make with Warp]를 선택한 후 'Style : Arc Upper, Bend : 30%'를 지정하여 글자를 왜곡시킵니다.

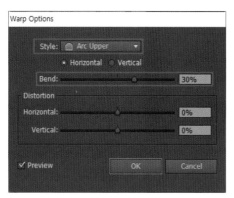

3 Type Tool(T)로 작업 도큐먼트를 클릭한 후 Character 패널에서 'Set the font family : 궁서, Set the font size : 21pt'를 설정하고 '면 : C100M100, 테두리 : 없음'을 지정하고 환경을 생각하는 마음! 을 입력합니다. Selection Tool( )로 문자를 선택하고 [Object]-[Envelope Distort]-[Make with Warp]를 선택한 후 'Style : Flag, Bend : 50%, Horizontal : -30%'를 지정하여 글자를 왜곡시킵니다.

 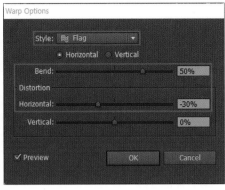 

④ Selection Tool( )로 친환경자동차 문자를 선택하고 [Effect]−[Illustrator Effects]−[Styl-ize]−[Drop Shadow]를 선택하고 'Opacity : 75%, X Offset : 1mm, Y Offset : 2mm, Blur : 1mm'를 지정하여 그림자 효과를 적용합니다.

⑤ Selection Tool( )로 **Alt** 를 누른 채 자동차 오브젝트 하단의 정원을 선택하고 위쪽으로 드 래그하여 복사한 후 **Ctrl** + **]** 를 여러 번 적용하여 2개의 문자 오브젝트 뒤로 배치합니다.

07 클리핑 마스크로 디자인 정리하기

❶ Rectangle Tool( )로 작업 도큐먼트 왼쪽 상단의 원점(0,0)을 클릭한 후 'Width : 210mm, Height : 297mm'를 입력하여 그리고 '면 : 임의 색상, 테두리 : 없음'을 지정합니다. [Select]−[All](**Ctrl** + **A**)로 오브젝트를 모두 선택하고 [Object]−[Clipping Mask]−[Make]로 마스크 를 적용합니다.

PART 04

최신 기출 유형 따라하기

급수	버전	문제유형	시험시간	수험번호	성명
1급		A	90분		

수 험 자 유 의 사 항

- 수험자는 문제지를 받는 즉시 응시하고자 하는 과목 및 급수가 맞는지 확인한 후 수험번호와 성명을 작성합니다.
- 파일명은 본인의 "수험번호-성명-문제번호"로 공백 없이 정확히 입력하고 답안폴더(내문서₩GTQ 또는 라이브러리₩문서₩GTQ)에 ai 파일 포맷으로 저장(버전 : Illustrator CS6(영문))해야 하며, 다른 파일 형식과 버전으로 저장하였을 경우 0점 처리됩니다. 답안문서 파일명이 "수험번호-성명-문제번호"와 일치하지 않거나, 답안 파일을 전송하지 않아 미제출로 처리될 경우 불합격 처리됩니다.
- 수험자 정보와 저장한 파일명, 저장 위치가 다를 경우 전송이 되지 않으므로, 주의하시기 바랍니다.
- 답안 작성 중에도 주기적으로 '저장'과 '답안 전송'을 이용하여 감독위원 PC로 답안을 전송하셔야 합니다. (※ 작업한 내용을 저장하지 않고 전송할 경우 이전의 저장내용이 전송되오니 이점 반드시 유념하시기 바랍니다.)
- 답안문서는 지정된 경로 외의 다른 보조기억장치에 저장하는 행위, 지정된 시험 시간 외에 작성된 파일을 활용한 행위, 기타 통신수단(이메일, 메신저, 네트워크 등)을 이용하여 타인에게 전달 또는 외부 반출하는 행위는 부정으로 간주되어 자격기본법 제32조에 의거 본 시험 및 국가공인 자격시험을 2년간 응시할 수 없습니다.
- 시험 중 부주의 또는 고의로 시스템을 파손한 경우와 〈수험자 유의사항〉에 기재된 방법대로 이행하지 않아 생기는 불이익은 수험자의 책임임을 알려 드립니다
- 시험을 완료한 수험자는 최종적으로 저장한 답안파일이 전송되었는지 확인한 후 감독위원의 지시에 따라 문 제지를 제출하고 퇴실합니다.

답 안 작 성 요 령

- **온라인 답안 작성 절차**
  수험자 등록 ⇒ 시험 시작 ⇒ 답안파일 저장 ⇒ 답안 전송 ⇒ 시험 종료
- 배점은 총 100점으로 이루어지며, 점수는 각 문제별로 차등 배분됩니다.
- 각 문제는 제시된 조건에 맞게 답안을 작성하셔야 하며, 조건을 지키지 못했을 경우에는 0점 또는 감점 처리됩니다.
- 조건에서 주어진 단위는 'mm(밀리미터)'입니다. 눈금자는 작성하지 않으며, 그 외는 출력형태(레이아웃, 색상, 문자, 규격 등)와 같게 작업하십시오.
- 문제 조건에 서체의 지정이 없을 경우 한글은 굴림이나 돋움, 영문은 Arial로 작업하십시오. (단, 그 외 제시되지 않은 문자 속성을 기본값으로 작성하지 않은 경우는 감점 처리됩니다.)
- 문제 조건에 크기와 색상, 두께의 지정이 없을 경우 《출력형태》를 참고하여 작업해 주시기 바랍니다.
- Image Mode(이미지 모드)는 별도의 처리조건이 없을 경우에는 CMYK로 작업하십시오.
- 조건에서 제시한 기능을 임의로 합치거나 각 기능에 대한 속성을 해지할 경우 해당 요소는 0점 처리됩니다.

한 국 생 산 성 본 부

문제 1 BI, CI 디자인

25점

다음의 《조건》에 따라 아래의 《출력형태》와 같이 작업하시오.

조건

파일저장규칙	AI	파일명	내문서₩GTQ₩수험번호-성명-1.ai
		크기	100 × 80mm

1. 작업 방법
① 도형, 변형 툴과 Pathfinder 등을 이용하여, 오브젝트를 만든다.
② 그 외 《출력형태》 참조

2. 문자 효과
① PREMIUM MUSKMELON (Times New Roman, Bold, 9pt, C0M0Y0K0)

출력형태

C20M10Y40,
C70M40Y70K30,
C10Y60, C0M0Y0K0,
C40M20Y60,
C50Y80, C20Y90,
C20M70Y50K30,
C30Y70 → C50Y80,
C30Y100 → C50Y100,
M90Y90,
M100Y100K50,
(선) C50Y80, 6pt,
C20M70Y50K30, 3pt

문제 2 패키지, 비즈니스 디자인

: 무료 동영상 :

35점

다음의 《조건》에 따라 아래의 《출력형태》와 같이 작업하시오.

조건

파일저장규칙	AI	파일명	내문서\GTQ\수험번호-성명-2.ai
		크기	160 × 120mm

1. 작업 방법
① 유니폼은 Pattern 기능을 이용하여 작업한다. (패턴 등록 : 헤링 본)
② 아이디 카드는 Clipping Mask를 적용한다.
③ Brush는 아래를 참고하여 작업한다.
　　ー Artistic 〉 Artistic_ScrollPen 〉 Scroll Pen 8
④ Effect는 아래를 참고하여 작업한다.
　　ー Illustrator Effects 〉 Stylize 〉 Drop Shadow
⑤ 그 외《출력형태》참조

2. 문자 효과
① ID card (Arial, Regular, 15pt, C10M10Y20)
② BAY Company (Times New Roman, Bold, 6pt, 11pt, K100)

출력형태

C50M10

C10Y20, M10Y70,
C60M40Y90

C10Y20,
C10M90Y60K50,
C0M0Y0K0, C20M10,
C70M90Y60K60
→ C30M40K50,
(선) K100, 1pt,
[Pattern] Opacity 70%

C10M10Y20,
C10M90Y60K50,
C0M0Y0K0,
M20Y20K50, K30,
K10, C10M90Y60K70,
[Effects] Drop Shadow

ID card

BAY
Company

[Brush] Scroll Pen 8,
C0M0Y0K0, 1pt

M20Y30K10

40점

다음의 《조건》에 따라 아래의 《출력형태》와 같이 작업하시오.

조건

| 파일저장규칙 | AI | 파일명 | 내문서₩GTQ₩수험번호−성명−3.ai |
| | | 크기 | 210 × 297mm |

1. 작업 방법

① 꽃은 《참고도안》을 참고하여 직접 제작한 후 Symbol 기능을 활용한다. (심볼 등록 : 꽃)
② '향기로운 꽃내음과 함께 하세요!' 문자에 Envelope Distort 기능을 적용한다.
③ Brush는 아래를 참고하여 작업한다.
  – Decorative 〉 Decorative_Scatter 〉 Dot Rings
④ Effect는 아래를 참고하여 작업한다.
  – Illustrator Effects 〉 Stylize 〉 Drop Shadow
⑤ Clipping Mask를 이용하여 디자인을 정리한다.
⑥ 그 외《출력형태》참조

참고도안

M10Y10 →
M50Y20,
C0M0Y0K0,
Y70, M90,
M20Y20

2. 문자 효과

① The Beginning of Spring (Arial, Bold, 45pt, C40M80Y60)
② LUCKY BOX (Times New Roman, Bold Italic, 33pt, M100Y20)
③ 향기로운 꽃내음과 함께 하세요! (돋움, 21pt, C70M40)

출력형태

Symbol | 210 × 297mm [Mesh] C30Y20, C10Y10 | [Brush] Dot Rings, 1pt, 0.75pt

[Blend] 단계 : 10,
(선) C0M0Y0K0, 4pt →
C50Y30, 1pt

C60M100K20, C40M10,
C60M90 → C40Y20,
(선) C60M100K20, 2pt

C30M60Y40K20,
[Effects] Drop Shadow

M30Y20, M10Y10, M50Y30,
M20Y20, C0M0Y0K0, K20,
M20Y20, Opacity 50%

BI, CI 디자인

작업과정	새 도큐먼트 만들기 및 임시 파일 저장하기 ➡ 메론 단면 모양 만들기 ➡ 메론 조각 모양 만들기 ➡ 컵 모양 만들기 ➡ 빨대 모양 만들기 ➡ 리본 모양 만들기 ➡ 문자 입력 후 저장하고 답안 전송하기
완성 이미지	Part04₩수험번호–성명–1.ai

01 새 도큐먼트 만들기 및 임시 파일 저장하기

1 [File]–[New]를 선택하고 'Width : 100mm, Height : 80mm, Units : Millimeters, Color Mode : CMYK'를 설정하여 새 도큐먼트를 만들고 [View]–[Rulers]–[Show Rulers](**Ctrl** + **R**)를 선택하여 눈금자를 표시합니다.

합격생의 비법

Advanced를 클릭하여 확장하면 CMYK 컬러 모드를 확인 및 설정할 수 있습니다.

2 작품의 규격 왼쪽 상단에 원점(0,0)을 확인하고 왼쪽과 상단 눈금자 위에서 마우스를 드래그하여 제시된 출력형태와 레이아웃 구성을 동일하게 작업하기 위해서 안내선을 표시합니다.

3 작업 도큐먼트를 저장하기 위해 [File]–[Save As]를 선택하고 '저장 위치 : 내문서₩GTQ, Format : Adobe Illustrator(*.AI), 파일 이름 : 수험번호–성명–문제번호.ai'를 입력하고 [저장]을 클릭한 후 [Illustrator Options] 대화상자에서 'Version : Illustrator CS6'로 설정하고 [OK]를 클릭합니다.

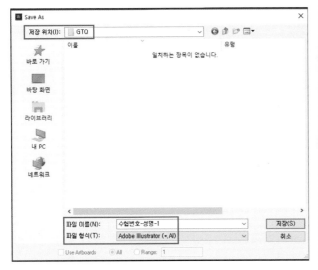
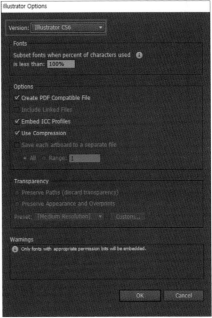

02 메론 단면 모양 만들기

1 Ellipse Tool(⬤)로 **Alt** 를 누르면서 안내선의 교차지점을 클릭하여 'Width : 30mm, Height : 30mm'를 입력하여 그리고 '면 : C20M10Y40, 테두리 : 없음'을 지정합니다.

2 Scale Tool(⬚)을 더블 클릭하여 'Uniform : 95%'를 지정하고 [Copy]를 눌러 축소 복사한 후 '면 : C70M40Y70K30, 테두리 : 없음'을 지정합니다. 계속해서 Scale Tool(⬚)을 더블 클릭하여 'Uniform : 93%'를 지정하고 [Copy]를 눌러 축소 복사한 후 '면 : C10Y60, 테두리 : 없음'을 지정합니다.

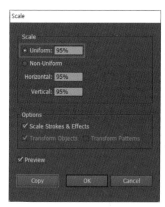  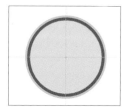

3 Scale Tool(⬚)을 더블 클릭하여 'Uniform : 50%'로 지정하고 [Copy]를 눌러 축소 복사합니다. Gradient 패널에서 'Type : Linear, Angle : 90˚'로 적용하고 Gradient Slider의 왼쪽 'Color Stop'을 더블 클릭하여 C30Y70을 적용하고 오른쪽 'Color Stop'을 더블 클릭하여 C50Y80을 적용한 후 '테두리 : 없음'을 지정합니다.

 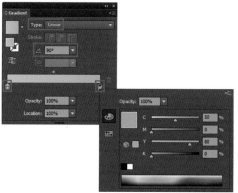 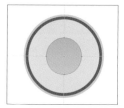

④ Ellipse Tool()로 작업 도큐먼트를 클릭한 후 'Width : 0.7mm, Height : 2mm'를 입력하여 그리고 '면 : C0M0Y0K0, 테두리 : 없음'을 지정합니다. Convert Anchor Point Tool()로 타원의 하단 고정점을 클릭하여 핸들을 삭제하고 뾰족하게 패스를 변형합니다.

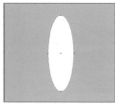

합격생의 비법

크기가 작은 오브젝트는 Zoom Tool()로 오브젝트를 드래그하여 화면 배율을 확대하면 정교한 작업이 가능합니다.

⑤ [View]-[Outline](**Ctrl** + **Y**)을 선택하고 '윤곽선 보기'를 하고 Direct Selection Tool()로 드래그하여 가운데 2개의 고정점을 선택하고 상단으로 이동하여 씨앗 모양을 완성합니다. **Ctrl** + **Y**를 눌러 '미리보기'로 전환합니다.

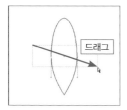

합격생의 비법

Shift 를 누르면서 2개의 고정점을 선택할 수도 있으며 [View]-[Outline](**Ctrl** + **Y**)을 선택하고 '윤곽선 보기'를 하면 아래쪽에 겹쳐진 오브젝트와 상관없이 드래그하여 패스의 고정점을 선택할 수 있습니다.

합격생의 비법

키보드의 화살표 ↑를 여러 번 눌러 이동할 수도 있습니다. **Shift** 와 같이 누르면 약 10배수로 이동할 수 있습니다.

⑥ Selection Tool()로 오브젝트를 선택하고 Rotate Tool()로 **Alt** 를 누르면서 안내선의 교차 지점을 클릭하여 'Angle : -30°'를 지정하고 [Copy]를 눌러 회전하여 복사합니다. [Object]-[Transform]-[Transform Again](**Ctrl** + **D**)를 5번 선택하고 균등 간격으로 복사합니다.

7 Selection Tool(▶)로 4번째 오브젝트를 선택하고 왼쪽으로 이동하여 배치한 후 ▢Alt▢를 누르면서 왼쪽 상단으로 드래그하여 복사합니다. 조절점 밖을 ▢Shift▢를 누르면서 반시계 방향으로 드래그하여 45° 회전하여 배치합니다.

8 Reflect Tool(◪)로 ▢Alt▢를 누르면서 수평 안내선을 클릭하여 'Axis : Horizontal'을 지정하고 [Copy]를 눌러 복사합니다.

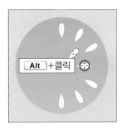

9 [Select]−[Same]−[Fill Color]로 '면 : C0M0Y0K0, 테두리 : 없음'이 적용된 씨앗 모양 오브젝트를 모두 선택하고 Rotate Tool(↻)을 더블 클릭하여 'Angle : 8°'를 지정하고 회전하여 그림과 같이 배치합니다.

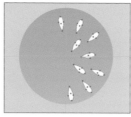

⑩ Pen Tool()로 정원의 상단에 사선을 그리고 '면 : 없음, 테두리 : C50Y80'을 지정하고 Stroke 패널에서 'Weight : 6pt, Cap : Round Cap'을 지정한 후 [Object]-[Arrange]-[Send to Back](Shift + Ctrl + [ )를 선택하고 맨 뒤로 보내기를 하고   Ctrl 을 누르면서 도큐먼트의 빈 곳을 클릭합니다. 계속해서 Pen Tool()로 클릭하여 메론의 줄기 모양을 열린 패스로 그립니다.

합격생의 비법

열린 패스란 시작점과 끝점이 만나지 않는 패스를 말합니다. Pen Tool()로 패스를 그리는 도중   Ctrl 을 누르면서 도큐먼트의 빈 곳을 클릭하면 가장 최근에 사용한 선택 도구로 빠르게 전환되어 현재 그리는 패스의 선택을 해제할 수 있습니다. 마우스 포인터가 ▶. 모양일 때 새로운 패스를 그릴 수 있습니다.

03 메론 조각 모양 만들기

① Ellipse Tool(●)로 작업 도큐먼트를 클릭한 후 'Width : 31mm, Height : 31mm'를 입력하여 그리고 '면 : 임의 색상, 테두리 : 임의 색상'을 지정합니다.

합격생의 비법

오브젝트의 크기는 안내선을 참고하여 전체 레이아웃에 맞춰서 문제지의《출력형태》와 최대한 유사하게 작업하면 됩니다.

2 Scale Tool(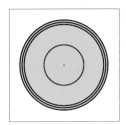)을 더블 클릭하여 'Uniform : 95%, Scale Strokes & Effects : 체크 해제'를
지정하고 [Copy]를 눌러 축소 복사한 후 [Object]−[Transform]−[Transform Again](**Ctrl** +
D)을 선택하고 반복하여 축소 복사합니다. 계속해서 Scale Tool()을 더블 클릭하여
'Uniform : 50%, Scale Strokes & Effects : 체크 해제'를 지정하고 [Copy]를 눌러 축소 복사
합니다.

3 Line Segment Tool()로 작업 도큐먼트를 클릭한 후 'Length : 36mm, Angle : 0˚'를 지정
하여 수평선을 그리고 '면 : 없음, 테두리 : 임의 색상'을 지정합니다.

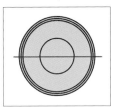

4 Selection Tool()로 드래그하여 4개의 정원과 수평선을 함께 선택하고 Align 패널에서
'Horizontal Align Center()'와 'Vertical Align Center()'를 각각 클릭하여 가운데 정렬을
지정합니다.

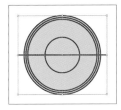

5 Selection Tool()로 중앙의 작은 정원을 클릭하여 선택하고 Scale Tool()을 더블 클릭하
여 'Horizontal : 105%, Vertical : 40%, Scale Strokes & Effects : 체크 해제'를 지정하고
[Copy]를 눌러 복사한 후 키보드의 화살표 **↑**를 여러 번 눌러 상단으로 이동하여 배치합니다.

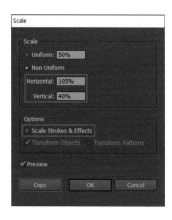
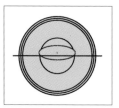

6 Selection Tool()로 원과 수평선을 함께 선택하고 Pathfinder 패널에서 'Divide(▦)'를 클릭하여 면을 분할합니다.

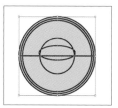

7 Selection Tool(▨)로 분할된 오브젝트를 더블 클릭하여 Isolation Mode로 전환하고 수평선 하단 4개의 오브젝트를 드래그하여 선택한 후 [Select]-[Inverse]로 선택을 반전합니다.

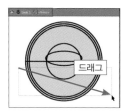
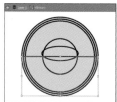
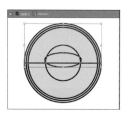

합격생의 비법

Isolation Mode란 Create Outlines 또는 Pathfinder 적용 후 개별 오브젝트를 편집할 때 Group 상태를 해제하지 않고 부분적으로 선택, 편집할 수 있는 격리 모드입니다. 개별 오브젝트의 편집이 끝나면 도큐먼트의 빈 곳을 더블 클릭하거나 **Esc** 를 눌러 정상 모드로 전환합니다.

합격생의 비법

여러 개의 삭제할 오브젝트를 **Shift** 를 누르면서 선택할 수도 있으나 [Select]-[Inverse]로 선택을 반전하는 방법을 활용하면 빠른 선택이 가능합니다.

8 **Delete** 를 눌러 상단의 불필요한 오브젝트를 삭제하고 Selection Tool(▨)로 순서대로 선택하고 '면 : C70M40Y70K30, C50Y80, C20Y90, 테두리 : 없음'을 각각 지정합니다.

9 Selection Tool(⬚)로 중앙의 오브젝트를 선택한 후 Gradient 패널에서 'Type : Radial'을 적용하고 Gradient Slider의 왼쪽 'Color Stop'을 더블 클릭하여 C30Y100을 적용하고 오른쪽 'Color Stop'을 더블 클릭하여 C50Y100을 적용한 후 '테두리 : 없음'을 지정합니다.

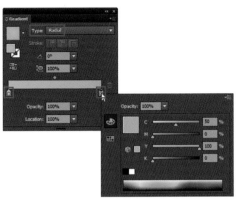 

10 Selection Tool(⬚)로 '면 : C20Y90, 테두리 : 없음'인 오브젝트를 선택하고 Scale Tool(⬚)을 더블 클릭하여 'Uniform : 115%'를 지정하고 [Copy]를 눌러 복사한 후 '면 : C40M20Y60, 테두리 : 없음'을 지정합니다. Selection Tool(⬚)로 조절점 밖을 시계 방향으로 드래그하여 회전하여 배치합니다.

  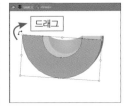

11 [View]-[Outline](**Ctrl** + **Y**)을 선택하여 '윤곽선 보기'를 하고 Line Segment Tool(⬚)로로 왼쪽 상단 모서리와 겹치도록 드래그하여 사선을 그리고 '면 : 없음, 테두리 : 임의 색상'을 지정합니다. Selection Tool(⬚)로 **Shift** 를 누르면서 2개의 오브젝트를 함께 선택하고 Pathfinder 패널에서 'Divide(⬚)'를 클릭하여 면을 분할하고 **Ctrl** + **Y** 를 눌러 '미리보기'로 전환합니다.

⓬ Selection Tool( )로 분할된 오브젝트를 더블 클릭하여 그룹의 Isolation Mode로 전환한 후 왼쪽의 불필요한 오브젝트를 선택하고 **Delete** 를 눌러 삭제합니다.

⓭ Pen Tool( )로 곡선의 열린 패스를 오브젝트를 통과하여 겹치도록 그리고 '면 : 없음, 테두리 : C20M10Y40'을 지정한 후 Stroke 패널에서 'Weight : 2pt'를 지정합니다. 계속해서 Line Segment Tool( )로 드래그하여 동일한 색상의 사선을 여러 개 그려서 배치합니다.

⓮ [Select]-[Same]-[Stroke Color]를 선택하고 테두리 색상이 동일한 오브젝트를 모두 선택합니다. [Object]-[Path]-[Outline Stroke]을 선택하여 선을 면으로 확장한 후 Pathfinder 패널에서 'Unite( )'를 클릭하여 합칩니다.

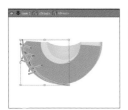  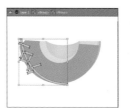

⓯ [Select]−[All](**Ctrl** + **A**)로 오브젝트를 모두 선택하고 Pathfinder 패널에서 'Divide(■)'를
클릭하여 면을 분할합니다.

 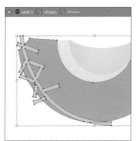

⓰ Selection Tool(▶)로 **Shift** 를 누르면서 불필요한 오브젝트를 선택하고 **Delete** 를 눌러 삭제
한 후 도큐먼트 상단의 'Group'을 클릭하여 앞 단계 그룹의 격리모드로 전환하고 [Object]−
[Arrange]−[Send to Back](**Shift** + **Ctrl** + **[**)을 선택하고 맨 뒤로 보내기를 합니다.

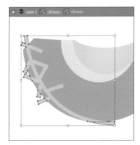 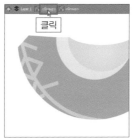 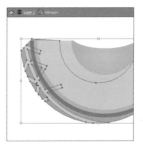

⓱ **Esc** 를 눌러 정상 모드로 전환한 후 Selection Tool(▶)로 메론 조각 모양을 선택하고
Rotate Tool(↻)을 더블 클릭하여 'Angle : 25°'를 지정하고 [OK]를 눌러 회전하고 레이아웃
에 맞게 배치합니다.

 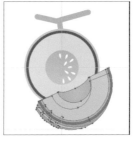

04 컵 모양 만들기

1 Rounded Rectangle Tool(■)로 작업 도큐먼트를 클릭한 후 'Width : 25mm, Height : 32mm, Corner Radius : 6mm'를 입력하여 그리고 '면 : 임의 색상, 테두리 : 임의 색상'을 지 정합니다. 계속해서 Rounded Rectangle Tool(■)로 작업 도큐먼트를 클릭한 후 'Width : 17mm, Height : 4mm, Corner Radius : 6mm'를 입력하여 그리고 하단에 겹치도록 배치합 니다.

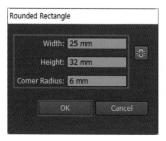 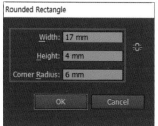 

2 Rounded Rectangle Tool(■)로 작업 도큐먼트를 클릭한 후 'Width : 20mm, Height : 1.5mm, Corner Radius : 3mm'를 입력하여 그리고 '면 : 임의 색상, 테두리 : 임의 색상'을 지 정합니다.

3 [Object]-[Transform]-[Move]를 선택하고 'Horizontal : 0mm, Vertical : −2mm'를 입력하 고 [Copy]를 눌러 위쪽으로 이동하여 복사한 후 [Object]-[Transform]-[Transform Again] (**Ctrl**+**D**)을 선택하고 균등한 간격으로 이동하여 복사합니다.

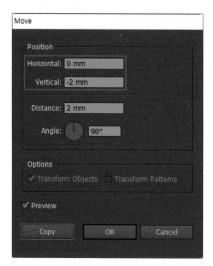  

4 Rectangle Tool()로 작업 도큐먼트를 클릭한 후 'Width : 16mm, Height : 6mm'를 입력하여 그리고 '면 : 임의 색상, 테두리 : 임의 색상'을 지정하고 상단 3개의 둥근 사각형과 겹치도록 배치합니다.

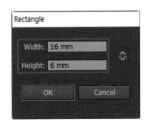

5 Selection Tool()로 드래그하여 6개의 오브젝트를 모두 선택하고 Align 패널에서 'Horizontal Align Center()'를 클릭하여 가로 가운데 정렬을 지정합니다.

6 Pathfinder 패널에서 'Unite()'를 클릭하여 하나로 합친 후 '면 : 없음, 테두리 : C20M70Y50K30'을 지정하고 Stroke 패널에서 'Weight : 3pt, Cap : Butt Cap, Corner : Round Join'을 지정합니다.

7 [Object]-[Path]-[Offset Path]를 선택한 후 'Offset : −1mm'를 지정하여 축소된 복사본을 만든 후 '면 : C20Y90, 테두리 : 없음'을 지정합니다.

8 Rectangle Tool(■)로 상단과 겹치도록 그리고 '면 : 임의 색상, 테두리 : 임의 색상'을 지정합니다. Ellipse Tool(●)로 Alt 를 누르면서 컵 모양 하단 세로 안내선에 클릭하여 'Width : 16mm, Height : 3mm'를 입력하여 그리고 '면 : 임의 색상, 테두리 : 임의 색상'을 지정합니다.

합격생의 비법

Alt 를 누르면서 클릭하면 클릭 지점을 중심점으로 하여 정확한 수치를 입력하여 원형을 그릴 수 있습니다.

9 Selection Tool(▶)로 Shift 를 누르면서 3개의 오브젝트를 함께 선택하고 Pathfinder 패널에서 'Minus Front(▣)'를 클릭하여 모양을 완성합니다.

10 Ellipse Tool(●)로 Shift 를 누르면서 드래그하여 크기가 다른 5개의 정원을 그리고 '면 : C0M0Y0K0, 테두리 : 없음'을 각각 지정하여 그림과 같이 배치합니다.

⑪ Rounded Rectangle Tool(⬭)로 작업 도큐먼트를 클릭한 후 'Width : 13mm, Height : 21mm, Corner Radius : 6mm'를 입력하여 그리고 '면 : 없음, 테두리 : C20M70Y50K30'을 지정한 후, Stroke 패널에서 'Weight : 9pt'를 적용합니다.

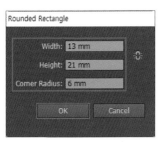

⑫ Selection Tool(▶)로 둥근 사각형을 더블 클릭하여 Isolation Mode로 전환하고 Direct Selection Tool(▶)로 드래그하여 왼쪽 2개의 고정점을 선택하고 **Delete** 를 눌러 삭제합니다. [Object]-[Path]-[Outline Stroke]을 선택하여 선을 면으로 확장한 후 **Esc** 를 눌러 정상 모드로 전환합니다.

합격생의 비법

작업 중 Selection Tool(▶)이 선택된 상태에서 **Ctrl** 을 누르거나 영문 입력 모드에서 **A** 를 눌러 Direct Selection Tool(▶)로 빠르게 전환이 가능합니다.

⑬ Selection Tool(▶)로 메론 조각 모양을 더블 클릭한 후 Isolation Mode로 전환하고 3개의 오브젝트가 포함되도록 드래그하여 [Edit]-[Copy](**Ctrl** + **C**)를 선택하고 복사를 한 후 **Esc** 를 눌러 정상 모드로 전환합니다. [Edit]-[Paste](**Ctrl** + **V**)를 선택하고 붙여넣기를 하고 Line Segment Tool(╱)로 드래그하여 사선을 겹치도록 그리고 '면 : 없음, 테두리 : 임의 색상'을 지정합니다.

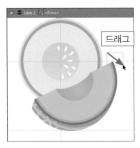

드래그

⓵ Selection Tool(🔲)로 4개의 오브젝트를 함께 선택하고 Pathfinder 패널에서 'Divide(🔲)'를 클릭하여 면을 분할합니다. Selection Tool(🔲)로 더블 클릭하여 Isolation Mode로 전환하고 불필요한 오브젝트를 선택하고 **Delete**를 눌러 삭제한 후 **Esc**를 눌러 정상 모드로 전환합니다.

드래그

⓵ Selection Tool(🔲)로 선택하고 Rotate Tool(🔲)을 더블 클릭하여 'Angle : −175˚'를 지정하여 회전한 후 Scale Tool(🔲)을 더블 클릭하여 'Uniform : 115%'를 지정하고 [Object]-[Arrange]-[Send to Back](**Shift**+**Ctrl**+**[**)을 선택하고 맨 뒤로 보내기를 합니다.

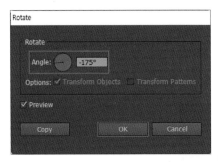
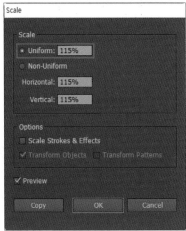

05 빨대 모양 만들기

1 Pen Tool()로 클릭하여 열린 패스를 그리고 '면 : 없음, 테두리 : C20M70Y50K30'을 지정하고, Stroke 패널에서 'Weight : 7pt, Cap : Butt Cap, Corner : Round Join'을 지정한 후 [Object]-[Path]-[Outline Stroke]을 선택하여 선을 면으로 확장합니다.

2 Rectangle Tool()로 작업 도큐먼트를 클릭한 후 'Width : 9mm, Height : 1.3mm'를 입력하여 그리고 '면 : 임의 색상, 테두리 : 없음'을 지정합니다. Rotate Tool()을 더블 클릭하고 'Angle : 20°'를 지정하여 회전한 후 오브젝트의 상단과 겹치도록 배치합니다.

3 Selection Tool(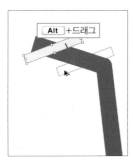)로 **Alt**를 누르면서 오른쪽 아래로 드래그하여 복사한 후, Rotate Tool(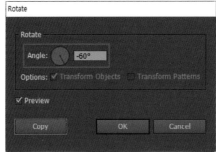)을 더블 클릭하여 'Angle : -60°'를 지정하고 [Copy]를 눌러 회전 복사한 후 겹치도록 배치합니다.

4 [Object]-[Transform]-[Move]를 선택하고 'Horizontal : 0.5mm, Vertical : 6mm'를 입력하고 [Copy]를 눌러 오른쪽 아래로 이동하여 복사한 후 **Ctrl**+**D**를 3번 눌러 균등한 간격으로 이동하여 복사합니다.

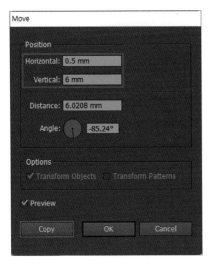

⑤ Selection Tool()로 8개의 오브젝트를 선택하고 Pathfinder 패널에서 'Minus Front(■)'를 클릭하여 빨대 모양을 완성합니다. [Object]-[Arrange]-[Send to Back](**Shift** + **Ctrl** + **[**)을 선택하고 맨 뒤로 보내기를 합니다.

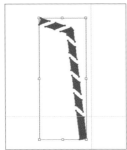

06 리본 모양 만들기

① Ellipse Tool(●)로 작업 도큐먼트를 클릭한 후 'Width : 47mm, Height : 9mm'를 입력하여 그리고 '면 : 없음, 테두리 : M90Y90'을 지정합니다. Direct Selection Tool(▶)로 타원의 하단 고정점을 클릭하여 선택하고 **Delete** 를 눌러 삭제하고 열린 패스로 변형합니다.

클릭 후 **Delete**

② Brushes 패널에서 '5 pt. Flat'을 선택하고 Stroke 패널에서 'Weight : 4pt'를 지정하여 리본 모양의 상단을 완성합니다.

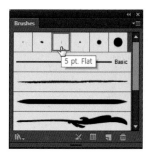

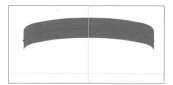

❸ Paintbrush Tool(🖌)로 리본의 왼쪽 모양을 동일한 색상으로 그림과 같이 그립니다. 계속해서 2개의 패스와 겹치도록 드래그하여 그리고 '면 : 없음, 테두리 : M100Y100K50'을 지정합니다.

❹ Selection Tool(▶)로 3개의 열린 패스를 선택하고 [Object]-[Expand Appearance]를 선택하여 오브젝트의 속성을 확장합니다. 상단의 오브젝트를 선택하고 [Object]-[Arrange]-[Bring to Front](Shift + Ctrl +])로 맨 앞으로 가져오기를 합니다.

❺ Pen Tool(🖊)로 리본 모양의 끝 부분을 겹치도록 그리고 '면 : M100Y100K50, 테두리 : 없음'을 지정하고 [Object]-[Arrange]-[Send to Back](Shift + Ctrl + [ )을 선택하고 맨 뒤로 보내기를 합니다.

6 Selection Tool()로 왼쪽 3개의 오브젝트를 함께 선택하고 Reflect Tool()로 **Alt** 를 누르고 안내선을 클릭하여 'Axis : Vertical'을 지정하고 [Copy]를 눌러 복사합니다.

07 문자 입력 후 저장하고 답안 전송하기

1 Pen Tool()로 리본의 상단 오브젝트와 겹치도록 열린 패스를 그리고 '면 : 없음, 테두리 : 임의 색상'을 지정합니다.

합격생의 비법

Type on a Path Tool(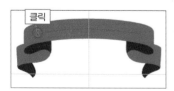)을 사용하여 문자를 입력할 때는 패스의 색상은 투명해지므로 면과 테두리에 별도의 색상 지정은 큰 의미가 없습니다.

2 Type on a Path Tool()로 곡선 패스의 왼쪽 끝점을 클릭한 후 Character 패널에서 'Set the font family : Times New Roman, Set the font style : Bold, Set the font size : 9pt'를 설정하고 Paragraph 패널에서 'Align center'를 선택하여 문장을 가운데 배치합니다.

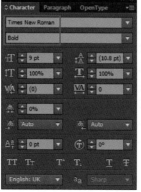

3 Color 패널에서 '면 : C0M0Y0K0, 테두리 : 없음'을 지정한 후 PREMIUM을 입력합니다. Selection Tool()로 패스 상의 왼쪽 수직선 모양(▸)을 드래그하여 패스 상의 문자의 위치를 드래그하여 중앙에 배치합니다.

4 Selection Tool(⬚)로 Alt 와 Shift 를 누르면서 PREMIUM 문자를 하단으로 드래그하여 복사를 한 후 Type on a Path Tool(⬚)로 더블 클릭하여 선택하고 MUSKMELON을 입력합니다.

5 [View]-[Guides]-[Hide Guides](Ctrl + ;)를 선택하여 안내선을 숨기고 [View]-[Fit Artboard in Window](Ctrl + 0)을 선택하여 현재 창에 맞추기를 합니다.

6 [File]-[Save As]를 선택하고 '저장 위치 : 내문서₩GTQ, Format : Adobe Illustrator(*AI), 파일 이름 : 수험번호-성명-문제번호.ai'를 입력하고 [저장]을 클릭한 후 [Illustrator Options] 대화상자에서 'Version : Illustrator CS6'로 설정하고 [OK]를 클릭합니다.

7 답안 저장이 완료가 되면 [File]-[Close](**Ctrl** + **W**)를 선택하여 파일을 닫고 수험 프로그램에서 [답안 전송]을 클릭하여 감독관 컴퓨터로 전송합니다.

문제 02 패키지, 비즈니스 디자인

작업과정	새 도큐먼트 만들기 및 임시 파일 저장하기 ➡ 헤링 본 모양 만들고 패턴 등록하기 ➡ 꽃과 월계수 잎 모양 만들기 ➡ 아이디 카드 모양 만들고 문자 입력하기 ➡ 클리핑 마스크 적용하기 ➡ 유니폼 모양 만들고 패턴, 그라디언트, 불투명도 적용하기 ➡ 브러쉬 적용 및 문자 입력하기 ➡ 저장 및 답안 전송하기
완성 이미지	Part04₩수험번호-성명-2.ai

01 새 도큐먼트 만들기 및 임시 파일 저장하기

1 [File]-[New]를 선택하고 'Width : 160mm, Height : 120mm, Units : Millimeters, Color Mode : CMYK'를 설정하여 새 도큐먼트를 만들고 [View]-[Rulers]-[Show Rulers](**Ctrl** + **R**)를 선택하여 눈금자를 표시합니다.

2 작품의 규격 왼쪽 상단에 원점(0,0)을 확인하고 왼쪽과 상단 눈금자 위에서 마우스를 드래그하여 제시된 출력형태와 레이아웃 구성을 동일하게 작업하기 위해서 안내선을 표시합니다.

③ 작업 도큐먼트를 저장하기 위해 [File]-[Save As]를 선택하고 '저장 위치 : 내문서₩GTQ, Format : Adobe Illustrator(*AI), 파일 이름 : 수험번호-성명-문제번호.ai'를 입력하고 [저장]을 클릭한 후 [Illustrator Options] 대화상자에서 'Version : Illustrator CS6'로 설정하고 [OK]를 클릭합니다.

02 헤링 본 모양 만들고 패턴 등록하기

① [View]-[Show Grid](**Ctrl** +[**"**])를 선택하고 도큐먼트에 격자 보기를 하고 [View]-[Snap to Grid]를 선택하고 격자에 물리기를 지정합니다. [Edit]-[Preferences]-[Guides & Grid]를 선택하고 'Gridline every : 10mm, Subdivisions : 8'을 지정합니다.

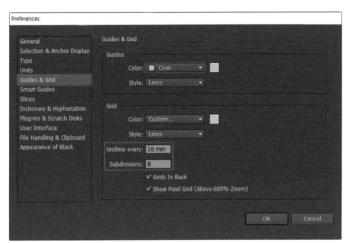

② Rectangle Tool(▣)로 작업 도큐먼트를 클릭한 후 'Width : 30mm, Height : 30mm'를 입력하여 그리고 '면 : 임의 색상, 테두리 : 임의 색상'을 지정합니다.

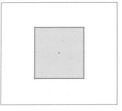

합격생의 비법

Rectangle Tool(▣)로 도큐먼트를 클릭하고 수치를 입력하여 사각형을 그리면 클릭 지점에 사각형의 왼쪽 모서리가 배치됩니다.

③ Rotate Tool(⟳)을 더블 클릭한 후 'Angle : 45°'를 지정하여 회전합니다. Direct Selection Tool(▶)로 오른쪽 고정점을 선택하고 **Delete** 를 눌러 삭제하고 열린 패스로 변형합니다.

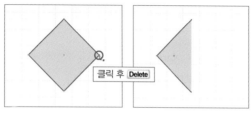

④ 키보드의 화살표 를 여러 번 눌러 격자의 진한 경계선에 배치하고 '면 : 없음, 테두리 : C50M10'을 지정하고 Stroke 패널에서 'Weight : 6pt'를 지정합니다. [Object]-[Path]-[Outline Stroke]을 선택하여 선을 면으로 확장합니다.

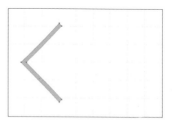

⑤ [Object]-[Transform]-[Move]를 선택하고 'Horizontal : 6mm, Vertical : 0mm'을 입력하고 [Copy]를 눌러 오른쪽으로 이동하여 복사한 후 [Object]-[Transform]-[Transform Again](Ctrl + D)을 9번 선택하고 균등한 간격으로 반복하여 복사합니다.

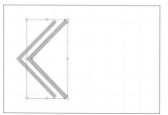

합격생의 비법

오브젝트를 선택한 후 Tool Panel의 Selection Tool( ) 또는 Direct Selection Tool( )을 더블 클릭하여 [Move] 대화상자에서 이동할 수도 있습니다.

6 Rectangle Tool(■)로 작업 도큐먼트를 클릭한 후 'Width : 30mm, Height : 30mm'를 입력하여 그리고 '면 : 임의 색상, 테두리 : 임의 색상'을 지정하고 그림과 같이 겹치도록 배치합니다. [Select]-[All](Ctrl +A)로 모두 선택하고 Pathfinder 패널에서 'Crop(■)'을 클릭하여 사각형과 겹친 부분만을 잘라서 남깁니다.

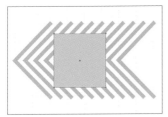 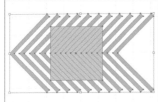 

합격생의 비법

• 사각형 영역 안에 포함된 오브젝트는 상하좌우로 반복되는 사방연속 무늬의 영역을 지정하므로 격자를 참조하여 정확하게 겹치도록 배치합니다.
• [View]-[Snap to Grid]를 선택하고 격자에 물리기를 지정하였으므로 격자의 정확한 위치를 지정할 수 있습니다.

7 [Object]-[Pattern]-[Make]로 'Name : 헤링 본'을 지정하고 패턴으로 등록하여 Swathes 패널에 저장합니다. 도큐먼트 상단의 'Done'을 클릭하여 정상 모드로 전환합니다. [View]-[Hide Grid](Ctrl +")를 선택하고 격자 가리기를 하고 [View]-[Snap to Grid]를 선택하고 격자에 물리기를 해제합니다.

  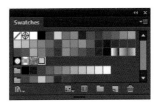

03 꽃과 월계수 잎 모양 만들기

1 Ellipse Tool(●)로 작업 도큐먼트를 클릭한 후 'Width : 2mm, Height : 7mm'를 입력하여 그리고 '면 : C10Y20, 테두리 : 없음'을 지정합니다. 계속해서 클릭한 후 'Width : 6mm, Height : 6mm'를 입력하여 그리고 '면 : M10Y70, 테두리 : 없음'을 지정합니다.

2️⃣ Selection Tool(▶)로 2개의 원을 함께 선택하고 Align 패널에서 'Horizontal Align Center(⬒)'를 클릭하여 가로 가운데 정렬을 지정합니다. Direct Selection Tool(▶)로 드래그하여 가운데 2개의 고정점을 선택하여 [Object]-[Transform]-[Move]를 선택하고 'Horizontal : 0mm, Vertical : −3.5mm'를 지정하고 [OK]를 눌러 위쪽으로 이동하고 패스를 변형합니다.

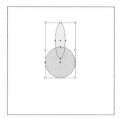  

3️⃣ Selection Tool(▶)로 꽃잎 모양을 선택하고 Rotate Tool(↻)로 [Alt]를 누르면서 정원의 중심점에 클릭하여 [Rotate] 대화상자에서 'Angle : 30°'를 지정하고 [Copy]를 눌러 회전하여 복사하고 [Ctrl]+[D]를 10번 눌러 반복하여 회전 복사합니다.

합격생의 비법

정원의 중심점에 마우스를 올리면 기본적으로 'center'로 표시됩니다. 표시가 나타나지 않으면 [View]-[Smart Guides]([Ctrl]+[U])를 선택합니다.

합격생의 비법

[View]-[Outline]([Ctrl]+[Y])을 선택하고 '윤곽선 보기'를 지정하면 정원의 중심점이 'x'로 표시되어 빠르게 찾을 수 있습니다.

4 Selection Tool(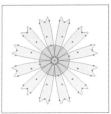)로 꽃 모양을 모두 선택하고 Rotate Tool(⟳)을 더블 클릭하여 [Rotate] 대화상자에서 'Angle : 15°'를 지정하고 [OK]를 눌러 회전한 후 [Object]-[Group](**Ctrl** + **G**) 을 선택하고 그룹으로 설정합니다.

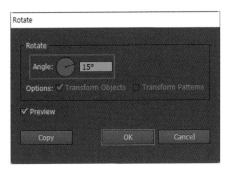

5 Line Segment Tool(╱)로 작업 도큐먼트에 클릭한 후 'Length : 18mm, Angle : 90°'를 지정 하여 수직선을 그리고 '면 : 없음, 테두리 : C60M40Y90'을 지정하고, Stroke 패널에서 'Weight : 1pt'를 지정합니다. [Object]-[Path]-[Outline Stroke]을 선택하여 선을 면으로 확 장합니다.

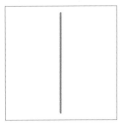

6 Pen Tool(✎)로 상단에 잎 모양을 그리고 '면 : C60M40Y90, 테두리 : 없음'을 지정합니다.

7 Selection Tool(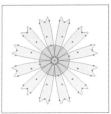)로 잎 모양을 선택한 후 Scale Tool(⬚)을 더블 클릭하여 'Uniform : 90%'를 지정하여 [Copy]를 눌러 축소 복사합니다. Rotate Tool(⟳)을 더블 클릭하여 'Angle : 50°'를 지정하여 회전한 후 왼쪽에 배치합니다.

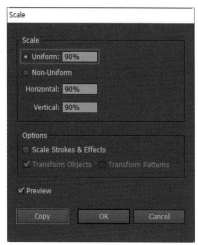

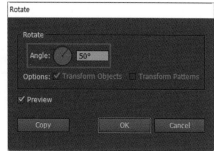

⑧ Selection Tool(▶)을 더블 클릭한 후 [Move] 대화상자에서 'Horizontal : 0mm, Vertical : 2.7mm'을 입력하고 [Copy]를 눌러 아래쪽으로 이동하여 복사합니다. **Ctrl** + **D** 를 4번 눌러 균등 간격으로 반복하여 복사합니다.

⑨ Selection Tool(▶)로 왼쪽 6개의 잎 모양을 함께 선택한 후 Reflect Tool(⬿)로 **Alt** 를 누르면서 가운데 줄기 부분을 클릭하여 'Axis : Vertical'을 지정하고 [Copy]를 눌러 복사합니다.

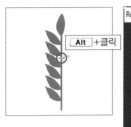
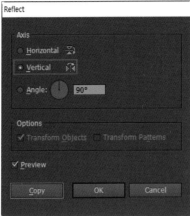

⑩ Selection Tool(🔍)로 잎 모양과 줄기 모양을 함께 선택하고 [Object]-[Group](**Ctrl** + **G**)
으로 그룹을 지정한 후 [Effect]-[Illustrator Effects]-[Warp]-[Arc]를 선택하고 'Vertical :
체크, Bend : 70%'를 지정하여 왜곡한 후 [Object]-[Expand Appearance]를 선택하여 오브젝
트의 속성을 확장합니다.

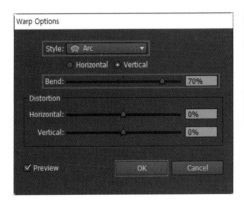

합격생의 비법

[Object]-[Group](**Ctrl** + **G**)으로 그룹을 지정해야 [Effect]-[Illustrator Effects]-[Warp]-[Arc]를 적용했을 때 출력형태와 동일
한 결과를 얻을 수 있습니다.

⑪ Rotate Tool(🔄)을 더블 클릭하고 'Angle : 45'로 지정하여 회전한 후 배치합니다. Reflect
Tool(🔁)을 더블 클릭하여 'Axis : Vertical'을 지정하고 [Copy]를 눌러 복사하고, Scale
Tool(📐)을 더블 클릭한 후 'Uniform : 70%'를 지정하여 축소한 후 그림과 같이 배치합니다.

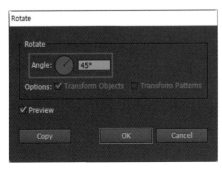

'Angle'이 음수(−)면 시계 방향으로, 양수(+)면 반시계 방향으로 회전됩니다.

04 아이디 카드 모양 만들고 문자 입력하기

1 Rounded Rectangle Tool()로 작업 도큐먼트를 클릭한 후 'Width : 43mm, Height : 35mm, Corner Radius : 1.5mm'를 입력하여 그리고 '면 : 임의 색상, 테두리 : 임의 색상'을 지정합니다. 계속해서 작업 도큐먼트를 클릭한 후 'Width : 10mm, Height : 2mm, Corner Radius : 1.5mm'를 입력하여 임의 색상의 둥근 사각형을 그리고 상단에 겹치도록 배치합니다.

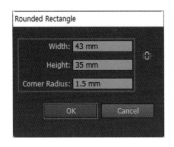
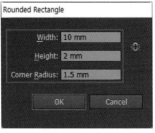

2 Selection Tool(□)로 2개의 둥근 사각형을 함께 선택하고 Align 패널에서 'Horizontal Align Center(□)'를 클릭하여 가로 가운데 정렬을 지정합니다. Pathfinder 패널에서 'Minus Front(□)'를 클릭한 후 '면 : C10M10Y20, 테두리 : 없음'을 지정합니다.

3 Rectangle Tool(□)로 **Alt** 를 누르면서 상단 수직의 안내선을 클릭하여 'Width : 40mm, Height : 7mm'를 입력하여 그리고 '면 : C10M90Y60K50, 테두리 : 없음'을 지정합니다.

4 계속해서 Rectangle Tool(□)로 사각형의 왼쪽 아래 고정점을 클릭하여 'Width : 40mm, Height : 19mm'를 입력하여 그리고 '면 : C0M0Y0K0, 테두리 : 없음'을 지정합니다.

 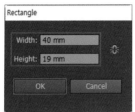 

5 Rectangle Tool(■)로 드래그하여 사각형을 그리고 '면 : M20Y20K50, 테두리 : 없음'을 지정합니다. Selection Tool(▶)로 **Alt** 를 누르고 상단으로 드래그하면서 **Shift** 를 동시에 눌러 복사한 후 '면 : K30, 테두리 : 없음'을 지정합니다. 상단 조절점의 중간을 위쪽으로 드래그하여 높이만 확대합니다.

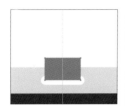 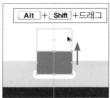 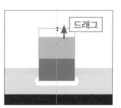

6 Scale Tool(▣)로 사각형의 왼쪽 선분을 클릭하여 변형 축을 지정하고 **Alt** 와 **Shift** 를 누르면서 왼쪽으로 드래그하여 너비만을 줄여 복사한 후 '면 : K10, 테두리 : 없음'을 지정합니다.

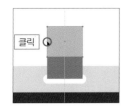 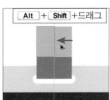 

7 Selection Tool(▶)로 하단의 '면 : K30, 테두리 : 없음'인 사각형을 선택하고 **Alt** 를 누르고 상단으로 드래그하면서 **Shift** 를 동시에 눌러 복사한 후 '면 : C10M90Y60K70, 테두리 : 없음'을 지정합니다. 상단 조절점의 중간을 수평 안내선까지 위쪽으로 드래그하여 높이만 확대합니다.

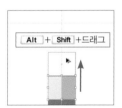 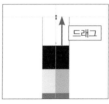 

Selection Tool()로 조절점의 모서리에 드래그하면 너비와 높이를 동시에 조절할 수 있습니다. 조절점이 표시되지 않을 때는 [View]-[Show Bounding Box](**Shift** + **Ctrl** + **B**)을 선택합니다.

8 Direct Selection Tool( )로 드래그하여 사각형의 상단 2개의 고정점을 선택합니다. [Object] -[Transform]-[Move]를 선택하고 'Horizontal : 4.5mm, Vertical : 0mm'을 입력하고 [OK] 를 눌러 오른쪽으로 이동하고 패스를 변형합니다.

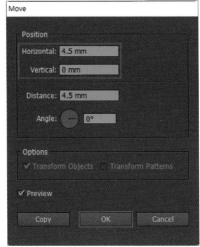

오브젝트를 선택한 후 Selection Tool( ) 또는 Direct Selection Tool( )을 더블 클릭하여 [Move] 대화상자에서 이동할 수 도 있습니다.

9 Selection Tool( )로 변형된 오브젝트를 선택한 후 Reflect Tool( )로 **Alt** 를 누르면서 수직 안내선을 클릭하여 'Axis : Vertical'을 지정하고 [Copy]를 눌러 복사한 후 '면 : M20Y20K50, 테두리 : 없음'을 지정합니다.

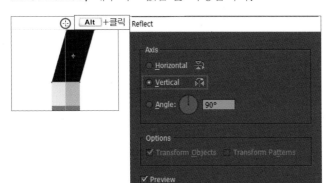

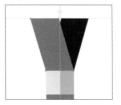

🔟 Type Tool(T)로 도큐먼트를 클릭한 후 Character 패널에서 'Set the font family : Arial, Set the font style : Regular, Set the font size : 15pt'를 설정하고 '면 : C10M10Y20, 테두리 : 없음'을 지정한 후 ID card를 입력합니다.

⓫ Type Tool(T)로 도큐먼트를 클릭한 후 Character 패널에서 'Set the font family : Times New Roman, Set the font style : Bold, Set the font size : 11pt'를 설정하고 Paragraph 패널에서 'Align right'를 선택하여 문장을 오른쪽에 배치합니다. Color 패널에서 '면 : K100, 테두리 : 없음'을 지정한 후 BAY Company를 입력합니다.

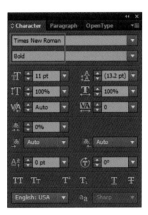

05 클리핑 마스크 적용하기

1 Selection Tool(▶)로 꽃과 왼쪽 월계수 잎 모양을 함께 선택하고 Alt 를 누르면서 아이디 카드 모양 위로 드래그하여 복사한 후 [Object]-[Arrange]-[Bring to Front](Shift + Ctrl +])로 맨 앞으로 가져오기를 합니다.

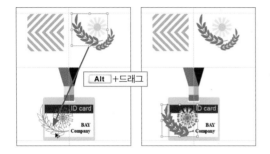

☑ Reflect Tool(◎)을 더블 클릭하여 'Angle : 50°'로 지정하고 [OK]를 눌러 변형한 후, Scale Tool(圖)을 더블 클릭하여 'Uniform : 85%'를 지정하고 그림과 같이 배치합니다.

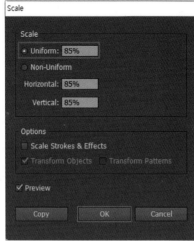

☑ Selection Tool(▷)로 꽃 모양을 선택하고 Scale Tool(圖)을 더블 클릭하여 'Uniform : 50%'를 지정하고 [Copy]를 눌러 축소 복사하고 오른쪽 상단에 배치하고 [Object]-[Arrange]-[Bring to Front](Shift + Ctrl +])로 맨 앞으로 가져오기를 합니다. Selection Tool(▷)로 더블 클릭하여 Isolation Mode로 전환하고 12개의 꽃잎 모양을 선택하여 '면 : C0M0Y0K0, 테두리 : 없음'을 지정하고 도큐먼트의 빈 곳을 더블 클릭하여 정상 모드로 전환합니다.

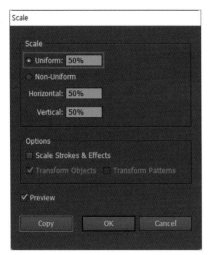

합격생의 비법

Isolation Mode로 전환하면 편집 중인 오브젝트의 색상만 선명하게 표시되고 나머지는 흐릿하게 됩니다.

합격생의 비법

Isolation Mode에서 편집이 완료되면 **Esc** 를 눌러 정상 모드로 전환할 수도 있습니다.

④ Selection Tool(▶)로 월계수 잎 모양을 선택하고 '면 : M20Y30K10, 테두리 : 없음'을 지정합니다.

⑤ Selection Tool(▶)로 둥근 사각형의 카드 모양을 더블 클릭하여 Isolation Mode로 전환한 후 [Edit]−[Copy](**Ctrl** + **C**)를 선택하고 복사를 하고 도큐먼트의 빈 곳을 더블 클릭하여 정상 모드로 전환합니다. [Edit]−[Paste in Front](**Ctrl** + **F**)로 복사한 둥근 사각형 앞에 붙이기를 합니다.

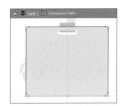 

⑥ [View]−[Outline](**Ctrl** + **Y**)을 선택하고 '윤곽선 보기'를 하고 Selection Tool(▶)로 **Shift** 를 누르면서 둥근 사각형, 월계수 모양, 2개의 꽃 모양을 함께 선택합니다. [Object]−[Clipping Mask]−[Make](**Ctrl** + **7**)를 선택하고 클리핑 마스크를 설정한 후 **Ctrl** + **Y** 를 눌러 '미리보기'로 전환합니다.

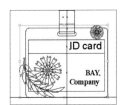 

7 Selection Tool()로 아이디 카드의 '면 : C10M10Y20, 테두리 : 없음'인 둥근 사각형을 클릭하여 선택하고, [Effect]-[Illustrator Effects]-[Stylize]-[Drop Shadow]를 선택한 후 'Opacity : 75%, X Offset : 1mm, Y Offset : 1mm, Blur : 1mm'를 지정하여 그림자 효과를 적용하고 작업 도큐먼트의 빈 곳을 클릭하여 선택을 해제합니다.

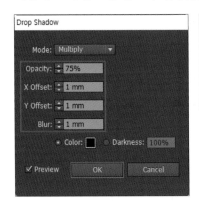

합격생의 비법

반드시 Preview를 체크하여 제시된 문제와 비교하여 조정합니다.

06 유니폼 모양 만들고 패턴, 그라디언트, 불투명도 적용하기

1 Tool Panel 하단의 Default Fill and Stroke(◨)를 클릭한 후 Pen Tool(✐)로 유니폼의 왼쪽 모양을 닫힌 패스로 그립니다.

   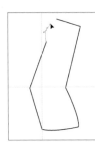 

합격생의 비법

이펙트 적용 후 새로운 오브젝트를 그릴 때는 Tool Panel 하단의 Default Fill and Stroke(◨)를 클릭하여 옵션을 초기화합니다.

합격생의 비법

Pen Tool(✐)로 앞서 드래그한 곡선 고정점에 마우스를 올리면 ✎로 바뀝니다. 이 때 클릭하면 한 쪽 핸들이 삭제되어 다음 고정점을 직선 또는 곡선 방향이 다른 곡선 패스로 연결하여 그릴 수 있습니다.

2 Color 패널에서 '면 : C10Y20, 테두리 : K100'을 지정하고 Stroke 패널에서 'Weight : 1pt'를 지정합니다. 계속해서 Pen Tool(✐)로 유니폼의 오른쪽 팔 모양을 동일한 색상의 닫힌 패스로 그리고 [Object]-[Arrange]-[Send Backward](**Ctrl** + **[**)를 선택하고 뒤로 보내기를 합니다.

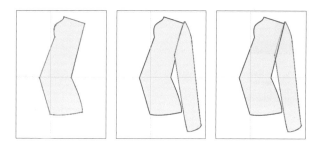

3 Selection Tool(▶)로 2개의 오브젝트를 선택하고 Reflect Tool(⟮⟯)로 **Alt** 를 누르면서 세로 안내선을 클릭하여 'Axis : Vertical'을 지정하고 [Copy]를 눌러 복사합니다.

4 Selection Tool(▶)로 유니폼의 왼쪽 몸판 모양을 선택하고 [Edit]-[Copy](**Ctrl** + **C**)를 선택하고 복사를 하고 [Edit]-[Paste in Front](**Ctrl** + **F**)로 복사한 오브젝트 앞에 붙이기를 합니다. Swatches 패널에서 등록된 헤링 본 패턴을 클릭하여 면 색상에 적용합니다.

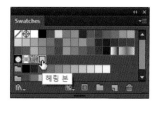

5 Scale Tool(⬚)을 더블 클릭하고 'Uniform : 50%, Scale Strokes & Effects : 체크 해제, Transform Objects : 체크 해제, Transform Patterns : 체크'를 지정하여 패턴의 크기를 축소합니다.

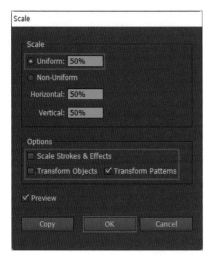

6 Transparency 패널에서 'Opacity : 70%'를 지정하여 패턴의 불투명도를 조절합니다. Pen Tool( )로 허리띠 모양을 그리고 '면 : C10M90Y60K50, 테두리 : 없음'을 지정합니다.

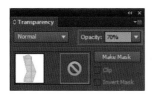   

7 Ellipse Tool( )로 **Alt** 를 누르면서 수직 안내선에 드래그하여 타원을 그리고 '면 : C0M0Y0K0, 테두리 : 없음'을 지정합니다. Rounded Rectangle Tool( )로 타원과 겹치도록 드래그하여 둥근 사각형을 그리고 '면 : C10M90Y60K50, 테두리 : 없음'을 지정합니다.

8 Pen Tool(✏)로 블라우스 모양을 닫힌 패스로 그리고 '면 : C20M10, 테두리 : 없음'을 지정하고 [Object]-[Arrange]-[Send to Back](**Shift** + **Ctrl** + **[**)을 선택하고 맨 뒤로 보내기를 합니다.

9 Ellipse Tool(◯)로 작업 도큐먼트를 클릭한 후 'Width : 44mm, Height : 110mm'를 입력하여 그리고 '면 : 없음, 테두리 : 임의 색상'을 지정합니다. Rectangle Tool(■)로 작업 도큐먼트를 클릭한 후 'Width : 50mm, Height : 36mm'를 입력하여 그리고 '면 : 임의 색상, 테두리 : 없음'을 지정합니다.

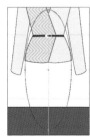

10 Selection Tool(▶)로 타원과 사각형을 함께 선택하고 Align 패널에서 'Horizontal Align Center(⬇)'를 클릭하여 가로 가운데 정렬을 지정한 후 Pathfinder 패널에서 'Intersect(▣)'를 클릭하여 스커트 모양을 완성하고 [Object]-[Arrange]-[Send to Back](**Shift** + **Ctrl** + **[**)을 선택하고 맨 뒤로 보내기를 합니다.

11 Gradient 패널에서 'Type : Linear, Angle : 90°'를 적용하고 Gradient Slider의 왼쪽 'Color Stop'을 더블 클릭하여 C70M90Y60K60을 적용하고 오른쪽 'Color Stop'을 더블 클릭하여 C30M40K50을 적용한 후, '테두리 : 없음'을 지정하고 작업 도큐먼트의 빈 곳을 클릭하여 선택을 해제합니다.

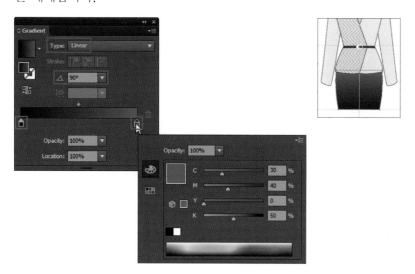

07 브러쉬 적용 및 문자 입력하기

1 Brushes 패널 하단에 'Brush Libraries Menu'를 클릭한 후 [Artistic]−[Artistic_ScrollPen]을 선택하여 추가 브러쉬 패널을 불러온 후 'Scroll Pen 8'을 선택합니다.

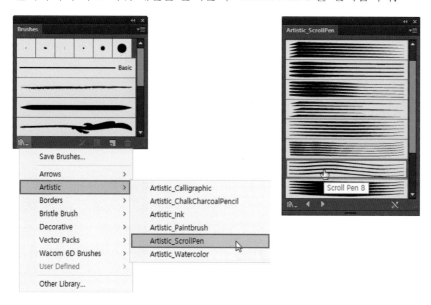

합격생의 비법

추가 브러쉬 패널의 팝업 메뉴에서 'List View'를 클릭하여 '목록 보기'를 하면 브러쉬 이름으로 'Scroll Pen 8'을 빠르게 찾아 선택할 수 있습니다.

② Line Segment Tool(✏️)로 **Shift**를 누르면서 스커트 모양 하단에 왼쪽에서 오른쪽으로 드래그하여 수평선을 그리고 '면 : 없음, 테두리 : C0M0Y0K0'을 지정하고 Stroke 패널에서 'Weight : 1pt'를 지정합니다.

③ Selection Tool(▶)로 작은 월계수 모양을 선택하고 **Ctrl**+**C**로 복사하고 **Ctrl**+**V**로 붙여넣기를 한 후, Scale Tool(🔲)을 더블 클릭하고 'Uniform : 50%, Transform Objects : 체크'를 지정하여 크기를 축소하고 유니폼 상단에 배치합니다.

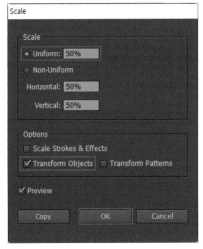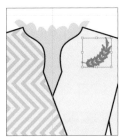

④ Selection Tool(▶)로 BAY Company 문자를 선택하고 **Ctrl**+**C**로 복사하고 **Ctrl**+**V**로 붙여넣기를 한 후 Character 패널에서 'Set the font size : 6pt'를 설정하고 유니폼 상단에 배치합니다. [View]-[Guides]-[Hide Guides](**Ctrl**+**;**)를 선택하여 안내선을 숨기고 [View]-[Fit Artboard in Window](**Ctrl**+**0**)을 선택하여 현재 창에 맞추기를 합니다.

08 저장 및 답안 전송하기

1 [File]−[Save As]를 선택하고 '저장 위치 : 내문서₩GTQ, Format : Adobe Illustrator(*AI), 파일 이름 : 수험번호−성명−문제번호.ai'를 입력하고 [저장]을 클릭한 후 [Illustrator Options] 대화상자에서 'Version : Illustrator CS6'로 설정하고 [OK]를 클릭합니다.

2 답안 저장이 완료가 되면 [File]−[Close](Ctrl + W)를 선택하여 파일을 닫고 수험 프로그램에서 [답안 전송]을 클릭하여 감독관 컴퓨터로 전송합니다.

문제 03 광고 디자인

작업과정	새 도큐먼트 만들기 및 임시 파일 저장하기 ➡ 메시 및 블렌드 효과 ➡ 나무 모양 만들고 이펙트 적용하기 ➡ 심볼 등록 및 적용, 편집하기 ➡ 쇼핑백 모양 만들고 문자 입력하기 ➡ 상자 모양 만들고 브러쉬 적용하기 ➡ 나비 모양 만들고 그라디언트 적용하기 ➡ 문자 입력 및 왜곡하기 ➡ 클리핑 마스크 적용하기 ➡ 저장 및 답안 전송하기
완성 이미지	Part04₩수험번호−성명−3.ai

---

01 새 도큐먼트 만들기 및 임시 파일 저장하기

1 [File]−[New]를 선택하고 'Width : 210mm, Height : 297mm, Units : Millimeters, Color Mode : CMYK'를 설정하여 새 도큐먼트를 만들고 [View]−[Rulers]−[Show Rulers](Ctrl + R)를 선택하여 눈금자를 표시합니다.

2 작품의 규격 왼쪽 상단에 원점(0,0)을 확인하고 왼쪽과 상단 눈금자 위에서 마우스를 드래그하여 제시된 출력형태와 레이아웃 구성을 동일하게 작업하기 위해서 안내선을 표시합니다.

❸ 작업 도큐먼트를 저장하기 위해 [File]–[Save As]를 선택하고 '저장 위치 : 내문서₩GTQ, Format : Adobe Illustrator(*AI), 파일 이름 : 수험번호–성명–문제번호.ai'를 입력하고 [저장]을 클릭한 후 [Illustrator Options] 대화상자에서 'Version : Illustrator CS6'로 설정하고 [OK]를 클릭합니다.

02 메시 및 블렌드 효과

❶ Rectangle Tool(■)로 작업 도큐먼트 왼쪽 상단의 원점(0,0)을 클릭하여 'Width : 210mm, Height : 297mm'를 입력하여 그리고 '면 : C30Y20, 테두리 : 없음'을 지정합니다.

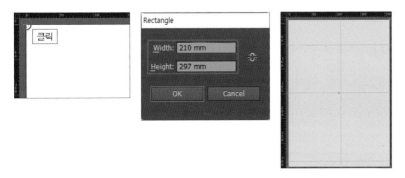

❷ Mesh Tool(▨)로 사각형에 클릭하여 새로 생성된 고정점을 왼쪽 상단으로 드래그하여 이동하고 Color 패널에서 C10Y10 색상을 적용합니다.

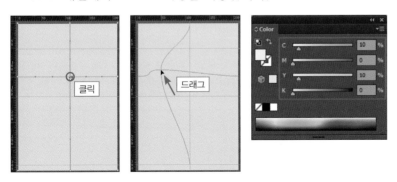

❸ Mesh Tool(▨)로 3개의 Handle을 각각 드래그하여 그림과 같이 변형합니다.

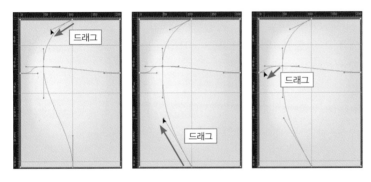

④ Pen Tool(✏)로 작업 도큐먼트를 완전히 벗어나는 2개의 곡선을 그리고 위쪽 곡선은 '면 : 없음, 테두리 : C0M0Y0K0'을 지정한 후 Stroke 패널에서 'Weight : 4pt'를 적용합니다. 아래쪽 곡선은 '면 : 없음, 테두리 : C50Y30'을 지정한 후 Stroke 패널에서 'Weight : 1pt'를 적용합니다.

⑤ Selection Tool(▶)로 2개의 곡선을 선택한 후 [Object]-[Blend]-[Make]를 적용하고 [Object]-[Blend]-[Blend Options]로 'Specified Steps : 10'을 적용합니다.

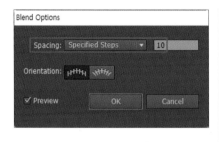 

03 나무 모양 만들고 이펙트 적용하기

① Pen Tool(✏)로 나뭇가지와 기둥의 모양을 그리고 '면 : C30M60Y40K20, 테두리 : 없음'을 지정합니다. [Effect]-[Illustrator Effects]-[Stylize]-[Drop Shadow]를 선택하고 'Opacity : 75%, X Offset : 2mm, Y Offset : 2mm, Blur : 1mm'를 지정하여 그림자 효과를 적용합니다.

04 심볼 등록 및 적용, 편집하기

1 도큐먼트의 왼쪽과 위쪽의 눈금자에서 드래그하여 안내선을 표시합니다. Ellipse Tool(⬤)로 작업 도큐먼트를 클릭한 후 'Width : 23mm, Height : 23mm'를 입력하여 그리고 '면 : 임의 색상, 테두리 : 임의 색상'을 지정하고 배치합니다.

 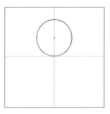

2 Gradient 패널에서 'Type : Linear, Angle : −90°'를 적용하고 Gradient Slider의 왼쪽 'Color Stop'을 더블 클릭하여 M10Y10을 적용하고 오른쪽 'Color Stop'을 더블 클릭하여 M50Y20을 적용한 후 'Color Stop'의 위치를 안쪽으로 이동하고 '테두리 : 없음'을 지정합니다.

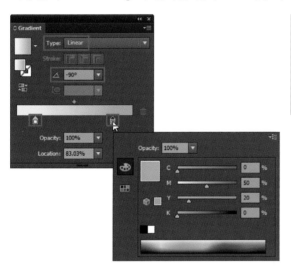 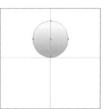

3 Rotate Tool(🔄)로 **Alt** 를 누르면서 정원의 하단 고정점을 클릭하여 'Angle : −72°'를 지정하고 [Copy]를 눌러 회전하여 복사합니다. [Object]-[Transform]-[Transform Again](**Ctrl** + **D**)을 3번 선택하고 동일한 각도로 반복하여 복사합니다.

  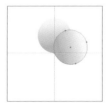 

4 Selection Tool(⬆)로 위쪽의 정원을 선택하고 [Edit]–[Copy](**Ctrl** + **C**)를 선택하고 복사를 하고 [Edit]–[Paste in Front](**Ctrl** + **F**)로 복사한 정원 앞에 붙이기를 합니다. 더블 클릭하여 Isolation Mode로 전환하고 Direct Selection Tool(⬆)로 오른쪽 고정점을 드래그하여 선택하고 **Delete** 를 눌러 삭제하여 열린 패스로 변형합니다. **Esc** 를 눌러 정상 모드로 전환한 후 [Object]–[Arrange]–[Bring to Front](**Shift** + **Ctrl** + **]**)로 맨 앞으로 가져오기를 합니다.

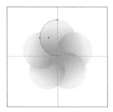

5 Ellipse Tool(⬤)로 **Alt** 를 누르면서 안내선의 교차 지점을 클릭하여 'Width : 11mm, Height : 11mm'를 입력하여 그리고 '면 : C0M0Y0K0, 테두리 : 없음'을 지정합니다. Selection Tool(⬆)로 정원을 더블 클릭하여 Isolation Mode로 전환합니다. Ellipse Tool(⬤)로 **Alt** 를 누르면서 세로 안내선 상단에 클릭하여 'Width : 4.5mm, Height : 4.5mm'를 입력하여 그리고 그림과 같이 배치합니다.

6 Line Segment Tool(／)로 **Shift** 를 누르면서 2개의 정원 사이에 드래그하여 수직선을 그리고 '면 : 없음, 테두리 : C0M0Y0K0'을 지정하고 Stroke 패널에서 'Weight : 3pt'를 지정합니다. [Object]–[Path]–[Outline Stroke]을 선택하여 선을 면으로 확장합니다.

7 Selection Tool(⬆)로 드래그하여 작은 정원과 사각형을 함께 선택하고 Rotate Tool(🔄)로 **Alt** 를 누르면서 안내선의 교차 지점을 클릭하여 'Angle : 60°'를 지정하고 [Copy]를 눌러 회전 복사합니다. **Ctrl** + **D** 를 4번 눌러 반복하여 회전 복사합니다.

   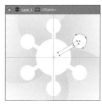

⑧ Selection Tool(▨)로 중앙의 큰 정원을 선택하고 Scale Tool(▨)을 더블 클릭하여 'Uniform : 80%'를 지정하고 [Copy]를 눌러 축소 복사한 후 '면 : Y70, 테두리 : 없음'을 지정합니다.

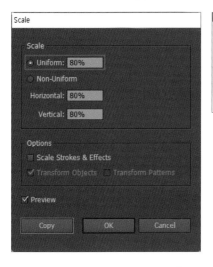 

⑨ [Select]-[Inverse]로 선택을 반전하여 축소 복사한 정원을 제외한 오브젝트를 모두 선택합니다. Pathfinder 패널에서 'Unite(▨)'를 클릭하여 합친 후 [Object]-[Arrange]-[Send Backward](Ctrl + [ )를 선택하고 뒤로 보내기를 하고 Esc 를 눌러 정상 모드로 전환합니다.

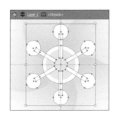  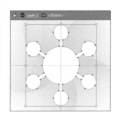 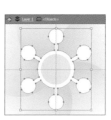

⑩ Selection Tool(▨)로 꽃 모양을 모두 선택하고 Scale Tool(▨)을 더블 클릭하여 'Uniform : 75%'를 지정하고 [Copy]를 눌러 축소 복사하고 Rotate Tool(▨)을 더블 클릭하여 'Angle : −50°'를 지정하여 회전하여 배치합니다. Selection Tool(▨)로 축소된 꽃 모양 중앙의 2개의 오브젝트를 각각 선택하고 '면 : M90, M20Y20, 테두리 : 없음'을 지정합니다.

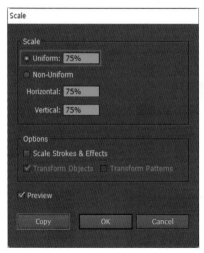
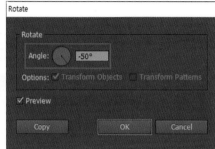

11 Selection Tool(⤢)로 2개의 꽃 모양을 선택한 후 Symbols 패널 하단에 'New Symbol'을 클릭하고 'Name : 꽃, Type : Graphic'을 지정하여 심볼로 등록한 후 2개의 꽃 모양은 **Delete** 를 눌러 삭제합니다.

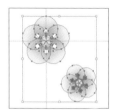

12 Symbols 패널에서 '꽃' 심볼을 선택하고 Symbol Sprayer Tool(🔘)로 작업 도큐먼트를 클릭한 후 뿌려 줍니다.

합격생의 비법

시간 단축을 위해 제시된 개수만큼 Symbol Sprayer Tool(🔘)로 클릭하여 배치하고 편집합니다.

⓭ Symbol Sizer Tool()로 **Alt** 를 누르고 클릭하여 일부 심볼의 크기를 축소하고 Symbol Shifter Tool( )로 심볼의 위치를 이동시킨 후 Symbol Spinner Tool( )로 일부를 회전하여 배치합니다.

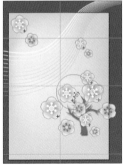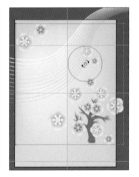

⓮ Symbol Screener Tool( )로 일부를 클릭하여 투명하게 하고 Symbol Stainer Tool( )로 Swatches 패널에서 제시된 출력형태와 유사한 색상을 면 색상으로 선택한 후 일부에 클릭하여 색조의 변화를 적용합니다.

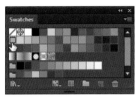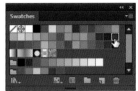

합격생의 비법

Symbol Stainer Tool( )로 색조의 변화를 적용할 때는 정확한 색상의 제시가 없으므로 문제지의 《출력형태》와 가장 유사한 색상을 '면 색상'으로 지정하여 적용하면 됩니다.

05 쇼핑백 모양 만들고 문자 입력하기

❶ Rectangle Tool( )로 작업 도큐먼트를 클릭한 후 'Width : 42mm, Height : 44mm'를 입력하여 그리고 '면 : M30Y20, 테두리 : 임의 색상'을 지정합니다. Direct Selection Tool( )로 사각형의 아래쪽 2개의 고정점을 드래그하여 선택하고 Scale Tool( )을 더블 클릭하여 'Uniform : 85%'를 지정하여 하단 패스를 축소합니다.

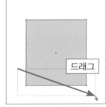

2 Selection Tool(🔲)로 변형된 오브젝트를 선택하고 Scale Tool(🔲)을 더블 클릭하여 'Horizontal : 110%, Vertical : 92%'를 지정하고 [Copy]를 눌러 복사한 후 아래쪽으로 이동하여 배치하고 '면 : M10Y10, 테두리 : 임의 색상'을 지정합니다.

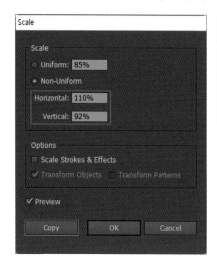

3 Pen Tool(🔲)로 클릭하여 왼쪽 상단에 2개의 오브젝트와 겹치도록 삼각형 모양을 그리고 '면 : M30Y20, 테두리 : 임의 색상'을 지정합니다. [View]-[Outline](Ctrl + Y)을 선택하고 '윤곽선 보기'로 전환을 한 후 Selection Tool(🔲)로 삼각형 모양을 선택하고 Reflect Tool(🔲)로 Alt 를 누르면서 가운데 중심점을 클릭하여 'Axis : Vertical'을 지정하고 [Copy]를 눌러 복사합니다.

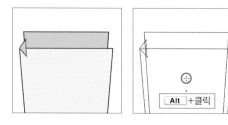

4 [View]-[Preview](Ctrl + Y)를 선택하고 '미리보기'로 전환을 한 후 Selection Tool(🔲)로 앞쪽 오브젝트를 선택하고 [Object]-[Arrange]-[Bring to Front](Shift + Ctrl +])로 맨 앞으로 가져오기를 합니다.

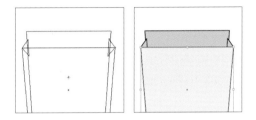

5 Rounded Rectangle Tool()로 작업 도큐먼트를 클릭한 후 'Width : 25mm, Height : 25mm, Corner Radius : 8mm'를 입력하여 그리고 '면 : 없음, 테두리 : M30Y20'을 지정한 후 Stroke 패널에서 'Weight : 4pt'를 적용합니다. [Object]-[Path]-[Outline Stroke]을 선택하여 선을 면으로 확장합니다.

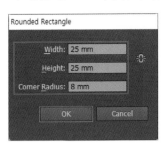

6 [Object]-[Transform]-[Move]를 선택한 후 'Horizontal : 0mm, Vertical : 3mm'를 입력하고 [Copy]를 눌러 아래쪽으로 이동하여 복사한 후 '면 : M10Y10, 테두리 : 없음'을 지정합니다.

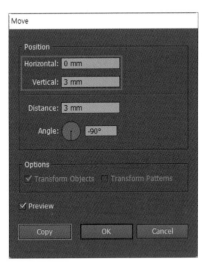

7 Selection Tool()로 Shift 를 누르면서 뒤쪽 4개의 오브젝트를 함께 선택하고 Pathfinder 패널에서 'Unite(▣)'를 클릭하여 합친 후 '테두리 : 없음'을 지정합니다. 계속해서 나머지 2개의 오브젝트를 함께 선택하고 Pathfinder 패널에서 'Unite(▣)'를 클릭하여 합친 후 '테두리 : 없음'을 지정합니다.

8 Selection Tool(▣)로 완성된 쇼핑백 모양을 선택한 후 Scale Tool(▣)을 더블 클릭하여 'Uniform : 140%'를 지정하고 [Copy]를 눌러 확대 복사하고 왼쪽으로 이동하여 배치합니다. Selection Tool(▣)로 '면 : M50Y30, M20Y20, 테두리 : 없음'을 각각 지정합니다.

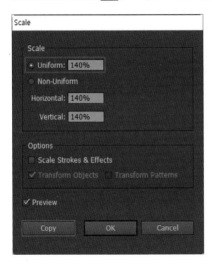

9 Type Tool(T)로 작업 도큐먼트를 클릭한 후 Character 패널에서 'Set the font family : Times New Roman, Set the font style : Bold Italic, Set the font size : 33pt'를 설정합니다. Paragraph 패널에서 'Align center'를 선택하여 문장을 가운데 배치하고 '면 : M100Y20, 테두리 : 없음'을 지정한 후 LUCKY BOX를 입력합니다.

06 상자 모양 만들고 브러쉬 적용하기

1 Rectangle Tool(■)로 작업 도큐먼트를 클릭한 후 'Width : 41mm, Height : 33mm'를 입력하여 그리고 '면 : C0M0Y0K0, 테두리 : 임의 색상'을 지정합니다. 계속해서 도큐먼트를 클릭하여 'Width : 11mm, Height : 33mm'를 입력하여 그리고 '면 : M20Y20, 테두리 : 없음'을 지정합니다.

  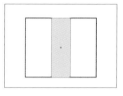

2 Rectangle Tool(■)로 작업 도큐먼트를 클릭한 후 'Width : 41mm, Height : 11mm'를 입력하여 그리고 '면 : M20Y20, 테두리 : 없음'을 지정합니다. Selection Tool(▶)로 3개의 사각형을 함께 선택하고 Align 패널에서 'Horizontal Align Center(♣)'와 'Vertical Align Center(♦)'를 각각 클릭하여 가운데 정렬을 지정합니다.

   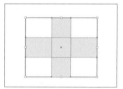

3 Selection Tool(▶)로 2개의 사각형을 함께 선택하고 Transparency 패널에서 'Opacity : 50%'를 지정하여 불투명도를 조절합니다.

 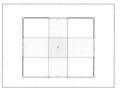

4 Rectangle Tool(■)로 작업 도큐먼트를 클릭한 후 'Width : 48mm, Height : 13mm'를 입력하여 그리고 '면 : C0M0Y0K0, 테두리 : 임의 색상'을 지정하고 Transparency 패널에서 'Opacity : 100%'를 지정합니다. Scale Tool(圖)을 더블 클릭하여 'Horizontal : 23%, Vertical : 100%'를 지정하고 [Copy]를 눌러 복사한 후 '면 : M20Y20, 테두리 : 없음'을 지정합니다.

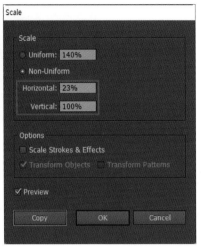
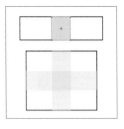

5️⃣ Rectangle Tool(▣)로 큰 사각형 하단에 드래그하여 그리고 '면 : K20, 테두리 : 없음'을 지정합니다. Selection Tool(▶)로 3개의 사각형을 함께 선택하고 Align 패널에서 'Horizontal Align Center(♣)'를 클릭하여 가로 가운데 정렬을 지정합니다.

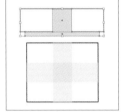

6️⃣ Rotate Tool(↻)을 더블 클릭한 후 'Angle : 26°'를 지정하여 회전하고 그림과 같이 배치합니다. Selection Tool(▶)로 상자 모양을 모두 선택하고 '테두리 : 없음'을 지정하여 배치한 후 도큐먼트의 빈 곳을 클릭하여 선택을 해제합니다.

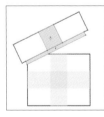
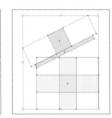

7️⃣ Brushes 패널 하단에 'Brush Libraries Menu'를 클릭한 후 [Decorative]-[Decorative_Scatter]를 선택하여 추가 브러쉬 패널을 불러온 후 'Dot Rings'를 선택합니다.

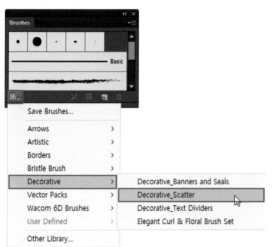
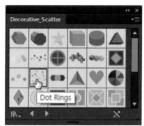

⑧ Paintbrush Tool()로 '면 : 없음, 테두리 : 임의 색상'을 지정하고 Stroke 패널에서 'Weight : 1pt'를 지정하여 드래그하여 칠합니다. [Object]-[Arrange]-[Send Backward](Ctrl + [ )를 여러 번 선택하고 상자 모양의 뒤쪽으로 보내기를 합니다.

⑨ 계속해서 Paintbrush Tool()로 드래그하여 칠하고 '면 : 없음, 테두리 : 임의 색상'을 지정한 후, Stroke 패널에서 'Weight : 0.75pt'를 지정합니다.

07 나비 모양 만들고 그라디언트 적용하기

1 Ellipse Tool(⬭)로 작업 도큐먼트를 클릭한 후 'Width : 11.5mm, Height : 3mm'를 입력하여 그리고 '면 : C60M100K20, 테두리 : 없음'을 지정합니다. 계속해서 오른쪽에 드래그하여 동일한 색상의 작은 타원을 겹치도록 그립니다.

2 Arc Tool(◠)로 드래그하여 2개의 호를 그리고 배치한 후 '면 : 없음, 테두리 : C60M100K20'을 지정하고, Stroke 패널에서 'Weight : 2pt, Cap : Round Cap'을 적용합니다.

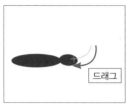

3 Pen Tool(✒)로 날개 모양을 닫힌 패스로 그리고 '면 : C40M10, 테두리 : 없음'을 지정한 후, [Object]-[Path]-[Offset Path]를 선택하여 'Offset : 2mm'를 지정합니다. Gradient 패널에서 'Type : Linear, Angle : 70°'를 적용하고 Gradient Slider의 왼쪽 'Color Stop'을 더블 클릭하여 C60M90을, 오른쪽 'Color Stop'을 더블 클릭하여 C40Y20으로 적용한 후 '테두리 : 없음'을 지정합니다.

4 Selection Tool(▸)로 확대된 패스를 이동하여 배치합니다. Selection Tool(▸)로 2개의 날개 모양 오브젝트를 함께 선택하고 Rotate Tool(↻)을 더블 클릭하여 'Angle : 43°'를 지정하고 [Copy]를 눌러 회전 복사합니다. [Object]-[Arrange]-[Send to Back](**Shift** + **Ctrl** + **[**)을 선택하고 맨 뒤로 보내기를 한 후 그림과 같이 배치합니다.

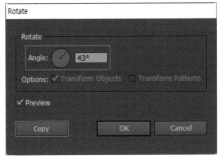

5 Pen Tool()로 닫힌 패스를 그리고 '면 : C40M10, 테두리 : 없음'을 지정합니다. [Object]-
[Path]-[Offset Path]를 선택한 후 'Offset : 2mm'를 지정하여 확대된 복사본을 만든 후
Gradient 패널에서 'Type : Linear, Angle : 90'를 적용하고 Gradient Slider의 왼쪽 'Color
Stop'을 더블 클릭하여 C60M90을 적용하고 오른쪽 'Color Stop'을 더블 클릭하여 C40Y20을
적용한 후 '테두리 : 없음'을 지정합니다.

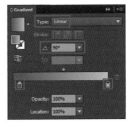

6 Selection Tool()로 확대된 복사본을 그림과 같이 이동하여 배치합니다. Selection Tool()
로 2개의 오브젝트를 함께 선택하고 **Ctrl** + **[** 를 2번 눌러 날개 모양 사이에 배치합니다. 계
속해서 6개의 오브젝트를 함께 선택하고 [Object]-[Arrange]-[Send to Back](**Shift** +
Ctrl + **[**)을 선택하고 맨 뒤로 보내기를 합니다.

7 Selection Tool()로 나비 모양을 모두 선택한 후, Rotate Tool()을 더블 클릭하고 'Angle :
40°'로 지정하여 회전한 후 그림과 같이 배치합니다.

08 문자 입력 및 왜곡하기

■ Type Tool(T)로 도큐먼트를 클릭한 후 Character 패널에서 'Set the font family : Arial,
Set the font style : Bold, Set the font size : 45pt'를 설정하고 '면 : C40M80Y60, 테두리 :
없음'을 지정한 후 The Beginning of Spring을 입력합니다.

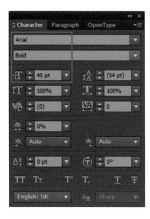 

■ Type Tool(T)로 도큐먼트를 클릭한 후 Character 패널에서 'Set the font family : 돋움,
Set the font size : 21pt'를 설정하고 '면 : C70M40, 테두리 : 없음'을 지정한 후 향기로운 꽃
내음과 함께 하세요!를 입력합니다.

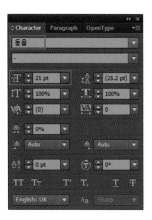 

■ Selection Tool(▶)로 향기로운 꽃내음과 함께 하세요! 문자를 선택하고 [Object]-[Envelope
Distort]-[Make with Warp]를 선택한 후 'Style : Flag, Horizontal : 체크, Bend : 70%'를
지정하여 글자를 왜곡시킵니다.

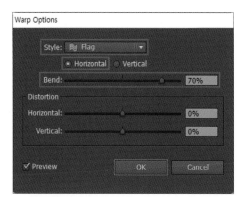 

09 클리핑 마스크 적용하기

1 Rectangle Tool(■)로 작업 도큐먼트 왼쪽 상단의 원점(0,0)을 클릭한 후 'Width : 210mm, Height : 297mm'를 입력하여 그리고 '면 : 임의 색상, 테두리 : 없음'을 지정합니다.

2 [Select]-[All](Ctrl + A)로 오브젝트를 모두 선택하고 [Object]-[Clipping Mask]-[Make]로 마스크를 적용합니다.

10 저장 및 답안 전송하기

1 [View]-[Guides]-[Hide Guides](Ctrl + ;)를 선택하여 안내선을 숨기고 [View]-[Fit Artboard in Window](Ctrl + 0)을 선택하여 현재 창에 맞추기를 합니다.

2 [File]-[Save As]를 선택하고 '저장 위치 : 내문서₩GTQ, Format : Adobe Illustrator(*AI), 파일 이름 : 수험번호-성명-문제번호.ai'를 입력하고 [저장]을 클릭한 후 [Illustrator Options] 대화상자에서 'Version : Illustrator CS6'로 설정하고 [OK]를 클릭합니다.

3 답안 저장이 완료가 되면 [File]-[Exit](Ctrl + Q)를 선택하여 일러스트레이터 프로그램을 종료하고 수험 프로그램에서 [답안 전송]을 클릭하여 감독관 컴퓨터로 전송합니다.

> 꼿꼿하게 자신의 목표를 향해
> 걸어가기만 하면 돼.
> 그러면 그 목표에 도달하게 될 거야.
> 일하고 노력하는 것에는
> 그 나름의 이유가 있어.

– 레프 톨스토이, 〈안나 카레니나〉 –

PART 05

기출 유형 문제

기출 유형 문제 1회

급수	버전	문제유형	시험시간	수험번호	성명
1급		A	90분		

수 험 자 유 의 사 항

- 수험자는 문제지를 받는 즉시 응시하고자 하는 과목 및 급수가 맞는지 확인한 후 수험번호와 성명을 작성합니다.
- 파일명은 본인의 "수험번호-성명-문제번호"로 공백 없이 정확히 입력하고 답안폴더(내문서\GTQ 또는 라이브러리\문서\GTQ)에 ai 파일 포맷으로 저장(버전 : Illustrator CS4(영문))해야 하며, 다른 파일 형식과 버전으로 저장하였을 경우 0점 처리됩니다. 답안문서 파일명이 "수험번호-성명-문제번호"와 일치하지 않거나, 답안 파일을 전송하지 않아 미제출로 처리될 경우 불합격 처리됩니다.
- 수험자 정보와 저장한 파일명, 저장 위치가 다를 경우 전송이 되지 않으므로, 주의하시기 바랍니다.
- 답안 작성 중에도 주기적으로 '저장'과 '답안 전송'을 이용하여 감독위원 PC로 답안을 전송하셔야 합니다. (※ 작업한 내용을 저장하지 않고 전송할 경우 이전의 저장내용이 전송되오니 이점 반드시 유념하시기 바랍니다.)
- 답안문서는 지정된 경로 외의 다른 보조기억장치에 저장하는 행위, 지정된 시험 시간 외에 작성된 파일을 활용 한 행위, 기타 통신수단(이메일, 메신저, 네트워크 등)을 이용하여 타인에게 전달 또는 외부 반출하는 행위는 부정으로 간주되어 자격기본법 제32조에 의거 본 시험 및 국가공인 자격시험을 2년간 응시할 수 없습니다.
- 시험 중 부주의 또는 고의로 시스템을 파손한 경우와 〈수험자 유의사항〉에 기재된 방법대로 이행하지 않아 생기는 불이익은 수험자의 책임임을 알려 드립니다
- 시험을 완료한 수험자는 최종적으로 저장한 답안파일이 전송되었는지 확인한 후 감독위원의 지시에 따라 문 제지를 제출하고 퇴실합니다.

답 안 작 성 요 령

- 온라인 답안 작성 절차
  수험자 등록 ⇒ 시험 시작 ⇒ 답안파일 저장 ⇒ 답안 전송 ⇒ 시험 종료
- 배점은 총 100점으로 이루어지며, 점수는 각 문제별로 차등 배분됩니다.
- 각 문제는 제시된 조건에 맞게 답안을 작성하셔야 하며, 조건을 지키지 못했을 경우에는 0점 또는 감점 처리됩니다.
- 조건에서 주어진 단위는 'mm(밀리미터)'입니다. 눈금자는 작성하지 않으며, 그 외는 출력형태(레이아웃, 색상, 문자, 규격 등)와 같이 작업하십시오.
- 문제 조건에 서체의 지정이 없을 경우 한글은 굴림이나 돋움, 영문은 Arial로 작업하십시오. (단, 그 외 제시되지 않은 문자 속성을 기본값으로 작성하지 않은 경우는 감점 처리됩니다.)
- 문제 조건에 크기와 색상, 두께의 지정이 없을 경우 《출력형태》를 참고하여 작업해 주시기 바랍니다.
- Image Mode(이미지 모드)는 별도의 처리조건이 없을 경우에는 CMYK로 작업하십시오.
- 조건에서 제시한 기능을 임의로 합치거나 각 기능에 대한 속성을 해지할 경우 해당 요소는 0점 처리됩니다.

한 국 생 산 성 본 부

문제 1 BI, CI 디자인

: 무료 동영상 :

25점

다음의 《조건》에 따라 아래의 《출력형태》와 같이 작업하시오.

조건

파일저장규칙	AI	파일명	내문서₩GTQ₩수험번호-성명-1.ai
		크기	100 × 80mm

1. 작업 방법
① 도형, 변형 툴과 Pathfinder 등을 이용하여, 오브젝트를 만든다.
② 그 외《출력형태》참조

2. 문자 효과
① The Happy Ranch (Arial, Bold, 23pt, C0M0Y0K0)

출력형태

C40Y40,
C0M0Y0K0,
K90, M10Y20K20,
C0M0Y0K0 → M60Y20,
K100, C20M20K60,
M60Y20,
C60M20Y70K70,
C80M10Y80,
(선) C40Y40, 3pt,
M80Y20, 1pt

문제 2 패키지, 비즈니스 디자인

: 무료 동영상 : ▶

35점

다음의 《조건》에 따라 아래의 《출력형태》와 같이 작업하시오.

조건

파일저장규칙	AI	파일명	내문서₩GTQ₩수험번호-성명-2.ai
		크기	160 × 120mm

1. 작업 방법
① 딸기 쨈 병에는 Pattern 기능을 이용하여 작업한다. (패턴 등록 : 딸기)
② 케이크 상자에는 Clipping Mask를 적용한다.
③ Brush는 아래를 참고하여 작업한다.
　－ Artistic 〉 Artistic_Ink 〉 Fountain Pen
④ Effect는 아래를 참고하여 작업한다.
　－ Illustrator Effects 〉 Stylize 〉 Drop Shadow
⑤ 그 외 《출력형태》 참조

2. 문자 효과
① Strawberry Cake (Arial, Bold, 17pt, 12pt, M100K10, C0M0Y0K0)
② Fresh Jam (Times New Roman, Regular, 14pt, C30M100Y90)

출력형태

M100Y100, C50M10Y90, C0M0Y0K0, C70M10Y100, C60Y100, C40Y90, C10Y90, M20Y100

M40, M80Y10K20, M60, M70K20, M20, C20M100Y40K30

C10M100Y90K30, C30M20Y30, M20Y20, K50 → C0M0Y0K0, [Pattern] Opacity 60%

M50Y50, M40Y20 [Brush] Fountain Pen, C0M0Y0K0, 2pt

M10Y30, C50M40Y40, C20M10Y10, M40Y80, (선) M40Y80, 3pt, [Effect] Drop Shadow

문제 3 광고 디자인

: 무료 동영상 : ▶

40점

다음의 《조건》에 따라 아래의 《출력형태》와 같이 작업하시오.

조건

| 파일저장규칙 | AI | 파일명 | 내문서₩GTQ₩수험번호-성명-3.ai |
| | | 크기 | 210 × 297mm |

1. 작업 방법

① 나무 모양은《참고도안》을 참고하여 직접 제작한 후 Symbol 기능을 활용한다. (심볼 등록 : 나무)

② 'URBAN PARK / 도심 속에 푸르름을 가꾸세요!' 문자에 Envelope Distort 기능을 적용한다.

③ Brush는 아래를 참고하여 작업한다.

　　– Decorative 〉 Elegant Curl & Floral Brush Set 〉 City

④ Effect는 아래를 참고하여 작업한다.

　　– Illustrator Effects 〉 Stylize 〉 Drop Shadow

⑤ Clipping Mask를 이용하여 디자인을 정리한다.

⑥ 그 외《출력형태》참조

참고도안

C30M90Y100K50,
C70M30Y100K20,
C60M10Y100

2. 문자 효과

① URBAN PARK (Arial, Bold, 50pt, C90M30Y80K30)

② LIFE WITH NATURE (Times New Roman, Bold, 32pt, C50M30Y90K10)

③ 도심 속에 푸르름을 가꾸세요! (돋움, 18pt, C80M20Y50)

출력형태

210 × 297mm
[Mesh] C30Y10, C20Y20

C0M0Y0K0,
Opacity 70%,
Opacity 40%

[Blend] 단계 : 15,
(선) M40Y80, 3pt →
C0M0Y0K0, 1pt

[Brush] City,
C20M30Y60, 0.5pt

Symbol

M60Y40, C30Y100,
(선) C0M0Y0K0, 2pt, 3pt

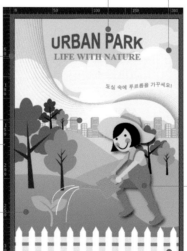

M20Y20, K100,
M100Y100, Opacity 40%,Y100,
M50Y100, C10M30Y30,
C80M30Y20, M20Y100,
C80M40Y30K10,
C10M70Y100,
[Effect] Drop Shadow

C30Y50, C40Y70,
C80M20Y80 → C50Y80,
Y10K10, C0M0Y0K0

작업과정	새 도큐먼트 만들기 및 임시 파일 저장하기 ➡ 대칭형 배경 오브젝트 만들기 ➡ 염소 모양 만들기 ➡ 머리 모양 만들기 ➡ 풀잎 모양 만들고 문자 입력 및 저장하기
완성 이미지	Part05₩기출 유형 문제 1회₩수험번호-성명-1.ai

01 새 도큐먼트 만들기 및 임시 파일 저장하기

1 [File]-[New]를 선택하고 'Width : 100mm, Height : 80mm, Units : Millimeters, Color Mode : CMYK'를 설정하여 새 도큐먼트를 만들고 [View]-[Rulers]-[Show Rulers](**Ctrl** + **R**)를 선택하여 눈금자를 표시합니다.

2 작품의 규격 왼쪽 상단에 원점(0,0)을 확인하고 왼쪽과 상단 눈금자 위에서 마우스를 드래그하여 제시된 출력형태와 레이아웃 구성을 동일하게 작업하기 위해서 안내선을 표시합니다.

3 작업 도큐먼트를 저장하기 위해 [File]-[Save As]를 선택하고 '저장 위치 : 내문서₩GTQ, Format : Adobe Illustrator(*AI), 파일 이름 : 수험번호-성명-문제번호.ai'를 입력하고 [저장]을 클릭한 후 [Illustrator Options] 대화상자에서 'Version : Illustrator CS6'로 설정하고 [OK]를 클릭합니다.

02 대칭형 배경 오브젝트 만들기

1 Pen Tool( )로 열린 패스를 그리고 '면 : 없음, 테두리 : 임의 색상'을 지정합니다.

  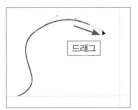 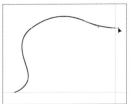

2 Selection Tool( )로 열린 패스를 선택한 후, Reflect Tool( )로 **Alt** 를 누르고 수직의 안내선을 클릭하여 'Axis : Vertical'을 지정하고 [Copy]를 눌러 복사합니다.

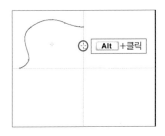 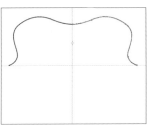

3 Direct Selection Tool()로 드래그하여 상단 열린 패스의 2개의 끝 고정점을 선택하고 [Object]-[Path]-[Join](**Ctrl**+**J**)을 선택하고 2개의 패스를 연결합니다.

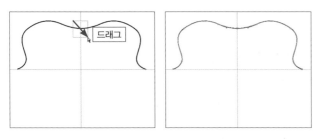

4 [Select]-[All](**Ctrl**+**A**)로 모두 선택하고 Reflect Tool(🔄)로 **Alt**를 누르고 열린 패스의 왼쪽 고정점을 클릭하여 'Axis : Horizontal'을 지정하고 [Copy]를 눌러 복사합니다.

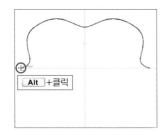
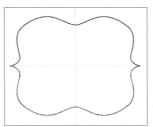

5 [Select]-[All](**Ctrl**+**A**)로 모두 선택하고 Pathfinder 패널에서 'Unite(🔲)'를 클릭하여 합치고 '면 : C40Y40, 테두리 : 없음'을 지정합니다.

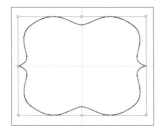
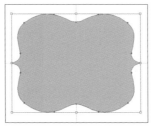

6 Scale Tool(📐)을 더블 클릭하여 'Uniform : 107%'를 지정하고 [Copy]를 눌러 확대 복사한 후 '면 : 없음, 테두리 : C40Y40'을 지정합니다. Stroke 패널에서 'Weight : 3pt, Cap : Round Cap, Corner : Round Join, Dashed Line : 체크, dash : 1pt, gap : 5pt'를 입력하여 점선을 그려 배치합니다.

03 염소 모양 만들기

1 Rounded Rectangle Tool(⬜)로 작업 도큐먼트를 클릭한 후 'Width : 30mm, Height : 21mm, Corner Radius : 4mm'를 입력하여 그리고 '면 : C0M0Y0K0, 테두리 : 임의 색상'을 지정합니다.

2 Add Anchor Point Tool(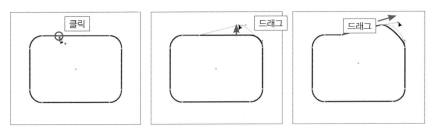)로 상단 선분 위를 클릭하여 고정점을 추가한 후, Direct Selection Tool(▶)로 상단 오른쪽 고정점을 선택하여 그림과 같이 왼쪽 위로 이동한 후 오른쪽 핸들을 드래그하여 패스를 변형합니다.

3 Rounded Rectangle Tool(⬜)로 작업 도큐먼트를 클릭한 후, 'Width : 13mm, Height : 7mm, Corner Radius : 4mm'를 입력하여 그리고 '면 : C20M20K60, 테두리 : 임의 색상'을 지정합니다. 계속해서 Rounded Rectangle Tool(⬜)로 드래그하여 5개의 크기가 다른 둥근 사각형을 그림과 같이 그리고 배치합니다.

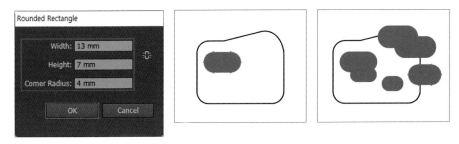

4 Selection Tool(▶)로 7개의 오브젝트를 함께 선택하고 Pathfinder 패널에서 'Divide(▣)'를 클릭하여 면을 분할합니다.

5 Selection Tool(▶)로 분할된 오브젝트를 더블 클릭하여 Isolation Mode로 전환한 후 불필요한 오브젝트를 선택하고 **Delete**를 눌러 삭제합니다.

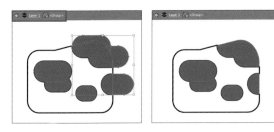

6 Selection Tool(▶)로 드래그하여 오른쪽 상단의 오브젝트를 선택하고 Pathfinder 패널에서 'Unite(▣)'를 클릭하여 합칩니다. 계속해서 가운데 3개의 오브젝트를 함께 선택하고 'Unite(▣)'를 클릭하여 합칩니다. [Select]-[All](**Ctrl**+**A**)로 모두 선택한 후 '테두리 : 없음'을 지정하고, 도큐먼트의 빈 곳을 더블 클릭하여 정상 모드로 전환합니다.

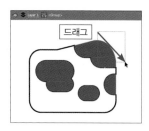 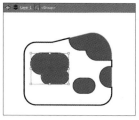 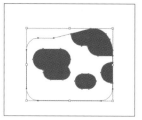

7 Rectangle Tool(▧)로 작업 도큐먼트를 클릭한 후 'Width : 7mm, Height : 20mm'를 입력하여 그리고 '면 : C0M0Y0K0, 테두리 : 임의 색상'을 지정합니다. Direct Selection Tool(▶)로 사각형의 하단 2개의 고정점을 드래그하여 선택하고, Scale Tool(▦)을 더블 클릭하여 'Uniform : 60%'를 지정하여 패스를 축소합니다.

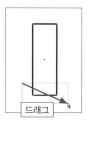 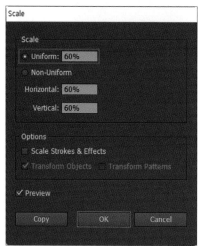 

8 Pen Tool(✎)로 **Shift** 를 누르면서 클릭하여 오브젝트 하단에 겹치도록 수평선을 그리고 '면 : 없음, 테두리 : 임의 색상'을 지정합니다. **Ctrl** 을 누르고 도큐먼트의 빈 곳을 클릭하여 열린 패스를 완료한 후 계속해서 하단에 열린 패스를 그립니다.

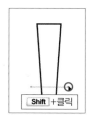 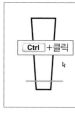 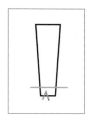

9 Selection Tool(▶)로 3개의 오브젝트를 선택하고, Pathfinder 패널에서 'Divide(▦)'를 클릭하여 면을 분할한 후 더블 클릭하여 Isolation Mode로 전환하고 불필요한 오브젝트를 **Delete** 를 눌러 삭제합니다. 하단 오브젝트를 선택하고 '면 : K90'을 지정하고 **Esc** 를 눌러 정상 모드로 전환합니다.

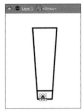

10 Selection Tool(◄)로 **Alt** 를 누르면서 오른쪽으로 드래그하여 다리 모양을 복사한 후 Rotate Tool(⟲)을 더블 클릭하여 'Angle : 17°'로 지정하여 회전합니다.

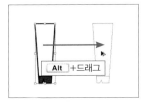

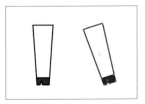

11 Selection Tool(◄)로 왼쪽 다리 모양을 선택한 후, Scale Tool(⬚)을 더블 클릭하여 'Uniform : 90%, Scale Strokes & Effects : 체크 해제'를 지정하고 [Copy]를 눌러 축소 복사한 후, Rotate Tool(⟲)을 더블 클릭하여 'Angle : -10°'로 지정하여 회전합니다. [Object]-[Arrange]-[Send Backward](**Ctrl** + **[**)를 선택하고 뒤로 보낸 후 배치합니다.

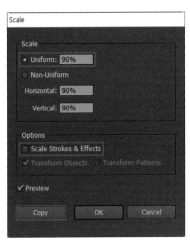

12 Selection Tool(◄)로 왼쪽 다리 모양을 더블 클릭한 후 Isolation Mode로 전환하고, 상단 오브젝트를 선택하여 '면 : M10Y20K20'을 지정한 후 **Esc** 를 눌러 정상 모드로 전환합니다. Selection Tool(◄)로 **Alt** 를 누르면서 다리 모양을 오른쪽으로 드래그하여 복사한 후 조절 점 밖을 반시계 방향으로 드래그하여 회전합니다.

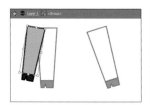  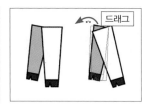

드래그

13 Selection Tool(▶)로 4개의 다리 모양을 함께 선택하고 '테두리 : 없음'을 지정한 후 그림과 같이 배치합니다. 몸통 모양을 선택하고 [Object]-[Arrange]-[Bring to Front](Shift + Ctrl +])로 맨 앞으로 가져오기를 합니다.

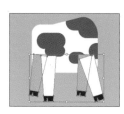 

합격생의 비법

배경에 대칭형 오브젝트는 [Object]-[Lock]-[Selection](Ctrl + 2)을 선택하고 잠금을 지정하면 앞쪽에 놓인 오브젝트 작업 시 선택 및 편집이 되지 않습니다. 작업 완료 후에는 반드시 [Object]-[Unlock All](Alt + Ctrl + 2)을 선택하고 잠금 을 해제합니다.

14 Ellipse Tool(●)로 작업 도큐먼트를 클릭한 후 'Width : 12mm, Height : 8mm'를 입력하여 그리고 '면 : 임의 색상, 테두리 : 임의 색상'을 지정합니다. Rounded Rectangle Tool(■)로 타원의 하단 중앙에 클릭하여 'Width : 1mm, Height : 2mm, Corner Radius : 4mm'를 입력 하여 그리고 '면 : 임의 색상, 테두리 : 임의 색상'을 지정합니다.

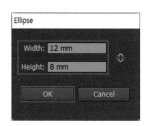 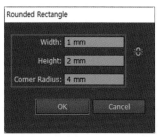 

15 Rotate Tool(↻)로 Alt 를 누르면서 타원의 중앙에 클릭하여 'Angle : 35°'로 지정하고 [Copy]를 눌러 회전 복사합니다. 계속해서 Rotate Tool(↻)로 Alt 를 누르면서 타원의 중앙 을 클릭하여 'Angle : −70°'로 지정하고 [Copy]를 눌러 회전 복사합니다.

16 Selection Tool(▶)로 Shift 를 누르면서 4개의 오브젝트를 선택하고 Pathfinder 패널에서 'Unite(▣)'를 클릭하여 합친 후, Gradient 패널에서 'Type : Radial'을 적용하고 Gradient Slider의 왼쪽 'Color Stop'을 더블 클릭하여 C0M0Y0K0을, 오른쪽 'Color Stop'을 더블 클릭 하여 M60Y20을 적용한 후 '테두리 : 없음'을 지정합니다. Ctrl + [를 2번 눌러 그림과 같이 뒤로 보내기를 하여 배치합니다.

17 Ellipse Tool(■)로 작업 도큐먼트에 드래그하여 타원을 그리고 '면 : K100, 테두리 : 없음'을 지정합니다. Convert Anchor Point Tool(■)로 왼쪽 고정점을 클릭하여 핸들을 삭제한 후 Selection Tool(■)로 선택하고 조절점 밖을 시계 방향으로 드래그하여 회전하고 **Ctrl** + **[** 를 눌러 그림과 같이 뒤로 보내기를 하여 배치합니다.

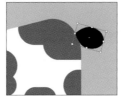

04 머리 모양 만들기

1 Pen Tool(■)로 머리 모양과 무늬 모양을 2개의 닫힌 패스로 그리고 '면 : C0M0Y0K0, C20M20K60, 테두리 : 없음'을 각각 지정합니다.

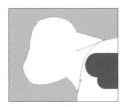

2 Ellipse Tool(■)로 작업 도큐먼트를 클릭한 후 'Width : 9mm, Height : 7mm'를 입력하여 그리고 '면 : K100, 테두리 : 없음'을 지정합니다. Rectangle Tool(■)로 타원 상단과 겹치도록 드래그하여 사각형을 그리고 임의 색상을 지정합니다.

3 Selection Tool(■)로 타원과 함께 선택하고, Pathfinder 패널에서 'Minus Front(■)'를 클릭한 후 Rotate Tool(■)을 더블 클릭하여 'Angle : −30°'로 지정한 후 귀 모양을 배치합니다. 계속해서 Rotate Tool(■)을 더블 클릭하여 'Angle : 45°'로 지정하여 [Copy]를 눌러 회전 복사한 후 왼쪽으로 이동하고 **Ctrl** + **[** 를 여러 번 눌러 머리 모양 뒤로 배치합니다.

④ Ellipse Tool(◯)로 드래그하여 2개의 크기가 다른 타원을 겹치도록 그리고 '면 : C0M0Y0K0, K100, 테두리 : 없음'을 각각 지정합니다. Selection Tool(▸)로 검정색 타원을 선택하고 조절점 밖을 시계 방향으로 드래그하여 회전하고 눈 모양을 완성합니다.

⑤ Pen Tool(✎)로 코 모양을 닫힌 패스로 그리고 '면 : M60Y20, 테두리 : 없음'을 지정합니다. 계속해서 Pen Tool(✎)로 입 모양을 열린 패스로 그리고 '면 : 없음, 테두리 : M80Y20'을 지정하고, Stroke 패널에서 'Weight : 1pt, Cap : Round Cap'을 지정하고 **Ctrl** + **[** 를 눌러 뒤로 보내기를 합니다.

05 풀잎 모양 만들고 문자 입력 및 저장하기

① Pen Tool(✎)로 풀잎 모양을 닫힌 패스로 그리고 '면 : C60M20Y70K70, 테두리 : 없음'을 지정합니다.

2 Selection Tool(圖)로 풀잎 모양을 선택하고 Scale Tool(圖)을 더블 클릭하여 'Uniform : 80%'를 지정하고 [Copy]를 눌러 축소 복사한 후 Reflect Tool(圖)로 더블 클릭하여 'Axis : Vertical'을 지정하고 배치합니다. Color 패널에서 '면 : C80M10Y80, 테두리 : 없음'을 지정합니다.

3 Type Tool(圖)로 작업 도큐먼트를 클릭한 후 Character 패널에서 'Set the font family : Arial, Set the font style : Bold, Set the font size : 23pt'를 설정하고 '면 : C0M0Y0K0, 테두리 : 없음'을 지정한 후 The Happy Ranch를 입력합니다.

4 [View]-[Guides]-[Hide Guides](**Ctrl** + ;)를 선택하여 안내선을 숨기고 [View]-[Fit Artboard in Window](**Ctrl** + **0**)을 선택하여 현재 창에 맞추기를 합니다.

5 [File]-[Save As]를 선택하고 '저장 위치 : 내문서₩GTQ, Format : Adobe Illustrator(*.AI), 파일 이름 : 수험번호-성명-문제번호.ai'를 입력하고 [저장]을 클릭한 후 [Illustrator Options] 대화상자에서 'Version : Illustrator CS6'로 설정하고 [OK]를 클릭합니다.

6 답안 저장이 완료가 되면 [File]-[Close](**Ctrl** + **W**)를 선택하여 파일을 닫고 수험 프로그램에서 [답안 전송]을 클릭하여 감독관 컴퓨터로 전송합니다.

작업과정	새 도큐먼트 만들기 및 임시 파일 저장하기 ➡ 딸기 모양 만들고 패턴 등록하기 ➡ 딸기 꽃과 잎 모양 만들기 ➡ 케이크 상자 만들기 ➡ 브러쉬 적용 및 문자 입력하기 ➡ 클리핑 마스크 적용하기 ➡ 병 모양 만들고 패턴 적용하기 ➡ 라벨 만들고 저장하기
완성 이미지	Part05₩기출 유형 문제 1회₩수험번호-성명-2.ai

01 새 도큐먼트 만들기 및 임시 파일 저장하기

1 [File]-[New]를 선택하고 'Width : 160mm, Height : 120mm, Units : Millimeters, Color Mode : CMYK'를 설정하여 새 도큐먼트를 만들고 [View]-[Rulers]-[Show Rulers](**Ctrl** + **R**)를 선택하여 눈금자를 표시합니다.

2 작품의 규격 왼쪽 상단에 원점(0,0)을 확인하고 왼쪽과 상단 눈금자 위에서 마우스를 드래그하여 제시된 출력형태와 레이아웃 구성을 동일하게 작업하기 위해서 안내선을 표시합니다.

3 작업 도큐먼트를 저장하기 위해 [File]-[Save As]를 선택하고 '저장 위치 : 내문서₩GTQ, Format : Adobe Illustrator(*AI), 파일 이름 : 수험번호-성명-문제번호.ai'를 입력하고 [저장]을 클릭한 후 [Illustrator Options] 대화상자에서 'Version : Illustrator CS6'로 설정하고 [OK]를 클릭합니다.

02 딸기 모양 만들고 패턴 등록하기

1 Ellipse Tool( )로 작업 도큐먼트를 클릭한 후 'Width : 15mm, Height : 19mm'를 입력하여 그리고 '면 : 없음, 테두리 : 임의 색상'을 지정합니다.

2 [Object]-[Path]-[Add Anchor Points]를 선택하고 각각의 선분 중앙에 고정점을 균일하게 추가하고, Direct Selection Tool( )로 드래그하여 타원 하단의 3개의 고정점을 선택하고, Scale Tool( )을 더블 클릭한 후 'Uniform : 65%'를 지정하여 패스를 축소합니다.

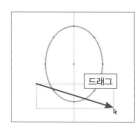
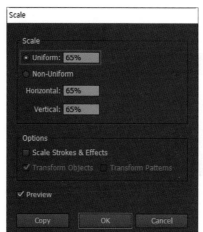
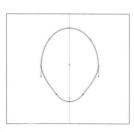

③ Direct Selection Tool(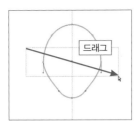)로 드래그하여 가운데 2개의 고정점을 선택하고, 위로 드래그하여 이동할 때 **Shift** 를 누르면서 패스를 변형한 후 '면 : M100Y100, 테두리 : 없음'을 지정합니다.

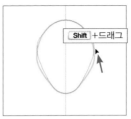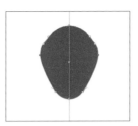

④ Pen Tool(✒)로 딸기의 윗부분을 그리고, Direct Selection Tool(▶)로 드래그하여 세로 상의 2개의 고정점을 선택한 후 [Object]-[Path]-[Average](**Alt** + **Ctrl** + **J**)를 선택하고 'Axis : Vertical'을 지정하고 세로의 평균 지점에 정렬합니다.

⑤ Selection Tool(▶)로 선택하고, Reflect Tool(🔯)로 **Alt** 를 누르고 세로 안내선을 클릭하여 'Axis : Vertical'을 지정하고 [Copy]를 눌러 복사합니다. Selection Tool(▶)로 2개의 오브젝트를 선택하고 Reflect Tool(🔯)로 **Alt** 를 누르고 하단 선분 위에 클릭하여 'Axis : Horizontal'을 지정하고 [Copy]를 눌러 복사합니다.

⑥ Selection Tool(▶)로 4개의 오브젝트를 선택하고 Pathfinder 패널에서 'Unite(◻)'를 클릭하여 하나의 오브젝트로 합친 후 '면 : C50M10Y90, 테두리 : 없음'을 지정합니다.

⑦ Arc Tool(◜)로 그림과 같이 하단에서 상단으로 드래그하여 호를 그리고 배치한 후 '면 : 없음, 테두리 : C50M10Y90'을 지정하고 Stroke 패널에서 'Weight : 2pt, Cap : Round Cap'을 지정합니다. [Object]-[Path]-[Outline Stroke]을 선택하여 선을 면으로 확장합니다.

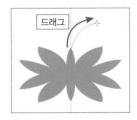

⑧ Direct Selection Tool(🔺)로 상단 2개의 고정점을 각각 선택하고 그림과 같이 이동하여 패스를 변형합니다. Selection Tool(🔺)로 2개의 오브젝트를 선택하고 Pathfinder 패널에서 'Unite(🔳)'를 클릭하여 하나의 오브젝트로 합칩니다.

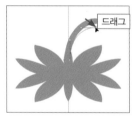 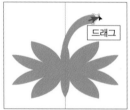  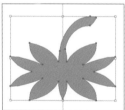

⑨ Pen Tool(🖊)로 그림과 같이 딸기 모양의 상단과 겹치도록 열린 패스를 그리고 '면 : 없음, 테두리 : 임의 색상'을 지정합니다. Selection Tool(🔺)로 **Shift**를 누르면서 열린 패스와 딸기 모양을 함께 선택하고 Pathfinder 패널에서 'Divide(🔳)'를 클릭하여 면을 분할한 후 더블 클릭하여 Isolation Mode로 전환하고 상단 오브젝트를 선택하고 **Delete**를 눌러 삭제합니다.

  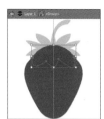 

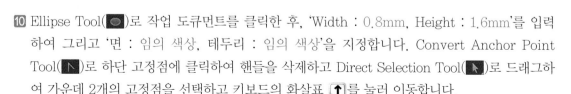

합격생의 비법

'Divide'를 할 때는 선을 오브젝트 영역 밖으로 넉넉하게 그려야 면 분할이 확실하게 됩니다.

⑩ Ellipse Tool(⬭)로 작업 도큐먼트를 클릭한 후, 'Width : 0.8mm, Height : 1.6mm'를 입력하여 그리고 '면 : 임의 색상, 테두리 : 임의 색상'을 지정합니다. Convert Anchor Point Tool(🔽)로 하단 고정점에 클릭하여 핸들을 삭제하고 Direct Selection Tool(🔺)로 드래그하여 가운데 2개의 고정점을 선택하고 키보드의 화살표 **↑**를 눌러 이동합니다.

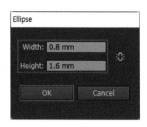  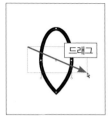 

합격생의 비법

크기가 작은 오브젝트의 정교한 작업을 위해 Zoom Tool(🔍)로 드래그하여 도큐먼트를 확대하거나 **Ctrl** + **Space Bar**를 동시에 누르면서 오브젝트에 드래그하여 작업합니다.

11 Selection Tool(█)로 씨앗 모양을 선택하고 딸기 모양 위에 배치한 후 '면 : C0M0Y0K0, 테두리 : 없음'을 지정합니다. [Alt]와 [Shift]를 누르면서 오른쪽으로 드래그하여 반듯하게 복사한 후 [Ctrl]+[D]를 4번 눌러 반복하여 균등 복사합니다. 계속해서 5개의 씨앗 모양을 [Shift]를 누르면서 함께 선택하고 [Alt]를 누르면서 아래쪽으로 드래그하여 복사한 후 [Ctrl]+[D]를 2번 눌러 반복하여 균등 복사합니다.

12 Selection Tool(█)로 불필요한 하단 4개의 씨앗 모양을 [Shift]를 누르면서 함께 선택하고 [Delete]를 눌러 삭제한 후 출력 형태를 참조하여 레이아웃대로 조금씩 이동하여 그림과 같이 배치합니다.

13 [Ctrl]+[A]로 모두 선택하고 [Object]-[Group]([Ctrl]+[G])을 선택하여 그룹으로 설정하고, Rotate Tool(█)을 더블 클릭한 후 'Angle : 35°'로 지정하여 반시계 방향으로 회전합니다. [Object]-[Pattern]-[Make]로 'Name : 딸기'를 지정하고 패턴으로 등록하여 Swatches 패널에 저장합니다. 도큐먼트 상단의 'Done'을 클릭하여 정상 모드로 전환합니다.

03 딸기 꽃과 잎 모양 만들기

1 Ellipse Tool(█)로 작업 도큐먼트를 클릭한 후 'Width : 11mm, Height : 14mm'를 입력하여 그리고 '면 : 임의 색상, 테두리 : 임의 색상'을 지정합니다. Direct Selection Tool(█)로 상단 고정점을 선택한 후 Scale Tool(█)을 더블 클릭하여 'Uniform : 80%'를 지정하고 키보드의 화살표 [↑]를 눌러 위쪽으로 이동합니다.

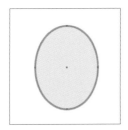 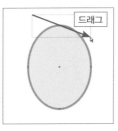 

2 [Effect]-[Illustrator Effects]-[Distort & Transform]-[Zig Zag]를 선택한 후 'Size : 0.5mm, Absolute : 체크, Ridges per segment : 11, Points : Corner'를 지정하고 [Object]-[Expand Appearance]를 선택하여 오브젝트의 속성을 확장합니다.

3 Pen Tool(✏)로 오브젝트 하단에 곡선의 열린 패스를 그리고 '면 : 없음, 테두리 : 임의 색상'을 지정합니다. Selection Tool(▶)로 패스를 선택한 후 Reflect Tool(🔾)로 **Alt**를 누르면서 열린 패스의 왼쪽 고정점에 클릭하여 'Axis : Vertical'을 지정하고 [Copy]를 눌러 복사합니다.

4 [View]-[Outline](**Ctrl**+**Y**)을 선택하고 '윤곽선 보기'를 하고, Direct Selection Tool(▶)로 열린 패스의 2개의 끝 고정점을 드래그하여 선택한 후, [Object]-[Path]-[Average](**Alt**+**Ctrl**+**J**)를 선택하고 'Axis : Both'를 지정하여 평균점에 정렬합니다. [Object]-[Path]-[Join](**Ctrl**+**J**)을 선택하고 'Points : Corner'를 지정하여 연결하고 **Ctrl**+**Y**를 눌러 '미리보기'를 합니다.

5 Selection Tool(▶)로 2개의 오브젝트를 함께 선택하고 Align 패널에서 'Horizontal Align Center(🔳)'를 클릭하여 가로 가운데 정렬을 지정한 후 Pathfinder 패널에서 'Divide(🔳)'를 클릭하여 면을 분할합니다. 더블 클릭하여 Isolation Mode로 전환하고 하단 오브젝트를 선택하고 **Delete**를 눌러 삭제하고 **Ctrl**+**A**를 눌러 '면 : C70M10Y100, 테두리 : 없음'을 지정하고 **Esc**를 눌러 정상 모드로 전환합니다.

  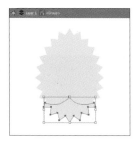 

6 Rotate Tool(🔾)을 더블 클릭한 후 'Angle : −75°'로 지정하여 [Copy]를 눌러 회전 복사하고 '면 : C60Y100, 테두리 : 없음'을 지정한 후 오른쪽으로 이동하여 배치합니다. Scale Tool(🔳)을 더블 클릭하여 'Uniform : 130%'를 지정하고 [Copy]를 눌러 확대 복사한 후 Reflect Tool(🔾)을 더블 클릭하여 'Axis : Vertical'을 지정하고 그림과 같이 왼쪽으로 이동하여 배치합니다.

7 Arc Tool(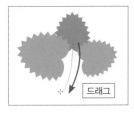)로 그림과 같이 드래그하여 3개의 호를 각각 그리고 '면 : 없음, 테두리 : C40Y90'을 지정한 후, Stroke 패널에서 'Weight : 3pt, Cap : Round Cap'을 적용합니다.

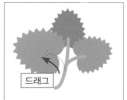

8 Selection Tool()로 드래그하여 3개의 호를 함께 선택하고 [Object]-[Arrange]-[Send to Back](**Shift** + **Ctrl** + **[**)을 선택하고 맨 뒤로 보내기를 합니다. [Object]-[Path]-[Outline Stroke]을 선택하여 선을 면으로 확장한 후 Pathfinder 패널에서 'Unite()'를 클릭하여 하나로 합칩니다.

9 Ellipse Tool()로 작업 도큐먼트를 클릭한 후 'Width : 4mm, Height : 5mm'를 입력하여 그리고 '면 : C0M0Y0K0, 테두리 : 없음'을 지정합니다. 계속해서 타원 아래쪽에 클릭한 후 'Width : 3.2mm, Height : 3.2mm'를 입력하여 그리고 '면 : C10Y90, 테두리 : 없음'을 지정합니다. Selection Tool()로 **Shift** 를 누르면서 2개의 원을 함께 선택하고 Align 패널에서 'Horizontal Align Center()'를 클릭하여 가로 가운데 정렬을 지정합니다.

10 Selection Tool()로 흰 타원을 선택한 후, Rotate Tool()로 **Alt** 를 누르고 정원의 중심점을 클릭하여 'Angle : 72˚'로 지정하고 [Copy]를 눌러 회전 복사합니다. **Ctrl** + **D** 를 3번 눌러 반복하여 회전 복사합니다.

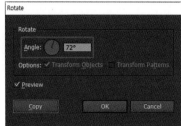

⑪ Ellipse Tool(⬭)로 Shift 를 누르면서 드래그하여 정원을 그리고 '면 : M20Y100, 테두리 : 없음'을 지정합니다. Rotate Tool(⟳)로 Alt 를 누르고 가운데 정원의 중심점을 클릭하여 'Angle : 45°'를 지정하고 [Copy]를 눌러 회전 복사한 후 Ctrl + D 를 6번 눌러 반복하여 회전 복사합니다.

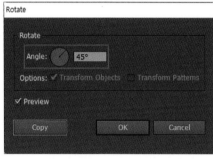

04 케이크 상자 만들기

① Rectangle Tool(▦)로 작업 도큐먼트를 클릭한 후, 'Width : 38mm, Height : 42mm'를 입력하여 그리고 '면 : M40, 테두리 : 임의 색상'을 지정합니다. Shear Tool(⤢)을 더블 클릭하여 'Shear Angle : 20°, Axis : Vertical'을 지정하고 기울기를 조절합니다.

② Rectangle Tool(▣)로 평행사변형의 오른쪽 상단 고정점에 클릭하여 'Width : 55mm, Height : 42mm'를 입력하여 그리고 '면 : M80Y10K20, 테두리 : 임의 색상'을 지정합니다. Shear Tool(⤢)로 Alt 를 누르면서 수직의 안내선에 클릭하여 'Shear Angle : −13°, Axis : Vertical'을 지정하고 기울기를 조절합니다.

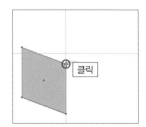
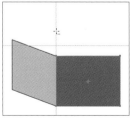
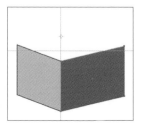

3 Direct Selection Tool(▶)로 오른쪽 상단의 고정점을 선택하고 [Object]-[Transform]-[Move]를 선택하고 'Horizontal : 0.5mm, Vertical : 4mm'을 입력하고 패스를 원근에 맞게 이동합니다.

4 Pen Tool(✎)로 그림과 같이 2개의 닫힌 패스를 순서대로 그리고 '면 : M60, M70K20, 테두리 : 임의 색상'을 각각 지정합니다.

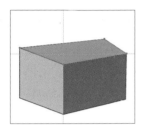 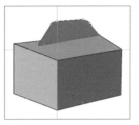

5 Rounded Rectangle Tool(▣)로 작업 도큐먼트를 클릭한 후 'Width : 21mm, Height : 8.5mm, Corner Radius : 6mm'를 입력하여 그리고 '면 : 임의 색상, 테두리 : 임의 색상'을 지정합니다. Shear Tool(↗)을 더블 클릭하여 'Shear Angle : −6°, Axis : Vertical'을 지정하고 기울기를 조절합니다.

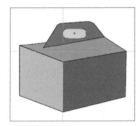 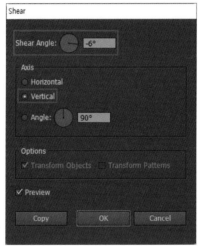 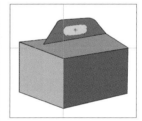

6 Selection Tool(▶)로 둥근 사각형을 더블 클릭하여 Isolation Mode로 전환하고, Direct Selection Tool(▶)로 드래그하여 오른쪽 3개의 고정점을 선택하고 Scale Tool(⬚)을 더블 클릭하여 'Uniform : 95%'를 지정하여 패스를 축소합니다.

7 <kbd>Esc</kbd>를 눌러 정상 모드로 전환하고 Selection Tool()로 손잡이 모양의 2개의 오브젝트를 함께 선택하고, Pathfinder 패널에서 'Minus Front(▣)'를 클릭하여 겹친 부분을 삭제합니다.

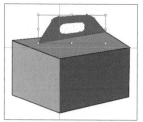

8 Pen Tool(✏)로 왼쪽 상단에 닫힌 패스를 그리고 '면 : M20, 테두리 : 임의 색상'을 지정합니다. Rounded Rectangle Tool(▢)로 작업 도큐먼트를 클릭한 후, 'Width : 11mm, Height : 10mm, Corner Radius : 2mm'를 입력하여 그리고 '면 : M70K20, 테두리 : 임의 색상'을 지정합니다.

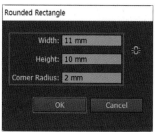

9 Pen Tool(✏)로 오른쪽 상단에 닫힌 패스를 그림과 같이 그리고 '면 : C20M100Y40K30, 테두리 : 임의 색상'을 지정합니다. Selection Tool(▸)로 <kbd>Shift</kbd>를 누르면서 둥근 사각형과 함께 선택하고 <kbd>Shift</kbd>+<kbd>Ctrl</kbd>+<kbd>[</kbd>를 눌러 맨 뒤로 보내기를 합니다.

10 Rounded Rectangle Tool(▢)로 작업 도큐먼트를 클릭한 후 'Width : 20mm, Height : 15mm, Corner Radius : 3mm'를 입력하여 그리고 '면 : M70K20, 테두리 : 임의 색상'을 지정합니다.

11 Selection Tool(▸)로 더블 클릭하여 Isolation Mode로 전환하고 Direct Selection Tool(▸)로 드래그하여 오른쪽 4개의 고정점을 선택하고 <kbd>Delete</kbd>를 눌러 삭제합니다. 계속해서 <kbd>Shift</kbd>를 누르면서 클릭하여 열린 패스의 2개의 끝 고정점을 선택하고 [Object]-[Path]-[Join](<kbd>Ctrl</kbd>+<kbd>J</kbd>)을 선택하고 연결합니다.

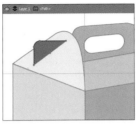
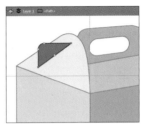

⑫ **Esc** 를 누르고 정상 모드로 전환하고 Selection Tool(🔺)로 케이크 상자 모양을 모두 선택하고 Color 패널에서 '테두리 : 없음'을 지정합니다.

⑬ Direct Selection Tool(🔺)로 드래그하여 양쪽 모서리의 고정점들을 각각 선택하고 [Object]–[Path]–[Average](**Alt** + **Ctrl** + **J**)를 선택하고 'Axis : Both'를 선택하여 평균 위치에 정렬합니다.

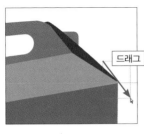
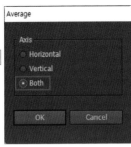
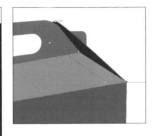

05 브러쉬 적용 및 문자 입력하기

① Pen Tool(✏)로 오른쪽에서 왼쪽으로 드래그하여 그림과 같이 열린 패스를 그리고 '면 : 없음, 테두리 : C0M0Y0K0'을 지정합니다. Brushes 패널 하단에 'Brush Libraries Menu'를 클릭한 후 [Artistic]–[Artistic_Ink]를 선택하여 추가 브러쉬 패널에서 'Fountain Pen'을 선택한 후, Stroke 패널에서 'Weight : 2pt'를 지정합니다.

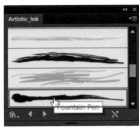

② Selection Tool(🔺)로 딸기 모양을 선택하고 **Ctrl** + **C** 로 복사하고 **Ctrl** + **V** 로 붙여 넣기를 한 후 더블 클릭하여 Isolation Mode로 전환합니다. 딸기 과육 모양을 선택하여 '면 : M50Y50, 테두리 : 없음'을 지정하고 **Esc** 를 눌러 정상 모드로 전환합니다. Scale Tool(🔳)을 더블 클릭하여 'Uniform : 70%'를 지정하여 딸기 모양을 축소한 후 **Ctrl** + **[** 를 눌러 브러쉬 모양 뒤로 보내기를 합니다.

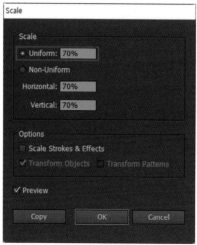

3 Rotate Tool(🔄)을 더블 클릭하여 'Angle : −100°'로 지정하고 [Copy]를 눌러 회전 복사한 후, Scale Tool(📐)을 더블 클릭하여 'Uniform : 70%'로 지정하여 축소하고 배치합니다.

4 다시 한 번 **Ctrl** + **V** 로 붙여 넣기를 한 후 Scale Tool(📐)을 더블 클릭하여 'Uniform : 85%'를 지정하여 축소한 후 Rotate Tool(🔄)을 더블 클릭하여 'Angle : −60°'를 지정합니다. Selection Tool(🔺)로 더블 클릭하여 Isolation Mode로 전환하고 딸기 과육 모양을 선택하여 '면 : M40Y20, 테두리 : 없음'을 지정하고 **Esc** 를 눌러 정상 모드로 전환합니다.

5 Type Tool(T)로 도큐먼트를 클릭한 후 Character 패널에서 'Set the font family : Arial, Set the font style : Bold, Set the font size : 12pt'를 설정하고 Paragraph 패널에서 'Align center'를 선택하여 문장을 가운데 배치합니다. Color 패널에서 '면 : M100K10, 테두리 : 없음'을 지정한 후 Strawberry Cake를 입력합니다.

6 Cake 문자를 더블 클릭하여 선택하고 '면 : C0M0Y0K0, 테두리 : 없음'을 지정합니다. Rotate Tool(🔄)을 더블 클릭하여 'Angle : 8°'를 지정하여 회전한 후 배치합니다.

7 Selection Tool(🔺)로 Strawberry Cake 문자를 선택하여 **Ctrl** + **C** 로 복사하고 **Ctrl** + **V** 로 붙여 넣기를 한 후, Character 패널에서 'Set the font size : 17pt'를 설정하고 Rotate Tool(🔄)을 더블 클릭하여 'Angle : −26°'를 지정한 후 회전하여 배치합니다.

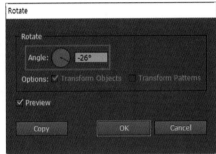

06 클리핑 마스크 적용하기

1 Selection Tool(🔺)로 드래그하여 딸기 꽃과 잎 모양을 선택하고, [Shift]를 누르면서 오른쪽 잎과 줄기 모양을 클릭하여 선택을 해제하고 [Ctrl]+[C]로 복사합니다.

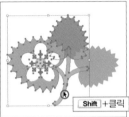

2 [Ctrl]+[V]로 붙여 넣기를 한 후 Scale Tool(🔲)을 더블 클릭하여 'Uniform : 140%'를 지정하여 확대합니다. Rotate Tool(🔄)을 더블 클릭하여 'Angle : −70°'를 지정하여 회전하고 케이크 상자의 왼쪽 하단에 배치한 후 [Ctrl]+[G]를 눌러 그룹으로 설정합니다.

3 Selection Tool(🔺)로 왼쪽 평행사변형을 선택하고 [Ctrl]+[C]로 복사하고 [Ctrl]+[F]로 복사한 오브젝트 앞에 붙여 넣기를 한 후 [Shift]+[Ctrl]+[ ]]를 눌러 맨 앞으로 가져오기를 합니다. [Shift]를 누르면서 딸기 꽃 그룹과 함께 선택하고 [Object]−[Clipping Mask]−[Make] ([Ctrl]+[7])를 선택하고 클리핑 마스크를 적용합니다.

07 병 모양 만들고 패턴 적용하기

1 Rounded Rectangle Tool(▢)로 작업 도큐먼트를 클릭한 후 'Width : 43mm, Height : 44mm, Corner Radius : 10mm'를 입력하여 그리고 '면 : 임의 색상, 테두리 : 임의 색상'을 지정합니다.

2 Direct Selection Tool(▶)로 드래그하여 둥근 사각형의 하단 4개의 고정점을 선택하고, Scale Tool(▦)을 더블 클릭하고 'Uniform : 95%'를 지정하여 하단 패스를 축소한 후 '면 : C10M100Y90K30, 테두리 : 없음'을 지정합니다.

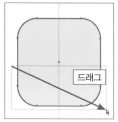
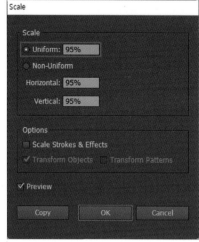

3 Ellipse Tool(⬭)로 **Alt** 를 누르면서 상단 세로 안내선에 클릭한 후 'Width : 37mm, Height : 3mm'를 입력하여 그리고 '면 : C30M20Y30, 테두리 : 없음'을 지정합니다. 계속해서 **Alt** 를 누르면서 타원의 하단 세로 안내선이 하단에 클릭하여 'Width : 37mm, Height : 5mm'를 입력하여 같은 색상의 타원을 그립니다.

합격생의 비법

Alt 를 클릭하면 중앙 정렬을 따로 할 필요가 없이 정확한 수치를 입력하여 타원형을 그릴 수 있습니다.

④ Rectangle Tool(▣)로 **Alt**를 누르면서 타원 아래의 세로 안내선에 클릭한 후 'Width : 32.5mm, Height : 2.5mm'를 입력하여 그리고 '면 : C50M40Y40, 테두리 : 없음'을 지정합니다. 계속해서 **Alt**를 누르면서 2개의 타원 사이의 세로 안내선을 클릭한 후 'Width : 37mm, Height : 5.5mm'를 입력하여 임의 색상의 사각형을 그립니다.

⑤ Gradient 패널에서 'Type : Linear, Angle : 0'를 적용하고 Gradient Slider의 왼쪽 'Color Stop'을 더블 클릭하여 K50을, 가운데 빈 곳을 클릭하여 'Color Stop'을 추가하고 C0M0Y0K0 을 적용한 후 'Location : 30%'로 지정합니다. 다시 오른쪽 'Color Stop'을 더블 클릭하여 K50 을 적용하고 'Location : 80%'로 지정한 후 '테두리 : 없음'을 지정합니다.

⑥ Rectangle Tool(▣)로 **Alt**를 누르면서 세로 안내선에 클릭한 후 'Width : 48mm, Height : 21mm'를 입력하여 그리고 '면 : M20Y20, 테두리 : 없음'을 지정합니다.

⑦ Selection Tool(▶)로 병 모양 하단을 선택하고 **Ctrl**+**C**로 복사하고 **Ctrl**+**F**로 복사 한 오브젝트 앞에 붙여 넣기를 하고 **Shift**를 누르면서 겹친 사각형을 함께 선택한 후, Pathfinder 패널에서 'Intersect(▣)'를 클릭하여 겹친 부분만 남깁니다.

⑧ **Ctrl**+**C**로 복사하고 **Ctrl**+**F**로 복사한 오브젝트 앞에 붙여 넣기를 하고 Swatches 패 널에서 등록된 딸기 패턴을 클릭하여 면 색상에 적용합니다. Scale Tool(▣)을 더블 클릭하고 'Uniform : 30%, Transform Objects : 체크 해제, Transform Patterns : 체크'를 지정하여 패턴의 크기를 축소한 후 Transparency 패널에서 'Opacity : 60%'를 지정하여 패턴의 불투명 도를 조절합니다.

1 Rectangle Tool(▣)로 작업 도큐먼트를 클릭한 후 'Width : 20mm, Height : 25mm'를 입력하여 그리고 '면 : M10Y30, 테두리 : 없음'을 지정합니다. Ellipse Tool(◯)로 Shift 를 누르면서 정원을 그리고 '면 : C50M40Y40, 테두리 : 없음'을 지정합니다.

2 Type Tool(T)로 도큐먼트를 클릭한 후 Character 패널에서 'Set the font family : Times New Roman, Set the font style : Regular, Set the font size : 14pt'를 설정하고 Paragraph 패널에서 'Align left'를 선택하여 문장을 왼쪽에 배치합니다. Color 패널에서 '면 : C30M100Y90, 테두리 : 없음'을 지정한 후 Fresh Jam을 입력합니다.

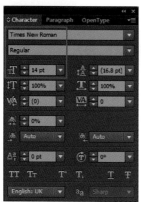  

3 Selection Tool(▶)로 Shift 를 누르면서 사각형과 정원을 함께 선택하고 Align 패널에서 'Horizontal Align Center(▤)'를 클릭하여 가로 가운데 정렬을 지정합니다.

4 Selection Tool(▶)로 사각형을 선택하고 Rotate Tool(↻)로 Alt 를 누르면서 사각형의 왼쪽 상단 고정점에 클릭하여 'Angle : −10°, Transform Objects : 체크, Transform Patterns : 체크 해제'를 지정하고 [Copy]를 눌러 회전하여 복사합니다. Color 패널에서 '면 : C20M10Y10, 테두리 : 없음'을 지정하고 Ctrl + [를 눌러 뒤로 보내기를 합니다.

5 Rounded Rectangle Tool(▢)로 드래그하여 둥근 사각형을 그리고 '면 : M40Y80, 테두리 : 없음'을 지정합니다. 계속해서 색상이 동일한 2개의 크기가 다른 둥근 사각형을 그리고 Selection Tool(▶)로 조절점 밖을 그림과 같이 각각 드래그하여 회전하고 배치합니다.

  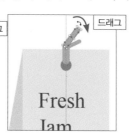

6 Pen Tool()로 클릭하여 열린 패스를 그리고 '면 : 없음, 테두리 : M40Y80'을 지정한 후, Stroke 패널에서 'Weight : 3pt, Cap : Butt Cap, Dashed Line : 체크, dash : 7pt, gap : 2pt, dash : 1pt, gap : 3pt'를 입력하여 불규칙한 점선을 적용하고, **Ctrl** + **[** 를 여러 번 눌러 라벨 모양 뒤로 보내기를 하여 배치합니다.

7 Selection Tool()로 라벨 모양의 앞쪽 사각형을 선택하고 [Effect]-[Illustrator Effects]-[Stylize]-[Drop Shadow]를 선택하고 'Opacity : 75%, X Offset : 1mm, Y Offset : 1mm, Blur : 1.5mm'를 지정하여 그림자 효과를 적용합니다.

8 [View]-[Guides]-[Hide Guides](**Ctrl** + **;**)를 선택하여 안내선을 숨기고 [View]-[Fit Artboard in Window](**Ctrl** + **0**)을 선택하여 현재 창에 맞추기를 합니다. [File]-[Save As]를 선택하고 '저장 위치 : 내문서₩GTQ, Format : Adobe Illustrator(*AI), 파일 이름 : 수험번호-성명-문제번호.ai'를 입력하고 [저장]을 클릭한 후 [Illustrator Options] 대화상자에서 'Version : Illustrator CS6'로 설정하고 [OK]를 클릭합니다.

9 답안 저장이 완료가 되면 [File]-[Close](**Ctrl** + **W**)를 선택하여 파일을 닫고 수험 프로그램에서 [답안 전송]을 클릭하여 감독관 컴퓨터로 전송합니다.

문제 03 광고 디자인

작업과정	새 도큐먼트 만들기 및 임시 파일 저장하기 ➡ 그라디언트 메시 적용하기 ➡ 불투명도 적용하여 구름 모양 만들기 ➡ 블렌드 효과 및 브러쉬 적용하기 ➡ 언덕과 울타리 모양 만들기 ➡ 나무 심볼 등록 및 적용, 편집하기 ➡ 사람 모양 만들고 이펙트 적용하기 ➡ 물뿌리개 모양과 식물 모양 그리기 ➡ 문자 입력 및 왜곡하기 ➡ 클리핑 마스크 적용 및 저장하기
완성 이미지	Part05₩기출 유형 문제 1회₩수험번호-성명-3.ai

01 새 도큐먼트 만들기 및 임시 파일 저장하기

1 [File]-[New]를 선택하고 'Width : 210mm, Height : 297mm, Units : Millimeters, Color Mode : CMYK'를 설정하여 새 도큐먼트를 만들고 [View]-[Rulers]-[Show Rulers](**Ctrl** + **R**)를 선택하여 눈금자를 표시합니다.

2 작품의 규격 왼쪽 상단에 원점(0,0)을 확인하고 왼쪽과 상단 눈금자 위에서 마우스를 드래그하여 제시된 출력형태와 레이아웃 구성을 동일하게 작업하기 위해서 안내선을 표시합니다.

❸ 작업 도큐먼트를 저장하기 위해 [File]-[Save As]를 선택하고 '저장 위치 : 내문서₩GTQ, Format : Adobe Illustrator(*AI), 파일 이름 : 수험번호-성명-문제번호.ai'를 입력하고 [저장]을 클릭한 후 [Illustrator Options] 대화상자에서 'Version : Illustrator CS6'로 설정하고 [OK]를 클릭합니다.

02 그라디언트 메시 적용하기

❶ Rectangle Tool(▢)로 작업 도큐먼트 왼쪽 상단의 원점(0,0)을 클릭하여 'Width : 210mm, Height : 297mm'를 입력하여 그리고 '면 : C30Y10, 테두리 : 없음'을 지정합니다.

❷ Mesh Tool(▦)로 사각형의 왼쪽 상단과 오른쪽 하단에 각각 클릭하여 고정점을 추가합니다.

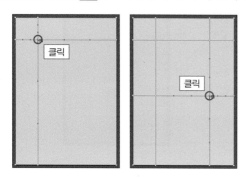

❸ [View]-[Outline](Ctrl + Y)을 선택하여 '윤곽선 보기'를 하고 Direct Selection Tool(▸)로 그림과 같이 드래그하여 4개의 고정점을 선택하고 C20Y20 색상을 적용합니다.

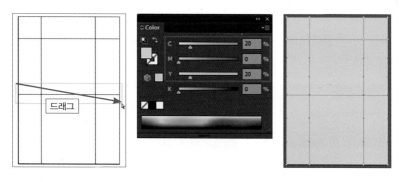

❹ Direct Selection Tool(▸)로 드래그하여 하단 중앙의 2개의 고정점을 선택하고 Shift 를 누르면서 위쪽으로 반듯하게 이동합니다. 왼쪽과 오른쪽 핸들을 각각 드래그하여 그림과 같이 서로 대칭적으로 각도를 조절합니다.

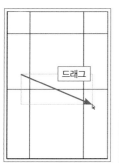 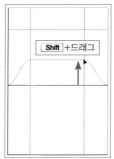 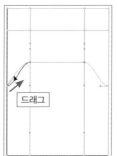 

⑤ 계속해서 Direct Selection Tool(▶)로 고정점을 클릭하여 선택하고 오른쪽 핸들을 위쪽으로 드래그합니다. 오른쪽 고정점도 동일한 방법으로 핸들을 드래그하여 그림과 같이 각도를 조절한 후 **Ctrl** + **Y** 를 다시 눌러 '미리보기'로 전환합니다.

 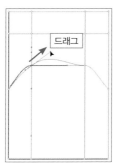 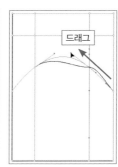 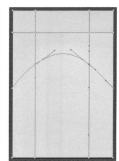

03 불투명도 적용하여 구름 모양 만들기

① Ellipse Tool(⬤)로 작업 도큐먼트에 **Shift** 를 누르면서 드래그하여 크기가 다른 13개의 정원과 1개의 타원을 서로 겹치도록 그리고 '면 : C0M0Y0K0, 테두리 : 없음'을 지정합니다. Selection Tool(▶)로 원을 모두 선택하고 Pathfinder 패널에서 'Unite(▣)'를 클릭하여 합칩니다. Transparency 패널에서 'Opacity : 70%'를 지정하여 불투명도를 조절합니다.

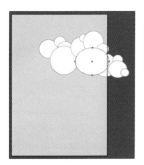   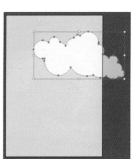

2 Scale Tool( )을 더블 클릭하여 'Uniform : 130%'를 지정하고 [Copy]를 눌러 확대 복사한 후 Rotate Tool( )을 더블 클릭하여 'Angle : 20˚'를 지정하여 회전하고 왼쪽으로 이동하여 배치합니다.

3 Ellipse Tool( )로 작업 도큐먼트에 드래그하여 크기가 다른 5개의 원을 겹치도록 그리고 '면 : C0M0Y0K0, 테두리 : 없음'을 지정합니다. Selection Tool( )로 Shift 를 누르면서 원을 모두 선택하고 Pathfinder 패널에서 'Unite( )'를 클릭하여 합칩니다. Transparency 패널에서 'Opacity : 40%'를 지정하여 불투명도를 조절합니다.

04 블렌드 효과 및 브러쉬 적용하기

1 Pen Tool( )로 작업 도큐먼트를 완전히 벗어나는 2개의 곡선을 그리고 오른쪽 곡선은 '면 : 없음, 테두리 : M40Y80'을 지정한 후 Stroke 패널에서 'Weight : 3pt'를 적용하고 Transparency 패널에서 'Opacity : 100%'를 적용합니다. 왼쪽 곡선은 '면 : 없음, 테두리 : C0M0Y0K0'을 지정한 후 Stroke 패널에서 'Weight : 1pt'를 적용합니다.

2 Selection Tool()로 2개의 곡선을 선택한 후 [Object]-[Blend]-[Make]를 적용하고 [Object]-[Blend]-[Blend Options]로 'Specified Steps : 15'를 적용한 후 도큐먼트의 빈 곳을 클릭하여 선택을 해제합니다.

3 Brushes 패널 하단에 'Brush Libraries Menu'를 클릭한 후 [Decorative]-[Elegant Curl & Floral Brush Set]을 선택하여 추가 브러쉬 패널을 불러온 후 'City'를 선택합니다. Line Segment Tool(✏)로 Shift 를 누르면서 드래그하여 수평선을 그리고 '면 : 없음, 테두리 : C20M30Y60'을 지정하고 Stroke 패널에서 'Weight : 0.5pt'를 지정합니다.

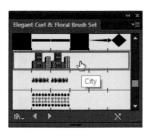

05 언덕과 울타리 모양 만들기

1 Pen Tool(✒)로 2개의 언덕 모양을 순서대로 그리고 '면 : C30Y50, C40Y70, 테두리 : 없음'을 각각 지정합니다. 계속해서 맨 앞의 언덕 모양을 그리고 Gradient 패널에서 'Type : Linear, Angle : 90°'를 적용하고 Gradient Slider의 왼쪽 'Color Stop'을 더블 클릭하여 C80M20Y80을 적용하고 오른쪽 'Color Stop'을 더블 클릭하여 C50Y80을 적용한 후 '테두리 : 없음'을 지정합니다.

2 Rectangle Tool(⬛)로 작업 도큐먼트를 클릭한 후 'Width : 220mm, Height : 7mm'를 입력하여 그리고 '면 : Y10K10, 테두리 : 없음'을 지정합니다. Selection Tool()로 Alt 와 Shift 를 누르면서 아래쪽으로 드래그하여 복사합니다.

③ Rectangle Tool(■)로 작업 도큐먼트를 클릭한 후 'Width : 8mm, Height : 35mm'를 입력하여 그리고 '면 : C0M0Y0K0, 테두리 : 없음'을 지정합니다. Add Anchor Point Tool(✎)로 사각형의 상단 선분의 중앙에 클릭하여 고정점을 추가한 후 키보드의 화살표 ⬆를 여러 번 눌러 위로 이동합니다.

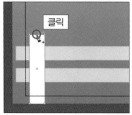
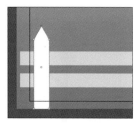

④ Selection Tool(▶)로 변형된 오브젝트를 선택하고 **Alt** 와 **Shift** 를 누르면서 오른쪽으로 드래그하여 복사합니다.

⑤ Selection Tool(▶)로 **Shift** 를 누르면서 2개의 오브젝트를 함께 선택한 후, [Object]–[Blend]–[Make]를 적용하고 [Object]–[Blend]–[Blend Options]로 'Specified Steps : 11'을 적용합니다. [Object]–[Blend]–[Expand]를 선택하고 블렌드를 확장합니다.

06 나무 심볼 등록 및 적용, 편집하기

① Pen Tool(✎)로 클릭하여 그림과 같이 나무의 기둥 모양을 그리고 '면 : C30M90Y100K50, 테두리 : 없음'을 지정합니다. 계속해서 작은 나뭇가지 모양을 동일한 색상으로 그립니다.

② Selection Tool(▶)로 3개의 오브젝트를 선택하고 Pathfinder 패널에서 'Unite(■)'를 클릭하여 합칩니다.

3 Ellipse Tool()로 드래그하여 크기가 다른 3개의 타원을 그리고 '면 : C70M30Y100K20, 테두리 : 없음'을 지정합니다. Selection Tool(◈)로 조절점 밖을 드래그하여 회전하여 배치합니다. Ellipse Tool(◉)로 동일한 색상으로 3개의 타원을 그리고 동일한 방법으로 회전하여 각각 배치합니다.

4 Selection Tool(◈)로 6개의 타원을 선택하고 Pathfinder 패널에서 'Unite(◱)'를 클릭하여 합칩니다. [Object]-[Arrange]-[Send Backward](Ctrl + [ )를 선택하고 뒤로 보내기를 하고 이동하여 배치합니다.

5 Scale Tool(◪)을 더블 클릭하고 'Horizontal : 80%, Vertical : 95%'를 지정하여 [Copy]를 눌러 복사한 후 Rotate Tool(◔)을 더블 클릭하여 'Angle : −50˚'를 지정하고 회전하여 배치합니다. Reflect Tool(◪)을 더블 클릭하여 'Axis : Vertical'을 지정하고 [Copy]를 눌러 복사한 후 그림과 같이 배치합니다.

6 Ellipse Tool(◉)로 드래그하여 크기가 다른 4개의 타원을 그리고 '면 : C60M10Y100, 테두리 : 임의 색상'을 지정합니다. Selection Tool(◈)로 왼쪽 2개의 타원의 조절점 밖을 각각 드래그하여 회전하고 Reflect Tool(◪)로 Alt 를 누르고 가운데 타원의 중심점을 클릭하여 'Axis : Vertical'을 지정하고 [Copy]를 눌러 복사합니다. Pathfinder 패널에서 'Unite(◱)'를 클릭하여 6개의 타원을 합치고 '테두리 : 없음'을 지정합니다.

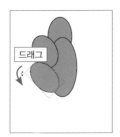

7 Pen Tool(🖊)로 클릭하여 나무의 기둥과 나뭇가지 모양을 그리고 '면 : C30M90Y100K50, 테두리 : 없음'을 지정합니다. Selection Tool(🔺)로 작은 가지 모양을 선택하고 Scale Tool(🔲)을 더블 클릭하여 'Uniform : 70%'를 지정하고 [Copy]를 눌러 축소 복사한 후 위쪽으로 이동하여 배치합니다.

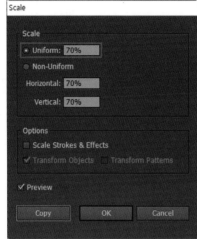

8 Selection Tool(🔺)로 2개의 나뭇가지 모양을 선택하고 Reflect Tool(🔲)로 **Alt**를 누르고 가운데 나무 기둥을 클릭하여 'Axis : Vertical'을 지정하고 [Copy]를 눌러 복사한 후 이동하여 배치합니다. Selection Tool(🔺)로 5개의 오브젝트를 선택하고 Pathfinder 패널에서 'Unite(🔲)'를 클릭하여 합칩니다.

9 Selection Tool(🔺)로 2개의 나무 모양을 선택하고 Symbols 패널 하단에 'New Symbol'을 클릭하고 'Name : 나무, Type : Graphic'을 지정하여 심볼로 등록한 후 2개의 나무 모양은 **Delete**를 눌러 삭제합니다.

⑩ Symbols 패널에서 '나무' 심볼을 선택하고 Symbol Sprayer Tool()로 출력 형태를 참조하여 작업 도큐먼트를 3번 클릭하여 뿌려 줍니다.

합격생의 비법

• 시간 단축을 위해 제시된 개수만큼 Symbol Sprayer Tool(🖅)로 클릭하여 배치하고 편집합니다.
• Symbol과 관련된 일련의 Tool은 모두 **Alt**를 누르고 클릭하면 반대의 작업을 진행할 수 있습니다. 예로 Symbol Sprayer Tool(🖅)로 필요 이상으로 뿌려진 심볼은 **Alt**를 누르고 클릭하여 삭제할 수 있습니다.

⑪ Symbol Sizer Tool(🖅)로 **Alt**를 누르고 클릭하여 일부 심볼의 크기를 축소하고 Symbol Shifter Tool(🖅)로 심볼의 위치를 이동시킨 후 배치합니다.

⑫ Swatches 패널에서 면 색상을 각각 선택한 후, Symbol Stainer Tool(🖅)로 뒤쪽과 오른쪽 나무 심볼에 클릭하여 색조의 변화를 적용합니다.

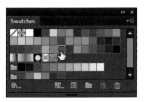

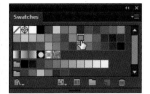

합격생의 비법

Symbol Stainer Tool(🖅)로 색조의 변화를 적용할 때는 정확한 색상의 제시가 없으므로 문제지의 《출력형태》와 유사한 색상을 선택하면 됩니다.

07 사람 모양 만들고 이펙트 적용하기

1 Ellipse Tool(◉)로 작업 도큐먼트를 클릭한 후 'Width : 26mm, Height : 32mm'를 입력하여 그리고 '면 : M20Y20, 테두리 : 없음'을 지정합니다. Rotate Tool(↻)을 더블 클릭하여 'Angle : 6°'를 지정하여 회전합니다.

2 Ellipse Tool(◉)로 Shift를 누르면서 드래그하여 정원을 그리고 '면 : K100, 테두리 : 없음' 을 지정합니다. Selection Tool(▷)로 Alt를 누르면서 오른쪽으로 드래그하여 복사하고 눈을 완성합니다. Ellipse Tool(◉)로 드래그하여 타원을 그리고 '면 : 없음, 테두리 : K100'을 지 정하고 Stroke 패널에서 'Weight : 3pt'를 지정합니다. Selection Tool(▷)로 조절점 밖을 반 시계 방향을 드래그하여 회전합니다.

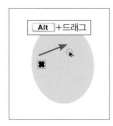

3 Scissors Tool(✂)로 타원의 선분 위에 그림과 같이 2번 클릭하여 패스를 잘라 열린 패스로 만듭니다. Selection Tool(▷)로 상단 열린 패스를 선택하고 Delete를 눌러 삭제한 후 하단의 열린 패스를 선택하고 [Object]-[Path]-[Outline Stroke]을 선택하여 선을 면으로 확장하여 입모양을 완성합니다.

4 Ellipse Tool(◉)로 작업 도큐먼트를 클릭한 후 'Width : 6.6mm, Height : 6.6mm'를 입력하여 그리고 '면 : M100Y100, 테두리 : 없음'을 지정합니다. Transparency 패널에서 'Opacity : 40%'를 지정하고 불투명도를 조절합니다. Scale Tool(⊡)을 더블 클릭하여 'Uniform : 85%' 를 지정하고 [Copy]를 눌러 축소 복사하고 왼쪽으로 이동하여 배치합니다.

5 Pen Tool()로 오른쪽 머리카락 모양을 그리고 '면 : K100, 테두리 : 없음'을 지정합니다. 계속해서 동일한 색상으로 왼쪽 머리카락 모양을 그리고 **Shift** + **Ctrl** + **[** 를 눌러 맨 뒤로 보내기를 합니다. 계속해서 모자의 모양을 그리고 '면 : Y100, 테두리 : 없음'을 지정합니다.

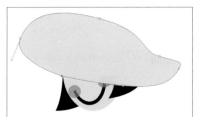

6 Rounded Rectangle Tool(▢)로 작업 도큐먼트를 클릭한 후 'Width : 28mm, Height : 20mm, Corner Radius : 10mm'를 입력하여 그리고 '면 : M50Y100, 테두리 : 없음'을 지정합니다.

7 Pen Tool(✎)로 둥근 사각형의 상단과 겹치도록 열린 패스를 그리고 '면 : 없음, 테두리 : 임의 색상'을 지정합니다. Selection Tool(▸)로 둥근 사각형과 함께 선택하고 Pathfinder 패널에서 'Divide(▣)'를 클릭하여 면을 분할한 후 더블 클릭하여 Isolation Mode로 전환합니다. 상단 모양을 선택하고 '면 : M20Y100, 테두리 : 없음'을 지정하고 도큐먼트의 빈 곳을 더블 클릭하여 정상 모드로 전환합니다.

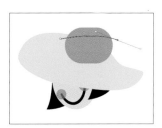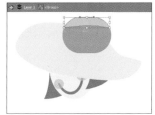

8 Selection Tool(▸)로 2개의 모자 오브젝트를 선택하고 **Shift** + **Ctrl** + **[** 를 눌러 맨 뒤로 보내기를 합니다. 상단의 분할된 오브젝트를 선택하고 Rotate Tool(↻)을 더블 클릭하여 'Angle : −25'를 지정하여 회전한 후 **Ctrl** + **[** 를 눌러 뒤로 보내기를 합니다.

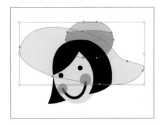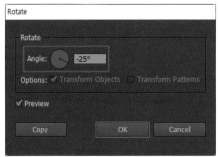

9 Pen Tool(✏️)로 얼굴과 겹치도록 닫힌 패스로 목 모양을 그리고 '면 : C10M30Y30, 테두리 : 없음'을 지정한 후 **Shift** + **Ctrl** + **[** 를 눌러 맨 뒤로 보내기를 합니다. 계속해서 셔츠의 모양을 그리고 '면 : M20Y100, 테두리 : 없음'을 지정합니다.

10 Pen Tool(✏️)과 Ellipse Tool(⬭)로 왼쪽의 팔 모양과 원을 그리고 Selection Tool(▶)로 함께 선택한 후 Pathfinder 패널에서 'Unite(⬛)'를 클릭하여 합칩니다. Color 패널에서 '면 : C10M30Y30, 테두리 : 없음'을 지정하고 **Shift** + **Ctrl** + **[** 를 눌러 맨 뒤로 보내기를 합니다.

11 Pen Tool(✏️)로 바지 모양을 그리고 '면 : C80M30Y20, 테두리 : 없음'을 지정합니다. 계속해서 앞쪽의 소매 모양을 그리고 '면 : Y100, 테두리 : 없음'을 지정합니다.

12 Selection Tool(▶)로 팔 모양을 선택하고 Scale Tool(⬜)을 더블 클릭하여 'Uniform : 115%'를 지정하여 [Copy]를 눌러 확대 복사한 후 **Shift** + **Ctrl** + **]** 를 눌러 맨 앞으로 가져오기를 합니다. Color 패널에서 '면 : M20Y20, 테두리 : 없음'을 지정하고 Direct Selection Tool(▷)로 상단의 선분과 고정점을 각각 드래그하여 팔 모양을 완성하여 배치합니다.

13 Pen Tool(✏️)로 바지의 왼쪽 모양을 그리고 '면 : C80M40Y30K10, 테두리 : 없음'을 지정하고 **Shift** + **Ctrl** + **[** 를 눌러 맨 뒤로 보내기를 합니다. 계속해서 장화 모양을 그리고 '면 : C10M70Y100, 테두리 : 없음'을 지정합니다. Selection Tool(▶)로 장화 모양을 선택하고 **Alt** 를 누르면서 오른쪽 아래로 드래그하여 복사합니다.

🔟 Selection Tool(⯈)로 모자 모양을 선택하고 Ctrl + G 를 눌러 그룹으로 설정한 후 [Effect]–[Illustrator Effects]–[Stylize]–[Drop Shadow]를 선택하고 'Opacity : 75%, X Offset : 2.47mm, Y Offset : 2.47mm, Blur : 1.76mm'를 지정하여 그림자 효과를 적용합니다. 계속해서 앞쪽 팔 모양을 제외한 사람 모양을 함께 선택하고 Ctrl + G 를 눌러 그룹으로 설정한 후 [Effect]–[Apply Drop Shadow]를 선택하고 동일한 그림자 효과를 적용합니다.

08 물뿌리개 모양과 식물 모양 그리기

1️⃣ Pen Tool(✒)로 클릭하여 물뿌리개 모양을 닫힌 패스로 그리고 '면 : M60Y40, 테두리 : 없음'을 지정합니다. Ellipse Tool(⬭)로 드래그하여 원을 그리고 '면 : 없음, 테두리 : M60Y40'을 지정하고 Stroke 패널에서 'Weight : 9pt'를 지정합니다.

합격생의 비법

영문 입력 모드에서 Shift + X 를 누르면 면과 테두리 색상을 서로 빠르게 교체할 수 있습니다.

2️⃣ Direct Selection Tool(⯈)로 원의 오른쪽 고정점을 선택하고 아래쪽으로 드래그하여 패스를 그림과 같이 변형하고 [Object]–[Path]–[Outline Stroke]을 선택하여 선을 면으로 확장합니다. Selection Tool(⯈)로 2개의 오브젝트를 함께 선택하고 Pathfinder 패널에서 'Unite(▣)'를 클릭하여 합칩니다.

3️⃣ Rotate Tool(↻)을 더블 클릭하여 'Angle : 35°'를 지정하여 회전하고 그림과 같이 배치합니다. Selection Tool(⯈)로 앞쪽의 팔 모양을 선택하고 Shift + Ctrl +] 를 눌러 맨 앞으로 가져오기를 합니다.

4 Ellipse Tool(◉)로 작업 도큐먼트를 클릭한 후 'Width : 24mm, Height : 14mm'를 입력하여 그리고 '면 : C30Y100, 테두리 : 없음'을 지정합니다. Convert Anchor Point Tool(⊾)로 오른쪽 고정점에 클릭하여 뾰족하게 변형합니다.

5 Pen Tool(✐)로 임의 색상의 닫힌 패스를 그림과 같이 겹치도록 그리고 Selection Tool(▸)로 잎 모양과 함께 선택하고 Pathfinder 패널에서 'Minus Front(◻)'를 클릭합니다. Rotate Tool(◯)을 더블 클릭하여 'Angle : 30°'를 지정하여 회전합니다.

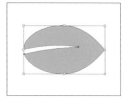

6 Reflect Tool(⊳)로 **Alt** 를 누르면서 왼쪽 고정점에 클릭하여 'Axis : Vertical'을 지정하고 [Copy]를 눌러 복사한 후 Scale Tool(⊡)을 더블 클릭하여 'Uniform : 120%'를 지정하여 확대하고 그림과 같이 배치합니다.

7 Pen Tool(✐)로 드래그하여 열린 패스를 그리고 '면 : 없음, 테두리 : C30Y100'을 지정합니다. Stroke 패널에서 'Weight : 7pt, Cap : Round Cap'을 적용한 후 [Object]-[Path]-[Outline Stroke]을 선택하여 선을 면으로 확장합니다. Selection Tool(▸)로 왼쪽 2개의 오브젝트를 선택하고 Pathfinder 패널에서 'Unite(◻)'를 클릭하여 합칩니다.

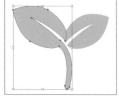

8 Arc Tool(◜)로 그림과 같이 하단에서 상단으로 드래그하여 2개의 호를 그리고 '면 : 없음, 테두리 : C0M0Y0K0'을 지정하고 Stroke 패널에서 'Weight : 2pt'를 적용합니다. 계속해서 동일한 방법으로 중앙에 호를 그리고 Stroke 패널에서 'Weight : 3pt'를 적용합니다.

09 문자 입력 및 왜곡하기

1 Type Tool(T)로 작업 도큐먼트를 클릭한 후 Character 패널에서 'Set the font family : Arial, Set the font style : Bold, Set the font size : 50pt'를 설정하고 '면 : C90M30Y80K30, 테두리 : 없음'을 지정한 후 URBAN PARK를 입력합니다.

2 Selection Tool(▷)로 'URBAN PARK' 문자를 선택하고 [Object]−[Envelope Distort]−[Make with Warp]를 선택한 후 'Style : Arc Upper, Bend : 15%'를 지정하여 글자를 왜곡시킵니다.

3 Type Tool(T)로 작업 도큐먼트를 클릭한 후 Character 패널에서 'Set the font family : Times New Roman, Set the font style : Bold, Set the font size : 32pt'를 설정하고 '면 : C50M30Y90K10, 테두리 : 없음'을 지정한 후 LIFE WITH NATURE를 입력합니다.

4 Selection Tool(▷)로 2개의 문자 오브젝트를 선택하고 Align 패널에서 'Horizontal Align Center(🎚)'를 클릭하여 가로 가운데 정렬을 지정합니다.

5 Type Tool(T)로 작업 도큐먼트를 클릭한 후 Character 패널에서 'Set the font family : 돋움, Set the font size : 18pt'를 설정하고 '면 : C80M20Y50, 테두리 : 없음'을 지정한 후 도심 속에 푸르름을 가꾸세요!를 입력합니다. Selection Tool(▷)로 문자를 선택하고 [Object]−[Envelope Distort]−[Make with Warp]를 선택한 후 'Style : Flag, Bend : 60%'를 지정하여 글자를 왜곡시킵니다.

 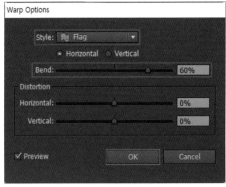 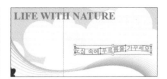

10 클리핑 마스크 적용 및 저장하기

1 Rectangle Tool(■)로 작업 도큐먼트 왼쪽 상단의 원점(0,0)을 클릭하여 'Width : 210mm, Height : 297mm'를 입력하여 그리고 '면 : 임의 색상, 테두리 : 없음'을 지정합니다.

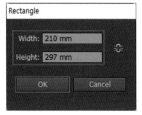
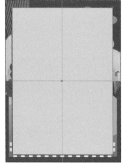

2 [Select]–[All](Ctrl + A)로 오브젝트를 모두 선택하고 [Object]–[Clipping Mask]–[Make]로 마스크를 적용합니다.

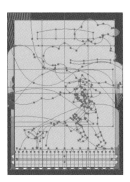

3 [View]–[Guides]–[Hide Guides](Ctrl + ;)를 선택하여 안내선을 숨기고 [View]–[Fit Artboard in Window](Ctrl + 0)을 선택하여 현재 창에 맞추기를 합니다. [File]–[Save As]를 선택하고 '저장 위치 : 내문서₩GTQ, Format : Adobe Illustrator(*AI), 파일 이름 : 수험번호–성명–문제번호.ai'를 입력하고 [저장]을 클릭한 후 [Illustrator Options] 대화상자에서 'Version : Illustrator CS6'로 설정하고 [OK]를 클릭합니다.

4 답안 저장이 완료가 되면 [File]–[Exit](Ctrl + Q)를 선택하여 일러스트레이터 프로그램을 종료하고 수험 프로그램에서 [답안 전송]을 클릭하여 감독관 컴퓨터로 전송합니다.

기출 유형 문제 2회

급수	버전	문제유형	시험시간	수험번호	성명
1급		A	90분		

수 험 자   유 의 사 항

- 수험자는 문제지를 받는 즉시 응시하고자 하는 과목 및 급수가 맞는지 확인한 후 수험번호와 성명을 작성합니다.
- 파일명은 본인의 "수험번호–성명–문제번호"로 공백 없이 정확히 입력하고 답안폴더(내문서₩GTQ 또는 라이브러리₩문서₩GTQ)에 ai 파일 포맷으로 저장(버전 : Illustrator CS4(영문))해야 하며, 다른 파일 형식과 버전으로 저장하였을 경우 0점 처리됩니다. 답안문서 파일명이 "수험번호–성명–문제번호"와 일치하지 않거나, 답안 파일을 전송하지 않아 미제출로 처리될 경우 불합격 처리됩니다.
- 수험자 정보와 저장한 파일명, 저장 위치가 다를 경우 전송이 되지 않으므로, 주의하시기 바랍니다.
- 답안 작성 중에도 주기적으로 '저장'과 '답안 전송'을 이용하여 감독위원 PC로 답안을 전송하셔야 합니다. (※ 작업한 내용을 저장하지 않고 전송할 경우 이전의 저장내용이 전송되오니 이점 반드시 유념하시기 바랍니다.)
- 답안문서는 지정된 경로 외의 다른 보조기억장치에 저장하는 행위, 지정된 시험 시간 외에 작성된 파일을 활용한 행위, 기타 통신수단(이메일, 메신저, 네트워크 등)을 이용하여 타인에게 전달 또는 외부 반출하는 행위는 부정으로 간주되어 자격기본법 제32조에 의거 본 시험 및 국가공인 자격시험을 2년간 응시할 수 없습니다.
- 시험 중 부주의 또는 고의로 시스템을 파손한 경우와 〈수험자 유의사항〉에 기재된 방법대로 이행하지 않아 생기는 불이익은 수험자의 책임임을 알려 드립니다
- 시험을 완료한 수험자는 최종적으로 저장한 답안파일이 전송되었는지 확인한 후 감독위원의 지시에 따라 문 제지를 제출하고 퇴실합니다.

답 안 작 성 요 령

- **온라인 답안 작성 절차**
  수험자 등록 ⇒ 시험 시작 ⇒ 답안파일 저장 ⇒ 답안 전송 ⇒ 시험 종료
- 배점은 총 100점으로 이루어지며, 점수는 각 문제별로 차등 배분됩니다.
- 각 문제는 제시된 조건에 맞게 답안을 작성하셔야 하며, 조건을 지키지 못했을 경우에는 0점 또는 감점 처리됩니다.
- 조건에서 주어진 단위는 'mm(밀리미터)'입니다. 눈금자는 작성하지 않으며, 그 외는 출력형태(레이아웃, 색상, 문자, 규격 등)와 같이 작업하십시오.
- 문제 조건에 서체의 지정이 없을 경우 한글은 굴림이나 돋움, 영문은 Arial로 작업하십시오. (단, 그 외 제시되지 않은 문자 속성을 기본값으로 작성하지 않은 경우는 감점 처리됩니다.)
- 문제 조건에 크기와 색상, 두께의 지정이 없을 경우 《출력형태》를 참고하여 작업해 주시기 바랍니다.
- Image Mode(이미지 모드)는 별도의 처리조건이 없을 경우에는 CMYK로 작업하십시오.
- 조건에서 제시한 기능을 임의로 합치거나 각 기능에 대한 속성을 해지할 경우 해당 요소는 0점 처리됩니다.

한 국 생 산 성 본 부

문제 1 BI, CI 디자인

: 무료 동영상 :

25점

다음의《조건》에 따라 아래의《출력형태》와 같이 작업하시오.

조건

파일저장규칙	AI	파일명	내문서₩GTQ₩수험번호-성명-1.ai
		크기	100 × 80mm

1. 작업 방법
① 도형, 변형 툴과 Pathfinder 등을 이용하여, 오브젝트를 만든다.
② 그 외《출력형태》참조

2. 문자 효과
① KOREAN Mask Dance (Arial, Bold, 16pt, K100, Y20K50)

출력형태

C60M60Y60K30,
Y10K10,
Y20K30,
Y20K50,
K100, C0M0Y0K0,
M90Y60,
Y70, M30Y10, C60Y40,
C60M80Y70K50 →
K100,
(선) K40, 2pt

★ **문제 2** **패키지, 비즈니스 디자인**

: 무료 동영상 : ▶

35점

다음의《조건》에 따라 아래의《출력형태》와 같이 작업하시오.

조건

파일저장규칙	AI	**파일명**	내문서₩GTQ₩수험번호−성명−2.ai
		크기	160 × 120mm

1. 작업 방법
① 쇼핑백에는 Pattern 기능을 이용하여 작업한다. (패턴 등록 : 구름 문양)
② 현수막은 Clipping Mask를 적용한다.
③ Brush는 아래를 참고하여 작업한다.
　－ Artistic 〉 Artistic_ChalkCharcoalPencil 〉 Charcoal
④ Effect는 아래를 참고하여 작업한다.
　－ Illustrator Effects 〉 Stylize 〉 Drop Shadow
⑤ 그 외《출력형태》참조

2. 문자 효과
① KOREAN RICE CANDY (Times New Roman, Regular, 10pt, C30M80Y90K40)
② Traditional Korean Food Expo (Arial, Bold Italic, 13pt, C0M0Y0K0, M40Y90)

출력형태

M20Y80, Y70, C20Y20, C30Y20, C40M10Y20

K100, Y10K20, C70K20, M50Y100,

C30M60Y80K20 → M10Y50, C30M60Y80K20 → M10Y60, C30M60Y80K20, C0M0Y0K0, C40M80Y80K40, [Effect] Drop Shadow

C30M80Y100K20, C10M70Y100K10, C10M50Y70, C0M0Y0K0, C40M80Y80K40, Y20K30, Y10K50

Y10K10, C10M20Y10K10, M30K30, K60, C20M60Y50K10, C10M20Y10K30, M40K50, C10M10Y30K10, M20Y30K40, C0M0Y0K0, (선) C20M60Y50K10, 1pt, [Pattern] Opacity 70%

[Brush] Charcoal C30M80Y90K40, 0.75pt

266 PART 05 기출 유형 문제

40점

다음의《조건》에 따라 아래의 《출력형태》와 같이 작업하시오.

조건

파일저장규칙	AI	파일명	내문서₩GTQ₩수험번호-성명-3.ai
		크기	210 × 297mm

1. 작업 방법

① 연 모양은《참고도안》을 참고하여 직접 제작한 후 Symbol 기능을 활용한다. (심볼 등록 : 연)
② 'TRADITIONAL FOLK PLAY / 전통 연날리기 행사' 문자에 Envelope Distort 기능을 적용한다.
③ Brush는 아래를 참고하여 작업한다.
　- Decorative 〉 Elegant Curl & Floral Brush Set 〉 Random Sized Flowers
④ Effect는 아래를 참고하여 작업한다.
　- Illustrator Effects 〉 Stylize 〉 Drop Shadow
⑤ Clipping Mask를 이용하여 디자인을 정리한다.
⑥ 그 외《출력형태》참조

참고도안

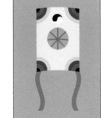

M60Y90K20, K100,
C0M0Y0K0,
Y90, C10M100Y80,
C100M50,
K10, C70M40

2. 문자 효과

① TRADITIONAL FOLK PLAY (Arial, Bold, 36pt, C0M0Y0K0)
② 전통 연날리기 행사 (돋움, 25pt, K100)
③ 가족과 함께 전통놀이에 참여하세요~ (돋움, 20pt, K100)

출력형태

210 × 297mm
[Mesh] C20Y20,
C80M40

Symbol

[Blend] 단계 : 15,
(선) C90M40K10, 1pt
→ C40Y10, 3pt

[Brush] Random
Sized Flowers,
C0M0Y0K0, 0.75pt

C10Y30K20,
C50M50Y60,
C20M50Y70K20,
C90M60K50, C90M20Y10K40,
C60M20Y20K10,
C10Y30K40,
C60M80Y100,
Y20K30, C50M80Y100K60,
M20Y80 → C0M0Y0K0,
(선) Y20K50, 2pt

C20M50Y60K10,
C50Y100K70,
C80M20Y100,
C50Y100K20,
[Effect] Drop Shadow

C40M80Y100K10, M20Y50, Y20K60,
C0M0Y0K0, C90M60K50,
C10Y30K40,
C90M20Y10K40, C50M30, C90M60,
M50Y50 → M100Y100,
(선) C40M80Y100K10, 4pt,
[Effects] Drop Shadow

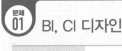
작업과정	새 도큐먼트 만들기 및 임시 파일 저장하기 ➡ 탈 모양 만들기 ➡ 부채 모양 만들기 ➡ 문자 입력 후 저장하기
완성 이미지	Part05₩기출 유형 문제 2회₩수험번호-성명-1.ai

01 새 도큐먼트 만들기 및 임시 파일 저장하기

1 [File]-[New]를 선택하고 'Width : 100mm, Height : 80mm, Units : Millimeters, Color Mode : CMYK'를 설정하여 새 도큐먼트를 만들고 [View]-[Rulers]-[Show Rulers](Ctrl + R)를 선택하여 눈금자를 표시합니다.

2 작품의 규격 왼쪽 상단에 원점(0,0)을 확인하고 왼쪽과 상단 눈금자 위에서 마우스를 드래그하여 제시된 출력형태와 레이아웃 구성을 동일하게 작업하기 위해서 안내선을 표시합니다.

3 작업 도큐먼트를 저장하기 위해 [File]-[Save As]를 선택하고 '저장 위치 : 내문서₩GTQ, Format : Adobe Illustrator(*AI), 파일 이름 : 수험번호-성명-문제번호.ai'를 입력하고 [저장]을 클릭한 후 [Illustrator Options] 대화상자에서 'Version : Illustrator CS6'로 설정하고 [OK]를 클릭합니다.

02 탈 모양 만들기

1 Ellipse Tool(◯)로 작업 도큐먼트를 클릭한 후 'Width : 38mm, Height : 53mm'를 입력하여 그리고 '면 : 임의 색상, 테두리 : 임의 색상'을 지정합니다.

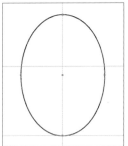

2 Pen Tool(✒)로 드래그하여 그림과 같이 곡선의 열린 패스를 그리고 '면 : 없음, 테두리 : 임의 색상'을 지정한 후 Stroke 패널에서 'Weight : 12pt, Cap : Round Cap'을 지정합니다. [Object]-[Path]-[Outline Stroke]을 선택하여 선을 면으로 확장합니다.

3 Ellipse Tool(⬭)로 Shift 를 누르면서 임의 색상의 정원을 그리고 상단에 겹치도록 배치합니다. Selection Tool(▶)로 2개의 오브젝트를 함께 선택하고 Pathfinder 패널에서 'Minus Front(🔲)'를 클릭합니다. Reflect Tool(🔯)로 Alt 를 누르고 수직의 안내선을 클릭하여 'Axis : Vertical'을 지정하고 [Copy]를 눌러 복사합니다.

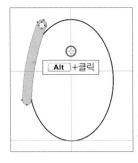
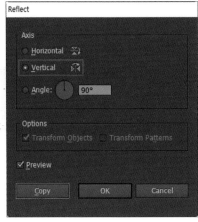
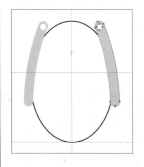

4 [Select]−[All]) Ctrl + A)로 모두 선택하고 Pathfinder 패널에서 'Unite(🔲)'를 클릭하여 합칩니다. Gradient 패널에서 'Type : Linear, Angle : 90°'를 적용하고 Gradient Slider의 왼쪽 'Color Stop'을 더블 클릭하여 C60M80Y70K50을 적용하고 오른쪽 'Color Stop'을 더블 클릭하여 K100을 적용하고 위치를 왼쪽으로 이동한 후 '테두리 : 없음'을 지정합니다.

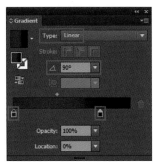

5 Ellipse Tool(⬭)로 작업 도큐먼트를 클릭한 후 'Width : 35mm, Height : 49mm'를 입력하여 그리고 '면 : C60M60Y60K30, 테두리 : 없음'을 지정합니다. 계속해서 도큐먼트를 클릭하여 'Width : 30mm, Height : 42mm'를 입력하여 그리고 '면 : Y10K10, 테두리 : 없음'을 지정하고 배치합니다.

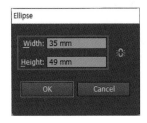
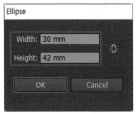

⑥ Direct Selection Tool(🔺)로 타원의 상단 고정점을 선택하고 Scale Tool(🔳)을 더블 클릭하여 'Uniform : 120%'를 지정하고 패스를 확대합니다.

⑦ Ellipse Tool(⬤)로 작업 도큐먼트를 클릭한 후 [OK]를 클릭하여 앞서 그린 원과 같은 크기로 그리고 '면 : 없음, 테두리 : 임의 색상'을 지정하고 그림과 같이 배치합니다. Selection Tool(🔺)로 2개의 타원을 함께 선택하고 Pathfinder 패널에서 'Divide(🔳)'를 클릭하여 면을 분할합니다.

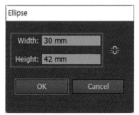

⑧ Selection Tool(🔺)로 더블 클릭하여 Isolation Mode로 전환하고 분할된 왼쪽 모양을 선택하고 **Delete**를 눌러 삭제합니다. 분할된 오른쪽 모양을 선택하고 '면 : Y20K30, 테두리 : 없음'을 지정하고 도큐먼트의 빈 곳을 더블 클릭하여 정상 모드로 전환합니다.

⑨ Pen Tool(🖊)로 그림과 같이 닫힌 패스를 그리고 '면 : Y20K50, 테두리 : 없음'을 지정합니다. 계속해서 눈의 음영, 눈과 눈썹 모양을 순서대로 닫힌 패스로 그리고 '면 : Y20K30, Y20K50, K100, 테두리 : 없음'을 각각 지정합니다.

⑩ Pen Tool()로 그림과 같이 볼의 음영을 닫힌 패스를 그리고 '면 : Y20K30, 테두리 : 없음'을
지정합니다. 계속해서 코의 절반 모양을 닫힌 패스로 그리고 '면 : 임의 색상, 테두리 : 임의 색
상'을 지정합니다.

⑪ Ellipse Tool(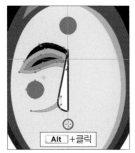)로 작업 도큐먼트를 클릭한 후 'Width : 4.5mm, Height : 4.5mm'를 입력하
여 그리고 '면 : M90Y60, 테두리 : 없음'을 지정하고 이마의 중앙에 배치합니다. 동일한 크기의
정원을 왼쪽 볼 위치에 배치합니다.

⑫ Selection Tool()로 　Shift 　를 누르면서 반사 대칭할 7개의 오브젝트를 함께 선택하고
Reflect Tool()로 　Alt 　를 누르면서 세로 안내선을 클릭하여 'Axis : Vertical'을 지정하고
[Copy]를 눌러 복사합니다. Selection Tool()로 코 모양을 각각 선택하고 '면 : C0M0Y0K0,
Y20K50, 테두리 : 없음'을 지정합니다.

⑬ Ellipse Tool()로 작업 도큐먼트를 클릭한 후 'Width : 13mm, Height : 7mm'를 입력하여
그리고 '면 : M90Y60, 테두리 : 없음'을 지정합니다. Rectangle Tool()로 드래그하여 임의
색상의 사각형을 타원의 상단과 겹치도록 그립니다.

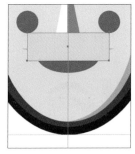

14 Selection Tool(🔺)로 **Shift**를 누르면서 클릭하여 타원과 함께 선택하고 Pathfinder 패널에서 'Minus Front(🔲)'를 클릭합니다. Scale Tool(🔳)을 더블 클릭하여 'Horizontal : 60%, Vertical : 35%'를 지정하고 [Copy]를 눌러 축소 복사한 후 '면 : K100, 테두리 : 없음'을 지정합니다.

15 Ellipse Tool(🔴)로 작업 도큐먼트를 클릭한 후 'Width : 5.5mm, Height : 5mm'를 입력하여 그리고 '면 : Y20K50, 테두리 : 없음'을 지정합니다. 계속해서 작업 도큐먼트를 클릭하여 'Width : 10mm, Height : 7mm'를 입력하여 그리고 '면 : 임의 색상, 테두리 : 없음'을 지정하고 그림과 같이 겹치도록 배치합니다.

16 Selection Tool(🔺)로 2개의 타원을 함께 선택하고 Align 패널에서 'Horizontal Align Center(🔳)'를 클릭하여 가로 가운데 정렬을 지정한 후 Pathfinder 패널에서 'Minus Front(🔲)'를 클릭하여 턱 부분의 음영을 완성합니다.

03 부채 모양 만들기

1 Rectangle Tool(🔲)로 작업 도큐먼트를 클릭한 후 'Width : 3.5mm, Height : 24mm'를 입력하여 그리고 '면 : 임의 색상, 테두리 : 임의 색상'을 지정합니다. [Object]-[Transform]-[Move]를 선택하고 'Horizontal : 3.5mm, Vertical : 0mm'을 입력하고 [Copy]를 눌러 오른쪽으로 이동하여 복사한 후 [Object]-[Transform]-[Transform Again](**Ctrl**+**D**)을 4번 선택하고 균등 간격으로 반복하여 복사합니다.

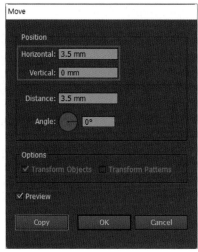
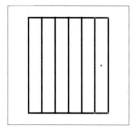

② Selection Tool()로 6개의 사각형을 순서대로 선택하고 '면 : Y70, M30Y10, Y10K10, C60Y40, M90Y60, K100, 테두리 : 없음'을 각각 지정합니다. 6개의 사각형을 함께 선택하고 [Object]-[Envelope Distort]-[Make with Warp]를 선택하고 'Style : Arc, Horizontal : 체크, Bend : 80%, Horizontal : -50%'를 지정하여 그림과 같이 부채 모양을 완성합니다.

③ Rotate Tool(🔄)을 더블 클릭하여 'Angle : -45°'를 지정하여 회전한 후 [Object]-[Envelope Distort]-[Expand]를 선택하고 확장합니다.

④ Ellipse Tool(⬭)로 작업 도큐먼트를 클릭한 후 'Width : 73mm, Height : 73mm'를 입력하여 그리고 '면 : 없음, 테두리 : 임의 색상'을 지정합니다. Scissors Tool(✂)로 정원의 상단과 오른쪽 하단을 그림과 같이 각각 클릭하여 자른 후 **Delete** 를 2번 눌러 삭제하고 열린 패스를 만듭니다.

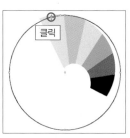
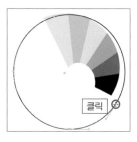

⑤ Selection Tool(▶)로 열린 패스를 선택한 후 '테두리 : K40'을 지정하고 Stroke 패널에서 'Weight : 2pt, Cap : Round Cap, Dashed Line : 체크, dash : 4pt'를 입력하여 둥근 모양의 점선을 그려 배치한 후 [Object]-[Arrange]-[Send Backward](**Ctrl** + **[**)를 선택하고 뒤로 보내기를 합니다.

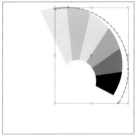

6 Ellipse Tool()로 작업 도큐먼트를 클릭한 후 'Width : 75mm, Height : 75mm'를 입력하여 그리고 '면 : 임의 색상, 테두리 : 임의 색상'을 지정합니다. [Object]-[Transform]-[Move]를 선택하고 'Horizontal : -0.7mm, Vertical : 1.4mm'를 입력하고 [Copy]를 눌러 왼쪽 아래로 이동하여 복사합니다.

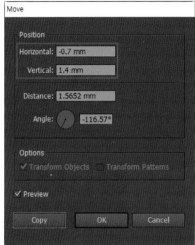

7 Selection Tool(▶)로 2개의 정원을 함께 선택하고 Pathfinder 패널에서 'Minus Front(▣)'를 클릭합니다.

8 Rectangle Tool(■)로 드래그하여 임의 색상의 사각형을 그림과 같이 왼쪽에 겹치도록 그리고 Selection Tool(▶)로 2개의 오브젝트를 함께 선택하고 Pathfinder 패널에서 'Minus Front(▣)'를 클릭합니다. Color 패널에서 '면 : Y10K10, 테두리 : 없음'을 지정하고 [Object]-[Arrange]-[Send to Back](Shift + Ctrl + [ )을 선택하고 맨 뒤로 보내기를 합니다.

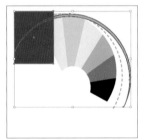

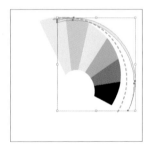

⑨ Selection Tool(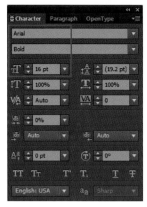)로 3개의 오브젝트를 함께 선택하고 그림과 같이 배치한 후 [Object]-
[Arrange]-[Send to Back](**Shift** + **Ctrl** + **[**)을 선택하고 맨 뒤로 보내기를 합니다.

04 문자 입력 후 저장하기

❶ Type Tool(**T**)로 작업 도큐먼트를 클릭한 후 Character 패널에서 'Set the font family :
Arial, Set the font style : Bold, Set the font size : 16pt'를 설정하고 '면 : K100, 테두리 :
없음'을 지정한 후 KOREAN Mask Dance를 입력합니다. 'Mask Dance' 문자를 선택하고 '면 :
Y20K50, 테두리 : 없음'을 지정합니다.

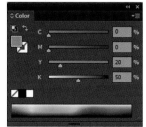

> **합격생의 비법**
>
> Type Tool(**T**)로 더블 클릭하면 하나의 단어를 선택할 수 있고, 빠르게 3번 클릭하면 한 줄을 선택할 수 있습니다.

❷ [View]-[Guides]-[Hide Guides](**Ctrl** + **;**)를 선택하여 안내선을 숨기고 [View]-[Fit
Artboard in Window](**Ctrl** + **0**)을 선택하여 현재 창에 맞추기를 합니다.

❸ [File]-[Save As]를 선택하고 '저장 위치 : 내문서₩GTQ, Format : Adobe Illustrator(*AI),
파일 이름 : 수험번호-성명-문제번호.ai'를 입력하고 [저장]을 클릭한 후 [Illustrator Options]
대화상자에서 'Version : Illustrator CS6'로 설정하고 [OK]를 클릭합니다.

❹ 답안 저장이 완료가 되면 [File]-[Close](**Ctrl** + **W**)를 선택하여 파일을 닫고 수험 프로그램
에서 [답안 전송]을 클릭하여 감독관 컴퓨터로 전송합니다.

문제
02 패키지, 비즈니스 디자인

작업과정	새 도큐먼트 만들기 및 임시 파일 저장하기 ➡ 구름 모양 만들고 패턴 등록하기 ➡ 학 모양 만들기 ➡ 키홀더 모양 만들기 ➡ 쇼핑백 만들고 패턴 적용하기 ➡ 문자 입력하고 브러쉬 적용하기 ➡ 현수막 모양 만들고 이펙트 적용하기 ➡ 클리핑 마스크 적용하기 ➡ 문자 입력 및 저장하기
완성 이미지	Part05₩기출 유형 문제 2회₩수험번호-성명-2.ai

01 새 도큐먼트 만들기 및 임시 파일 저장하기

1 [File]-[New]를 선택하고 'Width : 160mm, Height : 120mm, Units : Millimeters, Color Mode : CMYK'를 설정하여 새 도큐먼트를 만들고 [View]-[Rulers]-[Show Rulers](**Ctrl** + **R**)를 선택하여 눈금자를 표시합니다.

2 작품의 규격 왼쪽 상단에 원점(0,0)을 확인하고 왼쪽과 상단 눈금자 위에서 마우스를 드래그하여 제시된 출력형태와 레이아웃 구성을 동일하게 작업하기 위해서 안내선을 표시합니다.

3 작업 도큐먼트를 저장하기 위해 [File]-[Save As]를 선택하고 '저장 위치 : 내문서₩GTQ, Format : Adobe Illustrator(*AI), 파일 이름 : 수험번호-성명-문제번호.ai'를 입력하고 [저장]을 클릭한 후 [Illustrator Options] 대화상자에서 'Version : Illustrator CS6'로 설정하고 [OK]를 클릭합니다.

02 구름 모양 만들고 패턴 등록하기

1 Ellipse Tool(◯)로 작업 도큐먼트를 클릭한 후 'Width : 16mm, Height : 16mm'를 입력하여 그리고 '면 : M20Y80, 테두리 : 없음'을 지정합니다. Line Segment Tool(/)로 **Shift** 를 누르면서 수직선을 그리고 '면 : 없음, 테두리 : 임의 색상'을 지정합니다.

2 [Select]-[All](**Ctrl** + **A**)로 모두 선택하고 Align 패널에서 'Horizontal Align Center(⬓)'를 클릭하여 가로 가운데 정렬을 지정하고 Pathfinder 패널에서 'Divide(⬓)'를 클릭하여 면을 분할합니다. Selection Tool(▷)로 더블 클릭하여 Isolation Mode로 전환하고 왼쪽 모양을 선택하여 '면 : Y70, 테두리 : 없음'을 지정하고 도큐먼트의 빈 곳을 더블 클릭하여 정상 모드로 전환합니다.

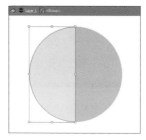

③ Ellipse Tool(●)로 작업 도큐먼트를 클릭한 후 'Width : 7.5mm, Height : 7.5mm'를 입력하여 그리고 '면 : 임의 색상, 테두리 : 임의 색상'을 지정합니다. 동일한 크기의 정원을 하나 더 그리고 겹치도록 배치합니다. 계속해서 작업 도큐먼트를 클릭하여 'Width : 6mm, Height : 6mm'를 입력하여 그리고 그림과 같이 배치합니다.

④ Pen Tool(🖊)로 드래그하여 정원과 겹치도록 닫힌 패스를 그림과 같이 그리고 Selection Tool(▶)로 3개의 정원과 함께 선택한 후 Pathfinder 패널에서 'Unite(🔲)'를 클릭하여 합치고 '면 : 임의 색상, 테두리 : 없음'을 지정합니다.

⑤ [Object]-[Path]-[Offset Path]를 선택한 후 'Offset : 1mm'를 지정하여 확대된 복사본을 만든 후 '면 : 임의 색상, 테두리 : 없음'을 지정합니다.

⑥ Selection Tool(▶)로 안쪽 구름 문양을 더블 클릭하여 Isolation Mode로 전환합니다. Pen Tool(🖊)로 그림과 같이 구름 문양과 충분히 겹치도록 5개의 열린 패스를 그리고 Stroke 패널에서 'Weight : 2pt, Cap : Round Cap'을 지정합니다.

⑦ [Select]-[All](**Ctrl** + **A**)로 모두 선택하고 [Object]-[Path]-[Outline Stroke]을 선택하여 선을 면으로 확장합니다. Pathfinder 패널에서 'Minus Front(🔲)'를 클릭하고 '면 : C20Y20, 테두리 : 없음'을 지정하고 **Esc** 를 눌러 정상 모드로 전환합니다.

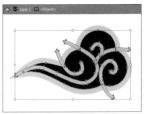  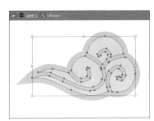

8 Ellipse Tool(◯)로 **Shift**를 누르면서 크기가 같은 3개의 정원을 그리고 '면 : 임의 색상, 테두리 : 없음'을 지정하여 그림과 같이 배치합니다. Selection Tool(▶)로 3개의 정원을 선택하고 Pathfinder 패널에서 'Unite(◻)'를 클릭하여 합칩니다. Scale Tool(▣)을 더블 클릭하여 'Uniform : 75%'를 지정하여 [Copy]를 눌러 축소 복사하고 그림과 같이 오른쪽 아래로 이동하여 배치하고 '면 : 임의 색상, 테두리 : 없음'을 지정합니다.

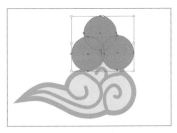  

9 [Object]-[Path]-[Offset Path]를 선택한 후 'Offset : 1mm'를 지정하여 확대된 복사본을 만든 후 '면 : 임의 색상, 테두리 : 없음'을 지정합니다.

10 Selection Tool(▶)로 확대된 구름 문양을 선택하고 [Edit]-[Copy](**Ctrl** + **C**)를 선택하고 복사를 한 후 [Edit]-[Paste in Front](**Ctrl** + **F**)로 복사한 오브젝트 앞에 붙여 넣기를 합니다. **Shift**를 누르면서 상단의 오브젝트와 함께 선택하고 Pathfinder 패널에서 'Minus Back(◻)'을 지정합니다.

 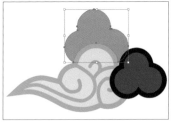

11 Selection Tool(▶)로 오른쪽 하단의 확대된 오브젝트와 함께 선택하고 Pathfinder 패널에서 'Minus Front(◻)'를 클릭한 후 '면 : C30Y20, 테두리 : 없음'을 지정합니다.

  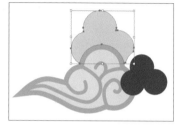

⑫ Selection Tool(▶)로 왼쪽의 확대된 구름 문양과 오른쪽 오브젝트를 함께 선택하고 Pathfinder 패널에서 'Minus Back(◨)'을 클릭한 후 '면 : C40M10Y20, 테두리 : 없음'을 지정합니다.

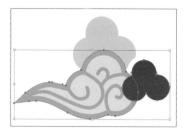  

⑬ Selection Tool(▶)로 왼쪽 하단의 구름 문양을 선택하고 **Ctrl**+**C**로 복사하고 **Ctrl**+ **V**로 붙여 넣기를 합니다. Scale Tool(◳)을 더블 클릭하여 'Uniform : 50%'를 지정하고 [Copy]를 눌러 축소 복사한 후 왼쪽 위로 이동하여 배치합니다.

⑭ Selection Tool(▶)로 2개의 구름 문양을 선택하고 [Object]-[Pattern]-[Make]로 'Name : 구름 문양'을 지정하고 패턴으로 등록하여 Swathes 패널에 저장합니다. 도큐먼트 상단의 'Done'을 클릭하여 정상 모드로 전환한 후 **Delete**를 눌러 삭제합니다.

03 학 모양 만들기

① Ellipse Tool(⬭)로 작업 도큐먼트를 클릭한 후 'Width : 5mm, Height : 5mm'를 입력하여 그리고 '면 : 임의 색상, 테두리 : 임의 색상'을 지정합니다. Rectangle Tool(▭)로 작업 도큐먼트를 클릭한 후 'Width : 10mm, Height : 1.4mm'를 입력하여 그리고 '면 : 임의 색상, 테두리 : 임의 색상'을 지정합니다. Pen Tool(✏)로 몸통의 모양을 서로 겹치도록 그립니다.

  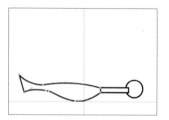

2 계속해서 Pen Tool(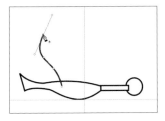)로 날개 모양의 닫힌 패스를 몸통 모양과 서로 겹치도록 임의 색상으로 그립니다. 날개 끝 부분에 면을 분할할 열린 패스를 그림과 같이 그리고 '면 : 없음, 테두리 : 임의 색상'을 지정합니다.

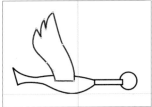
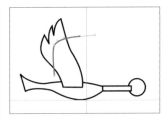

3 Selection Tool()로 열린 패스와 날개 모양을 함께 선택하고 Pathfinder 패널에서 'Divide ()'를 클릭하여 면을 분할합니다. 더블 클릭하여 Isolation Mode로 전환하고 '면 : K100, Y10K20, 테두리 : 없음'을 각각 지정하고 **Esc** 를 눌러 정상 모드로 전환합니다.

4 Selection Tool()로 날개 모양을 선택하고 Scale Tool()을 더블 클릭하여 'Uniform : 80%'를 지정하고 [Copy]를 눌러 축소 복사한 후 Rotate Tool()을 더블 클릭하여 'Angle : −50°'를 지정하고 회전하여 배치합니다.

5 Pen Tool()로 꼬리 부분에 열린 패스를 그리고 '면 : 없음, 테두리 : 임의 색상'을 지정합니다. Selection Tool()로 열린 패스와 몸통 모양을 함께 선택하고 Pathfinder 패널에서 'Divide()'를 클릭하여 면을 분할합니다. 더블 클릭하여 Isolation Mode로 전환하고 '면 : K100, Y10K20, 테두리 : 없음'을 각각 지정하고 **Esc** 를 눌러 정상 모드로 전환합니다.

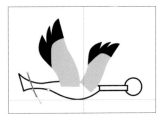

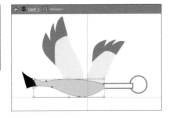

6 Group Selection Tool()로 그림과 같이 드래그하여 선택하고 Pathfinder 패널에서 'Unite()'를 클릭하여 합칩니다.

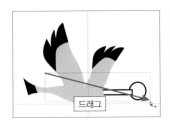

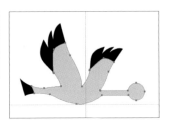

7 Pen Tool(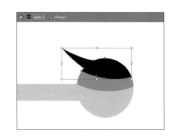)로 머리 부분에 2개의 열린 패스를 그리고 '면 : 없음, 테두리 : 임의 색상'을 지정합니다. Selection Tool(🔺)로 열린 패스와 몸통 모양을 함께 선택하고 Pathfinder 패널에서 Divide(🖼)'를 클릭하여 면을 분할합니다. 더블 클릭하여 Isolation Mode로 전환하고 '면 : C70K20, K100, 테두리 : 없음'을 각각 지정합니다.

8 Pen Tool(🖊)로 머리 부분에 닫힌 패스를 그리고 '면 : K100, 테두리 : 없음'을 지정합니다. Selection Tool(🔺)로 머리 모양의 상단 오브젝트와 함께 선택하고 Pathfinder 패널에서 'Unite(🖼)'를 클릭하여 합칩니다.

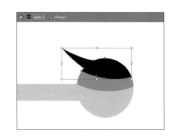

9 Ellipse Tool(⬭)로 **Shift**를 누르면서 드래그하여 정원을 그리고 '면 : K100, 테두리 : 없음'을 지정합니다. 계속해서 Pen Tool(🖊)로 부리 모양을 클릭하여 그리고 '면 : M50Y100, 테두리 : 없음'을 지정하고 **Shift** + **Ctrl** + **[** 를 눌러 맨 뒤로 보내기를 한 후 **Esc**를 눌러 정상 모드로 전환합니다.

04 키홀더 모양 만들기

1 Rounded Rectangle Tool(▢)로 작업 도큐먼트를 클릭한 후 'Width : 21mm, Height : 48mm, Corner Radius : 10mm'를 입력하여 그리고 '면 : C30M80Y100K20, 테두리 : 없음'을 지정합니다. [Object]-[Path]-[Offset Path]를 선택한 후 'Offset : -1mm'를 지정하여 축소된 복사본을 만든 후 '면 : C10M70Y100K10, 테두리 : 없음'을 지정합니다.

2 Selection Tool(🔺)로 축소된 복사본을 더블 클릭하여 Isolation Mode로 전환하고 Pen Tool(🖊)로 열린 패스를 그림과 같이 그리고 '면 : 없음, 테두리 : 임의 색상'을 지정합니다. **Ctrl** + **A**로 모두 선택하고 Pathfinder 패널에서 'Divide(🖼)'를 클릭하여 면을 분할합니다. 하단 오브젝트를 선택하고 '면 : C10M50Y70, 테두리 : 없음'을 지정하고 **Esc**를 눌러 정상 모드로 전환합니다.

③ Ellipse Tool()로 작업 도큐먼트에 드래그하여 타원을 그리고 '면 : C0M0Y0K0, 테두리 : 없음'을 지정하고 키홀더 상단에 배치합니다. Rounded Rectangle Tool(■)로 작업 도큐먼트를 클릭한 후 'Width : 6mm, Height : 9mm, Corner Radius : 1mm'를 입력하여 그리고 '면 : C40M80Y80K40, 테두리 : 없음'을 지정합니다.

④ 계속해서 Rounded Rectangle Tool(■)로 드래그하여 둥근 사각형을 상단에 겹치도록 그리고 '면 : Y20K30, 테두리 : 없음'을 지정합니다. Ellipse Tool(●)로 둥근 사각형 하단에 드래그하여 동일한 색상의 타원을 그리고 Selection Tool(▶)로 둥근 사각형과 함께 선택하고 Pathfinder 패널에서 'Unite(■)'를 클릭하여 합칩니다. Ellipse Tool(●)로 **Shift**를 누르면서 정원을 그리고 '면 : C40M80Y80K40, 테두리 : 없음'을 지정합니다.

   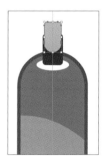 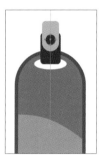

⑤ Ellipse Tool(●)로 작업 도큐먼트를 클릭한 후 'Width : 17mm, Height : 17mm'를 입력하여 그리고 '면 : 없음, 테두리 : Y10K50'을 지정하고 Stroke 패널에서 'Weight : 5pt'를 적용합니다. [Object]-[Path]-[Outline Stroke]을 선택하여 선을 면으로 확장한 후 **Shift**+**Ctrl**+**[**]을 눌러 맨 뒤로 보내기를 합니다.

⑥ Selection Tool(▶)로 키홀더 모양을 모두 선택하고 'Horizontal Align Center(■)'를 클릭하여 가로 가운데 정렬을 지정합니다.

⑦ Selection Tool(▶)로 구름 문양을 선택하고 **Ctrl**+**C**로 복사하고 **Ctrl**+**V**로 붙여 넣기를 합니다. Scale Tool(■)을 더블 클릭하여 'Uniform : 50%'를, Reflect Tool(■)을 더블 클릭하여 'Axis : Vertical'을 지정한 후 '면 : C0M0Y0K0, 테두리 : 없음'을 설정하고 키홀더 하단에 배치합니다.

05 쇼핑백 만들고 패턴 적용하기

1 Rectangle Tool(▣)로 작업 도큐먼트를 클릭한 후 'Width : 33mm, Height : 58mm'를 입력하여 그리고 '면 : Y10K10, 테두리 : 없음'을 지정합니다. Direct Selection Tool(▶)로 왼쪽 하단의 고정점을 선택하고 [Object]-[Transform]-[Move]를 선택하고 'Horizontal : -1mm, Vertical : -1mm'를 입력하고 이동합니다.

2 Pen Tool(✐)로 클릭하여 그림과 같이 쇼핑백의 오른쪽에 3개의 닫힌 패스를 그리고 '면 : C10M20Y10K10, M30K30, K60, 테두리 : 없음'을 각각 지정합니다.

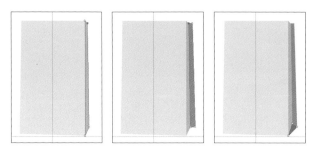

3 Selection Tool(▶)로 3개의 오브젝트를 선택하고 Scale Tool(▣)을 더블 클릭하여 'Horizontal : 100%, Vertical : 60%'를 지정하고 [Copy]를 눌러 축소 복사합니다. Selection Tool(▶)로 왼쪽부터 순서대로 선택하고 '면 : C20M60Y50K10, C10M20Y10K30, M40K50, 테두리 : 없음'을 각각 지정하고 Direct Selection Tool(▶)로 돌출된 고정점은 각각 조절하여 배치합니다.

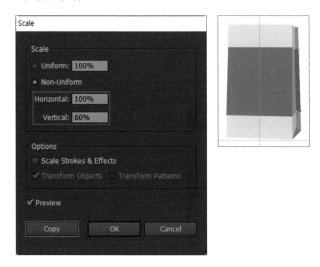

4 Selection Tool(▶)로 왼쪽 오브젝트를 선택하고 **Ctrl** + **C**로 복사하고 **Ctrl** + **F**로 복사한 오브젝트 앞에 붙여 넣기를 한 후 Swatches 패널에서 등록된 구름 문양 패턴을 클릭하여 면 색상에 적용합니다.

⑤ Scale Tool(⬚)을 더블 클릭하고 'Uniform : 45%, Transform Objects : 체크 해제, Transform Patterns : 체크'를 지정하여 패턴의 크기를 축소한 후, Transparency 패널에서 'Opacity : 70%'를 지정하여 패턴의 불투명도를 조절합니다.

⑥ Rectangle Tool(⬚)로 쇼핑백의 왼쪽 상단에 드래그하여 그리고 '면 : C10M10Y30K10, 테두리 : 없음'을 지정합니다. Selection Tool(▸)로 **Alt**와 **Shift**를 누르면서 오른쪽으로 드래그하여 복사하여 배치합니다.

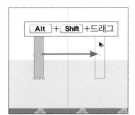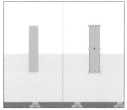

⑦ Rotate Tool(⟳)을 더블 클릭하여 'Angle : 90°, Transform Objects : 체크, Transform Patterns : 체크 해제'를 지정하고 [Copy]를 눌러 회전하여 복사하고 상단에 배치합니다. Selection Tool(▸)로 왼쪽 2개의 사각형을 선택하고 Align 패널에서 'Horizontal Align Left(▤)'를 클릭하여 왼쪽 정렬을 지정합니다.

⑧ Selection Tool(▸)로 조절점 가운데를 오른쪽으로 드래그하여 상단 사각형의 너비를 조절합니다. **Alt**와 **Shift**를 누르면서 아래쪽으로 드래그하여 복사하고 조절점 하단 가운데를 위쪽으로 드래그하여 높이를 줄인 후 '면 : M20Y30K40, 테두리 : 없음'을 지정합니다.

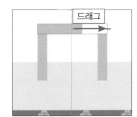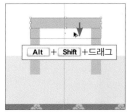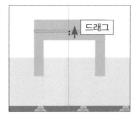

⑨ Direct Selection Tool(▸)로 드래그하여 상단 2개의 고정점을 선택하고 Scale Tool(⬚)을 더블 클릭하여 'Uniform : 75%, Transform Objects : 체크, Transform Patterns : 체크 해제'를 지정하여 패스를 축소합니다.

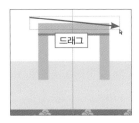
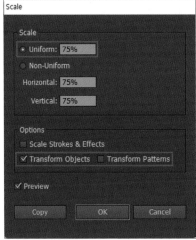

🔟 Selection Tool(➤)로 쇼핑백 손잡이 모양을 모두 선택하고 **Alt**를 누르면서 오른쪽 상단으로 드래그하여 복사하고 **Shift** + **Ctrl** + **[**를 눌러 맨 뒤로 보내기를 합니다.

⓫ Ellipse Tool(⬤)로 작업 도큐먼트를 클릭한 후 'Width : 27mm, Height : 21mm'를 입력하여 그리고 '면 : C0M0Y0K0, 테두리 : 없음'을 지정합니다.

⓬ Scale Tool(▣)을 더블 클릭하여 'Uniform : 95%'를 지정하고 [Copy]를 눌러 축소 복사한 후 '면 : 없음, 테두리 : C20M60Y50K10'을 지정합니다. Stroke 패널에서 'Weight : 1pt, Dashed Line : 체크, dash : 3pt'를 입력하여 점선을 그려 배치합니다.

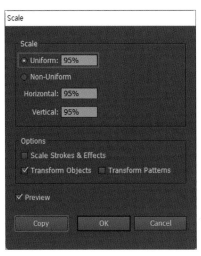

06 문자 입력하고 브러쉬 적용하기

1 Type Tool(T)로 도큐먼트를 클릭한 후 Character 패널에서 'Set the font family : Times New Roman, Set the font style : Regular, Set the font size : 10pt'를 설정하고 Paragraph 패널에서 'Align center'를 선택하여 문장을 가운데 배치합니다. Color 패널에서 '면 : C30M80Y90K40, 테두리 : 없음'을 지정한 후 KOREAN RICE CANDY를 입력합니다.

2 Brushes 패널 하단에 'Brush Libraries Menu'를 클릭한 후 [Artistic]−[Artistic_ ChalkCharcoalPencil]를 선택하여 추가 브러쉬 패널을 불러온 후 'Charcoal'을 선택합니다.

3 Paintbrush Tool(🖌)로 '면 : 없음, 테두리 : C30M80Y90K40'을 지정하고 Stroke 패널에서 'Weight : 0.75pt'를 지정하여 왼쪽에서 오른쪽으로 드래그하여 칠합니다.

07 현수막 모양 만들고 이펙트 적용하기

1 Rounded Rectangle Tool(▢)로 작업 도큐먼트를 클릭한 후 'Width : 37mm, Height : 1.7mm, Corner Radius : 1mm'를 입력하여 그립니다. Gradient 패널에서 'Type : Linear, Angle : 90°'를 적용하고 Gradient Slider의 왼쪽 'Color Stop'을 더블 클릭하여 C30M60Y80K20을 적용하고 오른쪽 'Color Stop'을 더블 클릭하여 M10Y50을 적용한 후 위치를 왼쪽으로 이동하고 '테두리 : 없음'을 지정합니다.

2 Rounded Rectangle Tool(▢)로 작업 도큐먼트를 클릭한 후 'Width : 2mm, Height : 100mm, Corner Radius : 1mm'를 입력하여 그립니다. Gradient 패널에서 'Type : Linear, Angle : 0°'를 적용하고 Gradient Slider의 왼쪽 'Color Stop'을 더블 클릭하여 C30M60Y80K20을 적용하고 가운데 빈 곳을 클릭하여 'Color Stop'을 추가하고 M10Y60을 적용합니다. 오른쪽 'Color Stop'을 더블 클릭하여 C30M60Y80K20을 적용한 후 '테두리 : 없음'을 지정합니다.

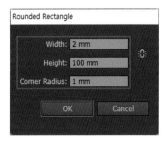

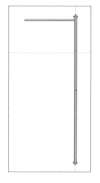

3 Ellipse Tool(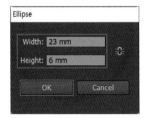)로 작업 도큐먼트를 클릭한 후 'Width : 23mm, Height : 6mm'를 입력하여 그리고 '면 : 임의 색상, 테두리 : 임의 색상'을 지정합니다. [Object]-[Transform]-[Transform Each](**Alt** + **Shift** + **Ctrl** + **D**)를 선택하고 Scale 항목에 'Horizontal : 108%, Vertical : 100%'를, Move 항목에는 'Horizontal : 0mm, Vertical : 2.5mm'를 입력하고 [Copy]를 눌러 확대와 이동을 동시에 합니다.

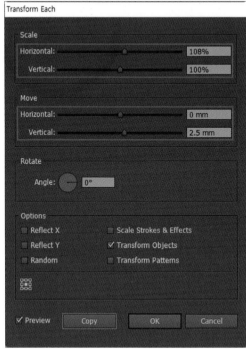

합격생의 비법

[Object]-[Transform]-[Transform Each](**Alt** + **Shift** + **Ctrl** + **D**)를 선택하고 크기와 이동, 회전을 각각 지정하여 동시에 변형이 가능합니다.

4 Rectangle Tool(■)로 작업 도큐먼트를 클릭한 후 'Width : 25mm, Height : 2.6mm'를 입력하여 그리고 '면 : 임의 색상, 테두리 : 임의 색상'을 지정한 후 2개의 타원과 서로 겹치도록 배치합니다.

5 Selection Tool(▶)로 수직의 안내선에 배치된 4개의 오브젝트를 함께 선택하고 Align 패널에서 'Horizontal Align Center()'를 클릭하여 가로 가운데 정렬을 지정합니다.

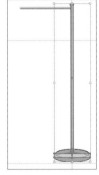

⑥ Selection Tool(⬚)로 사각형을 더블 클릭하여 Isolation Mode로 전환하고 Direct Selection Tool(⬚)로 드래그하여 상단 2개의 고정점을 선택합니다. Scale Tool(⬚)을 더블 클릭하여 'Uniform : 92%'를 지정하여 패스를 축소하고 [Esc]를 눌러 정상 모드로 전환합니다.

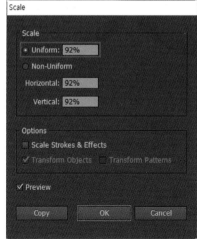

⑦ Selection Tool(⬚)로 하단의 2개의 오브젝트를 함께 선택하고 Pathfinder 패널에서 'Unite (⬚)'를 클릭하여 합친 후 [Shift]+[Ctrl]+[[]를 눌러 맨 뒤로 보내기를 합니다.

⑧ Gradient 패널에서 'Type : Linear, Angle : 0°'를 적용하고 Gradient Slider의 왼쪽 'Color Stop'을 더블 클릭하여 C30M60Y80K20을 적용하고 가운데 빈 곳을 클릭하여 'Color Stop'을 추가하고 M10Y60을 적용합니다. 오른쪽 'Color Stop'을 더블 클릭하여 C30M60Y80K20을 적용한 후 '테두리 : 없음'을 지정합니다. Selection Tool(⬚)로 상단의 타원을 선택하고 '면 : C30M60Y80K20, 테두리 : 없음'을 지정하고 [Ctrl]+[[]를 눌러 뒤로 보내기를 합니다.

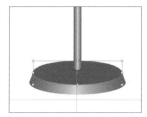

⑨ Selection Tool(⬚)로 2개의 현수막 받침 모양을 선택하고 [Ctrl]+[G]를 눌러 그룹으로 설정합니다. [Effect]-[Illustrator Effects]-[Stylize]-[Drop Shadow]를 선택하고 'Opacity : 75%, X Offset : 1mm, Y Offset : 1mm, Blur : 1.76mm'를 지정하여 그림자 효과를 적용합니다.

08 클리핑 마스크 적용하기

1 Pen Tool()로 현수막 모양을 그리고 Tool Panel 하단의 Default Fill and Stroke()를 클릭합니다.

합격생의 비법

이펙트 또는 브러쉬를 적용한 후 새로운 패스를 그릴 때는 Default Fill and Stroke()를 클릭하여 색상을 초기화합니다.

2 Selection Tool()로 달과 구름 문양을 함께 선택하고 Ctrl + C로 복사하고 Ctrl + V로 현수막 모양 위에 붙여 넣기를 합니다. Reflect Tool()을 더블 클릭하여 'Axis : Vertical, Transform Objects : 체크, Transform Patterns : 체크 해제'를 지정하고, Scale Tool()을 더블 클릭하여 'Uniform : 80%'를 지정하여 축소합니다.

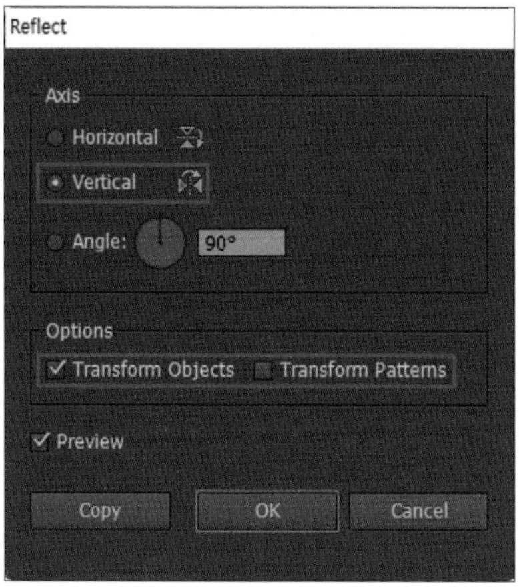

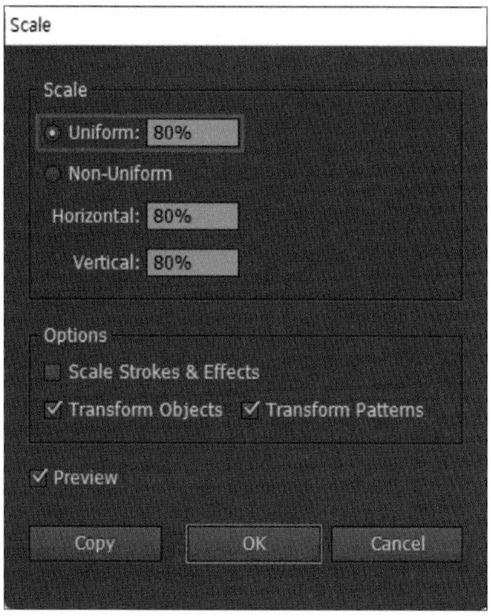

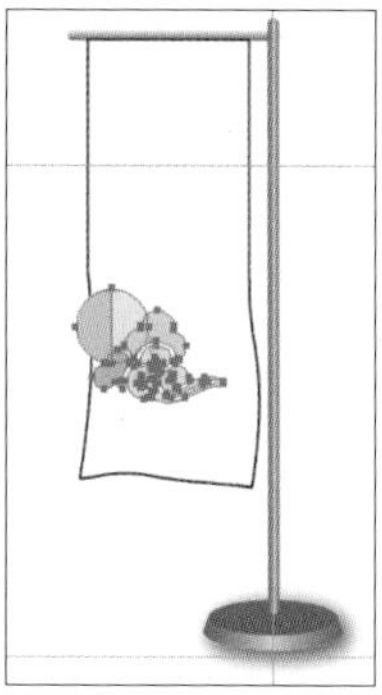

3 Selection Tool()로 축소된 달 모양을 선택하고 Scale Tool()을 더블 클릭하여 'Uniform : 45%'를 지정하고 [Copy]를 눌러 축소 복사하고 상단에 배치합니다.

4 Selection Tool()로 학 모양을 선택하고 Ctrl + C로 복사하고 Ctrl + V로 현수막 모양 위에 붙여 넣기를 합니다. Reflect Tool()을 더블 클릭하여 'Axis : Vertical'을 지정한 후 Scale Tool()을 더블 클릭하여 'Uniform : 40%'를 지정하여 축소합니다.

5 계속해서 Scale Tool()을 더블 클릭하여 'Uniform : 185%'를 지정하고 [Copy]를 눌러 확대 복사하고 그림과 같이 배치합니다. Selection Tool()로 학 모양을 연속하여 2번 더블 클릭하고 Isolation Mode로 전환합니다. '면 : Y10K20'이 적용된 학의 몸통 모양을 선택하고 '면 : C0M0Y0K0, 테두리 : 없음'을 지정하고 도큐먼트의 빈 곳을 더블 클릭하여 정상 모드로 전환합니다.

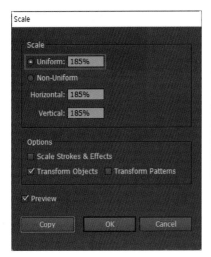
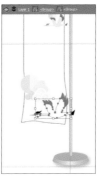

패스파인더 패널의 'Divide'를 실행하여 그룹으로 설정된 오브젝트는 단일 패스를 선택하기 위해 여러 번 더블 클릭하여 Isolation Mode로 전환합니다.

6 Selection Tool(◢)로 현수막 모양을 선택하고 **Shift** + **Ctrl** + **]** 를 눌러 맨 앞으로 가져오기를 합니다. 클리핑 마스크를 적용할 달과 구름 문양, 학 모양을 함께 선택하고 [Object]-[Clipping Mask]-[Make](**Ctrl** + **7**)를 선택합니다. 더블 클릭하여 Isolation Mode로 전환하고 투명해진 현수막 모양을 선택하고 '면 : C40M80Y80K40, 테두리 : 없음'을 지정한 후 도큐먼트의 빈 곳을 더블 클릭하여 정상 모드로 전환합니다.

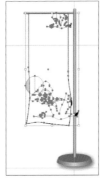

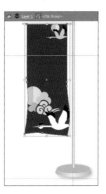

09 문자 입력 및 저장하기

1 Type Tool(T)로 도큐먼트를 클릭한 후 Character 패널에서 'Set the font family : Arial, Set the font style : Bold Italic, Set the font size : 13pt'를 설정하고 Paragraph 패널에서 'Align right'를 선택하여 문장을 오른쪽에 배치합니다. Color 패널에서 '면 : C0M0Y0K0, 테두리 : 없음'을 지정한 후 Traditional Korean Food Expo를 입력합니다.

2 Type Tool(**T**)로 'Korean Food' 문자를 드래그하여 선택하고 Color 패널에서 '면 : M40Y90, 테두리 : 없음'을 지정합니다.

3 [View]-[Guides]-[Hide Guides](**Ctrl** + **;**)를 선택하여 안내선을 숨기고 [View]-[Fit Artboard in Window](**Ctrl** + **0**)을 선택하여 현재 창에 맞추기를 합니다. [File]-[Save As]를 선택하고 '저장 위치 : 내문서₩GTQ, Format : Adobe Illustrator(*AI), 파일 이름 : 수험번호-성명-문제번호.ai'를 입력하고 [저장]을 클릭한 후 [Illustrator Options] 대화상자에서 'Version : Illustrator CS6'로 설정하고 [OK]를 클릭합니다.

4 답안 저장이 완료가 되면 [File]-[Close](**Ctrl** + **W**)를 선택하여 파일을 닫고 수험 프로그램에서 [답안 전송]을 클릭하여 감독관 컴퓨터로 전송합니다.

문제 03 광고 디자인

작업과정	새 도큐먼트 만들기 및 임시 파일 저장하기 ➡ 그라디언트 메시 적용하기 ➡ 블렌드 효과 적용하기 ➡ 한옥 모양 만들기 ➡ 누각 모양과 등불 모양 만들기 ➡ 나무 모양 만들고 이펙트 적용하기 ➡ 연 심볼 등록 및 적용, 편집하기 ➡ 문자 입력 및 왜곡하기 ➡ 클리핑 마스크 적용 및 저장하기
완성 이미지	Part05₩기출 유형 문제 2회₩수험번호-성명-3.ai

01 새 도큐먼트 만들기 및 임시 파일 저장하기

1 [File]-[New]를 선택하고 'Width : 210mm, Height : 297mm, Units : Millimeters, Color Mode : CMYK'를 설정하여 새 도큐먼트를 만들고 [View]-[Rulers]-[Show Rulers](**Ctrl** + **R**)를 선택하여 눈금자를 표시합니다.

2 작품의 규격 왼쪽 상단에 원점(0,0)을 확인하고 왼쪽과 상단 눈금자 위에서 마우스를 드래그하여 제시된 출력형태와 레이아웃 구성을 동일하게 작업하기 위해서 안내선을 표시합니다.

3 작업 도큐먼트를 저장하기 위해 [File]-[Save As]를 선택하고 '저장 위치 : 내문서₩GTQ, Format : Adobe Illustrator(*AI), 파일 이름 : 수험번호-성명-문제번호.ai'를 입력하고 [저장]을 클릭한 후 [Illustrator Options] 대화상자에서 'Version : Illustrator CS6'로 설정하고 [OK]를 클릭합니다.

02 그라디언트 메시 적용하기

1 Rectangle Tool(■)로 작업 도큐먼트 왼쪽 상단의 원점(0,0)을 클릭하여 'Width : 210mm, Height : 297mm'를 입력하여 그리고 '면 : C20Y20, 테두리 : 없음'을 지정합니다.

2 Mesh Tool(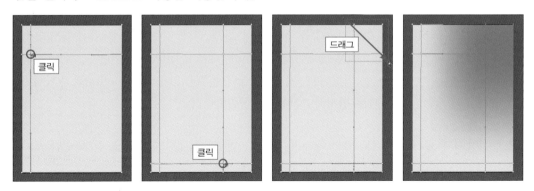)로 그림과 같이 사각형의 왼쪽 상단과 오른쪽 하단에 각각 클릭하여 고정점을 추가합니다. Direct Selection Tool(▶)로 그림과 같이 드래그하여 오른쪽 상단의 4개의 고정점을 선택하고 C80M40 색상을 적용합니다.

03 블렌드 효과 적용하기

1 Pen Tool(✐)로 작업 도큐먼트를 완전히 벗어나는 2개의 곡선을 그리고 위쪽 곡선은 '면 : 없음, 테두리 : C90M40K10'을 지정한 후 Stroke 패널에서 'Weight : 1pt'를 적용합니다. 아래쪽 곡선은 '면 : 없음, 테두리 : C40Y10'을 지정한 후 Stroke 패널에서 'Weight : 3pt'를 적용합니다.

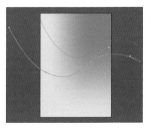

2 Selection Tool(▶)로 2개의 곡선을 선택한 후 [Object]-[Blend]-[Make]를 적용하고 [Object]-[Blend]-[Blend Options]로 'Specified Steps : 15'를 적용한 후 도큐먼트의 빈 곳을 클릭하여 선택을 해제합니다.

04 한옥 모양 만들기

1 Rectangle Tool(□)로 작업 도큐먼트를 클릭한 후 'Width : 220mm, Height : 21mm'를 입력하여 그리고 '면 : C10Y30K20, 테두리 : 없음'을 지정합니다. 계속해서 Rectangle Tool(□)로 사각형의 상단에 드래그하여 그리고 '면 : C50M50Y60, 테두리 : 없음'을 지정합니다.

2 Rounded Rectangle Tool(□)로 드래그하여 크기가 다른 9개의 둥근 사각형을 그리고 '면 : C20M50Y70K20, 테두리 : 없음'을 지정합니다.

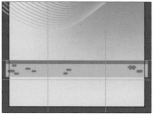

③ Pen Tool(✐)로 반사 대칭할 지붕의 왼쪽 모양을 그림과 같이 닫힌 패스로 순서대로 그리고 '면 : C90M60K50, C90M20Y10K40, 임의 색상, 테두리 : 없음'을 각각 지정합니다.

④ Selection Tool(▨)로 기와 무늬 모양을 선택하고 Scale Tool(▦)을 더블 클릭하여 'Uniform : 80%'를 지정하고 [Copy]를 눌러 축소 복사한 후 위쪽으로 이동하여 배치합니다.

⑤ Selection Tool(▨)로 2개의 오브젝트를 선택하고 [Object]-[Blend]-[Make]를 적용하고 [Object]-[Blend]-[Blend Options]로 'Specified Steps : 1'을 적용합니다. Selection Tool(▨)로 **Alt** 를 누르면서 오른쪽으로 드래그하여 복사합니다.

⑥ Selection Tool(▨)로 더블 클릭하여 Isolation Mode로 전환하고 아래쪽 기와 모양을 오른쪽으로 이동하여 배치하고 **Esc** 를 눌러 정상 모드로 전환합니다. **Shift** 를 누르면서 블렌드가 적용된 2개의 오브젝트를 함께 선택하고 [Object]-[Blend]-[Expand]로 확장하고 Color 패널에서 '면 : C60M20Y20K10, 테두리 : 없음'을 지정합니다.

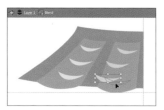

7 Ellipse Tool()로 작업 도큐먼트에 드래그하여 타원을 그리고 '면 : C60M20Y20K10, 테두리 : 없음'을 지정합니다. Selection Tool(▶)로 **Alt** 를 누르면서 드래그하여 그림과 같은 위치에 3개를 복사하여 배치합니다. Pen Tool(✐)로 처마의 아래 모양을 겹치도록 그리고 타원과 동일한 색상을 지정하고 **Shift** + **Ctrl** + **[** 를 눌러 맨 뒤로 보내기를 합니다.

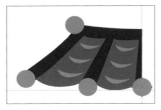  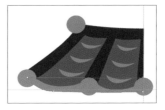

8 Selection Tool(▶)로 세로 안내선에 배치한 타원을 제외한 지붕의 왼쪽 모양을 모두 선택합니다. Reflect Tool(◁)로 **Alt** 를 누르면서 세로 안내선을 클릭하여 'Axis : Vertical'을 지정하고 [Copy]를 눌러 복사합니다.

9 Selection Tool(▶)로 드래그하여 '면 : C90M60K50, 테두리 : 없음'인 2개의 오브젝트를 선택하고 Pathfinder 패널에서 'Unite(◻)'를 클릭하여 합치고 **Shift** + **Ctrl** + **[** 를 눌러 맨 뒤로 보내기를 합니다. 처마의 아래 모양도 동일한 방법으로 합치고 맨 뒤로 배치합니다.

10 Group Selection Tool(▶⁺)로 **Shift** 를 누르면서 2개의 기와 모양을 함께 선택하고 **Delete** 를 눌러 삭제합니다.

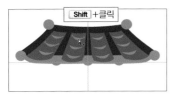 

합격생의 비법

[Object]–[Blend]–[Expand]로 확장한 오브젝트는 그룹으로 설정되어 있으므로 Group Selection Tool(▶⁺)로 일부 오브젝트를 선택합니다.

11 Rectangle Tool(▭)로 드래그하여 2개의 사각형을 그리고 '면 : C10Y30K40, C60M80Y100, 테두리 : 없음'을 각각 지정합니다. Direct Selection Tool(▶)로 왼쪽 사각형의 하단 선분을 왼쪽으로 드래그하여 패스를 변형합니다.

⓬ Selection Tool(▶)로 변형된 사각형을 선택하고 Reflect Tool(⧉)로 **Alt** 를 누르고 가운데 안내선을 클릭하여 'Axis : Vertical'을 지정하고 [Copy]를 눌러 복사합니다. Selection Tool(▶)로 3개의 오브젝트를 선택하고 **Ctrl** + **[** 를 여러 번 눌러 지붕 모양 뒤로 보내기를 합니다.

⓭ Rectangle Tool(■)로 드래그하여 사각형을 그리고 '면 : C60M80Y100, 테두리 : C50M80Y100K60'을 지정합니다. Stroke 패널에서 'Weight : 4pt, Join : Bevel Join'을 지정하고 [Object]-[Path]-[Outline Stroke]을 선택하여 선을 면으로 확장합니다.

⓮ Rectangle Tool(■)로 드래그하여 사각형을 그리고 '면 : C50M80Y100K60, 테두리 : 없음'을 지정합니다. Selection Tool(▶)로 **Alt** + **Shift** 를 누르면서 오른쪽으로 드래그하여 복사하고 **Ctrl** + **D** 를 3번 눌러 균등 간격으로 복사합니다.

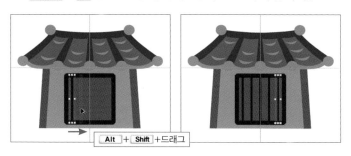

⓯ Ellipse Tool(⬤)로 **Alt** 와 **Shift** 를 누르면서 세로 안내선 중앙에 임의 색상의 정원을 그립니다. Line Segment Tool(╱)로 정원의 가로 중앙에 **Shift** 를 누르면서 수직선을 그려 배치하고 '면 : 없음, 테두리 : 임의 색상'을 지정합니다. Selection Tool(▶)로 정원과 함께 선택하고 Pathfinder 패널에서 'Divide(▣)'를 클릭하여 면을 분할합니다. 더블 클릭하여 Isolation Mode에서 '면 : C90M20Y10K40, C20M50Y70K20, 테두리 : 없음'을 각각 지정하고 **Esc** 를 눌러 정상 모드로 전환합니다.

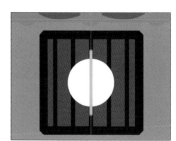 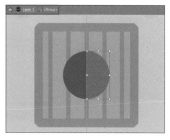

⑯ Rectangle Tool(■)로 3개의 크기가 다른 사각형을 서로 겹치도록 그리고 '면 : Y20K30, 테두리 : Y20K50'을 지정하고 Stroke 패널에서 'Weight : 2pt'를 지정합니다. 3개의 사각형을 함께 선택하고 Align 패널에서 'Horizontal Align Center(■)'를 클릭하여 가로 가운데 정렬을 지정합니다.

05 누각 모양과 등불 모양 만들기

① Rectangle Tool(■)로 작업 도큐먼트를 클릭한 후 'Width : 61mm, Height : 57mm'를 입력하여 그리고 '면 : C40M80Y100K10, 테두리 : 없음'을 지정합니다. 계속해서 세로 안내선에 **Alt**를 누르면서 클릭하여 'Width : 54mm, Height : 30mm'를 입력하여 그리고 '면 : M20Y50, 테두리 : 없음'을 지정합니다.

② [Object]-[Transform]-[Transform Each](**Alt** + **Shift** + **Ctrl** + **D**)를 선택하고 Scale 항목에 'Horizontal : 100%, Vertical : 10%'를, Move 항목에는 'Horizontal : 0mm, Vertical : 18.5mm'를 입력하고 [Copy]를 눌러 축소와 이동을 동시에 합니다. 다시 한 번 [Transform Each]를 선택하고 Scale 항목에 'Horizontal : 100%, Vertical : 230%'를, Move 항목에는 'Horizontal : 0mm, Vertical : 11mm'를 입력하고 [Copy]를 클릭합니다.

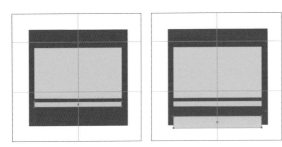

③ Selection Tool(▶)로 3개의 사각형을 선택하고 Pathfinder 패널에서 'Minus Front(■)'를 클릭한 후 **Ctrl** + **[** 를 눌러 뒤로 보내기를 합니다.

④ Rounded Rectangle Tool(■)로 임의 색상의 크기가 다른 2개의 둥근 사각형을 그림과 같이 겹치도록 그리고 함께 선택한 후, Pathfinder 패널에서 'Minus Front(■)'를 클릭하여 '면 : Y20K60, 테두리 : 없음'을 지정합니다. Reflect Tool(■)로 **Alt** 를 누르면서 세로 안내선에 클릭하여 'Axis : Vertical'을 지정하고 [Copy]를 눌러 중앙에서부터 동일한 거리에 복사합니다.

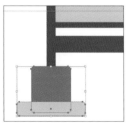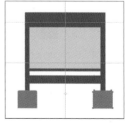

⑤ Rectangular Grid Tool(▦)로 작업 도큐먼트에 클릭하여 'Width : 20mm, Height : 21mm, Horizontal Dividers Number : 3, Vertical Dividers Number : 2, Fill Grid : 체크'를 입력하여 그리고 '면 : C0M0Y0K0, 테두리 : C40M80Y100K10'을 지정하고 Stroke 패널에서 'Weight : 4pt, Corner : Bevel Join'을 지정합니다.

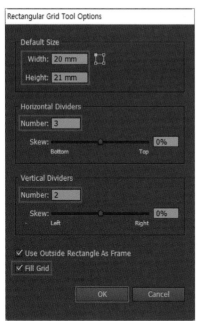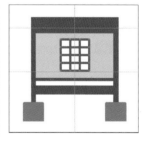

⑥ Pen Tool(✒)로 그림과 같이 지붕 모양 절반을 닫힌 패스로 그리고 '면 : C90M60K50, 테두리 : 없음'을 지정합니다. 계속해서 곡선의 열린 패스를 겹치도록 그리고 '면 : 없음, 테두리 : 임의 색상'을 지정합니다. Selection Tool(▶)로 닫힌 패스와 함께 선택하고 Pathfinder 패널에서 'Divide(■)'를 클릭하여 면을 분할합니다. 더블 클릭하여 Isolation Mode로 전환하고 상단 오브젝트에 '면 : C10Y30K40, 테두리 : 없음'을 지정하고 **Esc** 를 눌러 정상 모드로 전환합니다.

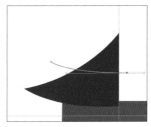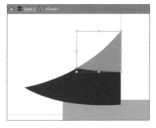

7 Pen Tool()로 그림과 같이 곡선의 열린 패스를 그리고 '면 : 없음, 테두리 : 임의 색상'을 지정하고 Stroke 패널에서 'Weight : 20pt, Cap : Round Cap'을 지정하고 [Object]-[Path]-[Outline Stroke]을 선택하여 선을 면으로 확장한 후 '면 : C90M20Y10K40'을 지정합니다.

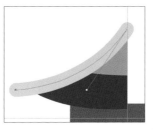

8 Pen Tool()과 Ellipse Tool()로 그림과 같이 오브젝트를 그리고 '면 : C90M20Y10K40, C50M30, 테두리 : 없음'을 각각 지정합니다.

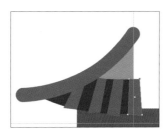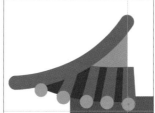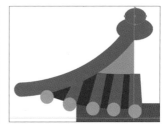

9 Selection Tool()로 반사 대칭할 오브젝트를 모두 선택하고 Reflect Tool()로 **Alt** 를 누르면서 세로 안내선을 클릭하여 'Axis : Vertical'을 지정하고 [Copy]를 눌러 복사합니다.

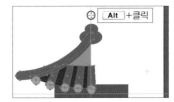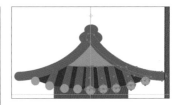

⑩ Selection Tool(❘❘)로 가운데 2개의 오브젝트를 선택하고 **Shift**+**Ctrl**+**]**를 눌러 맨 앞으로 가져오기를 합니다. Group Selection Tool(❘❘⁺)로 상단 2개의 오브젝트를 함께 선택하고 Pathfinder 패널에서 'Unite(❘❘)'를 클릭하여 합칩니다.

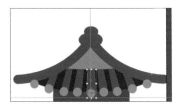  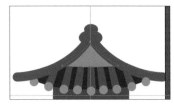

⑪ Group Selection Tool(❘❘⁺)로 2개의 처마 모양을 **Shift**를 누르면서 함께 선택하고 Pathfinder 패널에서 'Unite(❘❘)'를 클릭하여 합칩니다. 지붕 모양의 오브젝트도 동일한 방법으로 합치기를 하고 [Object]-[Arrange]로 각각을 앞뒤로 정돈을 합니다.

  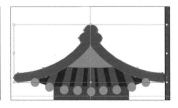

⑫ Rounded Rectangle Tool(❘❘)로 작업 도큐먼트를 클릭한 후 'Width : 14mm, Height : 23mm, Corner Radius : 1mm'를 입력하여 그리고 '면 : 임의 색상, 테두리 : 임의 색상'을 지정합니다. Direct Selection Tool(❘❘)로 드래그하여 상단 4개의 고정점을 선택하고 Scale Tool(❘❘)을 더블 클릭하여 'Uniform : 75%'를 지정하여 패스를 축소합니다.

⑬ Line Segment Tool(❘❘)로 **Shift**를 누르면서 드래그하여 수평선을 그리고 Selection Tool(❘❘)로 둥근 사각형과 함께 선택하고 Pathfinder 패널에서 'Divide(❘❘)'를 클릭하여 면을 분할합니다. 더블 클릭하여 Isolation Mode로 전환하고 하단에는 '면 : C90M60, 테두리 : 없음'을 지정하고 상단에는 Gradient 패널에서 'Type : Linear, Angle : 45°'를 적용하고 Gradient Slider의 왼쪽 'Color Stop'을 더블 클릭하여 M50Y50을, 오른쪽 'Color Stop'을 더블 클릭하여 M100Y100을 적용한 후 '테두리 : 없음'을 지정하고 **Esc**를 눌러 정상 모드로 전환합니다.

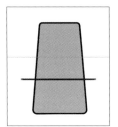   

14 Selection Tool(🔧)로 등불 모양을 선택하고 왼쪽 처마의 위치에 배치한 후 처마의 왼쪽 원을 선택하고 **Shift** + **Ctrl** + **]** 를 눌러 맨 앞으로 가져오기를 합니다.

06 나무 모양 만들고 이펙트 적용하기

1 Pen Tool(✒)로 나무의 줄기 모양을 그리고 '면 : C20M50Y60K10, 테두리 : 없음'을 지정합니다. Ellipse Tool(⬭)로 드래그하여 크기가 다른 3개의 타원을 겹치도록 그리고 '면 : C50Y100K70, 테두리 : 없음'을 지정한 후 Pathfinder 패널에서 'Unite(🔳)'를 클릭하여 3개의 타원을 합칩니다.

2 Line Segment Tool(╱)로 드래그하여 3개의 선을 그리고 '면 : 없음, 테두리 : C80M20Y100'을 지정하고 Stroke 패널에서 'Weight : 3pt, Cap : Round Cap'를 지정합니다. [Object]-[Path]-[Outline Stroke]을 선택하여 선을 면으로 확장합니다.

3 Selection Tool(🔧)로 4개의 오브젝트를 함께 선택하고 **Alt** 를 누르면서 드래그하여 4개를 복사하여 배치합니다. **Shift** 를 누르면서 조절점의 모서리를 드래그하여 각각의 크기를 조절한 후 [Object]-[Arrange]로 정돈을 합니다. 3개의 오브젝트를 함께 선택하고 '면 : C50Y100K20, 테두리 : 없음'을 지정합니다.

 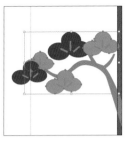

4 Selection Tool(🔧)로 나무 모양을 모두 선택하고 **Ctrl** + **G** 로 그룹을 설정 후 [Effect]-[Illustrator Effects]-[Stylize]-[Drop Shadow]를 선택하고 'Opacity : 75%, X Offset : 2.47mm, Y Offset : 2.47mm, Blur : 1.76mm'를 지정하여 그림자 효과를 적용합니다.

5 Selection Tool(🔧)로 누각 모양을 모두 선택하고 **Ctrl** + **G** 로 그룹을 설정 후 [Effect]-[Apply Drop Shadow]를 선택하고 동일한 그림자 효과를 적용합니다.

07 연 심볼 등록 및 적용, 편집하기

1 Rectangle Tool(⬛)로 작업 도큐먼트를 클릭한 후 'Width : 26mm, Height : 37mm'를 입력하여 그리고 '면 : 임의 색상, 테두리 : 없음'을 지정합니다. Ellipse Tool(⭕)로 **Alt** 를 누르면서 사각형의 중앙에 클릭하여 'Width : 13mm, Height : 13mm'를 입력하여 그리고 '면 : 임의 색상, 테두리 : 임의 색상'을 지정합니다.

2 Selection Tool(▶)로 사각형과 함께 선택하고 Pathfinder 패널에서 'Minus Front(🔲)'를 클릭합니다.

3 Rectangle Tool(⬛)로 드래그하여 그리고 '면 : M60Y90K20, 테두리 : 없음'을 지정합니다. Selection Tool(▶)로 연 모양과 함께 선택하고 Align 패널에서 'Horizontal Align Center(🔳)'와 'Vertical Align Center(🔳)'를 클릭하여 가운데 정렬을 지정합니다.

  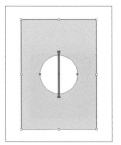

4 사각형을 선택하고 **Ctrl** + **[** 를 눌러 뒤로 보내기를 한 후 Rotate Tool(🔄)을 더블 클릭하여 'Angle : 45°'를 지정하여 [Copy]를 눌러 회전 복사하고 **Ctrl** + **D** 를 2번 눌러 반복하여 복사합니다.

5 Ellipse Tool(⬤)로 작업 도큐먼트를 클릭한 후 'Width : 6mm, Height : 6mm'를 입력하여 그리고 '면 : 임의 색상, 테두리 : 임의 색상'을 지정합니다. 계속해서 도큐먼트를 클릭하여 'Width : 3mm, Height : 3mm'를 입력하여 그립니다. Selection Tool(▶)로 2개의 정원을 선택하고 Align 패널에서 'Horizontal Align Left(▣)'와 'Vertical Align Center(▣)'를 클릭하여 왼쪽 가운데 정렬을 지정합니다.

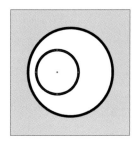 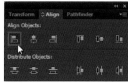  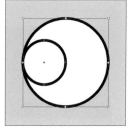

6 Selection Tool(▶)로 작은 정원을 선택하고 [Object]-[Transform]-[Move]를 선택한 후 'Horizontal : 3mm, Vertical : 0mm'을 입력하고 [Copy]를 눌러 오른쪽으로 이동하여 복사합니다. Selection Tool(▶)로 3개의 정원을 선택하고 Pathfinder 패널에서 'Divide(▣)'를 클릭하여 면을 분할합니다.

7 Selection Tool(▶)로 더블 클릭하여 Isolation Mode로 전환하고 왼쪽 상단 2개의 오브젝트를 선택하여 Pathfinder 패널에서 'Unite(▣)'를 클릭하여 합치고 '면 : K100, 테두리 : 없음'을 지정합니다. 오른쪽 하단 2개의 오브젝트도 동일한 방법으로 합치고 '면 : C0M0Y0K0, 테두리 : 없음'을 지정하고 **Esc** 를 눌러 정상 모드로 전환합니다.

9 Ellipse Tool(⬤)로 **Alt** 를 누르면서 연 모양의 왼쪽 상단 고정점을 클릭하여 'Width : 17mm, Height : 17mm'를 입력하여 모서리에 정렬하여 그리고 '면 : 없음, 테두리 : 임의 색상'을 지정합니다.

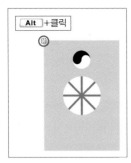
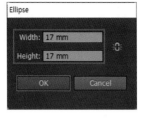

9 Scale Tool(⬚)을 더블 클릭하여 'Uniform : 25%, Scale Strokes & Effects : 체크 해제'를 지정하여 [Copy]를 눌러 축소 복사합니다. Selection Tool(▶)로 2개의 정원을 함께 선택하고 [Object]-[Blend]-[Make]를 적용하고 [Object]-[Blend]-[Blend Options]로 'Specified Steps : 2'를 적용합니다.

10 [Object]-[Blend]-[Expand]로 확장하고 **Shift** + **Ctrl** + **G** 를 눌러 그룹을 해제하고 Selection Tool(▶)로 큰 원부터 순서대로 선택하고 '면 : Y90, C10M100Y80, C100M50, K100, 테두리 : 없음'을 각각 지정합니다.

11 Selection Tool(▶)로 4개의 정원을 함께 선택하고 **Alt** 와 **Shift** 를 누르면서 오른쪽으로 드래그하여 복사합니다. 동일한 방법으로 하단에 그림과 같이 복사하여 배치합니다.

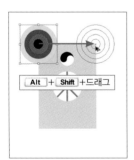

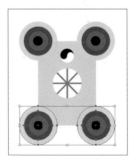

⓬ Selection Tool(▶)로 연 모양을 선택하고 **Shift** + **Ctrl** + **]** 를 눌러 맨 앞으로 가져오기를 합니다. 4개의 모서리에 배치된 원을 함께 선택하고 Pathfinder 패널에서 'Crop(■)'을 클릭하여 맨 위 오브젝트와 겹친 부분만을 잘라서 남깁니다.

⓭ Selection Tool(▶)로 더블 클릭하여 Isolation Mode로 전환하고 가운데 오브젝트를 선택하고 '면 : K10, 테두리 : 없음'을 지정하고 **Esc** 를 눌러 정상 모드로 전환합니다. 앞쪽의 연 모양을 선택하고 **Ctrl** + **[** 를 눌러 뒤로 보내기를 합니다.

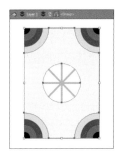 

⓮ Rectangle Tool(■)로 작업 도큐먼트를 클릭한 후 'Width : 2.7mm, Height : 24mm'를 입력하여 그리고 '면 : C70M40, 테두리 : 없음'을 지정합니다. [Effect]–[Illustrator Effects]–[Warp]–[Flag]를 선택하고 'Vertical : 체크, Bend : 100%'를 지정하고 [Object]–[Expand Appearance]를 선택하여 오브젝트의 속성을 확장하고 **Shift** + **Ctrl** + **[** 를 눌러 맨 뒤로 보내기를 합니다.

⓯ Reflect Tool(�><)로 **Alt** 를 누르고 연 모양의 가로 중심을 클릭하여 'Axis : Vertical'을 지정하고 [Copy]를 눌러 복사합니다.

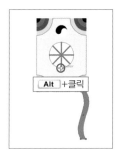  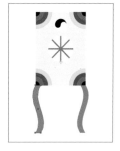

⓰ Selection Tool(▶)로 태극 문양을 제외한 연 모양을 모두 선택하고 [Effect]–[Illustrator Effects]–[Warp]–[Arch]를 선택하고 'Horizontal : 체크, Bend : 10%'를 지정하고 [Object]–[Expand Appearance]를 선택하여 오브젝트의 속성을 확장합니다.

17 Selection Tool(▶)로 연 모양을 모두 선택하고 Symbols 패널 하단에 'New Symbol'을 클릭하고 'Name : 연, Type : Graphic'을 지정하여 심볼로 등록한 후 **Delete**를 눌러 삭제합니다.

18 Symbols 패널에서 '연' 심볼을 선택하고 Symbol Sprayer Tool(📷)로 출력 형태를 참조하여 작업 도큐먼트에 4번 클릭하여 뿌려줍니다.

합격생의 비법

Symbol과 관련된 일련의 Tool은 모두 **Alt**를 누르고 클릭하면 반대의 작업을 진행할 수 있습니다. 예로 Symbol Sprayer Tool(📷)로 필요 이상으로 뿌려진 심볼은 **Alt**를 누르고 클릭하여 삭제할 수 있습니다.

19 Symbol Sizer Tool(📷)로 클릭하여 일부 심볼의 크기를 확대하고 Symbol Spinner Tool(📷)과 Symbol Shifter Tool(📷)로 심볼의 회전과 위치를 조절하여 배치합니다. Swatches 패널에서 면 색상을 각각 선택한 후, Symbol Stainer Tool(📷)로 왼쪽과 상단의 연 심볼에 클릭하여 색조의 변화를 적용합니다. Symbol Screener Tool(📷)로 오른쪽 연 모양에 클릭하여 불투명도를 조절합니다.

합격생의 비법

Symbol Stainer Tool(📷)로 색조의 변화를 적용할 때는 정확한 색상의 제시가 없으므로 문제지의 《출력형태》와 유사한 색상을 선택하면 됩니다.

⑳ Brushes 패널 하단에 'Brush Libraries Menu'를 클릭한 후 [Decorative]−[Elegant Curl & Floral Brush Set]을 선택하여 추가 브러쉬 패널을 불러온 후 'Random Sized Flowers'를 선택합니다. Paintbrush Tool(   )로 '면 : 없음, 테두리 : C0M0Y0K0'을 지정하고 Stroke 패널에서 'Weight : 0.75pt'를 지정하여 아래에서 위쪽으로 드래그하여 칠합니다.

08 문자 입력 및 왜곡하기

1 Ellipse Tool(   )로 작업 도큐먼트를 클릭한 후 'Width : 110mm, Height : 110mm'를 입력하여 그리고 Gradient 패널에서 'Type : Radial'을 적용하고 Gradient Slider의 왼쪽 'Color Stop'을 더블 클릭하여 M20Y80을 적용하여 'Location : 85%'로 지정하고 오른쪽 'Color Stop'을 더블 클릭하여 C0M0Y0K0을 적용한 후 '테두리 : 없음'을 지정합니다.

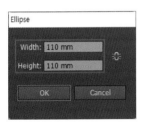

2 Type Tool(   )로 작업 도큐먼트를 클릭한 후 Character 패널에서 'Set the font family : Arial, Set the font style : Bold, Set the font size : 36pt'를 설정하고 Paragraph 패널에서 'Align center'를 선택하여 문장을 가운데 배치합니다. Color 패널에서 '면 : C0M0Y0K0, 테두리 : 없음'을 지정한 후 TRADITIONAL FOLK PLAY를 입력합니다.

3 Selection Tool(   )로 'TRADITIONAL FOLK PLAY' 문자를 선택하고 [Object]−[Envelope Distort]−[Make with Warp]를 선택한 후 'Style : Arc Lower, Bend : 30%'를 지정하여 글자를 왜곡시킵니다.

4 Type Tool(T)로 작업 도큐먼트를 클릭한 후 Character 패널에서 'Set the font family : 돋움, Set the font size : 25pt'를 설정하고 '면 : K100, 테두리 : 없음'을 지정한 후 전통 연날리기 행사를 입력합니다. Selection Tool(▶)로 문자를 선택하고 [Object]-[Envelope Distort]-[Make with Warp]를 선택한 후 'Style : Arc, Bend : -25%'를 지정하여 글자를 왜곡시킵니다.

5 Type Tool(T)로 작업 도큐먼트를 클릭한 후 Character 패널에서 'Set the font family : 돋움, Set the font size : 20pt'를 설정하고 Paragraph 패널에서 'Align left'를 선택하여 문장을 왼쪽에 배치합니다. Color 패널에서 '면 : K100, 테두리 : 없음'을 지정한 후 가족과 함께 전통놀이에 참여하세요~를 입력합니다.

09 클리핑 마스크 적용 및 저장하기

1 Rectangle Tool(■)로 작업 도큐먼트 왼쪽 상단의 원점(0,0)을 클릭하여 'Width : 210mm, Height : 297mm'를 입력하여 그리고 '면 : 임의 색상, 테두리 : 없음'을 지정합니다. [Select]-[All](Ctrl + A)로 오브젝트를 모두 선택하고 [Object]-[Clipping Mask]-[Make]로 마스크를 적용합니다.

 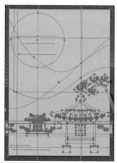 

2 [View]-[Guides]-[Hide Guides](Ctrl + ;)를 선택하여 안내선을 숨기고 [View]-[Fit Artboard in Window](Ctrl + 0)을 선택하여 현재 창에 맞추기를 합니다. [File]-[Save As]를 선택하고 '저장 위치 : 내문서\GTQ, Format : Adobe Illustrator(*AI), 파일 이름 : 수험번호-성명-문제번호.ai'를 입력하고 [저장]을 클릭한 후 [Illustrator Options] 대화상자에서 'Version : Illustrator CS6'로 설정하고 [OK]를 클릭합니다.

3 답안 저장이 완료가 되면 [File]-[Exit](Ctrl + Q)를 선택하여 일러스트레이터 프로그램을 종료하고 수험 프로그램에서 [답안 전송]을 클릭하여 감독관 컴퓨터로 전송합니다.

급수	버전	문제유형	시험시간	수험번호	성명
1급		A	90분		

수 험 자 유 의 사 항

- 수험자는 문제지를 받는 즉시 응시하고자 하는 과목 및 급수가 맞는지 확인한 후 수험번호와 성명을 작성합니다.
- 파일명은 본인의 "수험번호–성명–문제번호"로 공백 없이 정확히 입력하고 답안폴더(내문서₩GTQ 또는 라이브러리₩문서₩GTQ)에 ai 파일 포맷으로 저장(버전 : Illustrator CS4(영문))해야 하며, 다른 파일 형식과 버전으로 저장하였을 경우 0점 처리됩니다. 답안문서 파일명이 "수험번호–성명–문제번호"와 일치하지 않거나, 답안 파일을 전송하지 않아 미제출로 처리될 경우 불합격 처리됩니다.
- 수험자 정보와 저장한 파일명, 저장 위치가 다를 경우 전송이 되지 않으므로, 주의하시기 바랍니다.
- 답안 작성 중에도 주기적으로 '저장'과 '답안 전송'을 이용하여 감독위원 PC로 답안을 전송하셔야 합니다. (※ 작업한 내용을 저장하지 않고 전송할 경우 이전의 저장내용이 전송되오니 이점 반드시 유념하시기 바랍니다.)
- 답안문서는 지정된 경로 외의 다른 보조기억장치에 저장하는 행위, 지정된 시험 시간 외에 작성된 파일을 활용한 행위, 기타 통신수단(이메일, 메신저, 네트워크 등)을 이용하여 타인에게 전달 또는 외부 반출하는 행위는 부정으로 간주되어 자격기본법 제32조에 의거 본 시험 및 국가공인 자격시험을 2년간 응시할 수 없습니다.
- 시험 중 부주의 또는 고의로 시스템을 파손한 경우와 〈수험자 유의사항〉에 기재된 방법대로 이행하지 않아 생기는 불이익은 수험자의 책임임을 알려 드립니다
- 시험을 완료한 수험자는 최종적으로 저장한 답안파일이 전송되었는지 확인한 후 감독위원의 지시에 따라 문 제지를 제출하고 퇴실합니다.

답 안 작 성 요 령

- **온라인 답안 작성 절차**
  수험자 등록 ⇒ 시험 시작 ⇒ 답안파일 저장 ⇒ 답안 전송 ⇒ 시험 종료
- 배점은 총 100점으로 이루어지며, 점수는 각 문제별로 차등 배분됩니다.
- 각 문제는 제시된 조건에 맞게 답안을 작성하셔야 하며, 조건을 지키지 못했을 경우에는 0점 또는 감점 처리됩니다.
- 조건에서 주어진 단위는 'mm(밀리미터)'입니다. 눈금자는 작성하지 않으며, 그 외는 출력형태(레이아웃, 색상, 문자, 규격 등)와 같게 작업하십시오.
- 문제 조건에 서체의 지정이 없을 경우 한글은 굴림이나 돋움, 영문은 Arial로 작업하십시오. (단, 그 외 제시되지 않은 문자 속성을 기본값으로 작성하지 않은 경우는 감점 처리됩니다.)
- 문제 조건에 크기와 색상, 두께의 지정이 없을 경우 《출력형태》를 참고하여 작업해 주시기 바랍니다.
- Image Mode(이미지 모드)는 별도의 처리조건이 없을 경우에는 CMYK로 작업하십시오.
- 조건에서 제시한 기능을 임의로 합치거나 각 기능에 대한 속성을 해지할 경우 해당 요소는 0점 처리됩니다.

한 국 생 산 성 본 부

문제 1 BI, CI 디자인

: 무료 동영상 :

25점

다음의 《조건》에 따라 아래의 《출력형태》와 같이 작업하시오.

조건

파일저장규칙	AI	파일명	내문서₩GTQ₩수험번호−성명−1.ai
		크기	100 × 80mm

1. 작업 방법
① 도형, 변형 툴과 Pathfinder 등을 이용하여, 오브젝트를 만든다.
② 그 외《출력형태》참조

2. 문자 효과
① ::: ENJOY FLYING ::: (Arial, Regular, 16pt, C0M0Y0K0, Y100)

출력형태

Y90K10, M30Y90K40,
M40Y100K70,
Y100K10 → M40Y100,
M30Y90K20,
C20Y20K10,
C20Y20K90, M90Y100,
M90Y100K50, (선)
M30Y90K40, 1pt

35점

다음의 《조건》에 따라 아래의 《출력형태》와 같이 작업하시오.

조건

파일저장규칙	AI	파일명	내문서₩GTQ₩수험번호-성명-2.ai
		크기	160 × 120mm

1. 작업 방법
① 태그는 Pattern 기능을 이용하여 작업한다. (패턴 등록 : 자몽)
② 컵의 홀더는 Clipping Mask를 적용한다.
③ Brush는 아래를 참고하여 작업한다.
 – Artistic > Artistic_ChalkCharcoalPencil > Charcoal – Smooth
④ Effect는 아래를 참고하여 작업한다.
 – Illustrator Effects > Stylize > Drop Shadow
⑤ 그 외 《출력형태》 참조

2. 문자 효과
① NEW CAFE (Times New Roman, Regular, 13pt, 10pt, C60M70Y80K30)
② Homemade (Arial, Regular, 11pt, 8pt, C60M70Y80)

출력형태

C10M80Y70, M20Y20, M70Y50, M40Y50,
C0M0Y0K0, M60Y50 → C0M0Y0K0

M30Y50, Y20,
M60Y50, C20Y70

C60M60Y80, C10K30,
C0M0Y0K0

C10K20, Opacity 40%

[Brush] Charcoal – Smooth,
C60M70Y80K40, 0.5pt

Y20, C0M0Y0K0, K100,
(선) C60M60Y80, 3pt,
K90, 1pt, 2pt, [Pattern]
Opacity 50%,
[Effect] Drop Shadow

C60M70Y80K40,
M40Y50K40, C0M0Y0K0,
M20Y50K20

NEW CAFE
Homemade

NEW CAFE

Homemade

문제 3 광고 디자인

: 무료 동영상 :

40점

다음의 《조건》에 따라 아래의 《출력형태》와 같이 작업하시오.

조건

파일저장규칙	AI	파일명	내문서₩GTQ₩수험번호-성명-3.ai
		크기	210 × 297mm

1. 작업 방법

① 무궁화는 《참고도안》을 참고하여 직접 제작한 후 Symbol 기능을 활용한다. (심볼 등록 : 무궁화)
② 'SEOUL TOUR / EVENT TICKET' 문자에 Envelope Distort 기능을 적용한다.
③ Brush는 아래를 참고하여 작업한다.
  – Artistic > Artistic_ChalkCharcoalPencil > Chalk – Scribble
④ Effect는 아래를 참고하여 작업한다.
  – Illustrator Effects > Stylize > Drop Shadow
⑤ Clipping Mask를 이용하여 디자인을 정리한다.
⑥ 그 외 《출력형태》 참조

참고도안

M100Y100 →
M40Y40, Y50,
C60Y60, C80Y70,
C0M0Y0K0,
M80Y50,
(선) C0M0Y0K0, 2pt

2. 문자 효과

① SEOUL TOUR (Arial, Bold, 50pt, C0M0Y0K0)
② EVENT TICKET (Arial, Bold, 40pt, C20)
③ Fair (Times New Roman, Italic, 80pt, K100)

출력형태

210 × 297mm [Mesh] M30Y30,
Y30

M20Y10 → C0M0Y0K0

Symbol

[Brush] Chalk – Scribble,
K100, 1pt

[Blend] 단계 : 10,
(선) C0M0Y0K0, 2pt
→ C50M40, 3pt

C60M90

M70Y90,
[Effect] Drop Shadow

C50M100K10

C40M60K10

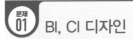
작업과정	새 도큐먼트 만들기 및 임시 파일 저장하기 ➡ 비행기 모양 만들기 ➡ 반호 모양 만들기 ➡ 문자 입력하기 ➡ 건물과 구름 모양 만들기 ➡ 저장 및 답안 전송하기
완성 이미지	Part05₩기출 유형 문제 3회₩수험번호-성명-1.ai

01 새 도큐먼트 만들기 및 임시 파일 저장하기

1 [File]-[New]를 선택하고 'Width : 100mm, Height : 80mm, Units : Millimeters, Color Mode : CMYK'를 설정하여 새 도큐먼트를 만들고 [View]-[Rulers]-[Show Rulers](**Ctrl** + **R**)를 선택하여 눈금자를 표시합니다.

2 작업 도큐먼트를 저장하기 위해 [File]-[Save As]를 선택하고 '저장 위치 : 내문서₩GTQ, Format : Adobe Illustrator(*AI), 파일 이름 : 수험번호-성명-문제번호.ai'를 입력하고 [저장]을 클릭한 후 [Illustrator Options] 대화상자에서 'Version : Illustrator CS6'로 설정하고 [OK]를 클릭합니다.

02 비행기 모양 만들기

1 Rounded Rectangle Tool(■)로 작업 도큐먼트를 클릭한 후 'Width : 7mm, Height : 42mm, Corner Radius : 10mm'를 입력하여 그리고 '면 : Y90K10, 테두리 : 임의 색상'을 지정합니다.

2 Direct Selection Tool(▨)로 둥근 사각형 상단의 고정점을 드래그하여 선택하고 Scale Tool(▦)을 더블 클릭하고 'Uniform : 70%'를 지정하고 [OK]를 눌러 축소합니다. Direct Selection Tool(▨)로 둥근 사각형 하단의 고정점을 드래그하여 선택하고 그림과 같이 아래로 이동합니다.

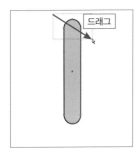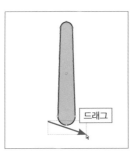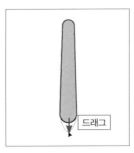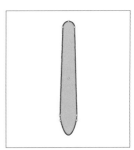

3 Selection Tool(▨)로 **Alt** 를 누르고 왼쪽 상단으로 드래그하여 복사하여 배치한 후, 2개의 오브젝트를 선택하고 Pathfinder 패널에서 'Divide(▦)'를 클릭하여 면을 분할합니다.

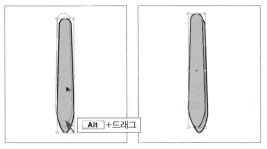

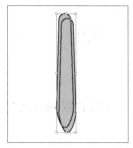

4 Selection Tool(⬚)로 분할된 오브젝트를 더블 클릭하여 Isolation Mode로 전환한 후에 그림과 같이 왼쪽 오브젝트를 클릭하고 **Delete** 를 눌러 삭제합니다. 오른쪽 오브젝트를 클릭하여 선택하고 '면 : M30Y90K40, 테두리 : 없음'을 지정한 후 왼쪽 오브젝트를 클릭하여 선택하고 '테두리 : 없음'을 지정합니다.

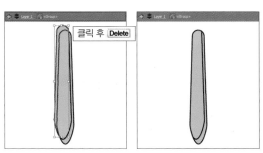

5 Rounded Rectangle Tool(⬚)로 작업 도큐먼트를 클릭한 후 'Width : 55mm, Height : 10mm, Corner Radius : 5mm'를 입력하여 그리고 '면 : M40Y100K70, 테두리 : 임의 색상'을 지정하고 그림과 같이 배치합니다.

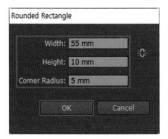

6 Rectangle Tool(⬚)로 드래그하여 둥근 사각형의 상단이 겹치도록 임의 색상의 사각형을 그린 후, Selection Tool(⬚)로 2개의 오브젝트를 선택하고 Pathfinder 패널에서 'Minus Front(⬚)'를 클릭합니다.

7 [Object]-[Path]-[Add Anchor Points]를 선택하고 고정점을 추가한 후 Direct Selection Tool()로 하단 가운데 고정점을 클릭하여 선택하고 아래로 이동합니다.

8 Direct Selection Tool()로 Shift 를 누르고 그림과 같이 하단의 2개의 고정점을 클릭하여 선택한 후 Scale Tool()을 더블 클릭하여 'Uniform : 70%'를 지정하고 [OK]를 눌러 패스를 축소합니다.

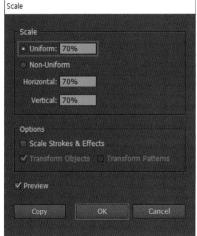

9 Selection Tool()로 비행기 날개 모양을 선택하고 Alt 를 누르고 상단으로 드래그하여 복사한 후 Gradient 패널에서 'Type : Linear'를 적용하고 Gradient Slider의 왼쪽 'Color Stop'을 더블 클릭하여 Y100K10을, 오른쪽 'Color Stop'을 더블 클릭하여 M40Y100을 적용합니다.

⑩ [Object]-[Path]-[Offset Path]를 선택하고 'Offset : −1mm'를 지정하여 축소된 복사본을 만든 후 '면 : 없음, 테두리 : M30Y90K40'을 지정하고, Stroke 패널에서 'Weight : 1pt, Dashed Line : 체크, dash : 4pt'를 입력하여 점선을 그려 배치합니다.

⑪ Selection Tool(👆)로 그림과 같이 드래그하여 점선이 적용된 오브젝트를 제외한 2개의 날개 모양을 선택한 후, [Object]-[Transform]-[Move]를 선택하고 'Horizontal : 0mm, Vertical : 5mm'를 입력하고 [Copy]를 눌러 도큐먼트 하단으로 이동하여 복사합니다.

 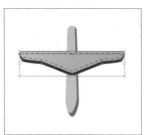 

⑫ 이동 복사한 날개 모양을 **Shift**+**Ctrl**+**[** 를 눌러 맨 뒤로 보내기를 하고 Selection Tool(👆)로 그라디언트가 적용된 날개 모양을 클릭하여 선택하고 '면 : M30Y90K20, 테두리 : 없음'을 지정한 후, Scale Tool(🔲)을 더블 클릭하고 'Uniform : 30%'를 지정하고 [Copy]를 누르고 Selection Tool(👆)로 그림과 같이 상단으로 이동하여 배치합니다.

⑬ Rounded Rectangle Tool(🔲)로 비행기 꼬리 중앙에 드래그하여 그리고 '면 : M30Y90K20, 테두리 : 없음'을 지정한 후 Direct Selection Tool(👆)로 상단을 그림과 같이 드래그하여 고정점을 선택하고 Scale Tool(🔲)로 안쪽으로 드래그하여 패스를 축소합니다.

14 Rectangle Tool(■)로 드래그하여 그림과 같이 날개 중앙에 사각형을 그리고 '면 : M30Y90K40, 테두리 : 없음'을 지정한 후 [Object]-[Path]-[Add Anchor Points]를 선택하고 고정점을 추가합니다. Direct Selection Tool(▶)로 사각형 하단의 가운데 고정점을 클릭하여 위로 드래그하여 이동하고 Convert Anchor Point Tool(⊾)로 고정점에 드래그하여 방향선을 추가합니다.

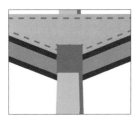 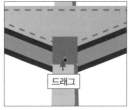 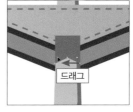 

합격생의 비법

Convert Anchor Point Tool(⊾)로 고정점에 드래그하여 방향선을 추가할 때 **Shift** 를 누르면 수평 상태의 방향선을 추가할 수 있습니다.

15 Line Segment Tool(╱)로 2개의 수직선과 1개의 사선을 왼쪽 날개 사이에 그림과 같이 그리고 '면 : 없음, 테두리 : M40Y100K70'을 지정하고 Stroke 패널에서 'Weight : 2pt'를 적용한 후, 3개의 선을 선택하고 [Object]-[Path]-[Outline Stroke]을 선택하여 선을 면으로 확장합니다.

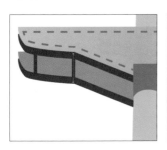 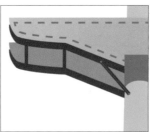 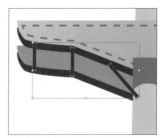

16 Ellipse Tool(●)로 작업 도큐먼트를 클릭한 후 'Width : 3mm, Height : 8mm'를 입력하여 그리고 '면 : C20Y20K10, 테두리 : 없음'을 지정합니다.

17 Ellipse Tool()로 드래그하여 하단에 타원을 그리고 '면 : C20Y20K90, 테두리 : 없음'을 지정한 후, Selection Tool(▶)로 2개의 타원을 선택하고 'Horizontal Align Center(▤)'를 클릭하여 가로 가운데 정렬을 지정합니다.

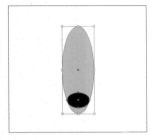

18 Pathfinder 패널에서 'Divide(▦)'를 클릭하여 면을 분할하고 Selection Tool(▶)로 오브젝트를 더블 클릭하여 Isolation Mode로 전환한 후에 하단의 불필요한 오브젝트를 선택하고 **Delete**를 눌러 삭제하고 도큐먼트의 빈 곳을 더블 클릭하여 정상 모드로 전환합니다.

클릭 후 **Delete**

19 Selection Tool(▶)로 완성된 오브젝트를 그림과 같이 왼쪽 날개 위에 배치하고 **Alt**를 누르고 오른쪽으로 드래그하여 복사하고 아래로 약간 이동합니다.

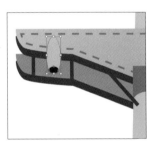
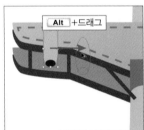
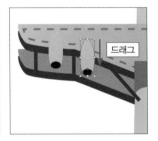

Alt +드래그

드래그

20 Selection Tool(▶)로 **Shift**를 누르고 그림과 같이 5개의 오브젝트를 선택하고 Reflect Tool(▧)로 **Alt**를 누르고 비행기 가운데를 클릭하여 'Axis : Vertical'을 지정하고 [Copy]를 눌러 복사합니다.

21 Selection Tool(▶)로 비행기 위쪽 날개를 모두 선택하고 [Shift]+[Ctrl]+[ ]]를 눌러 맨 앞으로 가져오기를 한 후, 비행기 아래쪽 날개와 2개의 사선 모양을 선택하고 [Shift]+[Ctrl]+[[ ]를 눌러 맨 뒤로 보내기를 합니다.

22 Rounded Rectangle Tool(◻)로 작업 도큐먼트를 클릭한 후 'Width : 16mm, Height : 3mm, Corner Radius : 5mm'를 입력하여 그리고 '면 : M90Y100, 테두리 : 없음'을 지정하고 [Object]-[Path]-[Add Anchor Points]를 선택하고 고정점을 추가합니다.

23 Direct Selection Tool(▶)로 그림과 같이 드래그하여 둥근 사각형의 가운데 2개의 고정점을 선택하고 Scale Tool(◻)을 선택하고 안쪽으로 드래그하여 패스를 축소합니다.

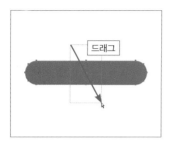

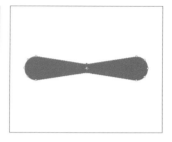

24 Selection Tool(▶)로 비행기 앞쪽에 배치하고 [Alt]를 누르고 아래로 드래그하여 복사하고 '면 : M90Y100K50, 테두리 : 없음'을 지정합니다. Ellipse Tool(◯)로 드래그하여 프로펠러 중앙에 원을 그리고 '면 : C20Y20K10, 테두리 : 없음'을 지정하고 Direct Selection Tool(▶)로 원의 상단 고정점을 클릭하고 [Delete]를 눌러 삭제합니다.

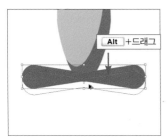  

25 Selection Tool(▶)로 비행기 모양 모두를 선택하고 [Object]-[Group](**Ctrl** + **G**)으로 그룹을 지정한 후, Rotate Tool(◯)을 더블 클릭하고 'Angle : 30°'를 지정하여 회전합니다.

03 반호 모양 만들기

1 Ellipse Tool(◯)로 **Shift** 를 누르고 드래그하여 크기가 다른 2개의 정원을 그리고 '면 : 없음, 테두리 : 임의 색상'을 지정한 후, Selection Tool(▶)로 2개의 원을 선택하고 Align 패널에서 'Horizontal Align Center(█)'와 'Vertical Align Center(█)'를 클릭하여 가운데 정렬을 맞춥니다.

2 Line Segment Tool(/)로 드래그하여 비행기 날개와 평행하도록 사선을 그리고 '면 : 없음, 테두리 : 임의 색상'을 지정하고 그림과 같이 배치한 후, Selection Tool(▶)로 2개의 원과 사선을 선택하고 Pathfinder 패널에서 'Divide(█)'를 클릭하여 면을 분할합니다.

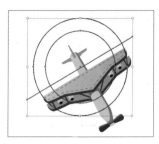

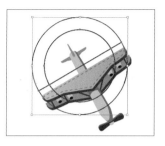

3 Selection Tool(▶)로 오브젝트를 더블 클릭하여 Isolation Mode로 전환한 후에 그림과 같이 드래그하여 오브젝트를 선택하고 **Delete** 를 눌러 삭제한 후, '면 : C90M30Y90K30, 테두리 : C10Y100'을 지정하고 Stroke 패널에서 'Weight : 4pt, Corner : Round Join'을 적용하고 **Esc** 를 눌러 정상 모드로 전환합니다.

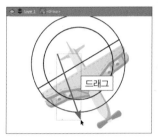

04 문자 입력하기

1 Ellipse Tool(◯)로 **Shift** 를 누르고 반호 모양의 안쪽 패스보다 조금 큰 임의 색상의 정원을 그리고 Type on a Path Tool(✎)로 정원을 클릭한 후 Character 패널에서 'Set the font family : Arial, Set the font style : Regular, Set the font size : 16pt'를 설정하고 '면 : C0M0Y0K0, 테두리 : 없음'을 지정한 후 ::: ENJOY FLYING :::을 입력합니다.

2 Type on a Path Tool(✎)로 'FLYING' 문자를 드래그하여 선택하고 '면 : Y100, 테두리 : 없음'을 지정한 후, Selection Tool(▶)로 문자가 입력된 원에 있는 수직선 모양(⊥)을 그림과 같이 드래그하고 위치를 조절하여 배치합니다.

05 건물과 구름 모양 만들기

1 Ellipse Tool(◉)로 작업 도큐먼트에 드래그하여 3개의 타원을 그림과 같이 서로 겹쳐서 그리고 '면 : C90M30Y90K30, 테두리 : 없음'을 지정한 후, Selection Tool(▶)로 타원을 모두 선택하고 Pathfinder 패널에서 'Unite(◻)'를 클릭하여 구름 모양으로 합칩니다.

2 Rectangle Tool(◼)로 작업 도큐먼트에 드래그하여 2개의 사각형을 그림과 같이 그리고 '면 : C90M30Y90K30, 테두리 : 없음'을 지정한 후 Direct Selection Tool(▶)로 오른쪽 사각형의 왼쪽 상단 고정점을 선택하고 아래로 이동하여 배치하고 2개의 사각형을 모두 선택하고 Pathfinder 패널에서 'Unite(◻)'를 클릭하여 건물 모양으로 합칩니다.

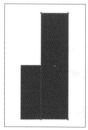 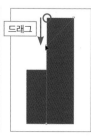  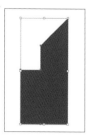

드래그

3 Rectangle Tool(◼)로 드래그하여 사각형을 그리고 '면 : C90M30Y90K30, 테두리 : 없음'을 지정한 후 Selection Tool(▶)로 **Alt** 를 누르고 오른쪽으로 드래그하여 복사하고 **Ctrl** + **D** 를 2번 눌러 반복 복사합니다.

  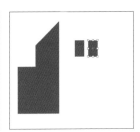 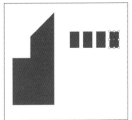

4 Selection Tool(⬚)로 4개의 사각형을 드래그하여 선택하고 **Alt** 를 누르고 아래로 드래그하여 복사하고 **Ctrl** + **D** 를 2번 눌러 반복 복사합니다.

5 Rectangle Tool(⬚)로 드래그하여 위와 동일한 색상의 2개의 사각형을 그리고 그림과 같이 배치한 후, Direct Selection Tool(▶)로 사각형의 상단 2개의 고정점을 드래그하여 선택하고 Scale Tool(⬚)로 안쪽으로 드래그하여 패스를 축소합니다.

6 Rectangle Tool(⬚)로 드래그하여 오른쪽 상단에 2개의 사각형을 그리고 Direct Selection Tool(▶)로 사각형의 오른쪽 2개의 고정점을 그림과 같이 드래그하여 선택하고 [Object]-[Path]-[Average]를 선택하고 'Axis : Both'를 지정하여 한 점에 정렬하여 삼각형으로 만듭니다.

7 [Object]-[Envelope Distort]-[Make with Warp]를 선택한 후 'Style : Flag, Bend : 30%'를 지정하여 삼각형을 깃발 모양으로 왜곡시킨 후 [Object]-[Envelope Distort]-[Expand]를 선택하고 확장합니다.

8 Selection Tool(▶)로 오른쪽 건물 모양을 모두 선택하고 Pathfinder 패널에서 'Unite(⬜)'를 클릭하여 합칩니다.

9 Selection Tool(▶)로 건물과 구름 모양을 모두 선택하고 그림과 같이 배치하고 조절점 밖에 마우스 커서를 위치하여 회전시킨 후 **Shift** + **Ctrl** + **[** 를 눌러 맨 뒤로 보내기를 합니다. Selection Tool(▶)로 왼쪽 건물 모양과 구름을 선택하고 조절점 밖에 마우스 커서를 위치하여 회전시킨 후 배치합니다.

10 Selection Tool(▶)로 구름 모양을 선택하고 **Alt** 를 누르고 그림과 같이 왼쪽 하단으로 드래그하여 복사하고 조절점을 드래그하여 크기를 줄이고 회전시켜 배치합니다.

06 저장 및 답안 전송하기

1 [View]-[Guides]-[Hide Guides](**Ctrl**+**;**)를 선택하여 안내선을 숨기고 [View]-[Fit Artboard in Window](**Ctrl**+**0**)을 선택하여 현재 창에 맞추기를 한 후 [File]-[Save As]를 선택하고 '저장 위치 : 내문서₩GTQ, Format : Adobe Illustrator(*AI), 파일 이름 : 수험번호-성명-문제번호.ai'를 입력하고 [저장]을 클릭한 후 [Illustrator Options] 대화상자에서 'Version : Illustrator CS6'로 설정하고 [OK]를 클릭합니다.

2 답안 저장이 완료가 되면 [File]-[Close](**Ctrl**+**W**)를 선택하여 파일을 닫고 수험 프로그램에서 [답안 전송]을 클릭하여 감독관 컴퓨터로 전송합니다.

문제 02 패키지, 비즈니스 디자인

작업과정	새 도큐먼트 만들기 및 임시 파일 저장하기 ➡ 자몽 단면 만들고 패턴 등록하기 ➡ 과육 모양 만들기 ➡ 태그 만들고 패턴 적용 및 변형하기 ➡ 문자 입력하고 이펙트 적용하기 ➡ 테이크아웃 컵 만들기 ➡ 컵 홀더 만들고 클리핑 마스크 적용하기 ➡ 저장 및 답안 전송하기
완성 이미지	Part05₩기출 유형 문제 3회₩수험번호-성명-2.ai

01 새 도큐먼트 만들기 및 임시 파일 저장하기

1 [File]-[New]를 선택하고 'Width : 160mm, Height : 120mm, Units : Millimeters, Color Mode : CMYK'를 설정하여 새 도큐먼트를 만들고 [View]-[Rulers]-[Show Rulers](**Ctrl**+**R**)를 선택하여 눈금자를 표시합니다.

2 작업 도큐먼트를 저장하기 위해 [File]-[Save As]를 선택하고 '저장 위치 : 내문서₩GTQ, Format : Adobe Illustrator(*AI), 파일 이름 : 수험번호-성명-문제번호.ai'를 입력하고 [저장]을 클릭한 후 [Illustrator Options] 대화상자에서 'Version : Illustrator CS6'로 설정하고 [OK]를 클릭합니다.

02 자몽 단면 만들고 패턴 등록하기

1 Ellipse Tool(◉)로 작업 도큐먼트를 클릭한 후 'Width : 30mm, Height : 30mm'를 입력하여 그리고 '면 : M30Y50, 테두리 : 없음'을 지정합니다. Scale Tool(▣)을 더블 클릭하여 'Uniform : 90%'를 지정하고 [Copy]를 누른 후 다시 더블 클릭하여 'Uniform : 10%'를 지정하고 [Copy]를 눌러 복사한 후 각각 '면 : Y20, M30Y50, 테두리 : 없음'을 적용합니다.

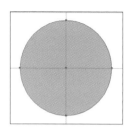 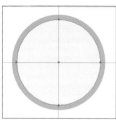 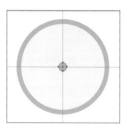

2 Rectangle Tool(■)로 원의 상단에 클릭하여 'Width : 10mm, Height : 13mm'를 입력하여 그리고 '면 : M60Y50, 테두리 : 없음'을 지정합니다. Direct Selection Tool(▶)로 Shift 를 누르고 사각형 하단의 2개의 고정점을 선택하고 [Object]-[Path]-[Average]를 선택하고 'Axis : Both'를 지정하여 한 점에 정렬합니다.

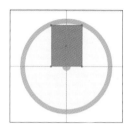 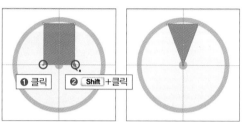

3 [Effect]-[Illustrator Effects]-[Stylize]-[Round Corners]를 선택하고 'Radius : 2.5mm'를 지정하여 모서리를 둥글게 만든 후 [Object]-[Expand Appearance]를 선택하여 오브젝트의 속성을 확장합니다.

4 Rotate Tool(↻)로 Alt 를 누르고 안내선의 교차지점을 클릭하여 'Angle : 45°'를 지정하고 [Copy]를 눌러 복사한 후 Ctrl + D 를 여러 번 눌러 그림과 같이 반복 복사합니다.

 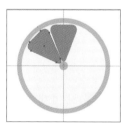 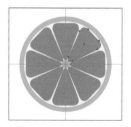

5 Ellipse Tool(●)로 드래그하여 원을 그리고 '면 : Y20, 테두리 : 없음'을 지정하고 Convert Anchor Point Tool(▸)로 하단 고정점을 클릭하여 방향선을 없앤 후 Selection Tool(▶)로 선택하고 조절점 밖을 드래그하여 회전합니다. Alt 를 누르고 드래그하여 복사한 후 회전하여 배치합니다.

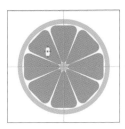 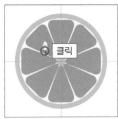  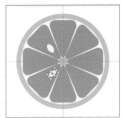

6 Ellipse Tool(⬤)로 **Shift** 를 누르고 드래그하여 6개의 크기가 다른 정원을 그리고 각각 '면 : C20Y70, M30Y50, M60Y50, 테두리 : 없음'을 적용하여 그림과 같이 배치합니다. Selection Tool(▷)로 자몽 단면 전체를 선택하고 [Object]-[Pattern]-[Make]로 'Name : 자몽'을 지정하고 패턴으로 등록하여 Swathes 패널에 저장합니다. 도큐먼트 상단의 'Done'을 클릭하여 정상 모드로 전환합니다.

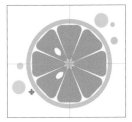 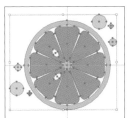 

03 과육 모양 만들기

1 문제지에 표시된 눈금자를 참고로 Ellipse Tool(⬤)로 4개의 정원을 그리고 각각 '면 : C10M80Y70, M20Y20, M70Y50, 테두리 : 없음'을 지정합니다.

 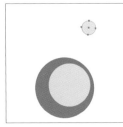 

2 Convert Anchor Point Tool(◥)로 클릭하여 방향선을 없앤 후 Direct Selection Tool(▷)로 하단 고정점을 아래로 드래그하여 이동시키고 오른쪽과 왼쪽 고정점의 방향선을 조정합니다.

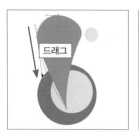
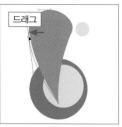

3 Selection Tool(🔲)로 과육 모양을 선택하고 Scale Tool(🔲)을 더블 클릭하여 'Uniform : 50%'를 지정하고 [Copy]를 눌러 복사합니다. 복사된 과육 모양을 선택하고 Rotate Tool(🔄)로 그림과 같은 위치에 클릭하여 회전의 중심축을 지정한 후 **Alt** 를 누르고 드래그하여 회전하여 복사하고 '면 : M40Y50, 테두리 : 없음'을 지정합니다.

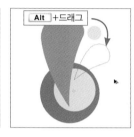

4 Selection Tool(🔲)로 왼쪽의 축소된 과육 모양을 선택하고 Gradient 패널에서 'Type : Radial'을 적용하고 Gradient Slider의 왼쪽 'Color Stop'을 더블 클릭하여 M60Y50을, 오른쪽 'Color Stop'을 더블 클릭하여 C0M0Y0K0을 적용합니다. Ellipse Tool(🔲)로 크기가 다른 2개의 원을 그림과 같이 그리고 2개의 원을 선택하고 Pathfinder 패널에서 'Minus Front(🔲)'를 클릭한 후 '면 : C0M0Y0K0, 테두리 : 없음'을 지정합니다. 과육 모양 모두를 선택하고 [Object]-[Group](**Ctrl** + **G**)으로 그룹을 지정합니다.

04 태그 만들고 패턴 적용 및 변형하기

1 Rounded Rectangle Tool(🔲)로 클릭하여 'Width : 35mm, Height : 60mm, Corner Radius : 5mm'를 입력하여 그리고 '면 : Y20, 테두리 : 없음'을 지정합니다. Ellipse Tool(🔲)로 정원을 그리고 '면 : 임의 색상, 테두리 : 임의 색상'을 지정하고 그림과 같이 배치합니다.

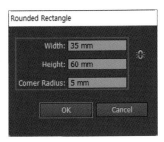

2 정원을 `Ctrl` + `C` 로 복사한 후 Selection Tool( )로 사각형과 원을 선택하고 [Object]-[Compound Path]-[Make]를 선택하여 겹친 부분을 투명하게 처리한 후 `Ctrl` + `F` 로 복사한 정원 앞에 붙이기를 하고 '면 : 없음, 테두리 : C60M60Y80'을 지정한 후 Stroke 패널에서 'Weight : 3pt'를 지정합니다.

3 Compound Path가 적용된 둥근 사각형을 선택하고 `Ctrl` + `C` 로 복사한 후 `Ctrl` + `F` 로 앞에 붙이기를 하고 Swatches 패널에서 '자몽' 패턴을 클릭하여 지정합니다. Scale Tool( )을 더블 클릭하고 'Uniform : 20%, Scale Strokes & Effects : 체크 해제, Transform Objects : 체크 해제, Transform Patterns : 체크'를 지정하여 패턴의 크기를 축소하고 Rotate Tool( )을 더블 클릭하여 'Angle : 45°'를 지정하여 회전한 후 Transparency 패널에서 'Opacity : 50%'를 지정하여 불투명도를 조절합니다.

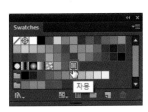
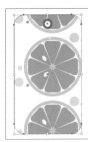

4 Ellipse Tool( )로 정원을 그리고 '면 : C0M0Y0K0, 테두리 : K90'을 지정하고 Stroke 패널에서 'Weight : 2pt'를 지정하고 사각형 중앙에 배치합니다. Scale Tool( )을 더블 클릭하여 'Uniform : 90%, Scale Strokes & Effects : 체크 해제, Transform Objects : 체크'를 지정하고 [Copy]를 눌러 복사한 후 Stroke 패널에서 'Weight : 1pt, Dashed Line : 체크, dash : 4pt'를 입력합니다.

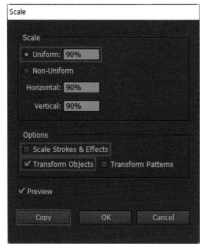

⑤ Rectangle Tool(▣)로 하단 중앙에 드래그하여 사각형을 그리고 '면 : C0M0Y0K0, 테두리 : 없음'을 지정한 후 바코드 형태로 넓이가 다른 사각형을 '면 : K100, 테두리 : 없음'을 지정하고 그림과 같이 그립니다. Selection Tool(▶)로 과육 모양을 선택하고 [Ctrl] + [C]로 복사한 후 [Ctrl] + [V]로 태그 위에 붙여 넣고 [Shift]를 누르고 조절점의 모서리를 안쪽으로 드래그하여 크기를 축소하여 배치합니다.

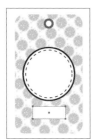

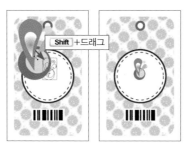

⑥ Pen Tool(✎)로 그림과 같이 태그 상단에 2개의 곡선 패스를 그리고 '면 : 없음, 테두리 : K90'을 지정하고 Stroke 패널에서 'Weight : 2pt'를 입력합니다.

⑦ Selection Tool(▶)로 줄 모양을 선택하고 Rotate Tool(⟳)로 줄 모양 하단을 클릭한 후 [Alt]를 누르고 드래그하여 복사하고 조절점의 상단 중간을 아래로 드래그하여 크기를 축소하여 배치합니다.

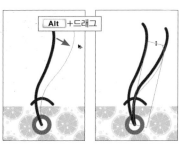

05 문자 입력하고 이펙트 적용하기

1 Type Tool(T)로 도큐먼트를 클릭한 후 Character 패널에서 'Set the font family : Times New Roman, Set the font style : Regular, Set the font size : 10pt'를 설정하고 '면 : C60M70Y80K30, 테두리 : 없음'을 지정한 후 NEW CAFE를 입력합니다.

2 Type Tool(T)로 'NEW CAFE' 문자 하단에 클릭한 후 Character 패널에서 'Set the font family : Arial, Set the font style : Regular, Set the font size : 8pt'를 설정하고 '면 : C60M70Y80, 테두리 : 없음'을 지정한 후 Homemade를 입력합니다.

3 줄 모양을 제외한 태그 전체를 선택하고 Ctrl + G 로 그룹을 지정한 후 Shift + Ctrl + [를 눌러 맨 뒤로 보내기를 한 후, [Effect]-[Illustrator Effects]-[Stylize]-[Drop Shadow]를 선택하고 'Opacity : 75%, X Offset : 1mm, Y Offset : 1mm, Blur : 1mm'를 지정하여 그림자 효과를 적용합니다.

4 줄 모양을 포함한 태그 전체를 선택하고 [Object]-[Group](**Ctrl** + **G**)으로 그룹을 지정한 후 Selection Tool(cursor)로 조절점 밖을 **Shift** 를 누르고 드래그하여 그림과 같이 45°로 회전합니다.

06 테이크아웃 컵 만들기

1 Rounded Rectangle Tool(tool)로 클릭하여 'Width : 33mm, Height : 66mm, Corner Radius : 2mm'를 입력하여 그리고 '면 : C10K20, 테두리 : 없음'을 지정합니다.

2 Direct Selection Tool(tool)로 2개의 상단 고정점을 선택하고 **Delete** 를 눌러 삭제합니다. Direct Selection Tool(tool)로 2개의 상단 고정점을 선택하고 Scale Tool(tool)로 그림과 같이 바깥쪽으로 드래그하여 확대합니다.

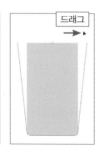

3 Ellipse Tool(tool)로 드래그하여 하단에 타원을 그리고 '면 : C10K30, 테두리 : 없음'을 지정하고 Rectangle Tool(tool)로 드래그하여 그림과 같이 타원과 겹치도록 임의 색상의 사각형을 그리고 Selection Tool(tool)로 사각형과 타원을 선택하고 Pathfinder 패널에서 'Minus Front( )'를 클릭합니다.

4 Ellipse Tool(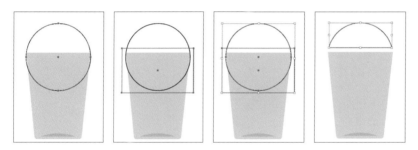)과 Rectangle Tool(■)로 드래그하여 그림과 같이 원의 하단과 겹치도록 사각형을 그리고 '면 : 없음, 테두리 : 임의 색상'을 지정한 후, Selection Tool(▶)로 원과 사각형을 선택하고 Pathfinder 패널에서 'Minus Front(■)'를 클릭합니다.

5 Rounded Rectangle Tool(■)로 그림과 같이 3개를 둥근 사각형을 뚜껑 부분에 그려 배치하고 Selection Tool(▶)로 컵의 뚜껑에 해당하는 오브젝트를 모두 선택하고 Pathfinder 패널에서 'Unite(■)'를 클릭하여 합칩니다.

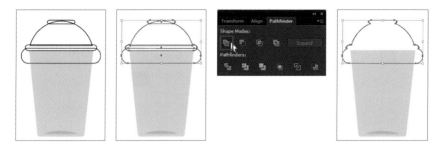

6 Rectangle Tool(■)로 드래그하여 컵 뚜껑의 하단과 겹치도록 사각형을 그리고 컵의 뚜껑과 사각형을 선택하고 Pathfinder 패널에서 'Minus Front(■)'를 클릭하고 '면 : C10K20, 테두리 : 없음'을 지정합니다. 컵의 뚜껑과 하단을 선택하고 Transparency 패널에서 'Opacity : 40%'를 지정하여 불투명도를 조절합니다.

7 Rounded Rectangle Tool(■)로 그림과 같이 컵의 뚜껑에 하이라이트에 해당하는 2개의 둥근 사각형을 그려 배치하고 '면 : C0M0Y0K0, 테두리 : 없음'을 지정하고 Transparency 패널에서 'Opacity : 100%'를 지정합니다.

8 Pen Tool()로 그림과 같이 뚜껑 모양 위에 패스를 그리고 '면 : C0M0Y0K0, 테두리 : 없음'을 지정합니다.

9 Reflect Tool()로 컵의 중앙을 클릭한 후 **Alt** 와 **Shift** 를 누르고 수직으로 뒤집으며 복사합니다.

합격생의 비법

Reflect Tool(🔁)로 변형 축을 클릭한 후 **Alt** 와 **Shift** 를 누르고 뒤집으며 드래그하면 반듯하게 반사하여 복사할 수 있습니다.

10 Rectangle Tool(■)로 클릭하여 'Width : 6mm, Height : 80mm'를 입력하여 빨대 모양을 그리고 '면 : C60M60Y80, 테두리 : 없음'을 지정한 후 **Shift**+**Ctrl**+**[** 를 눌러 맨 뒤로 보내기를 합니다.

07 컵 홀더 만들고 클리핑 마스크 적용하기

1 컵의 하단을 선택하고 Scale Tool(⬚)을 더블 클릭하고 'Uniform : 105%'를 지정하고 [Copy]를 눌러 복사하고 Transparency 패널에서 'Opacity : 100%'를 지정합니다. Rectangle Tool(⬚)로 드래그하여 복사한 컵의 중앙과 겹치도록 사각형을 그리고 2개의 오브젝트를 선택하여 Pathfinder 패널에서 'Intersect(⬚)'를 클릭합니다.

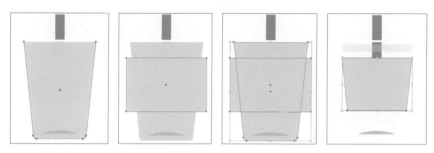

2 Ellipse Tool(⬤)로 컵 홀더 중앙에 **Shift**를 누르고 정원을 그리고 '면 : 없음, 테두리 : C60M70Y80K40'을 지정한 후 Scissors Tool(✂)로 원의 하단 고정점의 왼쪽과 오른쪽을 각각 클릭하여 자르고 **Delete**를 2번 눌러 삭제합니다.

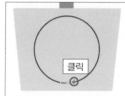

3 열린 패스를 선택하고 Brushes 패널 하단에 'Brush Libraries Menu'를 클릭한 후 [Artistic]-[Artistic_ChalkCharcoalPencil]를 선택하여 추가 브러쉬 패널을 불러온 후 'Charcoal - Smooth'를 선택하고 Stroke 패널에서 'Weight : 0.5pt'를 지정합니다.

4 과육 모양을 선택하고 **Ctrl**+**C**로 복사한 후 **Ctrl**+**V**로 붙여 넣고 Selection Tool(▶)로 **Shift**를 누르고 조절점을 드래그하여 축소하고 Group Selection Tool(▶⁺)로 각각 선택하여 '면 : C60M70Y80K40, M40Y50K40, C0M0Y0K0, 테두리 : 없음'을 지정합니다. **Ctrl**+**V**를 2번 더 실행하고 붙여 넣고 Selection Tool(▶)로 조절점을 드래그하여 그림과 같이 각각 축소하고 회전하여 배치합니다.

⑤ 태그에서 'NEW CAFE' 문자를 Group Selection Tool(▶+)로 선택하여 Ctrl + C 로 복사한 후 Ctrl + V 로 붙여 넣고 Selection Tool(▶)로 선택한 후 Shift 를 누르고 조절점을 회전하여 배치합니다. Character 패널에서 'Set the font size : 13pt'를 설정합니다.

 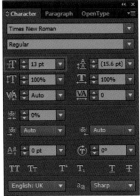 

⑥ 태그에서 'Homemade' 문자를 Group Selection Tool(▶+)로 선택하여 Ctrl + C 로 복사한 후 Ctrl + V 로 붙여 넣고 Selection Tool(▶)로 선택한 후 Shift 를 누르고 조절점을 회전하여 배치합니다. Character 패널에서 'Set the font size : 11pt'를 설정합니다.

⑦ 컵 홀더를 선택하고 Shift + Ctrl +] 로 맨 앞으로 가져오기를 하고 Selection Tool(▶)로 Shift 를 누르고 클리핑 마스크를 적용할 오브젝트를 선택한 후 [Object]-[Clipping Mask]-[Make]로 마스크를 적용합니다.

⑧ 투명해진 컵 홀더를 Selection Tool(▶)로 더블 클릭하여 Isolation Mode로 전환한 후에 [View]-[Smart Guides](Ctrl + U)를 선택하고 Selection Tool(▶)로 투명해진 패스를 선택하고 '면 : M20Y50K20, 테두리 : 없음'을 지정하고 Esc 를 눌러 정상 모드로 전환합니다.

저장 및 답안 전송하기

1 [View]–[Guides]–[Hide Guides](**Ctrl**+**;**)를 선택하여 안내선을 숨기고 [View]–[Fit Artboard in Window](**Ctrl**+**0**)을 선택하여 현재 창에 맞추기를 한 후 [File]–[Save As]를 선택하고 '저장 위치 : 내문서₩GTQ, Format : Adobe Illustrator(*AI), 파일 이름 : 수험번호–성명–문제번호.ai'를 입력하고 [저장]을 클릭한 후 [Illustrator Options] 대화상자에서 'Version : Illustrator CS6'로 설정하고 [OK]를 클릭합니다.

2 답안 저장이 완료가 되면 [File]–[Close](**Ctrl**+**W**)를 선택하여 파일을 닫고 수험 프로그램에서 [답안 전송]을 클릭하여 감독관 컴퓨터로 전송합니다.

문제 03 광고 디자인

작업과정	새 도큐먼트 만들기 및 임시 파일 저장하기 ➡ 심볼 제작 및 등록하기 ➡ 메쉬로 배경 만들기 ➡ 방사형 오브젝트 만들기 ➡ 타워 모양 만들고 이펙트 적용하기 ➡ 건물 실루엣 만들기 ➡ 블렌드 효과 ➡ 비행기 모양 만들기 ➡ 심볼 적용 및 브러쉬 적용하기 ➡ 문자 입력 및 왜곡하고 클리핑 마스크 적용하기 ➡ 저장 및 답안 전송하기
완성 이미지	Part05₩기출 유형 문제 3회₩수험번호–성명–3.ai

---

01 **새 도큐먼트 만들기 및 임시 파일 저장하기**

1 [File]–[New]를 선택하고 'Width : 210mm, Height : 297mm, Units : Millimeters, Color Mode : CMYK'를 설정하여 새 도큐먼트를 만들고 [View]–[Rulers]–[Show Rulers](**Ctrl**+**R**)를 선택하여 눈금자를 표시합니다.

2 작품의 규격 왼쪽 상단에 원점(0,0)을 확인하고 왼쪽과 상단 눈금자 위에서 마우스를 드래그하여 제시된 출력형태와 레이아웃 구성을 동일하게 작업하기 위해서 안내선을 표시합니다.

3 작업 도큐먼트를 저장하기 위해 [File]–[Save As]를 선택하고 '저장 위치 : 내문서₩GTQ, Format : Adobe Illustrator(*AI), 파일 이름 : 수험번호–성명–문제번호.ai'를 입력하고 [저장]을 클릭한 후 [Illustrator Options] 대화상자에서 'Version : Illustrator CS6'로 설정하고 [OK]를 클릭합니다.

---

02 **심볼 제작 및 등록하기**

1 Ellipse Tool()로 작업 도큐먼트를 클릭한 후 'Width : 15mm, Height : 25mm'를 입력하여 임의 색상의 타원을 그립니다. Direct Selection Tool(▶)로 타원 하단의 고정점을 클릭하여 선택하고 아래로 이동하고 상단의 고정점도 그림과 같이 아래로 이동합니다.

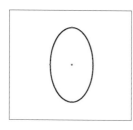 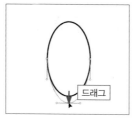 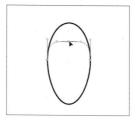

2 Convert Anchor Point Tool(▱)로 오른쪽 상단의 방향선을 드래그하여 그림과 같이 조절하고 Direct Selection Tool(▸)로 왼쪽 상단의 세그먼트를 드래그하여 선택하고 방향선을 오른쪽과 대칭이 되도록 조절합니다.

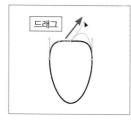 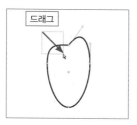 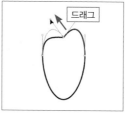 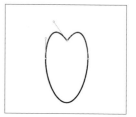

3 Selection Tool(▸)로 꽃잎 모양을 선택하고 Rotate Tool(⟳)로 그림과 같이 하단을 **Alt**를 누르고 클릭하여 'Angle : 72°'를 지정하고 [Copy]를 눌러 복사한 후 **Ctrl** + **D**를 3번 눌러 그림과 같이 반복 복사합니다. Selection Tool(▸)로 꽃 모양을 모두 선택하고 Pathfinder 패널에서 'Unite(▣)'를 클릭하여 합칩니다.

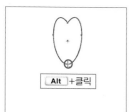   

4 Gradient 패널에서 'Type : Radial'을 적용하고 Gradient Slider의 왼쪽 'Color Stop'을 더블 클릭하여 M100Y100을, 오른쪽 'Color Stop'을 더블 클릭하여 M40Y40을 적용하고 '테두리 : 없음'을 지정합니다.

5 Rounded Rectangle Tool(▢)로 꽃 모양 위에 드래그하여 그림과 같이 그리고 '면 : Y50, 테두리 : 없음'을 지정합니다. Selection Tool(▸)로 꽃 모양을 선택하고 [Object]-[Lock]-[Selection](**Ctrl** + **2**)을 선택하여 잠그고 Direct Selection Tool(▸)로 그림과 같이 드래그하여 상단의 고정점을 모두 선택하고 Scale Tool(▣)로 안쪽으로 드래그하여 축소한 후, Selection Tool(▸)로 조절점 밖에 마우스 커서를 위치하여 회전시켜 배치합니다.

6️⃣ Pen Tool(🖊)로 그림과 같이 잎의 절반에 해당하는 임의 색상의 패스를 그리고 Direct Selection Tool(🔺)로 하단의 열린 2개의 고정점을 드래그하여 선택한 후, [Object]-[Path]-[Average]를 선택하고 'Axis : Horizontal'을 지정하고 [OK]를 눌러 가로 평균 지점에 정렬하여 수평을 맞춥니다.

 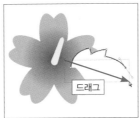 

7️⃣ Selection Tool(🔺)로 잎의 절반을 선택하고 Reflect Tool(🔲)로 **Alt**를 누르고 그림과 같이 클릭하여 'Axis : Horizontal'을 지정하고 [Copy]를 눌러 복사합니다. Selection Tool(🔺)로 잎 모양 모두를 선택하고 Pathfinder 패널에서 'Unite(🔲)'를 클릭하여 합친 후, '면 : C60Y60, 테두리 : C80Y70'을 지정하고 Stroke 패널에서 'Weight : 4pt'를 적용합니다.

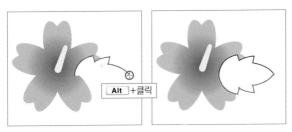 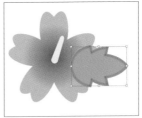

8️⃣ Selection Tool(🔺)로 잎 모양을 선택하고 조절점 밖에 마우스 커서를 위치하여 회전시켜 배치한 후, [Object]-[Path]-[Outline Stroke]을 선택하여 선을 면으로 확장하고 **Shift** + **Ctrl** + **[** 로 맨 뒤로 보내기를 합니다.

9️⃣ Selection Tool(🔺)로 더블 클릭하여 Isolation Mode로 전환한 후 그림과 같이 안쪽의 잎 모양을 아래로 이동하여 약간 어긋나도록 배치합니다. Direct Selection Tool(🔺)로 그림과 같이 튀어나온 고정점을 드래그하여 선택하고 [Object]-[Path]-[Average]를 선택하고 'Axis : Both'를 지정하여 한 점에 정렬한 후, **Esc**를 눌러 정상 모드로 전환합니다.

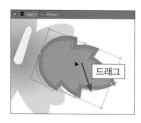 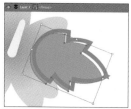 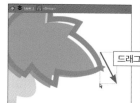 

🔟 Ellipse Tool( )로 Shift 를 누르고 드래그하여 정원을 그리고 '면 : M80Y50, 테두리 : 없음'
을 지정한 후 [Object]–[Path]–[Add Anchor Points]를 선택하여 고정점을 균일하게 추가합
니다.

⑪ [Effect]–[Illustrator Effects]–[Distort & Transform]–[Pucker & Bloat]를 선택한 후 15%
를 지정하고 [OK]를 눌러 꽃 모양을 만들고 [Object]–[Expand Appearance]를 선택하여 오브
젝트의 속성을 확장합니다.

⑫ Ellipse Tool( )로 Alt 와 Shift 를 누르고 드래그하여 꽃 모양 중앙에 정원을 그리고 '면 :
없음, 테두리 : C0M0Y0K0'을 지정하고 Stroke 패널에서 'Weight : 2pt'를 적용합니다.

⑬ Ellipse Tool( )로 드래그하여 꽃 모양 상단에 타원을 그리고 '면 : C0M0Y0K0, 테두리 : 없
음'을 지정하고 3개의 오브젝트를 선택하고 Align 패널에서 'Horizontal Align Center( )'를
클릭합니다. [View]–[Smart Guides](Ctrl + U)를 선택하고 Selection Tool( )로 타원을
선택한 후 Rotate Tool( )로 꽃 모양의 중심점을 Alt 를 누르고 클릭하여 'Angle : 45°'를
지정하고 [Copy]를 눌러 복사한 후, Ctrl + D 를 6번 눌러 반복 복사합니다.

14 [Object]-[UnLock All](**Alt** + **Ctrl** + **2**)을 선택하고 앞에서 잠근 꽃 모양의 잠금을 해제한 후, [Select]-[All](**Ctrl** + **A**)로 꽃 모양을 선택하고 Symbols 패널 하단에 'New Symbol'을 클릭하고 'Name : 무궁화, Type : Graphic'을 지정하여 심볼로 등록한 후 꽃 모양은 **Delete** 를 눌러 삭제합니다.

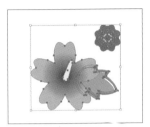 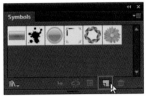 

03 메쉬로 배경 만들기

1 Rectangle Tool(■)로 작업 도큐먼트 왼쪽 상단의 원점(0,0)을 클릭하여 'Width : 210mm, Height : 297mm'를 입력하여 그리고 '면 : M30Y30, 테두리 : 없음'을 지정합니다. Mesh Tool(▦)로 그림과 같이 안내선의 교차지점에 클릭하여 Y30 색상을 적용합니다.

합격생의 비법

도큐먼트 왼쪽 상단의 원점(0,0)을 클릭하여 입력하면 제시된 도큐먼트 크기와 동일한 사각형을 정렬하여 그릴 수 있습니다.

04 방사형 오브젝트 만들기

1 Pen Tool(✎)로 클릭하여 도큐먼트의 하단에 삼각형을 그리고 Gradient 패널에서 'Type : Linear, Angle : 90°'를 적용하고 Gradient Slider의 왼쪽 'Color Stop'을 더블 클릭하여 M20Y10을, 오른쪽 'Color Stop'을 더블 클릭하여 C0M0Y0K0을 적용하고 '테두리 : 없음'을 지정합니다.

 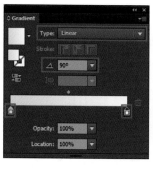 

2 Selection Tool(🔲)로 삼각형을 선택하고 Rotate Tool(🔲)로 **Alt** 를 누르고 안내선의 교차 지점을 클릭하여 'Angle : 30"'를 지정하고 **Ctrl** + **C** 를 눌러 복사하고 **Ctrl** + **D** 를 10번 눌러 그림과 같이 반복 복사합니다.

3 Selection Tool(🔲)로 삼각형을 모두 선택하고 **Ctrl** + **G** 로 그룹을 지정한 후 Rotate Tool(🔲)을 더블 클릭하여 'Angle : 15"'를 지정하여 회전합니다.

05 타워 모양 만들고 이펙트 적용하기

1 Rectangle Tool(🔲)로 작업 도큐먼트 하단 중앙에 클릭한 후 'Width : 12mm, Height : 90mm'를 입력하여 그리고 '면 : 임의 색상, 테두리 : 임의 색상'을 지정합니다.

2 Rounded Rectangle Tool(🔲)로 사각형 상단에 클릭한 후 'Width : 30mm, Height : 20mm, Corner Radius : 3mm'를 입력하여 그리고 '면 : 임의 색상, 테두리 : 임의 색상'을 지정합니다.

3 Rounded Rectangle Tool(🔲)로 드래그하여 크기가 다른 둥근 사각형을 여러 개 그리고 '면 : 임의 색상, 테두리 : 임의 색상'을 지정합니다.

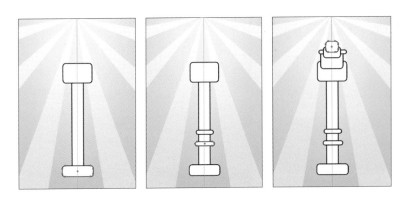

4 Rounded Rectangle Tool(▣)로 수평 안내선 상단에 드래그하여 둥근 사각형을 그리고 **Alt**를 누르고 그림과 같이 드래그하여 복사하고 **Ctrl**+**D**를 2번 눌러 반복 복사합니다.

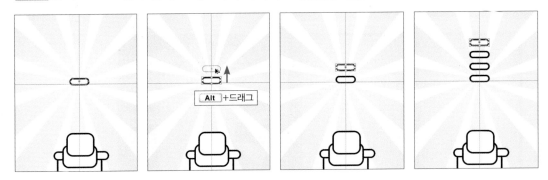

5 Rectangle Tool(▣)로 드래그하여 크기가 다른 임의 색상의 사각형을 그림과 같이 여러 개 그리고 타워의 상단을 완성합니다.

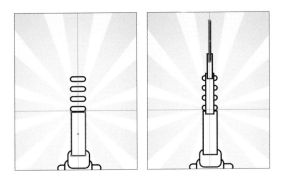

6 Selection Tool(▶)로 타워 모양을 모두 선택하고 Align 패널에서 'Horizontal Align Center(♣)'를 클릭하여 가로 가운데 정렬을 지정한 후 Pathfinder 패널에서 'Unite(▣)'를 클릭하여 타워 모양으로 합칩니다.

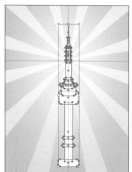

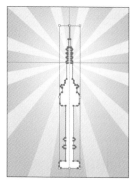

7 Direct Selection Tool(▶)로 그림과 같이 드래그하여 타워 중간 2개의 고정점을 선택하고 아래로 이동한 후, 타워 하단의 2개의 고정점을 드래그하여 선택하고 위로 이동합니다.

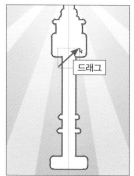
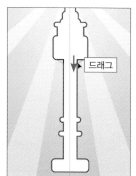
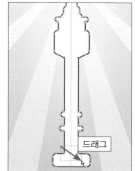
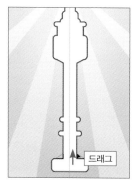

8 Rounded Rectangle Tool(▢)로 드래그하여 둥근 사각형을 그림과 같이 그리고 **Alt** 를 누르고 오른쪽으로 드래그하여 복사하고 **Ctrl** + **D** 를 3번 눌러 반복 복사합니다.

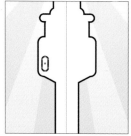
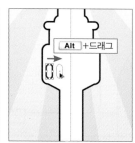

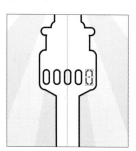

9 Selection Tool(▶)로 5개의 둥근 사각형을 모두 선택하고 **Ctrl** + **G** 로 그룹을 지정한 후 타워 모양과 함께 선택하고 Align 패널에서 'Horizontal Align Center(▤)'를 클릭하여 가로 가운데 정렬을 지정합니다.

🔟 Pathfinder 패널에서 'Minus Front(⬚)'를 클릭하여 둥근 사각형과 겹친 부분을 뺀 후 '면 : M70Y90, 테두리 : 없음'을 지정합니다. [Effect]-[Illustrator Effects]-[Stylize]-[Drop Shadow]를 선택하고 'Opacity : 75%, X Offset : 1mm, Y Offset : 1mm, Blur : 1mm'를 지정하여 그림자 효과를 적용합니다.

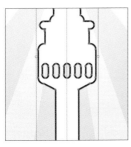   

06 건물 실루엣 만들기

1️⃣ Rectangle Tool(⬛)로 작업 도큐먼트를 클릭한 후 'Width : 240mm, Height : 24mm'를 입력하여 그리고 '면 : 임의 색상, 테두리 : 임의 색상'을 지정합니다.

2️⃣ Rectangle Tool(⬛)로 그림과 같이 드래그하여 크기가 다른 사각형을 여러 개를 그리고 건물의 대략적인 윤곽을 만듭니다.

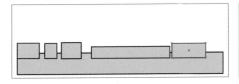 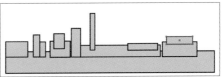

3️⃣ Selection Tool(▶)로 사각형을 선택한 후 [Object]-[Path]-[Add Anchor Points]로 고정점을 균일하게 추가하고 Direct Selection Tool(▷)로 상단 가운데 고정점을 선택하고 위로 이동하여 뾰족하게 만든 후, 오른쪽 사각형의 상단 오른쪽 고정점을 선택하고 아래로 이동합니다.

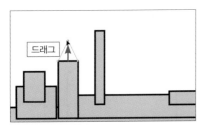 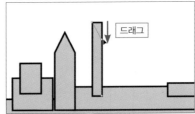

4️⃣ Add Anchor Point Tool(📍)로 왼쪽 선분에 클릭하여 고정점을 추가하고 Direct Selection Tool(▷)로 왼쪽 하단의 고정점을 클릭하여 선택하고 왼쪽으로 이동합니다.

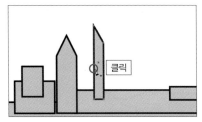 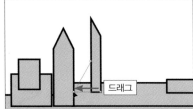

5 Convert Anchor Point Tool(⟍)로 왼쪽에 추가한 고정점에 드래그하여 방향선을 그림과 같이 조절하여 곡선으로 변환합니다.

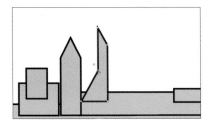 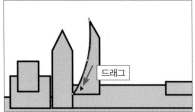

6 Pen Tool(✎)로 그림과 같이 임의 색상의 기와 지붕 형태를 그리고 Selection Tool(▸)로 **Alt** 를 누르고 오른쪽으로 드래그하여 복사합니다.

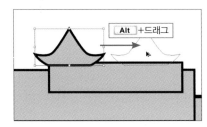 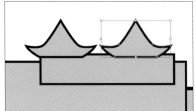

7 Selection Tool(▸)로 조절점 모서리에 마우스 커서를 위치하여 **Shift** 를 누르고 바깥쪽으로 드래그하여 크기를 확대한 후 배치합니다. Rounded Rectangle Tool(◻)로 오른쪽 기와 지붕 상단 중앙에 드래그하여 둥근 사각형을 그립니다.

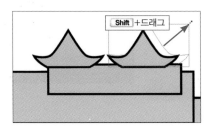 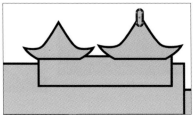

⑧ Pen Tool(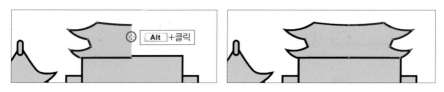)로 그림과 같이 기와 지붕의 왼쪽 모양을 그린 후, Selection Tool(🔍)로 기와 지붕의 왼쪽 모양을 선택하고 Reflect Tool(🔁)로 **Alt** 를 누르고 그림과 같이 클릭하여 'Axis : Vertical'을 지정하고 [Copy]를 눌러 복사합니다.

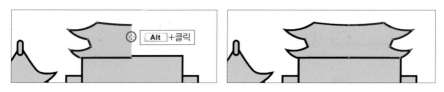

⑨ Selection Tool(🔍)로 건물 모양 모두를 선택하고 Pathfinder 패널에서 'Unite(🔲)'를 클릭하여 합치고 '면 : C40M60K10, 테두리 : 없음'을 지정합니다.

⑩ Rectangle Tool(🔲)로 건물 모양 위에 그림과 같이 드래그하여 크기가 다른 4개의 사각형을 그리고 Selection Tool(🔍)로 건물 모양과 4개의 사각형을 선택하고 Pathfinder 패널에서 'Minus Front(🔲)'를 클릭한 후, 도큐먼트의 하단에 배치합니다.

07 블렌드 효과

❶ Pen Tool(🖊)로 작업 도큐먼트를 완전히 벗어나는 2개의 곡선을 그리고 상단 곡선은 '면 : 없음, 선 : C0M0Y0K0'을 지정한 후 Stroke 패널에서 'Weight : 2pt'를 적용합니다. 하단 곡선은 '면 : 없음, 선 : C50M40'을 지정한 후 Stroke 패널에서 'Weight : 3pt'를 적용합니다.

❷ Selection Tool(🔍)로 2개의 곡선을 선택한 후 [Object]-[Blend]-[Make]를 적용하고 [Object]-[Blend]-[Blend Options]로 'Specified Steps : 10'를 적용합니다.

08 비행기 모양 만들기

1 Rectangle Tool(■)로 작업 도큐먼트를 클릭한 후 'Width : 7mm, Height : 24mm'를 입력하여 그리고 '면 : 임의 색상, 테두리 : 임의 색상'을 지정합니다.

2 [Object]-[Path]-[Add Anchor Points]를 선택하고 고정점을 균일하게 추가합니다. Direct Selection Tool(▶)로 사각형 상단의 가운데 고정점을 클릭하여 선택하고 **Shift** 를 누르고 위로 반듯하게 이동합니다.

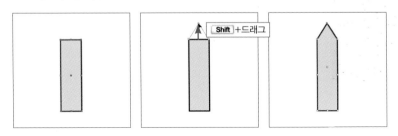

3 Direct Selection Tool(▶)로 사각형 하단의 3개의 고정점을 드래그하여 선택하고 Scale Tool(◩)로 그림과 같이 안쪽으로 드래그하여 하단을 축소합니다. Rectangle Tool(■)로 하단 중앙에 사각형을 그린 후, [Object]-[Path]-[Add Anchor Points]를 선택하고 고정점을 균일하게 추가합니다.

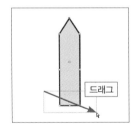 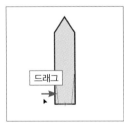 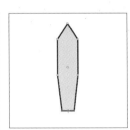 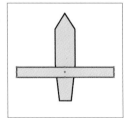

4 Direct Selection Tool(▶)로 사각형 상단의 가운데 고정점을 선택하고 **Shift** 를 누르고 위로 반듯하게 이동합니다. 같은 방법으로 사각형 하단의 가운데 고정점을 그림과 같이 위로 반듯하게 이동합니다.

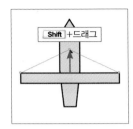 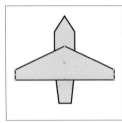  

5 Selection Tool(▶)로 비행기의 날개 모양을 선택하고 Scale Tool(◩)을 더블 클릭하고 'Horizontal : 40%, Vertical : 60%'를 지정하고 [Copy]를 눌러 복사한 후 꼬리 부분에 배치합니다.

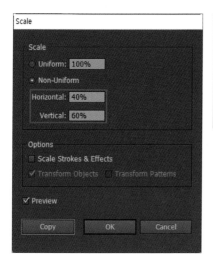

6 Selection Tool(▶)로 비행기 모양을 모두 선택하고 [Effect]−[Illustrator Effects]−
[Stylize]−[Round Corners]를 선택하고 'Radius : 2.5mm'를 지정하여 모서리를 둥글게 한
후, [Object]−[Expand Appearance]를 선택하여 오브젝트의 속성을 확장합니다.

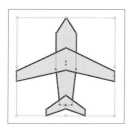

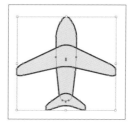

7 Rectangle Tool(■)로 비행기 하단 중앙에 사각형을 그리고 Selection Tool(▶)로 큰 날개
모양을 제외한 비행기 몸통 부분과 사각형을 선택하고 Pathfinder 패널에서 'Unite(■)'를 클
릭하여 합칩니다.

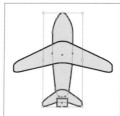

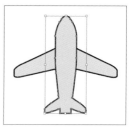

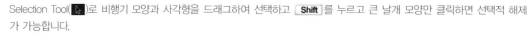

합격생의 비법

Selection Tool(▶)로 비행기 모양과 사각형을 드래그하여 선택하고 **Shift** 를 누르고 큰 날개 모양만 클릭하면 선택적 해제
가 가능합니다.

8 Selection Tool(▶)로 비행기 몸통과 날개 모양을 선택하고 Pathfinder 패널에서 'Divide(■)'
를 클릭하여 면을 분할합니다.

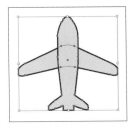  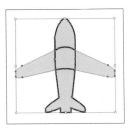

⑨ Selection Tool(▣)로 비행기 모양을 더블 클릭하여 Isolation Mode로 전환한 후 분리된 왼쪽 날개와 오른쪽 날개 부분을 각각 선택하고 그림과 같이 이동합니다.

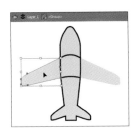 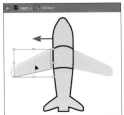  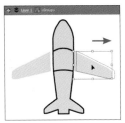

⑩ Selection Tool(▣)로 분리된 몸통 부분을 모두 선택하고 Pathfinder 패널에서 'Unite(▣)'를 클릭하여 합친 후, **Esc**를 눌러 정상 모드로 전환하고 '면 : C50M100K10, 테두리 : 없음'을 지정합니다.

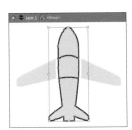 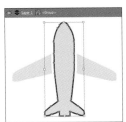 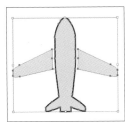 

⑪ Selection Tool(▣)로 완성된 비행기 모양을 회전시켜 배치합니다.

09 심볼 적용 및 브러쉬 적용하기

❶ Symbols 패널에서 '무궁화' 심볼을 선택하고 Symbol Sprayer Tool(▣)로 작업 도큐먼트를 드래그하여 뿌려줍니다. Symbol Sizer Tool(▣)로 **Alt**를 누르고 클릭하여 일부 심볼의 크기를 축소하고 Symbol Shifter Tool(▣)로 심볼의 위치를 이동시킨 후 Symbol Spinner Tool(▣)로 일부를 회전하여 배치합니다.

2 Symbol Screener Tool()로 일부를 클릭하여 투명하게 적용한 후, Symbol Stainer Tool()로 Swatches 패널에서 제시된 출력형태와 유사한 색상을 선택하고 일부에 클릭하여 색조의 변화를 적용합니다.

 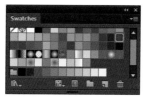 

3 Brushes 패널 하단에 'Brush Libraries Menu'를 클릭한 후 [Artistic]-[Artistic_ ChalkCharcoalPencil]를 선택하여 추가 브러쉬 패널을 불러온 후 'Chalk - Scribble'을 선택합니다.

4 Paintbrush Tool()로 드래그하여 'K' 모양을 그리고 '면 : 없음, 테두리 : K100'을 지정하고 Stroke 패널에서 'Weight : 1pt'를 지정합니다.

 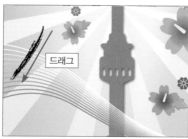 

10 문자 입력 및 왜곡하고 클리핑 마스크 적용하기

1 Type Tool(T)로 도큐먼트를 클릭한 후 Character 패널에서 'Set the font family : Times New Roman, Set the font style : Italic, Set the font size : 80pt'를 설정하고 '면 : K100, 테두리 : 없음'을 지정한 후 Fair를 입력하고, Selection Tool(▶)로 조절점을 회전하여 배치합니다.

2 Ellipse Tool(⬤)로 작업 도큐먼트 상단에 드래그하여 타원을 그리고 '면 : C60M90, 테두리 : 없음'을 지정한 후, Selection Tool(▶)로 Alt 를 누르고 오른쪽으로 드래그하여 복사하고 Ctrl + D 를 10번 눌러 반복 복사합니다.

3 Selection Tool(▶)로 타원을 모두 선택하고 Pathfinder 패널에서 'Unite(▣)'를 클릭하여 합칩니다.

4 Type Tool(T)로 도큐먼트를 클릭한 후 Character 패널에서 'Set the font family : Arial, Set the font style : Bold, Set the font size : 50pt'를 설정하고 '면 : C0M0Y0K0, 테두리 : 없음'을 지정한 후 SEOUL TOUR를 입력합니다.

5 Selection Tool(▶)로 타원을 합친 오브젝트와 'SEOUL TOUR' 문자를 선택하고 Align 패널에서 'Horizontal Align Center(♣)'를 클릭하여 가로 가운데 정렬을 지정합니다. [Object]-[Envelope Distort]-[Make with Warp]를 선택한 후 'Style : Arc, Bend : 30%'를 지정하여 오브젝트와 'SEOUL TOUR'문자를 왜곡시킵니다.

6 Type Tool(T)로 작업 도큐먼트 하단을 클릭한 후 Character 패널에서 'Set the font family : Arial, Set the font style : Bold, Set the font size : 40pt'를 설정하고 '면 : C20, 테두리 : 없음'을 지정한 후 EVENT TICKET을 입력합니다.

7 [Object]-[Envelope Distort]-[Make with Warp]를 선택한 후 'Style : Fish, Bend : 30%'를 지정하여 'EVENT TICKET' 문자를 왜곡시키고 Selection Tool(▶)로 무궁화 Symbol Set을 클릭하여 선택하고 그림과 같이 이동하여 레이아웃에 맞게 조정합니다.

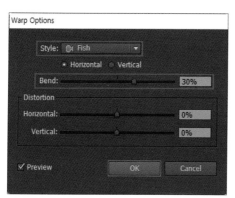

8 Rectangle Tool(□)로 작업 도큐먼트 왼쪽 상단의 원점(0,0)을 클릭하여 'Width : 210mm, Height : 297mm'를 입력하여 그리고 '면 : 임의 색상, 선 : 없음'을 지정합니다. Ctrl + A로 전체 오브젝트를 선택하고 [Object]-[Clipping Mask]-[Make]로 마스크를 적용합니다.

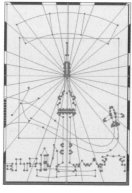

클리핑 마스크를 적용하기 전에 반드시 [Object]-[[Unlock All](**Alt** + **Ctrl** + **2**)이 비활성 상태인지를 확인하고, 만약 활성
상태면 선택하고 잠금을 해제해야 동일한 결과를 얻을 수 있습니다.

11 저장 및 답안 전송하기

1 [View]-[Guides]-[Hide Guides](**Ctrl** + **;**)를 선택하여 안내선을 숨기고 [View]-[Fit
Artboard in Window](**Ctrl** + **0**)을 선택하여 현재 창에 맞추기를 합니다. [File]-[Save
As]를 선택하고 '저장 위치 : 내문서₩GTQ, Format : Adobe Illustrator(*AI), 파일 이름 : 수
험번호-성명-문제번호.ai'를 입력하고 [저장]을 클릭한 후 [Illustrator Options] 대화상자에서
'Version : Illustrator CS6'로 설정하고 [OK]를 클릭합니다.

2 답안 저장이 완료가 되면 [File]-[Exit](**Ctrl** + **Q**)를 선택하여 일러스트레이터 프로그램을
종료하고 수험 프로그램에서 [답안 전송]을 클릭하여 감독관 컴퓨터로 전송합니다.

급수	버전	문제유형	시험시간	수험번호	성명
1급		A	90분		

수 험 자 유 의 사 항

• 수험자는 문제지를 받는 즉시 응시하고자 하는 과목 및 급수가 맞는지 확인한 후 수험번호와 성명을 작성합니다.

• 파일명은 본인의 "수험번호–성명–문제번호"로 공백 없이 정확히 입력하고 답안폴더(내문서₩GTQ 또는 라이브러리₩문서₩GTQ)에 ai 파일 포맷으로 저장(버전 : Illustrator CS4(영문))해야 하며, 다른 파일 형식과 버전으로 저장하였을 경우 0점 처리됩니다. 답안문서 파일명이 "수험번호–성명–문제번호"와 일치하지 않거나, 답안 파일을 전송하지 않아 미제출로 처리될 경우 불합격 처리됩니다.

• 수험자 정보와 저장한 파일명, 저장 위치가 다를 경우 전송이 되지 않으므로, 주의하시기 바랍니다.

• 답안 작성 중에도 주기적으로 '저장'과 '답안 전송'을 이용하여 감독위원 PC로 답안을 전송하셔야 합니다. (※ 작업한 내용을 저장하지 않고 전송할 경우 이전의 저장내용이 전송되오니 이점 반드시 유념하시기 바랍니다.)

• 답안문서는 지정된 경로 외의 다른 보조기억장치에 저장하는 행위, 지정된 시험 시간 외에 작성된 파일을 활용 한 행위, 기타 통신수단(이메일, 메신저, 네트워크 등)을 이용하여 타인에게 전달 또는 외부 반출하는 행위는 부정으로 간주되어 자격기본법 제32조에 의거 본 시험 및 국가공인 자격시험을 2년간 응시할 수 없습니다.

• 시험 중 부주의 또는 고의로 시스템을 파손한 경우와 〈수험자 유의사항〉에 기재된 방법대로 이행하지 않아 생기는 불이익은 수험자의 책임임을 알려 드립니다.

• 시험을 완료한 수험자는 최종적으로 저장한 답안파일이 전송되었는지 확인한 후 감독위원의 지시에 따라 문 제지를 제출하고 퇴실합니다.

답 안 작 성 요 령

• 온라인 답안 작성 절차

수험자 등록 ⇒ 시험 시작 ⇒ 답안파일 저장 ⇒ 답안 전송 ⇒ 시험 종료

• 배점은 총 100점으로 이루어지며, 점수는 각 문제별로 차등 배분됩니다.

• 각 문제는 제시된 조건에 맞게 답안을 작성하셔야 하며, 조건을 지키지 못했을 경우에는 0점 또는 감점 처리됩니다.

• 조건에서 주어진 단위는 'mm(밀리미터)'입니다. 눈금자는 작성하지 않으며, 그 외는 출력형태(레이아웃, 색상, 문자, 규격 등)와 같게 작업하십시오.

• 문제 조건에 서체의 지정이 없을 경우 한글은 굴림이나 돋움, 영문은 Arial로 작업하십시오. (단, 그 외 제시되지 않은 문자 속성을 기본값으로 작성하지 않은 경우는 감점 처리됩니다.)

• 문제 조건에 크기와 색상, 두께의 지정이 없을 경우 《출력형태》를 참고하여 작업해 주시기 바랍니다.

• Image Mode(이미지 모드)는 별도의 처리조건이 없을 경우에는 CMYK로 작업하십시오.

• 조건에서 제시한 기능을 임의로 합치거나 각 기능에 대한 속성을 해지할 경우 해당 요소는 0점 처리됩니다.

한 국 생 산 성 본 부

문제 1 | BI, CI 디자인

: 무료 동영상 : ▶

25점

다음의 《조건》에 따라 아래의 《출력형태》와 같이 작업하시오.

조건

파일저장규칙	AI	파일명	내문서₩GTQ₩수험번호-성명-1.ai
		크기	100 × 80mm

1. 작업 방법
① 도형, 변형 툴과 Pathfinder 등을 이용하여, 오브젝트를 만든다.
② 그 외 《출력형태》 참조

2. 문자 효과
① HIGHLIGHT MAKEUP (Times New Roman, Regular, 14pt, M20Y100)

출력형태

C0M0Y0K0 → M10Y90

C50M70Y80K90, M100, K100,
C0M0Y0K0, C20M40Y40K50,
M10Y40, C0M0Y0K0 → Y100,
(선) K100, 1pt, M40Y30, 1pt

문제 2 패키지, 비즈니스 디자인

: 무료 동영상 :

35점

다음의 《조건》에 따라 아래의 《출력형태》와 같이 작업하시오.

조건

파일저장규칙	AI	파일명	내문서₩GTQ₩수험번호-성명-2.ai
		크기	160 × 120mm

1. 작업 방법

① 머리 모양 태그는 Pattern 기능을 이용하여 작업한다. (패턴 등록 : 가위와 롤 브러쉬)

② 꽃모양 태그는 Clipping Mask를 적용한다.

③ Brush는 아래를 참고하여 작업한다.
   - Artistic > Artistic_Calligraphic > 3 pt. Flat

④ Effect는 아래를 참고하여 작업한다.
   - Illustrator Effects > Stylize > Drop Shadow

⑤ 그 외 《출력형태》 참조

2. 문자 효과

① ave & Cut (Arial, Bold, 30pt, C50M100, K100)

② Hair Shop (Times New Roman, Regular, 12pt, M90Y20)

출력형태

[Brush] 3 pt. Flat, C80M100Y20, 1pt

C50M100, C0M0Y0K0, (선) C50M70K80, 3pt

C50M70, C0M0Y0K0, (선) C0M0Y0K0, 1pt, C50M70, 2pt

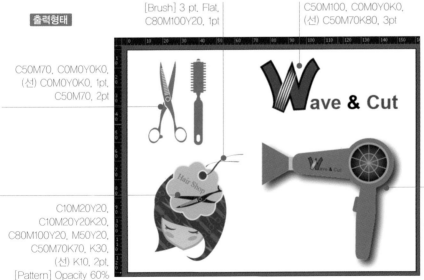

C10M20Y20, C10M20Y20K20, C80M100Y20, M50Y20, C50M70K70, K30, (선) K10, 2pt, [Pattern] Opacity 60%

C60M60Y20, M90Y20, K30, C60M60Y20 → C60M60Y20K80, (선) K40, 1pt, 3pt, [Effect] Drop Shadow

다음의 《조건》에 따라 아래의 《출력형태》와 같이 작업하시오.

조건

| 파일저장규칙 | AI | 파일명 | 내문서₩GTQ₩수험번호-성명-3.ai |
| | | 크기 | 210 × 297mm |

1. 작업 방법

① 물고기 모양은 《참고도안》을 참고하여 직접 제작한 후 Symbol 기능을 활용한다. (심볼 등록 : 피쉬)
② 'ClownFish Fashion / 디자인 공모전' 문자에 Envelope Distort 기능을 적용한다.
③ Brush는 아래를 참고하여 작업한다.
   – Artistic 〉 Artistic_ChalkCharcoalPencil 〉 Charcoal – Thin
④ Effect는 아래를 참고하여 작업한다.
   – Illustrator Effects 〉 Stylize 〉 Drop Shadow

참고도안

⑤ Clipping Mask를 이용하여 디자인을 정리한다.
⑥ 그 외 《출력형태》 참조

Y20, K100, Y100
→ C20M90Y100,
Y100 → M80Y100
→ C20M90Y100,
C0M0Y0K0 →
C90M30Y10,
C0M0Y0K0, Opacity
40%

2. 문자 효과

① ClownFish Fashion (Times New Roman, Italic, 40pt, Y100)
② 디자인공모전 (돋움, 40pt, C0M0Y0K0)
③ 5월 31일까지 접수합니다~ (궁서, 23pt, 20pt, M100Y100, K100)

출력형태

210 × 297mm
[Mesh] C60M70Y70K60, C90M30

[Symbol]

M70Y100K80,
Opacity 50%

C0M0Y0K0 → C70,
Opacity 30%

C0M0Y0K0,
[Effect] Drop Shadow

C50M40Y50K90

M20Y90, C50,
[Brush] Charcoal – Thin,
K100, 1pt

[Blend] 단계 : 15,
(선) C0M0Y0K0, 1pt →
C20Y100, 5pt

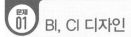
작업과정	새 도큐먼트 만들기 및 임시 파일 저장하기 ➡ 조명 모양 만들기 ➡ 얼굴 모양 만들기 ➡ 거울 모양 만들기 ➡ 테이블과 의자 모양 만들고 문자 입력하기 ➡ 저장 및 답안 전송하기
완성 이미지	Part05₩기출 유형 문제 4회₩수험번호-성명-1.ai

01 새 도큐먼트 만들기 및 임시 파일 저장하기

1 [File]-[New]를 선택하고 'Width : 100mm, Height : 80mm, Units : Millimeters, Color Mode : CMYK'를 설정하여 새 도큐먼트를 만들고 [View]-[Rulers]-[Show Rulers](**Ctrl** + **R**)를 선택하여 눈금자를 표시합니다.

2 작업 도큐먼트를 저장하기 위해 [File]-[Save As]를 선택하고 '저장 위치 : 내문서₩GTQ, Format : Adobe Illustrator(*AI), 파일 이름 : 수험번호-성명-문제번호.ai'를 입력하고 [저장]을 클릭한 후 [Illustrator Options] 대화상자에서 'Version : Illustrator CS6'로 설정하고 [OK]를 클릭합니다.

02 조명 모양 만들기

1 Rounded Rectangle Tool( )로 **Alt** 를 누르고 안내선에 클릭하여 'Width : 3mm, Height : 4mm, Corner Radius : 1mm'를 입력하여 그리고 '면 : C50M70Y80K90, 테두리 : 없음'을 지정합니다. Direct Selection Tool( )로 둥근 사각형 상단의 2개의 고정점을 드래그하여 선택하고 **Delete** 를 눌러 삭제합니다.

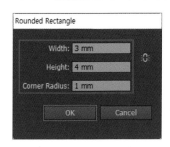
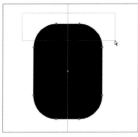
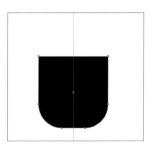

2 Ellipse Tool( )로 작업 도큐먼트를 클릭한 후 'Width : 60mm, Height : 90mm'를 입력하여 임의 색상의 타원을 그린 후, Direct Selection Tool( )로 타원 하단의 고정점을 클릭하여 선택하고 **Delete** 를 눌러 삭제합니다.

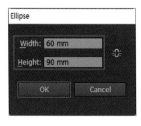
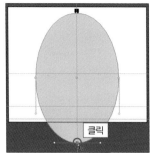
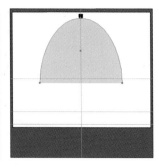

3 Direct Selection Tool(▶)로 2개의 고정점을 드래그하여 선택하고 아래로 이동한 후 [Object]−
[Path]−[Join](Ctrl + J)을 선택하고 고정점을 연결합니다. Gradient 패널에서 'Type :
Linear, Angle : 90°'를 적용하고 Gradient Slider의 왼쪽 'Color Stop'을 더블 클릭하여
C0M0Y0K0을, 오른쪽 'Color Stop'을 더블 클릭하여 M10Y90을 적용합니다.

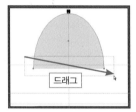
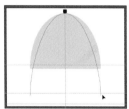
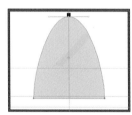

03 얼굴 모양 만들기

1 Pen Tool(✎)로 얼굴 모양을 그리고 '면 : CM0Y0K0, 테두리 : K100'을 지정하고 Stroke 패
널에서 'Weight : 1pt'를 적용합니다.

합격생의 비법

Pen Tool(✎)로 곡선을 드래그하여 그리고 다음에 연결될 곡선의 방향이 다르거나 직선으로 그릴 때는 최근 고정점에 클릭하
여 한 쪽 방향선을 없앤 후 연결하여 그립니다.

2 Pen Tool(✎)로 입술 모양을 그리고 '면 : M100, 테두리 : 없음'을 지정합니다.

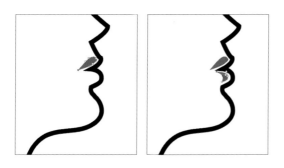

③ Pen Tool()로 속눈썹 모양을 그리고 '면 : K100, 테두리 : 없음'을 지정한 후 **Shift** + **Ctrl** + **[**로 맨 뒤로 보내기를 합니다.

  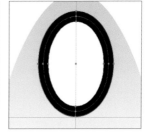

④ Selection Tool(⬆)로 얼굴 모양을 모두 선택하고 **Ctrl** + **G**로 그룹을 지정합니다.

04 거울 모양 만들기

① Ellipse Tool(◯)로 조명 모양 위에 클릭하여 'Width : 23mm, Height : 32mm'를 입력하여 그리고 '면 : CM0Y0K0, 테두리 : C50M70Y80K90'을 지정하고 Stroke 패널에서 'Weight : 10pt'를 적용한 후 [Object]-[Path]-[Outline Stroke]를 선택하여 면으로 확장합니다.

② Selection Tool(⬆)로 앞에서 그린 얼굴 모양을 선택하여 **Ctrl** + **X**로 잘라내기를 합니다.

③ Selection Tool(⬆)로 확장된 타원을 연속하여 2번 더블 클릭해 Isolation Mode로 전환한 후 **Ctrl** + **V**로 붙여 넣습니다. Selection Tool(⬆)로 얼굴 모양을 선택하고 **Alt**를 누르면서 왼쪽으로 드래그하여 복사합니다.

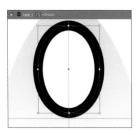 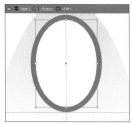  

④ [View]-[Outline](**Ctrl** + **Y**)을 선택하고 Direct Selection Tool( )로 왼쪽 얼굴 모양 패스에서 타원 바깥쪽에 있는 고정점을 각각 선택하고 타원의 테두리와 겹쳐지도록 이동합니다. [View]-[Preview](**Ctrl** + **Y**)을 선택하고 '미리보기'를 한 후 Direct Selection Tool( )로 오른쪽 얼굴 모양을 선택하여 '면 : M10Y40, 테두리 : M40Y30'을 지정하고 **Esc** 를 눌러 정상 모드로 전환합니다.

 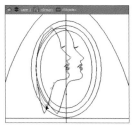  

⑤ Ellipse Tool( )로 작업 도큐먼트를 클릭한 후 'Width : 2.5mm, Height : 2.5mm'를 입력하여 그리고 Gradient 패널에서 'Type : Radial'를 적용하고 Gradient Slider의 왼쪽 'Color Stop'을 더블 클릭하여 C0M0Y0K0을, 오른쪽 'Color Stop'을 더블 클릭하여 Y100을 적용합니다.

⑥ Selection Tool( )로 정원을 선택하고 **Alt** 를 누르면서 오른쪽으로 드래그하여 복사합니다. 2개의 정원을 선택하고 [Object]-[Blend]-[Make]를 적용하고 [Object]-[Blend]-[Blend Options]를 선택하고 'Specified Steps : 12'를 적용합니다.

7 Ellipse Tool(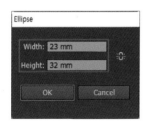)로 작업 도큐먼트를 클릭한 후 'Width : 23mm, Height : 32mm'를 입력하여 임의 색상의 타원을 그립니다. Selection Tool( )로 블렌드가 적용된 오브젝트와 타원을 선택하고 [Object]-[Blend]-[Replace Spine]을 선택하고 직선 형태로 적용된 블렌드를 곡선 스파인으로 대체합니다.

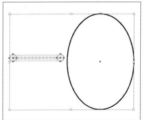
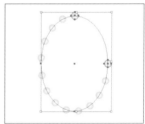

8 Scissors Tool( )을 선택하고 타원에 그림과 같이 클릭하여 패스를 자르고 블렌드가 적용된 오브젝트를 타원 모양에 고르게 분포시킵니다. Selection Tool( )로 이동하여 거울 위에 배치한 후 [Object]-[Blend]-[Expand]를 선택하여 확장합니다.

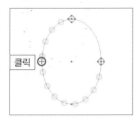
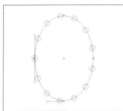
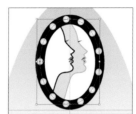

05 테이블과 의자 모양 만들고 문자 입력하기

1 Rectangle Tool( )로 거울 모양 하단에 클릭한 후 'Width : 30mm, Height : 2.5mm'를 입력하여 그리고 '면 : C50M70Y80K90, 테두리 : 없음'을 지정합니다.

2 Direct Selection Tool( )로 **Shift** 를 누르고 사각형 하단의 2개의 고정점을 선택한 후 Scale Tool( )을 선택하고 안쪽으로 드래그하여 축소합니다.

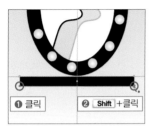
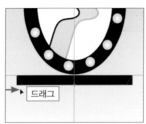

3 Rectangle Tool( )로 클릭한 후 'Width : 2mm, Height : 25mm'를 입력하여 그리고 '면 : C50M70Y80K90, 테두리 : 없음'을 지정합니다. Direct Selection Tool( )로 **Shift** 를 누르고 사각형 하단 2개의 고정점을 선택한 후 Scale Tool( )로 안쪽으로 드래그하여 축소합니다. Selection Tool( )로 선택하고 **Alt** 를 누르면서 오른쪽으로 드래그하여 복사합니다.

4 Ellipse Tool(●)로 작업 도큐먼트를 클릭한 후 'Width : 18mm, Height : 17mm'를 입력하여 그리고 '면 : C50M70Y80K90, 테두리 : 없음'을 지정합니다.

5 Ellipse Tool(●)로 드래그하여 타원의 상단과 겹치도록 임의 색상의 타원을 그리고 Selection Tool(▶)로 2개의 원을 선택한 후 Pathfinder 패널에서 'Minus Front(▣)'를 클릭하여 의자 모양을 만듭니다.

  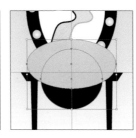 

6 [Effect]−[Illustrator Effects]−[Stylize]−[Round Corners]를 선택하고 'Radius : 3.5mm'를 지정하여 모서리를 둥글게 만들고 [Object]−[Expand Appearance]를 선택하여 오브젝트의 속성을 확장합니다.

7 Rounded Rectangle Tool(▣)로 의자 받침 하단에 드래그하여 2개의 둥근 사각형을 그리고 '면 : C50M70Y80K90, 테두리 : 없음'을 지정한 후 배치합니다.

8 Ellipse Tool(●)로 의자 모양 하단에 드래그하여 2개의 타원을 그리고 '면 : C50M70Y80K90, 테두리 : 없음'을 지정합니다. Selection Tool(▶)로 의자 모양 모두를 선택하고 Pathfinder 패널에서 'Unite(▣)'를 클릭하여 합칩니다.

⑨ Rectangle Tool(▣)로 도큐먼트 하단에 둥근 사각형을 그리고 '면 : C20M40Y40K50, 테두리 : 없음'을 지정한 후, 둥근 사각형의 상단이 겹치도록 임의 색상의 둥근 사각형을 배치합니다. Selection Tool(▶)로 2개의 둥근 사각형을 선택하고 Pathfinder 패널에서 'Minus Front(▣)' 를 클릭합니다.

⑩ Type Tool(T)로 도큐먼트를 클릭한 후 Character 패널에서 'Set the font family : Times New Roman, Set the font style : Regular, Set the font size : 14pt'를 설정하고 '면 : M20Y100, 테두리 : 없음'을 지정한 후 HIGHLIGHT MAKEUP를 입력합니다.

06 저장 및 답안 전송하기

❶ [View]-[Guides]-[Hide Guides](Ctrl + ;)를 선택하여 안내선을 숨기고 [View]-[Fit Artboard in Window](Ctrl + 0)을 선택하여 현재 창에 맞추기를 한 후 [File]-[Save As] 를 선택하고 '저장 위치 : 내문서₩GTQ, Format : Adobe Illustrator(*AI), 파일 이름 : 수험 번호-성명-문제번호.ai'를 입력하고 [저장]을 클릭한 후 [Illustrator Options] 대화상자에서 'Version : Illustrator CS6'로 설정하고 [OK]를 클릭합니다.

❷ 답안 저장이 완료가 되면 [File]-[Close](Ctrl + W)를 선택하여 파일을 닫고 수험 프로그램 에서 [답안 전송]을 클릭하여 감독관 컴퓨터로 전송합니다.

작업과정	새 도큐먼트 만들기 및 임시 파일 저장하기 ➡ 가위 모양 만들기 ➡ 헤어 롤 브러쉬 만들고 패턴 등록하기 ➡ 로고 만들기 및 문자 입력하기 ➡ 머리 모양 태그 만들기 ➡ 패턴 적용 및 변형하기 ➡ 꽃 모양 태그 만들기 ➡ 클리핑 마스크 및 브러쉬 적용하기 ➡ 헤어 드라이어 만들기 ➡ 저장 및 답안 전송하기
완성 이미지	Part05₩기출 유형 문제 4회₩수험번호-성명-2.ai

01 새 도큐먼트 만들기 및 임시 파일 저장하기

1 [File]-[New]를 선택하고 'Width : 160mm, Height : 120mm, Units : Millimeters, Color Mode : CMYK'를 설정하여 새 도큐먼트를 만들고 [View]-[Rulers]-[Show Rulers](**Ctrl** + **R**)를 선택하여 눈금자를 표시합니다.

2 작업 도큐먼트를 저장하기 위해 [File]-[Save As]를 선택하고 '저장 위치 : 내문서₩GTQ, Format : Adobe Illustrator(*AI), 파일 이름 : 수험번호-성명-문제번호.ai'를 입력하고 [저장]을 클릭한 후 [Illustrator Options] 대화상자에서 'Version : Illustrator CS6'로 설정하고 [OK]를 클릭합니다.

02 가위 모양 만들기

1 Ellipse Tool(◯)로 작업 도큐먼트를 클릭한 후 'Width : 7mm, Height : 42mm'를 입력하여 그리고 '면 : 임의 색상, 테두리 : 임의 색상'을 지정합니다.

2 Rectangle Tool(◻)로 드래그하여 타원의 오른쪽 절반과 겹치도록 사각형을 그리고 '면 : 없음, 테두리 : 임의 색상'을 지정합니다. Ellipse Tool(◯)로 왼쪽 하단에 타원을 그리고 Selection Tool(▶)로 조절점 밖에 마우스 커서를 위치하여 회전시켜 배치하고, 오른쪽 하단에 Ellipse Tool(◯)로 드래그하여 그리고 '면 : 없음, 테두리 : 임의 색상'을 지정한 후 타원을 그려 배치합니다.

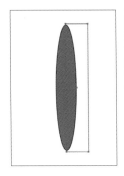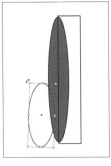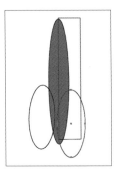

③ **Ctrl** + **A** 로 4개의 오브젝트를 모두 선택한 후 Pathfinder 패널에서 'Minus Front()'를 클릭합니다.

④ Ellipse Tool()로 드래그하여 하단에 임의 색상의 타원을 그린 후 Scale Tool()을 더블 클릭하고 'Horizontal : 90%, Vertical : 80%'를 지정하고 [Copy]를 눌러 복사합니다.

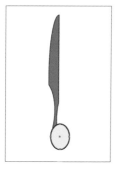
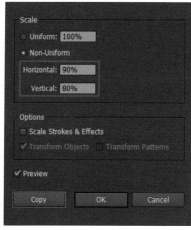

⑤ Selection Tool()로 상단의 오브젝트와 바깥쪽 타원을 선택하고 Pathfinder 패널에서 'Unite()'를 클릭하여 합칩니다. **Ctrl** + **A** 로 모두 선택하고 Pathfinder 패널에서 'Exclude ()'를 클릭하여 겹친 부분을 뚫어 투명하게 합니다.

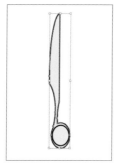

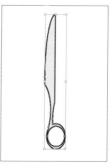

⑥ Delete Anchor Point Tool()로 패스파인더 과정 중에 생긴 불필요한 고정점을 클릭하여 삭제하고 Direct Selection Tool()과 Convert Anchor Point Tool()로 방향선을 그림과 같이 조절한 후 '면 : C50M70, 테두리 : 없음'을 지정합니다.

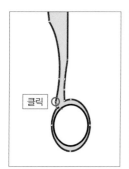
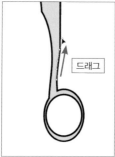

7 Line Segment Tool()로 가위 모양의 중간과 상단에 너비가 다른 2개 수평선을 **Shift** 를 누르면서 그리고 '면 : 없음, 테두리 : C0M0Y0K0'을 지정한 후 Stroke 패널에서 'Weight : 1pt'를 지정합니다.

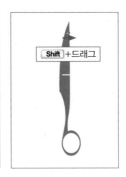

8 Selection Tool(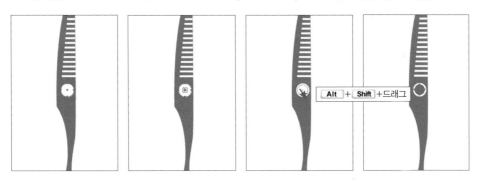)로 2개의 수평선을 선택한 후 [Object]-[Blend]-[Make]를 선택하고 [Object]-[Blend]-[Options]에서 'Specified Steps : 15'를 적용하고 [Object]-[Blend]-[Expand]를 선택하여 확장합니다.

9 Ellipse Tool(●)로 가위 모양 중앙에 **Alt** 와 **Shift** 를 누르고 드래그하여 크기가 다른 2개의 정원을 그리고 각각 '면 : C0M0Y0K0, C50M70, 테두리 : 없음'을 지정합니다.

10 **Ctrl** + **A** 로 가위 모양 오브젝트를 모두 선택하고 Rotate Tool(↻)을 더블 클릭한 후 'Angle : 15'를 지정하여 회전합니다.

11 Selection Tool(▶)로 정원과 줄무늬를 제외한 가위 모양만 선택하고 Reflect Tool(▷◁)로 **Alt** 를 누르고 가운데 정원의 중심을 클릭한 후 'Axis : Vertical'을 지정하고 [Copy]를 눌러 복사합니다.

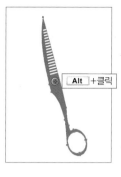
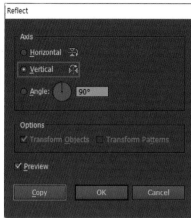
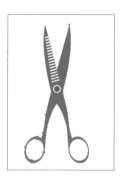

12 Pen Tool()로 왼쪽 손잡이 부분에 그림과 같이 오브젝트를 그리고 '면 : C50M70, 테두리 : 없음'을 지정한 후, Selection Tool()로 왼쪽 가위 모양과 함께 선택하고 Pathfinder 패널에서 'Unite()'를 클릭하여 합친 후 **Shift** + **Ctrl** + **[** 로 맨 뒤로 보내기를 합니다.

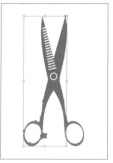

13 Selection Tool()로 왼쪽과 오른쪽 가위 모양을 함께 선택하고 Pathfinder 패널에서 'Trim()'을 클릭하여 뒤쪽에 있는 오브젝트의 겹친 부분은 삭제하고 보이는 부분만 남깁니다.

14 Group Selection Tool()로 왼쪽 손잡이를 선택하여 왼쪽 아래로 이동하고 Convert Anchor Point Tool()로 오른쪽 상단의 가윗날의 방향선을 조정한 후 Group Selection Tool()로 위로 약간 이동합니다. **Ctrl** + **A** 로 모두 선택하고 **Ctrl** + **G** 로 그룹을 지정합니다.

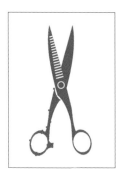 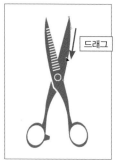  

03 헤어 롤 브러쉬 만들고 패턴 등록하기

1 Rounded Rectangle Tool(▣)로 드래그하여 2개의 둥근 사각형을 그리고 '면 : 임의 색상, 테두리 : 없음'을 지정합니다.

2 Rectangle Tool(■)로 상단에 직사각형을 그리고 Selection Tool(▶)로 3개의 오브젝트를 선택합니다. Align 패널에서 'Horizontal Align Center(▣)'를 클릭하여 가로 가운데 정렬을 지정한 후, Pathfinder 패널에서 'Unite(▣)'를 클릭하여 합칩니다.

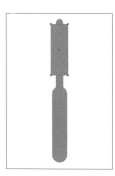  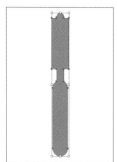

3 Rectangle Tool(■)과 Ellipse Tool(●), Rounded Rectangle Tool(▣)로 드래그하여 그리고 '면 : 임의 색상, 테두리 : 없음'을 지정한 후 그림과 같이 배치합니다.

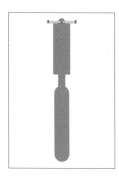  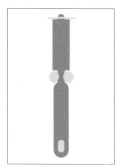

4 Selection Tool(▶)로 롤 브러쉬 모양의 오브젝트를 모두 선택하고 Pathfinder 패널에서 'Minus Front(▣)'를 클릭한 후 '면 : C50M70, 테두리 : 없음'을 지정합니다.

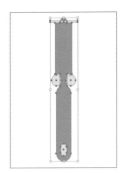   

5 Line Segment Tool()로 **Shift**를 누르고 드래그하여 상단에 수평선을 그린 후 '면 : 없음, 테두리 : C50M70'을 지정하고 Stroke 패널에서 'Weight : 2pt, Cap : Round Cap'을 지정합니다. Selection Tool()로 2개의 오브젝트를 선택하고 Align 패널에서 'Horizontal Align Center()'를 클릭하여 가로 가운데 정렬을 지정합니다.

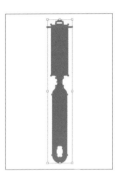

6 Selection Tool()로 수평선을 **Alt**를 누르고 아래로 드래그하여 복사한 후 [Object]−[Transform]−[Transform Again](**Ctrl**+**D**)을 9번 선택하고 반복 복사합니다. Selection Tool()로 헤어 롤 브러쉬 모양을 모두 선택하고 **Ctrl**+**G**로 그룹을 지정합니다.

 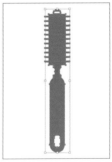

7 Selection Tool()로 가위와 헤어 롤 브러쉬 모양을 선택하고 [Object]−[Pattern]−[Make]로 'Name : 가위와 롤 브러쉬'를 지정하고 패턴으로 등록하여 Swathes 패널에 저장합니다. 도큐먼트 상단의 'Done'을 클릭하여 정상 모드로 전환합니다.

04 로고 만들기 및 문자 입력하기

1 Pen Tool()로 그림과 같이 'W' 모양의 패스를 그린 후, '면 : 없음, 테두리 : C50M100'을 지정하고 Stroke 패널에서 'Weight : 17pt'를 지정합니다.

2 [Object]-[Path]-[Outline Stroke]을 선택하여 선을 면으로 확장한 후 '면 : C50Y100, 테두리 : C50M70K80'을 지정하고 Stroke 패널에서 'Weight : 3pt'를 지정합니다.

3 Brushes 패널 하단에 'Brush Libraries Menu'를 클릭한 후 [Artistic]-[Artistic_ScrollPen]를 선택하여 추가 브러쉬 패널을 불러온 후 'ScrollPen 6'을 클릭하여 추가합니다.

4 Line Segment Tool(/)로 'W' 모양 위에 그림과 같이 사선을 그리고 '면 : 없음, 테두리 : C0M0Y0K0'을 지정하고 Stroke 패널에서 'Weight : 0.5pt'를 지정합니다. [Object]-[Expand Appearance]를 선택하여 오브젝트의 속성을 확장합니다.

5 Type Tool(T)로 'W' 모양 오른쪽에 클릭한 후 Character 패널에서 'Set the font family : Arial, Set the font style : Bold, Set the font size : 30pt'를 설정하고 '면 : C50M100, 테두리 : 없음'을 지정한 후 ave & Cut을 입력하고 배치합니다. Type Tool(T)로 '&'를 드래그하여 선택하고 '면 : K100, 테두리 : 없음'을 지정합니다.

05 머리 모양 태그 만들기

1 Ellipse Tool(○)로 작업 도큐먼트를 클릭한 후 'Width : 27mm, Height : 30mm'를 입력하여 그리고 '면 : 임의 색상, 테두리 : 임의 색상'을 지정합니다.

2 [Object]-[Path]-[Add Anchor Points]를 선택하고 고정점을 균일하게 추가한 후 Convert Anchor Point Tool(N)로 원형 하단의 고정점을 클릭하여 방향선을 삭제하고 Direct Selection Tool(▶)로 원형 하단의 고정점을 드래그하여 오른쪽 아래로 이동합니다.

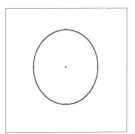  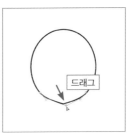

3 [Object]-[Path]-[Offset Path]를 선택한 후 'Offset : −1mm'를 지정하여 축소된 복사본을 만든 후 왼쪽 상단으로 이동합니다. Selection Tool(▶)로 얼굴 모양을 각각 선택하고 '면 : C10M20Y20, C10M20Y20K20, 테두리 : 없음'을 지정합니다.

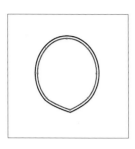   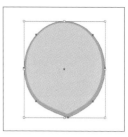

4 Ellipse Tool(●)로 얼굴 모양 위에 드래그하여 크기가 다른 2개의 원을 겹치도록 그립니다. Selection Tool(▶)로 2개의 원을 선택하고 Pathfinder 패널에서 'Minus Front(▣)'를 클릭한 후 '면 : C80M100Y20, 테두리 : 없음'을 지정합니다.

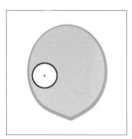  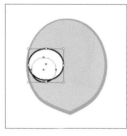 

5 Pen Tool(✒)로 속눈썹 모양을 그린 후 '면 : C80M100Y20, 테두리 : 없음'을 지정하고 Selection Tool(▶)로 **Alt**를 누르면서 드래그하여 복사합니다

6 Ellipse Tool(●)로 드래그하여 타원을 그리고 '면 : M50Y20, 테두리 : 없음'을 지정한 후 Selection Tool(▶)로 회전시킵니다.

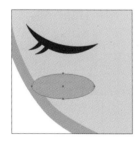 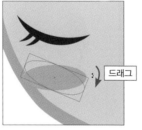

7 Selection Tool(▶)로 속눈썹과 타원을 선택하고 Reflect Tool(⬕)로 **Alt**를 누르면서 얼굴 가운데를 클릭하여 'Axis : Vertical'을 지정하고 [Copy]를 눌러 복사합니다. Selection Tool(▶)로 얼굴을 모두 선택하고 조절점 밖에 마우스 커서를 위치하여 회전시킵니다.

  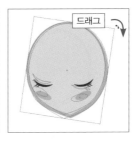 

8 Pen Tool(🖊)로 왼쪽 머리 모양을 그린 후 '면 : C80M100Y20, 테두리 : 없음'을 지정하고 **Shift** + **Ctrl** + **[** 로 맨 뒤로 보내기를 합니다. 오른쪽 머리 모양도 그림과 같이 그립니다.

06 패턴 적용 및 변형하기

1 Selection Tool(▶)로 왼쪽 머리 모양을 선택하고 **Ctrl** + **C** 로 복사하고 **Ctrl** + **F** 로 앞에 붙여넣기를 한 후 Swatches 패널에서 '가위와 롤 브러쉬' 패턴을 클릭하여 지정합니다. 같은 방법으로 오른쪽 머리 모양에도 적용합니다.

 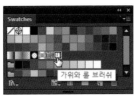  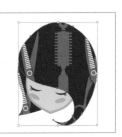

2 Selection Tool(▶)로 패턴이 적용된 양쪽 머리 모양을 선택하고 Scale Tool(⬚)을 더블 클릭합니다. 'Uniform : 35%, Scale Strokes & Effects : 체크 해제, Transform Objects : 체크 해제, Transform Patterns : 체크'를 지정하여 패턴의 크기를 축소합니다.

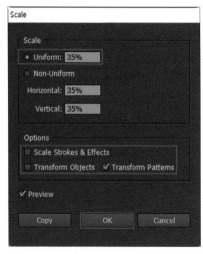

3 Rotate Tool()을 더블 클릭하고 'Angle : 45°, Transform Objects : 체크 해제, Transform
Patterns : 체크'를 지정하여 패턴만 회전한 후 Transparency 패널에서 'Opacity : 60%'로 투
명도를 적용합니다.

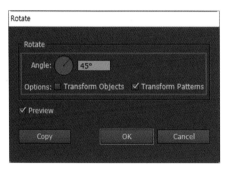

07 꽃 모양 태그 만들기

1 Ellipse Tool(⬮)로 작업 도큐먼트를 클릭한 후 'Width : 30mm, Height : 30mm'를 입력하
여 임의 색상의 정원을 그린 후 [Object]−[Path]−[Add Anchor Points]를 선택하여 고정점을
균일하게 추가합니다.

2 [Effect]-[Illustrator Effects]-[Distort & Transform]-[Pucker & Bloat]를 선택하고 '10%'를 지정하여 꽃 모양을 만든 후 [Object]-[Expand Appearance]를 선택하여 오브젝트의 속성을 확장하고 [Object]-[Ungroup]을 선택하여 그룹을 해제합니다.

3 Ellipse Tool(⬭)로 **Shift**를 누르면서 상단에 정원을 그리고 꽃 모양과 함께 선택합니다. Align 패널에서 'Horizontal Align Center(⬓)'를 클릭하여 가로 가운데 정렬을 지정한 후, Pathfinder 패널에서 'Minus Front(⬒)'를 클릭하여 정원과 겹친 부분을 뚫어 투명하게 만듭니다.

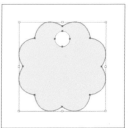

08 클리핑 마스크 및 브러쉬 적용하기

1 Selection Tool(▶)로 가위 모양을 선택하고 **Ctrl**+**C**를 눌러 복사한 후 **Ctrl**+**V**로 붙여 넣습니다. Scale Tool(⬚)을 더블 클릭하고 'Uniform : 70%, Transform Objects : 체크, Transform Patterns : 체크 해제'를 지정하여 축소한 후 Selection Tool(▶)로 회전하고 **Shift**+**Ctrl**+**[**로 맨 뒤로 보내기를 합니다.

드래그

2 Selection Tool(▶)로 꽃 모양 태그와 가위를 선택하고 [Object]-[Clipping Mask]-[Make]로 마스크를 적용한 후, Selection Tool(▶)로 마스크가 적용된 오브젝트를 더블 클릭합니다. Isolation Mode로 전환한 후에 '면 : C50M70, 테두리 : 없음'인 가위 모양의 면을 모두 선택하고 '면 : C50M70K70, 테두리 : 없음'을 지정합니다.

오브젝트를 선택한 후 [Select]-[Same]-[Fill & Stroke]을 선택하면 동일한 면과 테두리 색상의 오브젝트를 빠르게 선택합니다.

3 Selection Tool(▶)로 꽃 모양 태그를 선택하고 '면 : K30, 테두리 : K10'을 지정하고 Stroke 패널에서 'Weight : 2pt'를 적용한 후 **Esc**를 눌러 정상 모드로 전환합니다.

4 Type Tool(T)로 태그 위에 클릭한 후 Character 패널에서 'Set the font family : Times New Roman, Set the font style : Regular, Set the font size : 12pt'를 설정하고 '면 : M90Y20, 테두리 : 없음'을 지정한 후 Hair Shop을 입력합니다.

5 꽃 모양 태그와 문자를 모두 선택하여 머리 모양 위에 배치하고 Selection Tool(▶)로 조절점 밖에 마우스 커서를 위치하여 회전시킵니다.

6 Brushes 패널 하단에 'Brush Libraries Menu'를 클릭하고 [Artistic]-[Artistic_Calligraphic] 를 선택하여 추가 브러쉬 패널을 불러온 후 '3 pt. Flat'을 선택합니다.

7 Paintbrush Tool(✎)로 '면 : 없음, 테두리 : C80M100Y20'을 지정하고 Stroke 패널에서 'Weight : 1pt'를 지정하여 뒤쪽의 줄 모양을 그린 후 **Shift** + **Ctrl** + **[**)로 맨 뒤로 보내기를 합니다. Paintbrush Tool(✎)로 앞쪽의 줄 모양도 그려줍니다.

09 헤어 드라이어 만들기

1 Rectangle Tool(■)로 작업 도큐먼트를 클릭한 후 'Width : 35mm, Height : 17mm'를 입력하여 그립니다. 오른쪽 하단에 드래그하여 직사각형을 그립니다.

 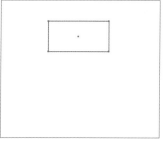 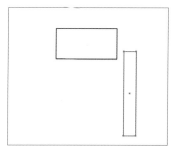

2 Ellipse Tool(●)로 작업 도큐먼트를 클릭한 후 'Width : 27mm, Height : 27mm'를 입력하여 그리고 '면 : 없음, 테두리 : 임의 색상'을 지정합니다. Direct Selection Tool(▶)로 드래그하여 상단 직사각형의 왼쪽 2개의 고정점을 선택하고 Scale Tool(🔲)을 더블 클릭하여 'Uniform : 60%'를 지정합니다.

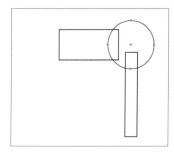 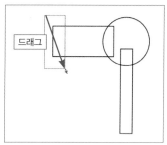 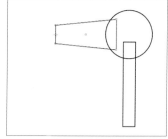

3 하단의 직사각형을 선택하고 [Object]-[Path]-[Add Anchor Points]를 선택하고 고정점을 균일하게 추가합니다. Direct Selection Tool(▶)로 드래그하여 직사각형의 가운데 2개의 고정점을 선택하고 Scale Tool(🔲)을 더블 클릭하고 'Uniform : 150%'를 지정합니다.

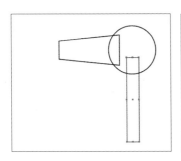 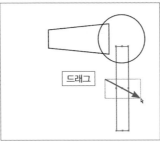 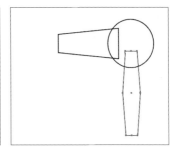

④ Selection Tool(▶)로 손잡이 부분의 오브젝트를 선택하고 Rotate Tool(↻)로 왼쪽 상단의 고정점에 클릭하여 회전축을 지정한 후 그림과 같이 드래그하여 회전합니다.

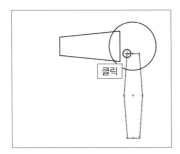 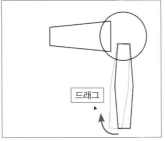

⑤ Selection Tool(▶)로 정원을 제외한 2개의 오브젝트를 선택한 후 [Effect]-[Illustrator Effects]-[Stylize]-[Round Corners]를 선택하고 'Radius : 4mm'를 지정하여 모서리를 둥글게 만듭니다. [Object]-[Expand Appearance]를 선택하여 오브젝트의 속성을 확장합니다.

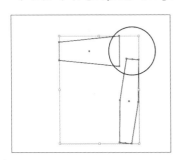  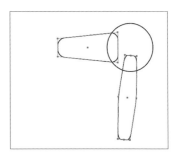

⑥ Selection Tool(▶)로 3개의 오브젝트를 선택하고 Pathfinder 패널에서 'Unite(◻)'를 클릭하여 합친 후 '면 : C60M60Y20, 테두리 : 없음'을 지정합니다.

⑦ Rectangle Tool(▢)로 왼쪽 상단에 직사각형을 그리고 Direct Selection Tool(▷)로 드래그하여 오른쪽 2개의 고정점을 선택합니다. Scale Tool(▦)을 더블 클릭하여 'Uniform : 30%'를 지정하고 축소한 후 '면 : M90Y20, 테두리 : 없음'을 지정합니다.

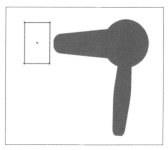 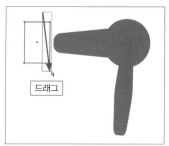 

8 Rectangle Tool(■)로 그림과 같이 사각형을 그리고 '면 : K30, 테두리 : 없음'을 지정하고 **Shift** + **Ctrl** + **[** 로 맨 뒤로 보내기를 합니다.

9 Rounded Rectangle Tool(■)로 둥근 사각형을 그리고 '면 : M90Y20, 테두리 : 없음'을 지정한 후, Selection Tool(▶)로 회전하고 **Shift** + **Ctrl** + **[** 로 맨 뒤로 보내기를 합니다.

10 Ellipse Tool(●)로 **Shift** 를 누르고 정원을 그리고 Gradient 패널에서 'Type : Radial'을 적용한 후 Gradient Slider의 왼쪽 'Color Stop'을 더블 클릭하여 C60M60Y20을, 오른쪽 'Color Stop'을 더블 클릭하여 C60M60Y20K80을 지정합니다.

11 Polar Grid Tool(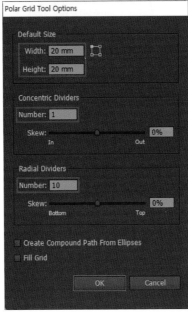)로 <u>Alt</u> 를 누르고 정원의 중앙에 클릭하여 'Width : 20mm, Height : 20mm, Concentric Dividers Number : 1, Radial Dividers Number : 10'을 지정한 후 '면 : 없음, 테두리 : K40'을 지정하고 Stroke 패널에서 'Weight : 1pt'를 지정합니다.

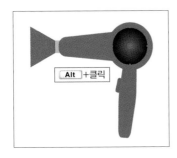

12 Group Selection Tool(▶⁺)로 큰 원을 선택하고 Stroke 패널에서 'Weight : 3pt, Align Stroke : Align Stroke to Outside'를 지정하여 바깥쪽으로 두께의 위치를 지정합니다.

13 Selection Tool(▶)로 도큐먼트 상단에 배치한 로고를 선택한 후, <u>Ctrl</u> + <u>C</u> 를 눌러 복사한 후 <u>Ctrl</u> + <u>V</u> 로 붙여 넣기를 한 후 Scale Tool(▦)을 더블 클릭하고 'Uniform : 25%, Scale Strokes & Effects : 체크'를 지정합니다.

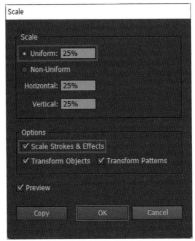

⚙ Selection Tool()로 조절점 밖에 마우스 커서를 위치하여 회전시키고 헤어 드라이어 모양과 로고를 선택한 후 **Ctrl** + **G** 로 그룹을 지정합니다.

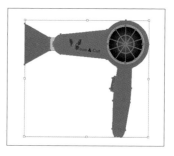

⚙ [Effect]-[Illustrator Effects]-[Stylize]-[Drop Shadow]를 선택하고 'Opacity : 75%, X Offset : 2.47mm, Y Offset : 2.47mm, Blur : 1.76mm'를 지정하여 그림자 효과를 적용합니다.

10 저장 및 답안 전송하기

1 [View]-[Guides]-[Hide Guides](**Ctrl** + **;**)를 선택하여 안내선을 숨기고 [View]-[Fit Artboard in Window](**Ctrl** + **0**)을 선택하여 현재 창에 맞추기를 한 후 [File]-[Save As]를 선택하고 '저장 위치 : 내문서₩GTQ, Format : Adobe Illustrator(*AI), 파일 이름 : 수험 번호-성명-문제번호.ai'를 입력하고 [저장]을 클릭한 후 [Illustrator Options] 대화상자에서 'Version : Illustrator CS6'로 설정하고 [OK]를 클릭합니다.

2 답안 저장이 완료가 되면 [File]-[Close](**Ctrl** + **W**)를 선택하여 파일을 닫고 수험 프로그램에서 [답안 전송]을 클릭하여 감독관 컴퓨터로 전송합니다.

문제 03 광고 디자인

작업과정	새 도큐먼트 만들기 및 임시 파일 저장하기 ➡ 심볼 제작 및 등록하기 ➡ 메쉬 및 블렌드 효과 ➡ 인물 일러스트 만들고 브러쉬 적용하기 ➡ 이펙트 적용하기 ➡ 심볼 적용 및 편집하기 ➡ 문자 입력 및 왜곡하고 클리핑 마스크 적용하기 ➡ 저장 및 답안 전송하기
완성 이미지	Part05₩기출 유형 문제 4회₩수험번호-성명-3.ai

01 새 도큐먼트 만들기 및 임시 파일 저장하기

1 [File]-[New]를 선택하고 'Width : 210mm, Height : 297mm, Units : Millimeters, Color Mode : CMYK'를 설정하여 새 도큐먼트를 만들고 [View]-[Rulers]-[Show Rulers](**Ctrl** + **R**)를 선택하여 눈금자를 표시합니다.

② 작품의 규격 왼쪽 상단에 원점(0,0)을 확인하고 왼쪽과 상단 눈금자 위에서 마우스를 드래그하여 제시된 출력형태와 레이아웃 구성을 동일하게 작업하기 위해서 안내선을 표시합니다.

③ 작업 도큐먼트를 저장하기 위해 [File]-[Save As]를 선택하고 '저장 위치 : 내문서\GTQ, Format : Adobe Illustrator(*AI), 파일 이름 : 수험번호-성명-문제번호.ai'를 입력하고 [저장]을 클릭한 후 [Illustrator Options] 대화상자에서 'Version : Illustrator CS6'로 설정하고 [OK]를 클릭합니다.

02 심볼 제작 및 등록하기

① Ellipse Tool( )로 작업 도큐먼트를 클릭한 후 'Width : 20mm, Height : 20mm'를 입력하여 그리고 '면 : 없음, 테두리 : 임의 색상'을 지정합니다.

② Pen Tool( )로 그림과 같이 그리고 '면 : 없음, 테두리 : 임의 색상'을 지정한 후, Direct Selection Tool( )로 원의 하단 고정점을 클릭하고 **Delete** 를 눌러 삭제하여 원호를 만듭니다.

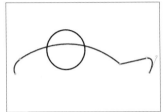
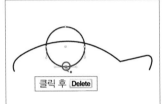
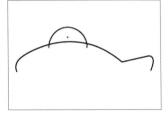

③ 원호를 선택하고 Scale Tool( )을 더블 클릭하고 'Uniform : 120%'를 지정하고 [Copy]를 눌러 복사한 후 아래로 이동하여 배치합니다.

④ Selection Tool( )로 2개의 원호를 선택한 후 Scale Tool( )을 더블 클릭하고 'Uniform : 80%'를 지정하고 [Copy]를 눌러 복사합니다. 그림과 같이 오른쪽으로 이동하고 회전시켜 배치합니다.

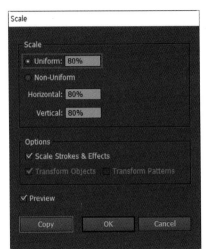

⑤ Selection Tool(▨)로 축소된 지느러미와 물고기 상단 모양을 선택하고 Reflect Tool(▨)로
 Alt를 누르고 클릭하여 'Axis : Horizontal'을 지정하고 [Copy]를 눌러 복사합니다.

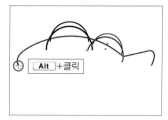 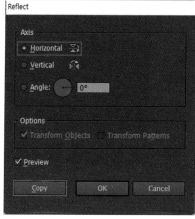 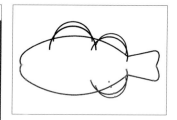

⑥ Selection Tool(▨)로 상하의 물고기 몸통 모양을 선택하고 Pathfinder 패널에서 'Unite(▨)'
 를 클릭하여 합칩니다.

⑦ **Ctrl**+**A**를 눌러 물고기 모양을 모두 선택한 후 Pathfinder 패널에서 'Divide(▨)'를 클릭
 하여 면을 분할하고 '면 : Y20, 테두리 : 임의 색상'을 지정합니다.

 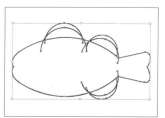

합격생의 비법

'면 : 없음'을 지정한 오브젝트는 Pathfinder 패널에서 'Divide()'를 클릭하여 면을 분할한 후 '면 색상'을 지정하면 클릭하여
선택하기 편리합니다.

⑧ Selection Tool(▨)로 오브젝트를 더블 클릭하여 Isolation Mode로 전환한 후에 가운데 몸통
 모양을 **Shift**를 누르면서 클릭하여 선택하고 Pathfinder 패널에서 'Unite(▨)'를 클릭하여
 합칩니다.

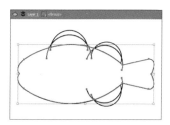  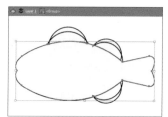

Pathfinder 패널에서 'Divide(　)'를 클릭한 후 불필요한 오브젝트는 Delete 를 눌러 삭제합니다.

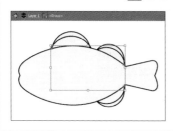
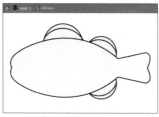

9 Ellipse Tool(　)로 물고기 모양의 머리 부분에 드래그하여 2개의 타원을 겹쳐서 그리고 Line Segment Tool(　)로 드래그하여 그림과 같이 3개의 직선을 그린 후 '면 : 없음, 테두리 : 임의 색상'을 지정합니다.

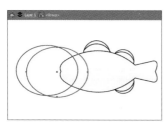

10 Pen Tool(　)로 몸통 가운데와 꼬리 부분에 열린 곡선 패스를 각각 그린 후 '면 : 없음, 테두리 : 임의 색상'을 지정합니다. Ctrl + A 를 눌러 모두 선택한 후 Pathfinder 패널에서 'Divide (　)'를 클릭하여 면을 분할합니다.

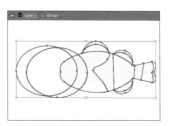

11 Selection Tool(　)로 왼쪽의 불필요한 오브젝트를 선택하고 Delete 를 눌러 삭제합니다.

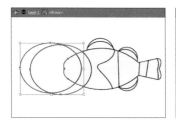
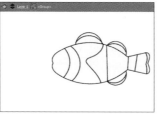

12 Pen Tool(　)로 왼쪽 하단에 지느러미 모양을 그리고 Selection Tool(　)로 Alt 를 누르면서 왼쪽으로 드래그하여 복사한 후 Shift + Ctrl + [로 맨 뒤로 보내고 회전합니다.

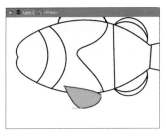 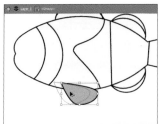 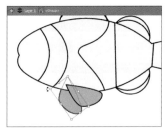

13 Pen Tool( )로 그림과 같이 가슴 지느러미 모양을 그린 후 Ellipse Tool( )로 눈을 그리고 '면 : K100'을 지정합니다.

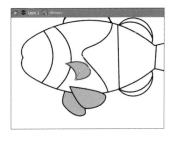 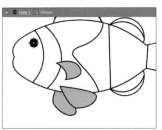

14 Selection Tool( )로 몸통 부분의 4개의 오브젝트를 선택한 후 Gradient 패널에서 'Type : Linear'를 적용하고 Gradient Slider의 왼쪽 'Color Stop'을 더블 클릭하여 Y100을, 오른쪽 'Color Stop'을 더블 클릭하여 C20M90Y100을 적용합니다. Gradient Tool( )로 **Shift** 를 누르면서 왼쪽에서 오른쪽으로 수평으로 드래그하여 그라디언트를 적용합니다.

 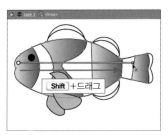 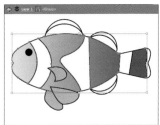

15 Selection Tool( )로 그림과 같이 5개의 지느러미를 선택한 후 Gradient 패널에서 'Type : Linear, Angle : 0°'를 적용하고 Gradient Slider의 왼쪽 'Color Stop'을 더블 클릭하여 Y100 을, Gradient Slider의 가운데 빈 공간을 클릭하여 'Color Stop'을 추가한 후 더블 클릭하여 M80Y100을, 오른쪽 'Color Stop'을 더블 클릭하여 C20M90Y100을 적용합니다.

 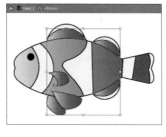

16 Selection Tool(▣)로 그림과 같이 3개의 오브젝트를 선택하고 Gradient 패널에서 'Angle : −45°'를 적용합니다.

 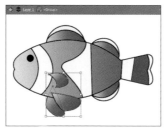

17 Selection Tool(▣)로 나머지 4개의 지느러미 끝을 선택하고 '면 : K100'을 지정합니다. Esc 를 눌러 정상 모드로 전환한 후 물고기 모양을 선택하고 '테두리 : 없음'을 지정합니다.

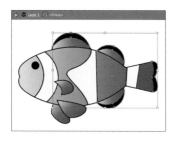  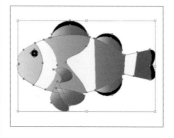

18 Ellipse Tool(◯)로 Shift 를 누르고 드래그하여 물고기 왼쪽에 정원을 그립니다. Gradient 패널에서 'Type : Radial'을 적용하고 Gradient Slider의 왼쪽 'Color Stop'을 더블 클릭하여 C0M0Y0K0을, 오른쪽 'Color Stop'을 더블 클릭하여 C90M30Y10을 지정하여 적용하고 Gradient Tool(▣)로 그림과 같이 드래그하여 적용합니다.

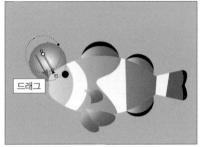

드래그

⑲ Ellipse Tool(⬭)로 **Shift** 를 누르고 드래그하여 정원을 그린 후 '면 : C0M0Y0K0, 테두리 : 없음'을 지정하고 Transparency 패널에서 'Opacity : 40%'를 지정하여 불투명도를 조절합니다.

⑳ Selection Tool(▶)로 2개의 정원을 선택하고 Scale Tool(▦)을 더블 클릭하여 'Uniform : 40%'를 지정하고 [Copy]를 눌러 복사하고 이동한 후 조절점을 드래그하여 회전합니다.

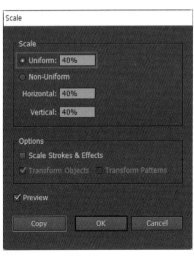

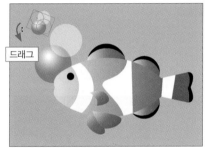

드래그

㉑ Selection Tool(▶)로 회색의 사각형을 제외한 물고기와 물방울 모양을 모두 선택합니다. Symbols 패널 하단에 'New Symbol'을 클릭하고 'Name : 피쉬, Type : Graphic'을 지정하여 심볼로 등록한 후 사각형과 물고기, 물방울 모양은 **Delete** 를 눌러 삭제합니다.

03 메쉬 및 블렌드 효과

❶ Rectangle Tool(▢)로 작업 도큐먼트 왼쪽 상단의 원점(0,0)을 클릭하여 'Width : 210mm, Height : 297mm'를 입력하여 그리고 '면 : C60M70Y70K60, 테두리 : 없음'을 지정합니다.

2 Mesh Tool(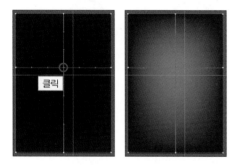)로 그림과 같이 클릭하여 C90M30 색상을 적용합니다.

3 Pen Tool(✒)로 작업 도큐먼트를 완전히 벗어나는 2개의 곡선을 그립니다. 상단 곡선은 '면 : 없음, 테두리 : C0M0Y0K0'을 지정한 후 Stroke 패널에서 'Weight : 1pt'를 적용하고, 하단 곡선은 '면 : 없음, 테두리 : C20Y100'을 지정한 후 Stroke 패널에서 'Weight : 5pt'를 적용합니다.

 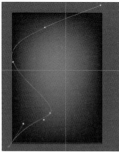  

4 2개의 곡선을 선택한 후 [Object]-[Blend]-[Make]를 적용하고 [Object]-[Blend]-[Blend Options]로 'Specified Steps : 15'를 적용합니다.

04 인물 일러스트 만들고 브러쉬 적용하기

1 Brushes 패널 하단에 'Brush Libraries Menu'를 클릭한 후 [Artistic]-[Artistic_ ChalkCharcoalPencil]를 선택하여 추가 브러쉬 패널을 불러온 후 'Charcoal – Thin'을 선택합니다.

2 Ellipse Tool(⬤)로 작업 도큐먼트에 클릭한 후 'Width : 15mm, Height : 22mm'를 입력하여 타원을 그리고 '면 : 없음, 테두리 : K100'을 지정합니다. Stroke 패널에서 'Weight : 1pt'를 지정하고, Convert Anchor Point Tool(⋏)로 타원 하단의 고정점을 클릭하여 방향선을 삭제하여 뾰족하게 만듭니다.

  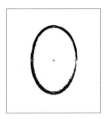 

3 Line Segment Tool(▨)로 짧은 선들을 연결하여 사람 모양을 그린 후 '면 : 없음, 테두리 : K100'을 지정하고 Stroke 패널에서 'Weight : 1pt'를 지정합니다.

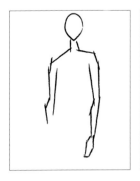  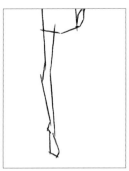 

4 Pen Tool(▨)로 브러쉬로 그린 부분과 약간 어긋나도록 구두와 원피스 모양을 그린 후 '면 : M20Y90, 테두리 : 없음'을 지정합니다.

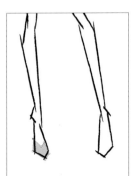 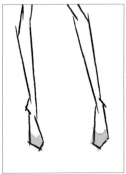 

5 Brushes 패널에 추가한 'Charcoal – Thin'을 선택하고 Ellipse Tool(⬭)로 얼굴 모양 위에 드래그하여 2개의 타원을 그린 후 '면 : 없음, 테두리 : K100'을 지정하고 Stroke 패널에서 'Weight : 1pt'를 적용합니다.

 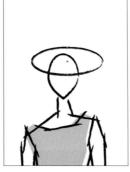 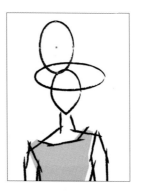

⑥ Selection Tool(▸)로 상단의 타원을 선택하고 **Alt**를 누르면서 오른쪽으로 드래그하여 복사한 후 회전시킵니다. 2개의 타원을 선택하고 Pathfinder 패널에서 Minus Back(▣)을 클릭합니다.

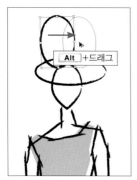   

⑦ Selection Tool(▸)로 모자 모양 모두를 선택하고 **Ctrl**+**G**로 그룹을 지정한 후 회전합니다. Selection Tool(▸)로 **Alt**를 누르고 오른쪽 하단으로 드래그하여 복사한 후 '면 : M70Y100K80, 테두리 : 없음'을 지정하고 Transparency 패널에서 'Opacity : 50%'를 지정하여 불투명도를 조절합니다.

⑧ Selection Tool(▸)로 인물 일러스트 모양을 모두 선택하고 **Ctrl**+**G**로 그룹을 지정한 후 작업 도큐먼트의 오른쪽에 배치합니다.

1 Pen Tool(✎)로 인물 일러스트 모양의 왼쪽 윤곽선보다 바깥쪽으로 패스를 그리고 '면 : C0M0Y0K0, 테두리 : 없음'을 지정한 후 [Object]-[Arrange]-[Send Backward](Ctrl + [ )를 선택하고 뒤로 보내기를 합니다. [Effect]-[Illustrator Effects]-[Stylize]-[Drop Shadow]를 선택하고 'Opacity : 75%, X Offset : −2mm, Y Offset : 0mm, Blur : 1mm'를 지정하여 그림자 효과를 적용합니다.

2 Ellipse Tool(⬭)로 인물 일러스트 모양 하단에 드래그하여 타원을 그리고 '면 : C50, 테두리 : 없음'을 지정하고 Ctrl + [를 눌러 뒤로 보내기를 합니다. Pen Tool(✎)로 삼각형을 그리고 '면 : 임의 색상, 테두리 : 없음'을 지정하여 배치합니다.

3 Gradient 패널에서 'Type : Linear, Angle : −90°'를 적용하고 Gradient Slider의 왼쪽 'Color Stop'을 더블 클릭하여 C0M0Y0K0을, 오른쪽 'Color Stop'을 더블 클릭하여 C70을 적용하고 Transparency 패널에서 'Opacity : 30%'를 지정하여 불투명도를 조절합니다. 오른쪽 3개의 오브젝트를 선택하고 Shift + Ctrl +] 로 맨 앞으로 가져오기를 합니다.

06 심볼 적용 및 편집하기

1 Symbols 패널에서 '피쉬' 심볼을 선택하고 Symbol Sprayer Tool()로 작업 도큐먼트를 드래그하여 뿌려줍니다. Symbol Sizer Tool(🔘)로 **Alt** 를 누르고 클릭하여 일부 심볼의 크기를 축소하고 Symbol Shifter Tool(🔘)로 심볼의 위치를 이동시킨 후 Symbol Spinner Tool(🔘)로 일부를 회전하여 배치합니다.

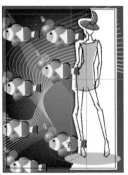
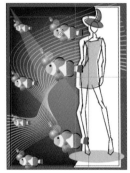

2 Symbol Screener Tool(🔘)로 일부를 클릭하여 투명하게 하고 Symbol Stainer Tool(🔘)로 Swatches 패널에서 출력형태와 유사한 색상을 선택한 후 색조의 변화를 적용합니다.

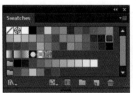
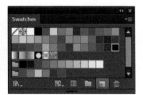

1 Rounded Rectangle Tool(■)로 수평 안내선 아래에 드래그하여 둥근 사각형을 그리고 '면 : C50M40Y50K90, 테두리 : 없음'을 지정한 후, Type Tool(**T**)로 클릭합니다. Character 패널 에서 'Set the font family : Times New Roman, Set the font style : Italic, Set the font size : 40pt'를 설정하고 '면 : Y100, 테두리 : 없음'을 지정한 후 ClownFish Fashion을 입력합 니다.

2 [Object]-[Envelope Distort]-[Make with Warp]를 선택한 후 'Style : Fish, Bend : 30%'를 지정하여 'ClownFish Fashion' 문자를 왜곡시킵니다.

3 Type Tool(**T**)로 'ClownFish Fashion' 문자 아래에 클릭한 후 Character 패널에서 'Set the font family : 돋움, Set the font size : 40pt'를 설정하고 '면 : C0M0Y0K0, 테두리 : 없음'을 지정한 후 디자인공모전을 입력합니다. [Object]-[Envelope Distort]-[Make with Warp]를 선택한 후 'Style : Wave, Bend : 70%'를 지정합니다.

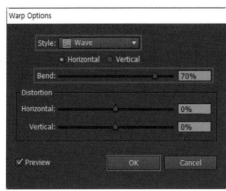

4 Pen Tool(✎)로 도큐먼트 오른쪽 하단에 다리 모양을 따라 그림과 같이 패스를 그리고 Type on a Path Tool(✓)로 패스의 상단을 클릭합니다. Character 패널에서 'Set the font family : 궁서, Set the font size : 20pt'를 설정하고 '면 : K100, 테두리 : 없음'을 지정한 후 5월 31일 까지 접수합니다~를 입력합니다.

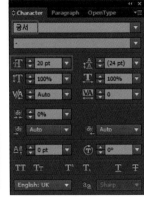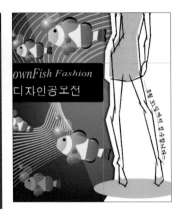

⑤ Type on a Path Tool(🖊)로 '5월 31일' 문자를 드래그하여 선택하고 'Set the font size : 23pt'를 설정하고 '면 : M100Y100, 테두리 : 없음'을 지정합니다.

⑥ Selection Tool(🖱)로 작업 도큐먼트 왼쪽 상단의 원점(0,0)을 클릭하여 'Width : 210mm, Height : 297mm'를 입력하여 그린 후 '면 : 임의 색상, 테두리 : 없음'을 지정합니다. **Ctrl** + **A**로 전체 오브젝트를 선택하고 [Object]-[Clipping Mask]-[Make]로 마스크를 적용합니다.

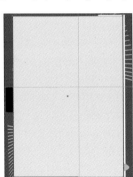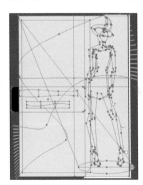

08 저장 및 답안 전송하기

① [View]-[Guides]-[Hide Guides](**Ctrl** + **;**)를 선택하여 안내선을 숨기고 [View]-[Fit Artboard in Window](**Ctrl** + **0**)을 선택하여 현재 창에 맞추기를 합니다. [File]-[Save As]를 선택하고 '저장 위치 : 내문서\GTQ, Format : Adobe Illustrator(*AI), 파일 이름 : 수험번호-성명-문제번호.ai'를 입력하고 [저장]을 클릭한 후 [Illustrator Options] 대화상자에서 'Version : Illustrator CS6'로 설정하고 [OK]를 클릭합니다.

② 답안 저장이 완료가 되면 [File]-[Exit](**Ctrl** + **Q**)를 선택하여 일러스트레이터 프로그램을 종료하고 수험 프로그램에서 [답안 전송]을 클릭하여 감독관 컴퓨터로 전송합니다.

급수	버전	문제유형	시험시간	수험번호	성명
1급		A	90분		

수 험 자   유 의 사 항

- 수험자는 문제지를 받는 즉시 응시하고자 하는 과목 및 급수가 맞는지 확인한 후 수험번호와 성명을 작성합니다.
- 파일명은 본인의 "수험번호—성명—문제번호"로 공백 없이 정확히 입력하고 답안폴더(내문서₩GTQ 또는 라이브러리₩문서₩GTQ)에 ai 파일 포맷으로 저장(버전 : Illustrator CS4(영문))해야 하며, 다른 파일 형식과 버전으로 저장하였을 경우 0점 처리됩니다. 답안문서 파일명이 "수험번호—성명—문제번호"와 일치하지 않거나, 답안 파일을 전송하지 않아 미제출로 처리될 경우 불합격 처리됩니다.
- 수험자 정보와 저장한 파일명, 저장 위치가 다를 경우 전송이 되지 않으므로, 주의하시기 바랍니다.
- 답안 작성 중에도 주기적으로 '저장'과 '답안 전송'을 이용하여 감독위원 PC로 답안을 전송하셔야 합니다. (※ 작업한 내용을 저장하지 않고 전송할 경우 이전의 저장내용이 전송되오니 이점 반드시 유념하시기 바랍니다.)
- 답안문서는 지정된 경로 외의 다른 보조기억장치에 저장하는 행위, 지정된 시험 시간 외에 작성된 파일을 활용 한 행위, 기타 통신수단(이메일, 메신저, 네트워크 등)을 이용하여 타인에게 전달 또는 외부 반출하는 행위는 부정으로 간주되어 자격기본법 제32조에 의거 본 시험 및 국가공인 자격시험을 2년간 응시할 수 없습니다.
- 시험 중 부주의 또는 고의로 시스템을 파손한 경우와 〈수험자 유의사항〉에 기재된 방법대로 이행하지 않아 생기는 불이익은 수험자의 책임임을 알려 드립니다
- 시험을 완료한 수험자는 최종적으로 저장한 답안파일이 전송되었는지 확인한 후 감독위원의 지시에 따라 문 제지를 제출하고 퇴실합니다.

답 안 작 성 요 령

- **온라인 답안 작성 절차**
  수험자 등록 ⇒ 시험 시작 ⇒ 답안파일 저장 ⇒ 답안 전송 ⇒ 시험 종료
- 배점은 총 100점으로 이루어지며, 점수는 각 문제별로 차등 배분됩니다.
- 각 문제는 제시된 조건에 맞게 답안을 작성하셔야 하며, 조건을 지키지 못했을 경우에는 0점 또는 감점 처리됩니다.
- 조건에서 주어진 단위는 'mm(밀리미터)'입니다. 눈금자는 작성하지 않으며, 그 외는 출력형태(레이아웃, 색상, 문자, 규격 등)와 같게 작업하십시오.
- 문제 조건에 서체의 지정이 없을 경우 한글은 굴림이나 돋움, 영문은 Arial로 작업하십시오. (단, 그 외 제시되지 않은 문자 속성을 기본값으로 작성하지 않은 경우는 감점 처리됩니다.)
- 문제 조건에 크기와 색상, 두께의 지정이 없을 경우 《출력형태》를 참고하여 작업해 주시기 바랍니다.
- Image Mode(이미지 모드)는 별도의 처리조건이 없을 경우에는 CMYK로 작업하십시오.
- 조건에서 제시한 기능을 임의로 합치거나 각 기능에 대한 속성을 해지할 경우 해당 요소는 0점 처리됩니다.

한 국 생 산 성 본 부

25점

다음의 《조건》에 따라 아래의 《출력형태》와 같이 작업하시오.

조건

파일저장규칙	AI	파일명	내문서₩GTQ₩수험번호-성명-1.ai
		크기	100 × 80mm

1. 작업 방법
① 도형, 변형 툴과 Pathfinder 등을 이용하여, 오브젝트를 만든다.
② 그 외《출력형태》참조

2. 문자 효과
① Real Strawberry (Arial, Regular, 19pt, C60M50Y50K20)

출력형태

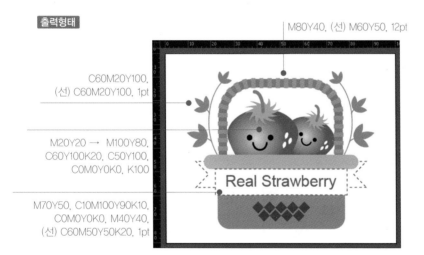

M80Y40, (선) M60Y50, 12pt

C60M20Y100,
(선) C60M20Y100, 1pt

M20Y20 → M100Y80,
C60Y100K20, C50Y100,
C0M0Y0K0, K100

M70Y50, C10M100Y90K10,
C0M0Y0K0, M40Y40,
(선) C60M50Y50K20, 1pt

문제 2 **패키지, 비즈니스 디자인**

: 무료 동영상 : ▶

35점

다음의 《조건》에 따라 아래의 《출력형태》와 같이 작업하시오.

조건

파일저장규칙	AI	파일명	내문서₩GTQ₩수험번호-성명-2.ai
		크기	160 × 120mm

1. 작업 방법
① 컵 받침은 Pattern 기능을 이용하여 작업한다. (패턴 등록 : 우유 방울)
② 우유병은 Clipping Mask를 적용한다.
③ Brush는 아래를 참고하여 작업한다.
   – Artistic 〉 Artistic_ChalkCharcoalPencil 〉 Charcoal – Pencil
④ Effect는 아래를 참고하여 작업한다.
   – Illustrator Effects > Stylize > Drop Shadow
⑤ 그 외 《출력형태》 참조

2. 문자 효과
① LOWFAT MILK(Times New Roman, Bold, 13pt, C100Y90K70)
② 100% organic (Arial, Regular, 8pt, C100M60Y80K30)

출력형태

문제 3 광고 디자인

: 무료 동영상 :

40점

다음의 《조건》에 따라 아래의 《출력형태》와 같이 작업하시오.

조건

파일저장규칙	AI	파일명	내문서₩GTQ₩수험번호-성명-3.ai
		크기	210 × 297mm

1. 작업 방법

① 집과 나무 모양은 《참고도안》을 참고하여 직접 제작한 후 Symbol 기능을 활용한다. (심볼 등록 : 집과 나무)

② 'CLEAN CITY / Town Village' 문자에 Envelope Distort 기능을 적용한다.

③ Brush는 아래를 참고하여 작업한다.
  – Borders > Borders_Novelty > Flowers

④ Effect는 아래를 참고하여 작업한다.
  – Illustrator Effects > Stylize > Drop Shadow

⑤ Clipping Mask를 이용하여 디자인을 정리한다.

⑥ 그 외 《출력형태》 참조

참고도안

C80M20Y100,
C60Y100, C60M10Y100,
C70M10Y100,
C50M60Y70K40,
C30Y30, C50Y30K40,
C0M0Y0K0,
M70Y100K40,
(선) C70M40Y100K40,
3pt, 6pt

2. 문자 효과

① CLEAN CITY (Arial, Bold, 50pt, 90pt, C20, C50)

② Town Village (Times New Roman, Regular, 25pt, C100M30K60)

③ ECO life (Times New Roman, Regular, 27pt, C0M0Y0K0)

출력형태

[Blend] 단계 : 15,
(선) C20Y100, 3pt → C0M0Y0K0, 1pt

Y90 → M80Y90,
C0M0Y0K0,
[Effect] Drop Shadow

[Effect] Drop Shadow

C0M0Y0K0, Opacity 70%

210 × 297mm
[Mesh] C50Y100, C10Y10, C20Y80

C80M30Y90K40,
C70M40Y100K40,
C70M60Y70K80,
C80M30Y90K60,
(선) C80M30Y90K40, 4pt

[Symbol]

C0M0Y0K0, C20Y10 →
C30Y10 → C60Y10 → C40,
Opacity 80%

C70Y80K30, C60Y100K40

[Brush] Flowers, 2pt

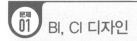
작업과정	새 도큐먼트 만들기 및 임시 파일 저장하기 ➡ 바구니 만들기 ➡ 딸기 모양 만들기 ➡ 식물 모양 만들고 문자 입력하기 ➡ 저장 및 답안 전송하기
완성 이미지	Part05\기출 유형 문제 5회\수험번호-성명-1.ai

01 새 도큐먼트 만들기 및 임시 파일 저장하기

1 [File]-[New]를 선택하고 'Width : 100mm, Height : 80mm, Units : Millimeters, Color Mode : CMYK'를 설정하여 새 도큐먼트를 만들고 [View]-[Rulers]-[Show Rulers](**Ctrl** + **R**)를 선택하여 눈금자를 표시합니다.

2 작업 도큐먼트를 저장하기 위해 [File]-[Save As]를 선택하고 '저장 위치 : 내문서\GTQ, Format : Adobe Illustrator(*AI), 파일 이름 : 수험번호-성명-문제번호.ai'를 입력하고 [저장]을 클릭한 후 [Illustrator Options] 대화상자에서 'Version : Illustrator CS6'로 설정하고 [OK]를 클릭합니다.

02 바구니 만들기

1 Rounded Rectangle Tool(▣)로 작업 도큐먼트를 클릭한 후 'Width : 55mm, Height : 33mm, Corner Radius : 5mm'를 입력하여 그리고 '면 : M70Y50, 테두리 : 임의 색상'을 지정합니다. Direct Selection Tool(▶)로 둥근 사각형 상단 2개의 고정점을 선택하고 **Delete** 를 눌러 삭제합니다.

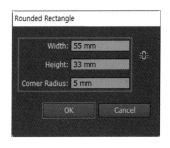

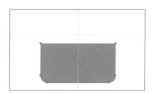

2 Rounded Rectangle Tool(▣)로 상단에 클릭하여 'Width : 67mm, Height : 6mm, Corner Radius : 10mm'를 입력하여 그린 후 '면 : M40Y40, 테두리 : 임의 색상'을 지정하고 배치합니다.

3 Rectangle Tool(▣)로 둥근 사각형 아래에 클릭한 후 'Width : 57mm, Height : 11mm'를 입력하여 그리고 '면 : C0M0Y0K0, 테두리 : C60M50Y50K20'을 지정합니다. Stroke 패널에서 'Weight : 1pt, Dashed Line : 체크, dash : 3pt'를 입력하여 점선을 그려 배치합니다.

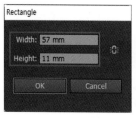  

4 Scale Tool(⬚)을 더블 클릭하고 'Horizontal : 130%, Vertical : 100%'를 지정하고 [Copy]를 눌러 가로만 확대 복사하고, **Shift** + **Ctrl** + **[** 로 맨 뒤로 보내기를 한 후 그림과 같이 상단으로 이동하고 [Object]−[Path]−[Add Anchor Points]를 선택하고 고정점을 추가합니다.

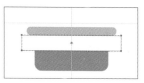 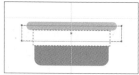 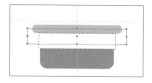

5 Direct Selection Tool(▶)로 **Shift** 를 누르고 클릭하여 세로 가운데 2개의 고정점을 선택한 후, Scale Tool(⬚)을 더블 클릭하여 'Uniform : 85%'를 지정하고 리본의 뾰족한 부분을 완성합니다.

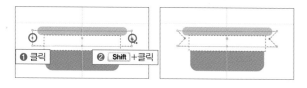

6 Rectangle Tool(■)로 바구니 하단에 **Shift** 를 누르고 드래그하여 정사각형을 그린 후 '면 : C10M100Y90K10, 테두리 : 없음'을 지정합니다. Selection Tool(▶)로 조절점 밖에 마우스 커서를 위치하여 **Shift** 를 누르고 회전시켜 마름모 모양으로 배치합니다.

7 Selection Tool(▶)로 마름모 모양을 선택하고 **Alt** 를 누르고 오른쪽으로 드래그하여 복사한 후 **Ctrl** + **D** 를 3번 눌러 반복 복사합니다.

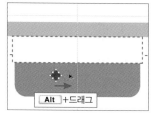 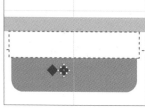 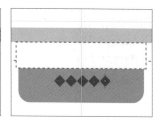

⑧ Selection Tool(🔺)로 Shift 를 누르고 오른쪽 4개의 마름모 모양을 선택한 후 Alt 를 누르고 아래로 드래그하여 복사하여 배치합니다. Selection Tool(🔺)로 Shift 를 누르고 마름모 모양을 모두 선택하고 Ctrl + G 로 그룹을 지정한 후 이동하여 중앙에 정렬합니다.

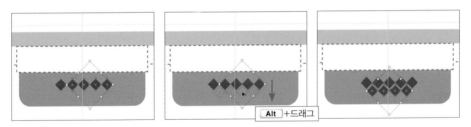

⑨ Rounded Rectangle Tool(⬜)로 Alt 를 누르고 세로 안내선을 클릭하여 'Width : 50mm, Height : 45mm, Corner Radius : 13mm'를 입력하여 그리고 '면 : 없음, 테두리 : M80Y40'을 지정한 후 Stroke 패널에서 'Weight : 10pt'를 적용하여 배치합니다.

⑩ Direct Selection Tool(🔺)로 Shift 를 누르면서 클릭하여 하단 2개의 고정점을 선택하고 Delete 를 눌러 삭제한 후 Ctrl + C 로 복사합니다. [Object]–[Path]–[Outline Stroke]을 선택하여 선을 면으로 확장합니다.

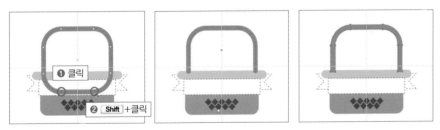

합격생의 비법

[Edit]–[Copy](Ctrl + C)로 복사를 해야 바구니 손잡이에 점선 효과를 낼 수 있습니다.

⑪ Ctrl + F 를 눌러 복사한 손잡이 모양을 앞에 붙여 넣고 '면 : 없음, 테두리 : M60Y50'을 지정하고 Stroke 패널에서 'Weight : 12pt, Dashed Line : 체크, dash : 5pt'를 입력하여 점선을 배치합니다. 2개의 손잡이 모양을 선택하고 Shift + Ctrl + [로 맨 뒤로 보내기를 합니다.

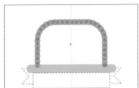
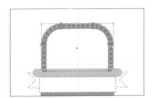

03 딸기 모양 만들기

1 Rounded Rectangle Tool(▢)로 작업 도큐먼트를 클릭한 후 'Width : 30mm, Height : 35mm, Corner Radius : 12mm'를 입력하여 그리고 '면 : 임의 색상, 테두리 : 임의 색상'을 지정합니다. Direct Selection Tool(▶)로 드래그하여 4개의 고정점을 선택하고 Scale Tool(▦)을 더블 클릭한 후 'Uniform : 50%'를 지정하고 축소합니다.

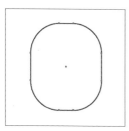 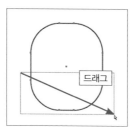 

2 Convert Anchor Point Tool(N)로 2개의 고정점에 각각 드래그하여 방향선을 조절합니다.

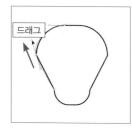 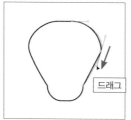 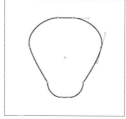

3 Gradient 패널에서 'Type : Radial'을 적용하고 Gradient Slider의 왼쪽 'Color Stop'을 더블 클릭하여 M20Y20을, 오른쪽 'Color Stop'을 더블 클릭하여 M100Y80을 지정한 후 '테두리 : 없음'을 적용합니다. Gradient Tool(▢)로 왼쪽 상단에서 하단으로 드래그하여 그라디언트를 적용합니다.

4 Ellipse Tool(⬭)로 [Shift]를 누르고 드래그하여 정원을 그리고 '면 : K100, 테두리 : 없음'을 지정한 후 [Alt]를 누르고 오른쪽으로 드래그하여 복사하고 눈을 완성합니다.

5 Ellipse Tool(⬤)로 **Shift**를 누르고 드래그하여 중앙에 정원을 그리고 '면 : 없음, 테두리 : K100'을 지정한 후 Direct Selection Tool(▶)로 상단의 고정점을 클릭하고 **Delete**를 눌러 삭제합니다.

6 Stroke 패널에서 'Weight : 2pt, Cap : Round Cap'을 적용한 후 [Object]-[Path]-[Outline Stroke]을 선택하여 선을 면으로 확장합니다.

7 Selection Tool(▶)로 **Shift**를 누르고 2개의 원과 입 모양을 선택한 후 Align 패널에서 Horizontal Distribute Center(┃▌┃)를 클릭하여 균일하게 배분합니다.

8 Ellipse Tool(⬤)로 드래그하여 타원을 그리고 '면 : C0M0Y0K0, 테두리 : 없음'을 지정한 후 Convert Anchor Point Tool(⊾)로 하단의 고정점에 클릭하여 방향선을 없애고 뾰족하게 만듭니다.

9 Selection Tool(▶)로 **Alt**를 누르고 하단과 오른쪽으로 드래그하여 2번 복사합니다. Selection Tool(▶)로 3개의 오브젝트를 선택하고 회전하여 배치합니다.

⑩ Star Tool()로 상단 중앙에 클릭하여 'Radius 1 : 8mm, Radius 2 : 4mm, Points : 12'를 지정하고 '면 : C50Y100, 테두리 : 없음'을 지정합니다. [Effect]-[Illustrator Effects]-[Distort & Transform]-[Twist]를 선택하고 'Angle : 60°'를 지정하고 변형한 후 [Object]-[Expand Appearance]를 선택하여 속성을 확장합니다.

⑪ Selection Tool()로 조절점의 상단 가운데 점을 아래로 드래그하여 세로 크기를 줄입니다.

⑫ Pen Tool()로 상단에 곡선을 그리고 '면 : 없음, 테두리 : C60Y100K20'을 지정한 후 Stroke 패널에서 'Weight : 4pt, Cap : Round Cap'을 적용합니다. [Object]-[Path]-[Outline Stroke]를 선택하여 선을 면으로 확장합니다.

⑬ 딸기 모양을 모두 선택하고 **Ctrl**+**G**를 눌러 그룹을 지정한 후 **Shift**+**Ctrl**+**[**로 맨 뒤로 보내기를 합니다. Scale Tool()을 더블 클릭하고 'Uniform : 70%'를 지정하고 [Copy]를 눌러 복사한 후 오른쪽으로 이동하고 **Shift**+**Ctrl**+**[**로 맨 뒤로 보내기를 합니다.

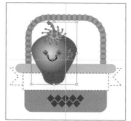
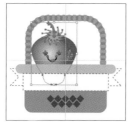

⓮ Selection Tool(⊿)로 조절점 밖에 마우스 커서를 위치하여 회전하고 2개의 딸기 모양의 위치를 조절하여 배치합니다.

04 식물 모양 만들고 문자 입력하기

❶ Ellipse Tool(◯)로 작업 도큐먼트를 클릭한 후 'Width : 3mm, Height : 9mm'를 입력하여 타원을 그리고 '면 : C60M20Y100, 테두리 : 임의 색상'을 지정합니다. Convert Anchor Point Tool(⊾)로 타원 상단의 고정점을 클릭하여 뾰족하게 만듭니다.

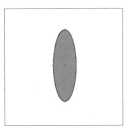

❷ Selection Tool(⊿)로 선택하고 Scale Tool(▦)로 【Alt】를 누르고 타원 하단의 고정점을 클릭하여 'Horizontal : 100%, Vertical : 80%'를 지정한 후 [Copy]를 눌러 복사합니다.

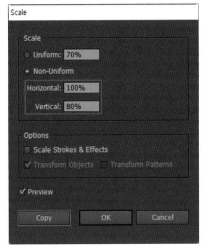
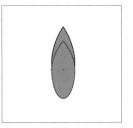

❸ Rotate Tool(↻)로 【Alt】를 누르면서 타원 하단의 고정점을 클릭하여 'Angle : 45°'를 지정하고 회전합니다. Reflect Tool(▦)로 【Alt】를 누르고 그림과 같이 클릭한 후 'Axis : Vertical'을 지정하고 [Copy]를 눌러 복사합니다.

4 Selection Tool(⬚)로 3개의 잎 모양을 선택하고 Pathfinder 패널에서 'Unite(⬚)'를 클릭하여 합친 후 '면 : C60M20Y100, 테두리 : 없음'을 지정합니다.

5 Arc Tool(⌒)로 그림과 같이 드래그하여 줄기를 그리고 '면 : 없음, 테두리 : C60M20Y100'을 지정한 후 Stroke 패널에서 'Weight : 1pt'를 적용합니다. 잎 모양과 줄기를 선택하고 **Ctrl** + **G**를 눌러 그룹을 지정합니다.

6 Pen Tool(✒)로 그림과 같이 손잡이 왼쪽에 곡선을 그리고 '면 : 없음, 테두리 : C60M20Y100'을 지정한 후 Stroke 패널에서 'Weight : 1pt'를 적용합니다. Selection Tool(⬚)로 앞에서 그룹으로 지정한 잎 모양을 그림과 같이 배치합니다.

7 Scale Tool(⬚)을 더블 클릭하여 'Uniform : 80%, Scale Strokes & Effects : 체크 해제'를 지정하고 [Copy]를 눌러 복사한 후 **Ctrl** + **D**를 눌러 반복 복사합니다. Selection Tool(⬚)로 겹쳐 있는 3개의 잎 모양을 크기 순서대로 선택하여 배치합니다.

8 Group Selection Tool()로 상단의 가장 작은 잎 모양에서 줄기 부분을 클릭하고 **Delete** 를 눌러 삭제합니다. Selection Tool(▶)로 잎 모양 각각을 선택하고 회전하고 이동합니다.

9 줄기와 잎 모양 모두를 선택하고 **Ctrl** + **G** 를 눌러 그룹을 지정한 후 **Shift** + **Ctrl** + **I** 로 맨 뒤로 보내기를 합니다. Reflect Tool(▶)로 **Alt** 를 누르고 세로 안내선을 클릭하여 'Axis : Vertical'을 지정하고 [Copy]를 눌러 복사합니다.

10 Type Tool(**T**)로 바구니 위에 클릭하여 Character 패널에서 'Set the font family : Arial, Set the font style : Regular, Set the font size : 19pt'를 설정하고 '면 : C60M50Y50K20, 테두리 : 없음'을 지정한 후 Real Strawberry를 입력합니다.

05 저장 및 답안 전송하기

1 [View]-[Guides]-[Hide Guides](**Ctrl** + **;**)를 선택하여 안내선을 숨기고 [View]-[Fit Artboard in Window](**Ctrl** + **0**)을 선택하여 현재 창에 맞추기를 한 후 [File]-[Save As] 를 선택하고 '저장 위치 : 내문서₩GTQ, Format : Adobe Illustrator(*AI), 파일 이름 : 수험 번호-성명-문제번호.ai'를 입력하고 [저장]을 클릭한 후 [Illustrator Options] 대화상자에서 'Version : Illustrator CS6'로 설정하고 [OK]를 클릭합니다.

2 답안 저장이 완료가 되면 [File]-[Close](**Ctrl** + **W**)를 선택하여 파일을 닫고 수험 프로그램 에서 [답안 전송]을 클릭하여 감독관 컴퓨터로 전송합니다.

작업과정	새 도큐먼트 만들기 및 임시 파일 저장하기 ➡ 우유 방울 만들고 패턴 등록하기 ➡ 젖소 캐리터 만들기 ➡ 컵 받침 만들기 ➡ 패턴 적용 및 문자 입력하기 ➡ 우유병 만들기 ➡ 문자 입력 후 브러쉬 적용하기 ➡ 클리핑 마스크 적용하기 ➡ 저장 및 답안 전송하기
완성 이미지	Part05₩기출 유형 문제 5회₩수험번호-성명-2.ai

01 새 도큐먼트 만들기 및 임시 파일 저장하기

1 [File]-[New]를 선택하고 'Width : 160mm, Height : 120mm, Units : Millimeters, Color Mode : CMYK'를 설정하여 새 도큐먼트를 만들고 [View]-[Rulers]-[Show Rulers](**Ctrl** + **R**)를 선택하여 눈금자를 표시합니다.

2 작업 도큐먼트를 저장하기 위해 [File]-[Save As]를 선택하고 '저장 위치 : 내문서₩GTQ, Format : Adobe Illustrator(*AI), 파일 이름 : 수험번호-성명-문제번호.ai'를 입력하고 [저장]을 클릭한 후 [Illustrator Options] 대화상자에서 'Version : Illustrator CS6'로 설정하고 [OK]를 클릭합니다.

02 우유 방울 만들고 패턴 등록하기

1 Ellipse Tool(◉)로 작업 도큐먼트를 클릭한 후 'Width : 8mm, Height : 8mm'를 입력하여 그리고 '면 : C40Y100, 테두리 : 없음'을 지정합니다.

2 Direct Selection Tool(▶)로 왼쪽 고정점을 선택하고 이동한 후 **Alt** 를 눌러 방향점을 각각 드래그하여 방울 모양을 만듭니다.

3 Ellipse Tool(◉)로 작업 도큐먼트를 클릭한 후 'Width : 3mm, Height : 3mm'를 입력하여 그리고 '면 : C40Y100, 테두리 : 없음'을 지정합니다. Direct Selection Tool(▶) 과 Convert Anchor Point Tool(▷)로 그림과 같이 변형합니다.

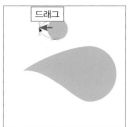

4 Selection Tool( )로 **Alt** 를 누르고 드래그하여 복사한 후 조절점 모서리에 마우스 커서를 위치하여 **Shift** 를 누르고 안쪽으로 드래그하여 축소합니다. 2개의 방울 모양을 선택하고 Align 패널에서 'Vertical Align Center( )'를 클릭하여 세로 가운데 정렬을 맞춥니다.

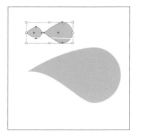

5 2개의 방울 모양을 선택하고 조절점 밖에 마우스 커서를 위치하여 **Shift** 를 누르고 회전시킨 후 3개의 우유 방울 모양을 선택하고 **Ctrl** + **G** 를 눌러 그룹을 지정합니다. Rotate Tool( ) 로 그림과 같이 **Alt** 를 누르면서 클릭하여 'Angle : 72'를 지정하고 [Copy]를 눌러 복사한 후 **Ctrl** + **D** 를 눌러 반복 복사합니다.

6 Rectangle Tool( )로 우유 방울 모양보다 큰 사각형을 그리고 '면 : 없음, 테두리 : 없음'을 지정한 후 **Shift** + **Ctrl** + **[** 로 맨 뒤로 보내기를 합니다. **Ctrl** + **A** 를 눌러 모두 선택하고 [Object]-[Pattern]-[Make]로 'Name : 우유 방울'을 지정하고 패턴으로 등록하여 Swathes 패널에 저장합니다. 도큐먼트 상단의 'Done'을 클릭하여 정상 모드로 전환합니다.

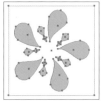

03 젖소 캐릭터 만들기

1 Pen Tool()로 젖소의 얼굴 모양을 그리고 '면 : C0M0Y0K0, 테두리 : K100'을 지정합니다.

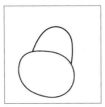

2 Selection Tool(▶)로 모두 선택하고 Brushes 패널 하단에 'Brush Libraries Menu'를 클릭한 후 [Artistic]−[Artistic_Calligraphic]을 선택하여 추가 브러쉬 패널을 불러온 후 '1 pt. Flat'을 선택하여 적용하고 Stroke 패널에서 'Weight : 2pt'를 지정합니다.

3 [Object]−[Expand Appearance]를 선택하여 오브젝트의 속성을 확장합니다. Pen Tool(✒)과 Ellipse Tool(●)로 무늬와 눈을 그린 후 '면 : K100, 테두리 : 없음'을 지정합니다. Selection Tool(▶)로 눈 모양을 각각 회전시켜 배치합니다.

04 컵 받침 만들기

1 Polygon Tool(⬡)로 클릭한 후 'Radius : 30mm, Sides : 8'을 지정하고 '면 : 임의 색상, 테두리 : 임의 색상'을 지정하여 다각형을 그립니다.

2 Direct Selection Tool(▶)로 8각형의 상단 고정점 2개를 선택하고 **Delete**를 눌러 삭제한 후 열린 고정점 2개를 선택하고 [Object]−[Path]−[Join](**Ctrl** + **J**)을 선택하여 연결합니다.

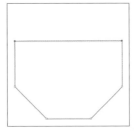

3 [Effect]−[Illustrator Effects]−[Stylize]−[Round Corners]를 선택하고 'Radius : 1mm'를 지정하여 모서리를 둥글게 만듭니다.

4 [Object]-[Path]-[Offset Path]를 선택한 후 'Offset : -4mm'를 지정하여 축소된 복사본을 만듭니다.

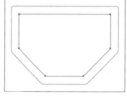

5 2개의 오브젝트를 선택한 후 [Object]-[Blend]-[Make]를 적용하고 [Object]-[Blend]-[Blend Options]를 선택하여 'Specified Steps : 2'를 적용하고 [Object]-[Blend]-[Expand]로 블렌드를 확장합니다.

6 Group Selection Tool(▶⁺)로 맨 뒤쪽부터 차례대로 선택하고 '면 : C70Y90K50, C0M0Y0K0, C70Y100, 테두리 : 없음'을 각각 지정합니다. Group Selection Tool(▶⁺)로 맨 앞쪽을 선택하고 '면 : 없음, 테두리 : C0M0Y0K0'을 지정한 후 Stroke 패널에서 'Weight : 1pt, Dashed Line : 체크, dash : 3pt'를 입력합니다.

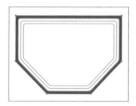
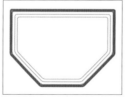

7 Selection Tool(▶)로 젖소 캐릭터를 선택하고 **Ctrl** + **C** 를 눌러 복사한 후 **Ctrl** + **V** 로 컵 받침 위에 배치합니다. **Shift** 를 누르면서 조절점의 모서리를 드래그하여 크기를 축소하고 '면 : K100, 테두리 : 없음' 부분을 '면 : C70Y90K50, 테두리 : 없음'으로 수정합니다.

05 패턴 적용 및 문자 입력하기

1 '면 : C70Y100, 테두리 : 없음'을 지정한 오브젝트를 **Ctrl** + **C** 를 눌러 복사한 후 **Ctrl** + **F** 를 눌러 앞에 붙이기를 하고 Swatches 패널에서 '우유 방울' 패턴을 클릭하여 지정합니다.

 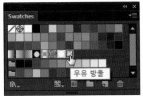 

2 Scale Tool()을 더블 클릭하고 'Uniform : 30%, Scale Strokes & Effects : 체크 해제, Transform Objects : 체크 해제, Transform Patterns : 체크'를 지정하여 패턴의 크기를 축소한 후 Transparency 패널에서 'Opacity : 70%'를 지정하여 불투명도를 조절합니다.

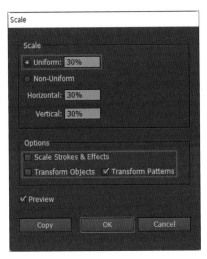 

3 컵 받침 전체를 선택하고 [Object]-[Expand Appearance]를 선택하여 오브젝트의 속성을 확장합니다.

4 Type Tool(T)로 컵 받침 하단에 클릭한 후 Character 패널에서 'Set the font family : Times New Roman, Set the font style : Bold, Set the font size : 13pt'를 설정하고 '면 : C100Y90K70, 테두리 : 없음'을 지정한 후 LOWFAT MILK를 입력합니다.

5 Group Selection Tool()로 컵 받침의 맨 아래 오브젝트를 선택한 후 [Effect]-[Illustrator Effects]-[Stylize]-[Drop Shadow]를 선택하고 'Opacity : 75%, X Offset : 1mm, Y Offset : 1mm, Blur : 1mm'를 지정하여 그림자 효과를 적용합니다.

06 우유병 만들기

1 Rounded Rectangle Tool(■)로 세로 안내선에 **Alt** 를 누르고 클릭한 후 'Width : 38mm, Height : 78mm, Corner Radius : 5mm'를 입력하여 그리고 '면 : 없음, 테두리 : 임의 색상'을 지정합니다.

2 Ellipse Tool(●)로 세로 안내선 상단에 **Alt** 를 누르고 클릭한 후 'Width : 38mm, Height : 38mm'를 입력하여 그리고 '면 : 없음, 테두리 : 임의 색상'을 지정하고 그림과 같이 배치합니다.

 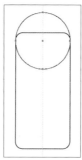

3 Rectangle Tool(■)로 **Alt** 를 누르고 세로 안내선을 클릭한 후 'Width : 20mm, Height : 10mm'를 입력하여 그리고 배치합니다. Rounded Rectangle Tool(■)로 사각형 중앙에 **Alt** 를 누르고 드래그하여 배치한 후 Selection Tool(▶)로 **Alt** 를 누르고 상단으로 드래그하여 복사합니다.

 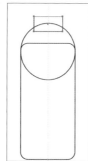 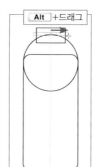 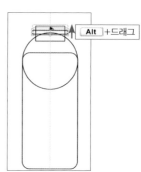

4 Selection Tool(▶)로 상단의 둥근 사각형을 제외한 4개의 오브젝트를 선택하고 Pathfinder 패널에서 'Unite(■)'를 클릭하여 합칩니다.

5 Rounded Rectangle Tool(■)로 세로 안내선 상단에 **Alt** 를 누르고 클릭하여 'Width : 23mm, Height : 7mm, Corner Radius : 1.5mm'를 입력하여 그린 후 2개의 둥근 사각형을 선택하고 Pathfinder 패널에서 'Unite(■)'를 클릭하여 합친 후 '면 : C70Y90, 테두리 : 없음'을 지정합니다.

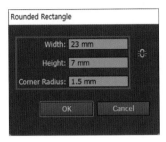
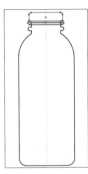

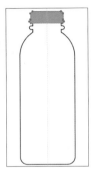

6 Rounded Rectangle Tool(▢)로 뚜껑 위에 드래그하여 그림과 같이 배치한 후 '면 : C0M0Y0K0, 테두리 : 없음'을 지정합니다. 우유병 하단을 선택하고 '면 : 없음, 테두리 : C70Y90K50'을 지정하고 Stroke 패널에서 'Weight : 3pt'를 적용한 후 [Object]-[Path]-[Outline Stroke]을 선택하여 선을 면으로 확장합니다.

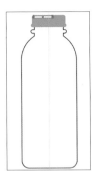

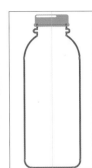
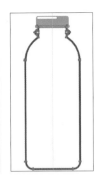

7 [Object]-[Compound Path]-[Release]를 선택하고 우유병을 2개로 분리합니다. 분리된 안쪽 우유병 모양을 선택하고 '면 : 임의 색상, 테두리 : 없음'을 지정합니다.

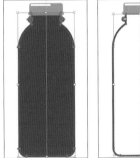
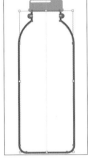

8 Direct Selection Tool(▶)로 Shift 를 누르고 클릭하여 안쪽 우유병 하단의 고정점 2개를 선택하고 상단으로 약간 이동합니다.

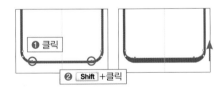

⑨ 컵 받침 위에 젖소 캐릭터를 선택하고 ⌈Ctrl⌉+⌈C⌉를 눌러 복사한 후 ⌈Ctrl⌉+⌈V⌉를 눌러 붙여 넣기를 하고 Selection Tool()로 ⌈Shift⌉를 누르고 조절점을 드래그하여 크기를 조절하고 회전시킨 후 배치합니다.

07 문자 입력 후 브러쉬 적용하기

1 Selection Tool()로 컵 받침 위의 'LOWFAT MILK' 문자를 ⌈Ctrl⌉+⌈C⌉를 눌러 복사한 후 ⌈Ctrl⌉+⌈V⌉를 눌러 붙여 넣기를 합니다. Type Tool()로 클릭한 후 Character 패널에서 'Set the font family : Arial, Set the font style : Regular, Set the font size : 8pt'를 설정하고 Paragraph 패널에서 'Align center'를 클릭합니다. '면 : C100M60Y80K30, 테두리 : 없음'을 지정한 후 100% organic을 입력합니다.

2 Brushes 패널 하단에 'Brush Libraries Menu'를 클릭한 후 [Artistic]-[Artistic_ChalkCharcoalPencil]를 선택하여 추가 브러쉬 패널을 불러온 후 'Charcoal - Pencil'을 선택합니다. Paintbrush Tool()로 '면 : 없음, 테두리 : C70Y90'을 지정하고 Stroke 패널에서 'Weight : 1.5pt'를 지정하여 그림과 같이 그립니다.

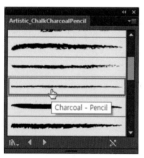

08 클리핑 마스크 적용하기

1 우유 방울 모양을 선택하고 **Ctrl** + **C** 를 눌러 복사한 후 **Ctrl** + **V** 를 2번 눌러 붙여 넣기를 합니다. Selection Tool( )로 **Shift** 를 누르고 조절점을 드래그하여 그림과 같이 크기와 위치를 조절하여 배치한 후 상단의 우유 방울 모양을 선택하고 '면 : C70Y90, 테두리 : 없음'을 지정합니다.

2 Selection Tool( )로 안쪽 우유병 모양을 선택하고 **Shift** + **Ctrl** + **]** 로 맨 앞으로 가져오기를 한 후 그림과 같이 바깥쪽 우유병 모양을 제외하고 선택하여 [Object]-[Clipping Mask]-[Make](**Ctrl** + **7**)로 마스크를 적용합니다.

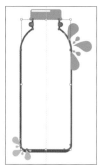 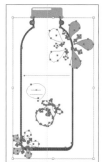 

3 투명해진 안쪽 우유병 모양을 더블 클릭하여 Isolation Mode로 전환한 후에 Selection Tool( )로 투명해진 패스를 선택합니다. Gradient 패널에서 'Type : Linear'를 적용하고 Gradient Slider의 왼쪽 'Color Stop'을 더블 클릭하여 C10Y10을, Gradient Slider 가운데 빈 공간을 클릭하여 'Color Stop'을 추가한 후 더블 클릭하여 C0M0Y0K0을, 오른쪽 'Color Stop'을 더블 클릭하여 C10Y10을 적용하고 **Esc** 를 눌러 정상 모드로 전환합니다.

  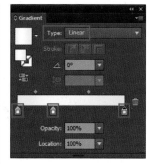  

4 Selection Tool(🔲)로 우유병 뚜껑 부분의 2개의 오브젝트를 선택하고 **Shift** + **Ctrl** + **]** 로 맨 앞으로 가져오기를 한 후 **Ctrl** + **G** 를 눌러 그룹을 지정합니다.

09 저장 및 답안 전송하기

1 [View]-[Guides]-[Hide Guides](**Ctrl** + **;**)를 선택하여 '안내선을 숨기고 [View]-[Fit Artboard in Window](**Ctrl** + **0**)을 선택하여 현재 창에 맞추기를 한 후 [File]-[Save As]를 선택하고 '저장 위치 : 내문서₩GTQ, Format : Adobe Illustrator(*AI), 파일 이름 : 수험번호-성명-문제번호.ai'를 입력하고 [저장]을 클릭한 후 [Illustrator Options] 대화상자에서 'Version : Illustrator CS6'로 설정하고 [OK]를 클릭합니다.

2 답안 저장이 완료가 되면 [File]-[Close](**Ctrl** + **W**)를 선택하여 파일을 닫고 수험 프로그램에서 [답안 전송]을 클릭하여 감독관 컴퓨터로 전송합니다.

문제 03 광고 디자인

작업과정	새 도큐먼트 만들기 및 임시 파일 저장하기 ➡ 나무와 집 모양 만들기 ➡ 심볼 등록하기 ➡ 메쉬 및 블렌드 효과 ➡ 해와 구름 만들고 이펙트 적용하기 ➡ 언덕과 식물 모양 만들기 ➡ 물방울 만들고 불투명도 적용하기 ➡ 심볼 적용 및 편집하기 ➡ 문자 입력 및 왜곡하기 ➡ 브러쉬 적용하고 클리핑 마스크 적용하기 ➡ 저장 및 답안 전송하기
완성 이미지	Part05₩기출 유형 문제 5회₩수험번호-성명-3.ai

---

01 새 도큐먼트 만들기 및 임시 파일 저장하기

1 [File]-[New]를 선택하고 'Width : 210mm, Height : 297mm, Units : Millimeters, Color Mode : CMYK'를 설정하여 새 도큐먼트를 만들고 [View]-[Rulers]-[Show Rulers](**Ctrl** + **R**)를 선택하여 눈금자를 표시합니다.

2 작품의 규격 왼쪽 상단에 원점(0,0)을 확인하고 왼쪽과 상단 눈금자 위에서 마우스를 드래그하여 제시된 출력형태와 레이아웃 구성을 동일하게 작업하기 위해서 안내선을 표시합니다.

3 작업 도큐먼트를 저장하기 위해 [File]-[Save As]를 선택하고 '저장 위치 : 내문서₩GTQ, Format : Adobe Illustrator(*AI), 파일 이름 : 수험번호-성명-문제번호.ai'를 입력하고 [저장]을 클릭한 후 [Illustrator Options] 대화상자에서 'Version : Illustrator CS6'로 설정하고 [OK]를 클릭합니다.

02 나무와 집 모양 만들기

1 Ellipse Tool(●)로 작업 도큐먼트를 클릭한 후 'Width : 7mm, Height : 7mm'를 입력하여 그리고 '면 : C30Y30, 테두리 : 없음'을 지정합니다.

2 Ellipse Tool(●)로 **Alt** 를 누르고 원의 중심을 클릭한 후 'Width : 4mm, Height : 4mm'를 입력하여 그리고 '면 : C50Y30K40, 테두리 : 없음'을 지정합니다.

3 Rectangle Tool(■)로 원의 상단을 클릭한 후 'Width : 1.5mm, Height : 27mm'를 입력하여 그리고 '면 : C30Y30, 테두리 : 없음'을 지정합니다.

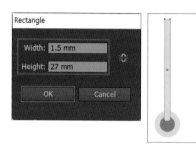

4 Rectangle Tool(■)로 드래그하여 직사각형을 배치하고 Delete Anchor Point Tool(✒)로 오른쪽 상단의 고정점을 클릭하여 삭제합니다. 상단 2개의 오브젝트를 선택하고 Pathfinder 패널에서 'Unite(■)'를 클릭하여 합칩니다.

   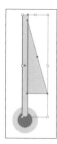  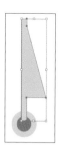

5 [Effect]-[Illustrator Effects]-[Stylize]-[Round Corners]를 선택하고 'Radius : 0.7mm'를 지정하여 모서리를 둥글게 만든 후 [Object]-[Expand Appearance]를 선택하여 속성을 확장합니다.

6 Selection Tool(▶)로 풍차의 날개 모양을 선택하고 Rotate Tool(↻)로 원의 중심에 **Alt** 를 누르면서 클릭하여 'Angle : 120˚'를 지정하고 [Copy]를 눌러 복사한 후 **Ctrl** + **D** 를 1번 눌러 반복 복사합니다.

7 Selection Tool()로 3개의 풍차 날개 모양을 선택하고 [Object]-[Arrange]-[Send to Back](**Shift**+**Ctrl**+**[**)을 선택하고 맨 뒤로 보내기를 합니다.

8 Rounded Rectangle Tool()로 하단에 3개의 크기가 다른 둥근 사각형을 그립니다.

9 Direct Selection Tool()로 하단의 고정점을 선택하고 **Delete** 를 눌러 삭제합니다. Direct Selection Tool()로 열린 고정점 2개를 선택하고[Object]-[Path]-[Join](**Ctrl**+**J**)을 선택하여 연결합니다.

10 Selection Tool()로 하단 3개의 오브젝트를 선택한 후 Align 패널에서 'Horizontal Align Center()'를 클릭하여 가로 가운데 정렬을 지정합니다. Pathfinder 패널에서 'Unite()'를 클릭하여 합친 후, **Shift**+**Ctrl**+**[** 를 눌러 맨 뒤로 배치합니다.

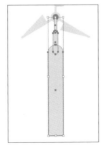

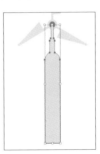

11 Polygon Tool(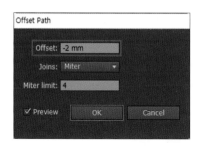)로 작업 도큐먼트를 클릭한 후 'Radius : 18mm, Sides : 6'을 지정하고 '면 : 없음, 테두리 : C70M40Y100K40'을 지정하여 육각형을 그립니다.

12 [Object]-[Path]-[Offset Path]를 선택한 후 'Offset : −2mm'를 지정하여 축소된 복사본을 만듭니다. Direct Selection Tool(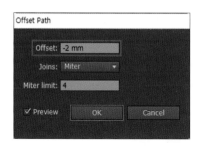)로 하단의 고정점을 선택하고 **Delete** 를 눌러 삭제합니다.

13 Pen Tool(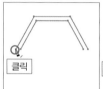)로 상단 패스의 왼쪽 끝 고정점에 클릭한 후 **Shift** 를 누르고 그림과 같이 클릭하여 직선을 연결하여 그리고 **Ctrl** 을 누르고 도큐먼트를 빈 곳을 클릭하여 패스의 선택을 해제합니다. 같은 방법으로 오른쪽 패스도 완성합니다.

 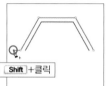 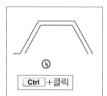  

14 Selection Tool()로 상단 패스를 선택하고 Stroke 패널에서 'Weight : 6pt, Cap : Round Cap, Join : Round Join'을 적용합니다.

15 Pen Tool()로 하단 패스의 왼쪽 고정점을 클릭한 후 **Shift** 를 누르고 클릭하여 직선으로 그림과 같이 패스를 연결하고 '면 : M70Y100K40, 테두리 : 없음'을 지정합니다.

 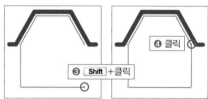 

⑯ Selection Tool(▶)로 집 모양을 선택하고 Scale Tool(🔲)을 더블 클릭하여 'Uniform : 50%, Scale Strokes & Effects : 체크 해제'를 지정한 후 [Copy]를 눌러 복사하여 상단에 배치합니다.

⑰ Direct Selection Tool(▶)로 복사한 집 모양의 하단 고정점을 위로 이동하여 높이를 줄인 후 Selection Tool(▶)을 이용하여 아래로 이동합니다. Rounded Rectangle Tool(🔲)로 하단 중앙에 드래그하여 배치한 후 Selection Tool(▶)로 하단 2개의 오브젝트를 선택하고 Pathfinder 패널에서 'Minus Front(🔲)'를 클릭합니다.

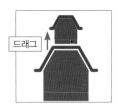   

⑱ Polar Grid Tool(◉)로 하단 집 모양에 클릭한 후 'Width : 12mm, Height: 12mm, Concentric Dividers Number : 2, Radial Dividers Number : 4'를 지정하고 '면 : C0M0Y0K0, 테두리 : C70M40Y100K40'을 지정하고 Stroke 패널에서 'Weight : 3pt'를 지정합니다.

⑲ Rectangle Tool(■)로 작업 도큐먼트를 클릭한 후 'Width : 3.5mm, Height : 3.5mm'를 입력하여 그리고 '면 : C0M0Y0K0, 테두리 : 없음'을 지정합니다. Selection Tool(▶)로 **Alt** 를 누르고 드래그하여 그림과 같이 복사한 후 창문을 배치합니다.

⑳ Polygon Tool(⬡)로 클릭하고 'Radius : 17mm, Sides : 3'을 지정하고 '면 : C80M20Y100, 테두리 : 없음'을 지정하여 삼각형을 그립니다. Selection Tool(▶)로 조절점 상단 중간을 아래로 드래그하여 세로를 줄입니다.

21 Scale Tool(⬚)로 삼각형의 위쪽을 **Alt** 를 누르고 클릭하여 'Uniform : 80%'를 지정한 후 [Copy]를 눌러 복사하고 **Ctrl** + **D** 를 눌러 반복 복사합니다.

22 Selection Tool(▸)로 상단부터 순서대로 '면 : C60Y100, C60M10Y100, C70M10Y100, 테두리 : 없음'을 지정합니다. Rectangle Tool(▢)로 삼각형 하단 중앙에 드래그하여 사각형을 그리고 '면 : C50M60Y70K40, 테두리 : 없음'을 지정한 후 **Shift** + **Ctrl** + **[** 를 눌러 맨 뒤로 보내기를 합니다.

23 Selection Tool(▸)로 나무 모양을 모두 선택하고 **Alt** 를 누르고 왼쪽으로 드래그하여 복사하고 **Shift** 를 누르고 조절점을 드래그하여 크기를 축소합니다.

24 Selection Tool(▸)로 복사한 나무의 삼각형을 모두 선택하고 Pathfinder 패널에서 'Unite(▣)'를 클릭하여 합친 후 '면 : C80M20Y100, 테두리 : 없음'을 지정합니다. 축소한 나무를 선택하고 **Shift** + **Ctrl** + **[** 로 맨 뒤로 보내기를 한 후 집과 나무 모양을 그림과 같이 배치합니다.

03 심볼 등록하기

1 **Ctrl** + **A** 를 눌러 모두 선택하고 Symbols 패널 하단에 'New Symbol'을 클릭한 후 'Name : 집과 나무, Type : Graphic'을 지정하여 심볼로 등록하고 **Delete** 를 눌러 삭제합니다.

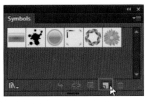

04 메쉬 및 블렌드 효과

1 Rectangle Tool(▣)로 작업 도큐먼트 왼쪽 상단의 원점(0,0)을 클릭한 후 'Width : 210mm, Height : 297mm'를 입력하여 그리고 '면 : C50Y100, 테두리 : 없음'을 지정합니다.

2 Mesh Tool(▦)로 사각형에 클릭하여 상단에 C10Y10과 하단에 C20Y80 색상을 적용한 후 그림과 같이 Handle을 드래그하여 곡선으로 변형합니다.

3 Pen Tool(✎)로 작업 도큐먼트를 완전히 벗어나는 2개의 곡선을 그린 후 상단 곡선은 '면 : 없음, 테두리 : C20Y100'을 지정하고 Stroke 패널에서 'Weight : 3pt'를 적용합니다. 하단 곡선은 '면 : 없음, 테두리 : C0M0Y0K0'을 지정하고 Stroke 패널에서 'Weight : 1pt'를 적용합니다.

4 2개의 곡선을 선택한 후 [Object]-[Blend]-[Make]를 적용하고 [Object]-[Blend]-[Blend Options]로 'Specified Steps : 15'를 적용합니다.

05 해와 구름 만들고 이펙트 적용하기

1 Star Tool(⭐)로 클릭하여 'Radius 1 : 20mm, Radius 2 : 12mm, Points : 14'를 지정한 후, Gradient 패널에서 'Type : Linear'를 적용하고 Gradient Slider의 왼쪽 'Color Stop'을 더블 클릭하여 Y90을, 오른쪽 'Color Stop'을 더블 클릭하여 M80Y90을 적용합니다.

2 Ellipse Tool(⬭)로 별 모양의 중심에서 [Alt]와 [Shift]를 누르고 드래그하여 정원을 그리고 Scale Tool(⬚)을 더블 클릭하여 'Uniform : 85%'를 지정하고 [Copy]를 눌러 복사합니다.

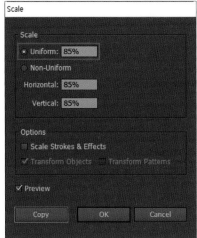
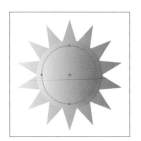

3 Selection Tool(▶)로 별 모양과 큰 원을 선택하고 Pathfinder 패널에서 'Minus Front(🔲)'를 클릭하여 겹친 부분을 뺍니다. Gradient Tool(⬛)로 오른쪽 상단에서 왼쪽 하단으로 드래그하여 그라디언트를 적용합니다.

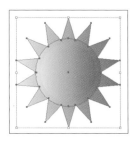

4 Ellipse Tool(⬭)과 Rectangle Tool(⬛)로 그림과 같이 그리고 '면 : C0M0Y0K0, 테두리 : 임의 색상'을 지정한 후, Selection Tool(▶)로 원과 사각형을 모두 선택하고 Pathfinder 패널에서 'Unite(🔲)'를 클릭하여 구름 모양으로 합칩니다.

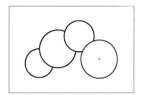 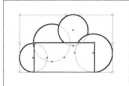  

5 Selection Tool(⤵)로 구름 모양을 선택하고 '테두리 : 없음'을 지정하여 해와 구름 모양을 왼쪽 상단에 배치합니다. 구름 모양을 **Alt** 를 누르면서 드래그하여 복사하고 조절점을 **Shift** 를 누르면서 드래그하여 크기를 줄입니다. 같은 방법으로 나머지 구름 모양도 배치합니다.

 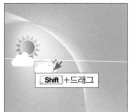 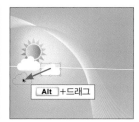 

6 Selection Tool(⤵)로 3개의 구름 모양을 선택하고 Transparency 패널에서 'Opacity : 70%'를 적용합니다. 또 다른 3개의 구름 모양을 선택하고 [Effect]-[Illustrator Effects]-[Stylize]-[Drop Shadow]를 선택하고 'Opacity : 75%, X Offset : 0mm, Y Offset : 1mm, Blur : 1mm'를 지정하여 그림자 효과를 적용합니다.

06 언덕과 식물 모양 만들기

1 Pen Tool(✐)로 작업 도큐먼트 하단에 드래그하여 2개의 언덕 모양을 그리고 '면 : C60Y100K40, C70Y80K30, 테두리 : 없음'을 지정합니다. 계속해서 왼쪽 하단에 곡선의 열린 패스를 그리고 '면 : 없음, 테두리 : C80M30Y90K40'을 지정한 후 Stroke 패널에서 'Weight : 4pt'를 적용합니다.

2 Ellipse Tool()로 줄기 상단에 드래그하여 '면 : C80M30Y90K40'인 타원을 그리고 Convert Anchor Point Tool()로 타원 상단과 하단의 고정점을 각각 클릭하여 뾰족하게 만든 후 Selection Tool()로 선택하고 조절점을 드래그하여 회전합니다. Selection Tool()로 **Alt** 를 누르면서 드래그하여 복사하고 조절점을 드래그하여 회전하여 배치합니다. **Alt** 를 누르면서 아래로 드래그하여 복사하고 **Ctrl** + **D** 를 눌러 반복 복사합니다.

3 Selection Tool()로 왼쪽의 오브젝트를 모두 선택하고 Reflect Tool()로 줄기 중앙을 클릭한 후 **Alt** 를 누르고 드래그하여 뒤집으며 복사합니다. Selection Tool()로 오른쪽 맨 아래 오브젝트를 선택하고 조절점을 드래그하여 회전하고 배치합니다.

4 Pen Tool()로 드래그하여 3개의 잎 모양을 그리고 '면 : C70M40Y100K40, C80M30Y90 K60, C70M60Y70K80, 테두리 : 없음'을 지정합니다.

07 물방울 만들고 불투명도 적용하기

1 Ellipse Tool( )로 **Shift** 를 누르면서 정원을 그리고 Gradient 패널에서 'Type : Radial'를 적용합니다. Gradient Slider의 왼쪽 'Color Stop'을 더블 클릭하여 C20Y10을, Gradient Slider의 가운데 빈 공간을 2번 클릭하여 'Color Stop'을 2개 추가한 후 각각 더블 클릭하여 C30Y10과 C60Y10을, 오른쪽 'Color Stop'을 더블 클릭하여 C40을 지정합니다.

 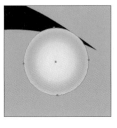

2 Gradient Tool( )로 원의 상단에서 하단으로 드래그하여 적용한 후 Ellipse Tool( )로 **Shift** 를 누르고 작은 정원을 2개 그려서 배치하고 '면 : C0M0Y0K0, 테두리 : 없음'을 지정합니다. Selection Tool( )로 3개의 정원을 선택하고 **Ctrl** + **G** 를 눌러 그룹을 지정한 후 Transparency 패널에서 'Opacity : 80%'를 적용합니다.

   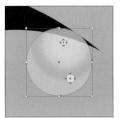

3 Selection Tool( )로 물방울 모양을 선택하고 **Alt** 를 누르면서 드래그하여 복사하고 조절점을 드래그하여 너비를 늘린 후 회전하여 배치합니다.

08 심볼 적용 및 편집하기

1 Symbols 패널에서 '집과 나무' 심볼을 선택하고 Symbol Sprayer Tool( )로 작업 도큐먼트를 드래그하여 뿌려줍니다. Symbol Sizer Tool( )로 **Alt** 를 누르고 클릭하여 일부 심볼의 크기를 축소하고 Symbol Shifter Tool( )로 심볼의 위치를 이동시킨 후 Symbol Spinner Tool( )로 일부를 회전하여 배치합니다.

2 Symbol Screener Tool( )로 일부를 클릭하여 투명하게 하고 Symbol Stainer Tool( )로 Swatches 패널에서 출력형태와 유사한 색상을 선택하고 클릭하여 색조의 변화를 적용합니다.

09 문자 입력 및 왜곡하기

1 Type Tool( )로 작업 도큐먼트 상단에 클릭한 후 Character 패널에서 'Set the font family : Arial, Set the font style : Bold, Set the font size : 50pt'를 설정하고 Paragraph 패널에서 'Align center'를 클릭합니다. '면 : C20, 테두리 : 없음'을 지정한 후 CLEAN CITY를 입력합니다.

2 Type Tool( )로 'CITY' 문자만 드래그하여 선택한 후 Character 패널에서 'Set the font size : 90pt, Set the leading : 90pt'를 지정하고 '면 : C50, 테두리 : 없음'을 지정합니다.

3 'CLEAN CITY' 문자를 선택하고 [Object]-[Envelope Distort]-[Make with Warp]를 선택한 후 'Style : Arc, Bend : 30%, Horizontal : 20%'를 지정하여 문자를 왜곡시킵니다.

4 [Effect]-[Illustrator Effects]-[Stylize]-[Drop Shadow]를 선택하고 'Opacity : 75%, X Offset : 0mm, Y Offset : 3mm, Blur : 1mm'를 지정하여 그림자 효과를 적용합니다.

5 Type Tool(**T**)로 작업 도큐먼트 오른쪽 상단에 클릭하여 Character 패널에서 'Set the font family : Times New Roman, Set the font style : Regular, Set the font size : 25pt'를 설정하고 '면 : C100M30K60, 테두리 : 없음'을 지정한 후 Town Village를 입력합니다.

6 'Town Village' 문자를 선택하고 [Object]-[Envelope Distort]-[Make with Warp]를 선택한 후 'Style : Arc, Bend : -15%'를 지정하여 문자를 왜곡시킵니다.

7 Selection Tool(**▶**)로 'Town Village' 문자를 선택하고 조절점을 회전하여 배치합니다. Type Tool(**T**)로 작업 도큐먼트 하단 왼쪽에 클릭한 후 Character 패널에서 'Set the font family : Times New Roman, Set the font style : Regular, Set the font size : 27pt'를 설정하고 '면 : C0M0Y0K0, 테두리 : 없음'을 지정한 후 ECO life를 입력합니다.

10 브러쉬 적용하고 클리핑 마스크 적용하기

1 Brushes 패널 하단에 'Brush Libraries Menu'를 클릭한 후 [Borders]-[Borders_Novelty]를 선택하여 추가 브러쉬 패널을 불러온 후 'Flowers'을 선택합니다.

2 Line Segment Tool(**/**)로 **Shift** 를 누르고 작업 도큐먼트 하단에 드래그하여 도큐먼트의 너비보다 긴 수평선을 그리고 Stroke 패널에서 'Weight : 2pt'를 지정합니다.

❸ Rectangle Tool(■)로 작업 도큐먼트 왼쪽 상단의 원점(0,0)을 클릭한 후 'Width : 210mm, Height : 297mm'를 입력하여 그리고 '면 : 임의 색상, 테두리 : 없음'을 지정합니다. Ctrl + A로 전체 오브젝트를 선택하고 [Object]-[Clipping Mask]-[Make]로 마스크를 적용합니다.

 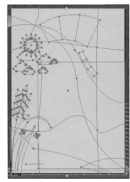 

11 저장 및 답안 전송하기

❶ [View]-[Guides]-[Hide Guides](Ctrl + ;)를 선택하여 안내선을 숨기고 [View]-[Fit Artboard in Window](Ctrl + 0)을 선택하여 현재 창에 맞추기를 합니다. [File]-[Save As]를 선택하고 '저장 위치 : 내문서₩GTQ, Format : Adobe Illustrator(*AI), 파일 이름 : 수험번호-성명-문제번호.ai'를 입력하고 [저장]을 클릭한 후 [Illustrator Options] 대화상자에서 'Version : Illustrator CS6'로 설정하고 [OK]를 클릭합니다.

❷ 답안 저장이 완료가 되면 [File]-[Exit](Ctrl + Q)를 선택하여 일러스트레이터 프로그램을 종료하고 수험 프로그램에서 [답안 전송]을 클릭하여 감독관 컴퓨터로 전송합니다.

기출 유형 문제 6회

급수	버전	문제유형	시험시간	수험번호	성명
1급		A	90분		

수 험 자 유 의 사 항

- 수험자는 문제지를 받는 즉시 응시하고자 하는 과목 및 급수가 맞는지 확인한 후 수험번호와 성명을 작성합니다.
- 파일명은 본인의 "수험번호−성명−문제번호"로 공백 없이 정확히 입력하고 답안폴더(내문서₩GTQ 또는 라이브러리₩문서₩GTQ)에 ai 파일 포맷으로 저장(버전 : Illustrator CS4(영문))해야 하며, 다른 파일 형식과 버전으로 저장하였을 경우 0점 처리됩니다. 답안문서 파일명이 "수험번호−성명−문제번호"와 일치하지 않거나, 답안 파일을 전송하지 않아 미제출로 처리될 경우 불합격 처리됩니다.
- 수험자 정보와 저장한 파일명, 저장 위치가 다를 경우 전송이 되지 않으므로, 주의하시기 바랍니다.
- 답안 작성 중에도 주기적으로 '저장'과 '답안 전송'을 이용하여 감독위원 PC로 답안을 전송하셔야 합니다. (※ 작업한 내용을 저장하지 않고 전송할 경우 이전의 저장내용이 전송되오니 이점 반드시 유념하시기 바랍니다.)
- 답안문서는 지정된 경로 외의 다른 보조기억장치에 저장하는 행위, 지정된 시험 시간 외에 작성된 파일을 활용한 행위, 기타 통신수단(이메일, 메신저, 네트워크 등)을 이용하여 타인에게 전달 또는 외부 반출하는 행위는 부정으로 간주되어 자격기본법 제32조에 의거 본 시험 및 국가공인 자격시험을 2년간 응시할 수 없습니다.
- 시험 중 부주의 또는 고의로 시스템을 파손한 경우와 〈수험자 유의사항〉에 기재된 방법대로 이행하지 않아 생기는 불이익은 수험자의 책임임을 알려 드립니다
- 시험을 완료한 수험자는 최종적으로 저장한 답안파일이 전송되었는지 확인한 후 감독위원의 지시에 따라 문 제지를 제출하고 퇴실합니다.

답 안 작 성 요 령

- **온라인 답안 작성 절차**

  수험자 등록 ⇒ 시험 시작 ⇒ 답안파일 저장 ⇒ 답안 전송 ⇒ 시험 종료
- 배점은 총 100점으로 이루어지며, 점수는 각 문제별로 차등 배분됩니다.
- 각 문제는 제시된 조건에 맞게 답안을 작성하셔야 하며, 조건을 지키지 못했을 경우에는 0점 또는 감점 처리됩니다.
- 조건에서 주어진 단위는 'mm(밀리미터)'입니다. 눈금자는 작성하지 않으며, 그 외는 출력형태(레이아웃, 색상, 문자, 규격 등)와 같게 작업하십시오.
- 문제 조건에 서체의 지정이 없을 경우 한글은 굴림이나 돋움, 영문은 Arial로 작업하십시오. (단, 그 외 제시되지 않은 문자 속성을 기본값으로 작성하지 않은 경우는 감점 처리됩니다.)
- 문제 조건에 크기와 색상, 두께의 지정이 없을 경우 《출력형태》를 참고하여 작업해 주시기 바랍니다.
- Image Mode(이미지 모드)는 별도의 처리조건이 없을 경우에는 CMYK로 작업하십시오.
- 조건에서 제시한 기능을 임의로 합치거나 각 기능에 대한 속성을 해지할 경우 해당 요소는 0점 처리됩니다.

한 국 생 산 성 본 부

문제 1 BI, CI 디자인

: 무료 동영상 :

25점

다음의 《조건》에 따라 아래의 《출력형태》와 같이 작업하시오.

조건

파일저장규칙	AI	파일명	내문서₩GTQ₩수험번호–성명–1.ai
		크기	100 × 80mm

1. 작업 방법
① 도형, 변형 툴과 Pathfinder 등을 이용하여, 오브젝트를 만든다.
② 그 외《출력형태》참조

2. 문자 효과
① The Cafe (Times New Roman, Regular, 10pt, C20M20Y40)

출력형태

C40M40Y50, C40M40Y50K60,
C0M0Y0K0

C40M60Y90 →
C50M70Y80K80, C20M20Y40,
C40M40Y50,
(선) Y40, 1pt

K100, M50Y100, C0M0Y0K0,
M50Y100K20, (선)
M20Y20K40, 0.5pt

문제 2 패키지, 비즈니스 디자인

: 무료 동영상 : ▶

35점

다음의 《조건》에 따라 아래의 《출력형태》와 같이 작업하시오.

조건

파일저장규칙	AI	파일명	내문서₩GTQ₩수험번호—성명—2.ai
		크기	160 × 120mm

1. 작업 방법

① 캐리어는 Pattern 기능을 이용하여 작업한다. (패턴 등록 : 별 문양)

② 커피 컵에는 Clipping Mask를 적용한다

③ Brush는 아래를 참고하여 작업한다.

　– Artistic > Artistic_ChalkCharcoalPencil > Charcoal – Pencil

④ Effect는 아래를 참고하여 작업한다.

　– Illustrator Effects > Stylize > Drop Shadow

⑤ 그 외 《출력형태》참조

2. 문자 효과

① koala House (Arial, Bold, 15pt, 17pt, K100)

② Take Out Espresso (Arial, Regular, 8pt, K100)

출력형태

C30Y80, C60Y100, C80Y80,
C30Y80, Opacity 60%

C50M60Y60K40, K100,
C0M0Y0K0, C30Y80,
C50Y80, C70Y80,
C30Y80K20

C20M20Y40,
C80M100K20,
(선) C50M60Y60K40, 1pt,
0.5pt,
[Effect] Drop Shadow

[Pattern] Opacity 80%

[Brush]
Charcoal – Pencil,
C60M60Y70K40, 1pt

C50M70Y70K80,
C60M60Y70K40,
M50Y80, C10Y20 →
C20M10Y40K20 →
C10M10Y10

문제 3 광고 디자인

: 무료 동영상 :

40점

다음의 《조건》에 따라 아래의 《출력형태》와 같이 작업하시오.

조건

파일저장규칙	AI	파일명	내문서₩GTQ₩수험번호-성명-3.ai
		크기	210 × 297mm

1. 작업 방법

① 새 모양은 《참고도안》을 참고하여 직접 제작한 후 Symbol 기능을 활용한다. (심볼 등록 : 새)

② CLASSICAL MUSIC 문자에 Envelope Distort 기능을 적용한다.

③ Brush는 아래를 참고하여 작업한다.

　- Decorative > Decorative_Text Dividers > Text Divider 13

④ Effect는 아래를 참고하여 작업한다.

　- Illustrator Effects 〉 Stylize 〉 Drop Shadow

⑤ Clipping Mask를 이용하여 디자인을 정리한다.

⑥ 그 외 《출력형태》 참조

참고도안

M30, M70,
C50M100K20,
C50Y20 →
C50M100K20,
C50Y20 →
C50M100K20 →
C50M70,
(선) C50M100K20,
1pt, M30, 2pt

2. 문자 효과

① CLASSICAL MUSIC (Arial, Bold, 55pt, C0M0Y0K0)

② 2022. 5. 22 Sunday (Arial, Regular, 17pt, 15pt, K100, C70M20)

③ Peacock Plaza (Arial, Regular, 20pt, M100Y90K10)

출력형태

[Effect] Drop Shadow

Symbol

K80 → K100, Opacity 80%

[Blend] 단계 : 15, Opacity 70%,
(선) Y20, 1pt → C70Y40, 2pt

210 × 297mm
[Mesh] C40Y30, C0M0Y0K0

Y20, M50Y30, Y80

K30 → K100, M80Y90, K30,
C0M0Y0K0, K50, M80Y90K20,
(선) K30, 2pt

[Brush] Text Divider 13, 5pt,
Opacity 70%

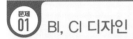

01 BI, CI 디자인

작업과정	새 도큐먼트 만들기 및 임시 파일 저장하기 ➡ 하단 용기 모양 만들기 ➡ 커피 그라인더 모양 만들기 ➡ 손잡이 모양 만들기 ➡ 저장 및 답안 전송하기
완성 이미지	Part05₩기출 유형 문제 6회₩수험번호-성명-1.ai

01 새 도큐먼트 만들기 및 임시 파일 저장하기

1 [File]-[New]를 선택하고 'Width : 100mm, Height : 80mm, Units : Millimeters, Color Mode : CMYK'를 설정히여 새 도큐먼트를 만들고 [View]-[Rulers]-[Show Rulers](**Ctrl** + **R**)를 선택하여 눈금자를 표시합니다.

2 작업 도큐먼트를 저장하기 위해 [File]-[Save As]를 선택하고 '저장 위치 : 내문서₩GTQ, Format : Adobe Illustrator(*AI), 파일 이름 : 수험번호-성명-문제번호.ai'를 입력하고 [저장]을 클릭한 후 [Illustrator Options] 대화상자에서 'Version : Illustrator CS6'로 설정하고 [OK]를 클릭합니다.

02 하단 용기 모양 만들기

1 Polygon Tool( )로 작업 도큐먼트를 클릭한 후 'Radius : 19mm, Sides : 8'을 지정하고 임의 색상의 팔각형을 그립니다. Rectangle Tool( )로 팔각형의 중앙과 겹치도록 사각형을 그리고 '면 : K100, 테두리 : 없음'을 지정한 후 **Ctrl** + **A** 로 모두 선택하고 Pathfinder 패널에서 'Intersect( )'를 클릭합니다.

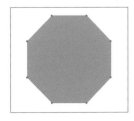 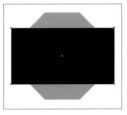 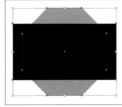 

2 [Object]-[Path]-[Offset Path]를 선택하고 'Offset : -1mm'를 지정하여 축소된 복사본을 만든 후 '면 : M50Y100, 테두리 : 없음'을 지정합니다. 다시 [Object]-[Path]-[Offset Path]를 선택하고 'Offset : -0.5mm'를 지정하여 축소된 복사본을 만든 후 '면 : C0M0Y0K0, 테두리 : 없음'을 지정합니다.

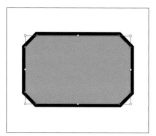 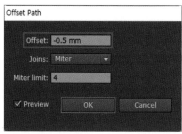 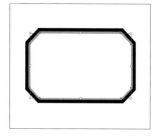

3 Rectangle Tool(■)로 중앙에 직사각형을 그리고 축소된 팔각형과 같이 선택한 후 Pathfinder 패널에서 'Minus Front(▣)'를 클릭합니다. Group Selection Tool(▶⁺)로 하단의 오브젝트를 선택하고 '면 : M50Y100K20, 테두리 : 없음'을 지정합니다.

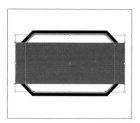  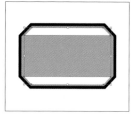 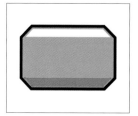

4 Rectangle Tool(■)로 [Alt]를 누르고 오브젝트의 중앙에 클릭하여 'Width : 27mm, Height : 28mm'를 입력하여 그리고 '면 : K100, 테두리 : 없음'을 지정한 후 [Shift] + [Ctrl] + [[ ]로 맨 뒤로 보내기를 합니다.

 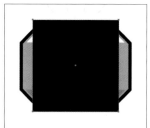 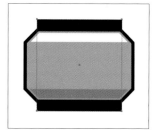

5 Ellipse Tool(●)로 [Alt]를 누르고 사각형의 중앙에 클릭한 후 'Width : 20mm, Height : 10mm'를 입력하여 그리고 '면 : K100, 테두리 : 없음'을 지정합니다. [Object]-[Path]-[Offset Path]를 선택한 후 'Offset : −1mm'를 지정하여 축소된 복사본을 만든 후 '면 : 없음, 테두리 : M20Y20K40'을 지정하고 Stroke 패널에서 'Weight : 0.5pt'를 적용합니다.

6 Rounded Rectangle Tool(◻)로 드래그하여 그리고 '면 : C40M40Y50, 테두리 : 임의 색상' 을 지정하고 Rectangle Tool(◻)로 그림과 같이 겹치도록 그립니다. 둥근 사각형과 함께 선택 하고 Pathfinder 패널에서 'Minus Front(◻)'를 클릭합니다.

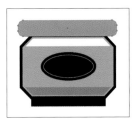 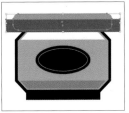  

7 Type Tool(T)로 타원에 클릭한 후 Character 패널에서 'Set the font family : Times New Roman, Set the font style : Regular, Set the font size : 10pt'를 설정하고 '면 : C20M20Y40, 테두리 : 없음'을 지정한 후 The Cafe를 입력합니다.

03 커피 그라인더 모양 만들기

1 Ellipse Tool(◯)로 작업 도큐먼트 상단을 클릭한 후 'Width : 45mm, Height : 70mm'를 입 합니다. Rectangle Tool(◻)로 드래그하여 그림과 같이 타원과 겹치도록 배치하고 타원과 함 께 선택한 후 Pathfinder 패널에서 'Intersect(◻)'를 클릭합니다.

2 Gradient 패널에서 'Type : Radial'을 적용하고 Gradient Slider의 왼쪽 'Color Stop'을 더블 클릭하여 C40M60Y90을, 오른쪽 'Color Stop'을 더블 클릭하여 C50M70Y80K80을 지정하고 Gradient Tool(◻)로 드래그하여 적용합니다.

3 Selection Tool(▸)로 용기 모양을 Alt 를 누르고 오른쪽으로 드래그하여 복사하고 Direct Selection Tool(▸)로 Shift 를 누르고 오른쪽 2개의 고정점을 클릭한 후 Delete 를 눌러 삭제 합니다.

4 열린 패스에 '면 : 없음, 테두리 : Y40'을 지정하고 Stroke 패널에서 'Weight : 1pt, Dashed Line : 체크, dash : 3pt'를 입력하여 점선을 배치합니다. **[Ctrl]**+**[U]**를 눌러 Smart Guides 를 활성화시키고 Reflect Tool(🔁)로 **[Alt]**를 누르고 용기 모양의 중심점을 클릭하여 'Axis : Vertical'을 지정하고 [Copy]를 눌러 복사합니다.

합격생의 비법

오브젝트에 중심점 표시하기

🔳, 🔘, ⬭을 제외한 오브젝트에는 오브젝트의 중앙에 중심점이 표시되지 않습니다. [Window]-[Attributes]를 선택하고 'Show Center'를 클릭하면 중심점이 표시됩니다.

---

5 Selection Tool(▶)로 2개의 점선 패스를 선택하고 [Object]-[Blend]-[Make]를 적용하고 [Object]-[Blend]-[Options]를 선택하고 'Specified Steps : 2'를 적용합니다. [Object]-[Blend]-[Expand]를 선택하여 오브젝트의 속성을 확장합니다.

6 Selection Tool(▶)로 가운데 오브젝트를 선택하고 Reflect Tool(🔁)로 **[Alt]**를 누르면서 용기 모양의 중심점을 클릭하여 'Axis : Horizontal'을 지정하고 [Copy]를 눌러 복사합니다. Scale Tool(🔲)을 더블 클릭하고 'Horizontal : 135%, Vertical : 100%'를 지정하여 너비만 확대한 후 '면 : C20M20Y40, 테두리 : 없음'을 지정합니다.

7 Rectangle Tool(🔳)과 Ellipse Tool(🔘)로 상단 중앙에 사각형과 정원을 그리고 '면 : C40M40Y50, 테두리 : 없음'을 지정하여 배치합니다. Rectangle Tool(🔳)로 정원의 하단과 겹치도록 사각형을 그리고 정원과 함께 선택한 후 Pathfinder 패널에서 'Minus Front(🔲)'를 클릭합니다.

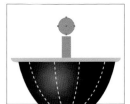 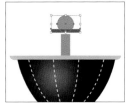  

⑧ Selection Tool(🔺)로 **Alt** 를 누르고 오른쪽으로 드래그하여 오브젝트를 2개 복사합니다.

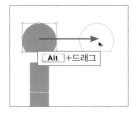 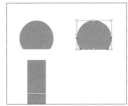 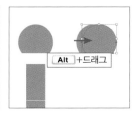

⑨ Rectangle Tool(■)로 그림과 같이 겹치도록 사각형을 그리고 3개의 오브젝트를 선택하고 Pathfinder 패널에서 'Minus Front(🔳)'를 클릭합니다.

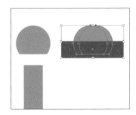  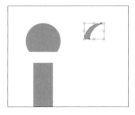

⑩ Scale Tool(🔳)을 더블 클릭하여 'Uniform : 70%'로 축소하고 Rotate Tool(🔄)을 더블 클릭하여 'Angle : 10°'로 회전한 후 '면 : C0M0Y0K0, 테두리 : 없음'을 지정하여 배치합니다. 2개의 오브젝트를 선택하고 **Ctrl** + **G** 를 눌러 그룹을 지정합니다.

⑪ **Ctrl** + **A** 를 눌러 오브젝트를 모두 선택하고 Align 패널에서 'Horizontal Align Center(🔳)' 를 클릭하여 가로 가운데 정렬을 지정합니다.

04 손잡이 모양 만들기

① Pen Tool(🖊)로 클릭하여 선을 그리고 '면 : 없음, 테두리 : C40M40Y50'을 지정한 후 Stroke 패널에서 'Weight : 3pt, Cap : Round Cap'을 적용합니다. [Object]-[Path]-[Outline Stroke]을 선택하여 선을 면으로 확장합니다.

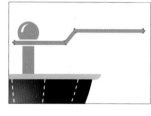

2 Rounded Rectangle Tool(■)로 손잡이 오른쪽에 둥근 사각형을 그리고 '면 : C40M40Y50K60, 테두리 : 없음'을 지정합니다. Rectangle Tool(■)로 둥근 사각형의 하단과 겹치도록 그리고 둥근 사각형과 함께 선택한 후 Pathfinder 패널에서 'Minus Front(■)'를 클릭합니다.

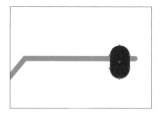

3 Rectangle Tool(■)로 사각형을 그리고 '면 : C40M40Y50K60, 테두리 : 없음'을 지정한 후 Ellipse Tool(●)로 2개의 타원을 그려 사각형과 함께 선택하고 Pathfinder 패널에서 'Minus Front(■)'를 클릭합니다.

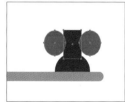

4 Ellipse Tool(●)로 **Shift**를 누르고 상단에 정원을 그린 후 '면 : C40M40Y50K60, 테두리 : 없음'을 지정합니다. 그림과 같이 3개의 오브젝트를 선택하고 Align 패널에서 'Horizontal Align Center(■)'를 클릭하여 가로 가운데 정렬을 지정합니다.

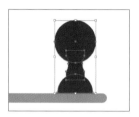

5 Pathfinder 패널에서 'Unite(■)'를 클릭하여 합칩니다.

05 저장 및 답안 전송하기

1 [View]-[Guides]-[Hide Guides](**Ctrl**+**;**)를 선택하여 안내선을 숨기고 [View]-[Fit Artboard in Window](**Ctrl**+**0**)을 선택하여 현재 창에 맞추기를 한 후 [File]-[Save As]를 선택하고 '저장 위치 : 내문서₩GTQ, Format : Adobe Illustrator(*AI), 파일 이름 : 수험번호-성명-문제번호.ai'를 입력하고 [저장]을 클릭한 후 [Illustrator Options] 대화상자에서 'Version : Illustrator CS6'로 설정하고 [OK]를 클릭합니다.

2 답안 저장이 완료가 되면 [File]-[Close](**Ctrl**+**W**)를 선택하여 파일을 닫고 수험 프로그램에서 [답안 전송]을 클릭하여 감독관 컴퓨터로 전송합니다.

문제 02 패키지, 비즈니스 디자인

작업과정	새 도큐먼트 만들기 및 임시 파일 저장하기 ➡ 코알라 캐릭터 만들기 ➡ 잎사귀 모양 만들기 ➡ 별 문양 만들고 패턴 등록하기 ➡ 커피 캐리어 모양 만들기 ➡ 패턴 적용하기 ➡ 문자 입력하고 이펙트 적용하기 ➡ 컵 모양 만들기 ➡ 브러쉬 및 클리핑 마스크 적용하기 ➡ 저장 및 답안 전송하기
완성 이미지	Part05₩기출 유형 문제 6회₩수험번호-성명-2.ai

---

01 새 도큐먼트 만들기 및 임시 파일 저장하기

1 [File]-[New]를 선택하고 'Width : 160mm, Height : 120mm, Units : Millimeters, Color Mode : CMYK'를 설정하여 새 도큐먼트를 만들고 [View]-[Rulers]-[Show Rulers](**Ctrl**+**R**)를 선택하여 눈금자를 표시합니다.

2 작업 도큐먼트를 저장하기 위해 [File]-[Save As]를 선택하고 '저장 위치 : 내문서₩GTQ, Format : Adobe Illustrator(*AI), 파일 이름 : 수험번호-성명-문제번호.ai'를 입력하고 [저장]을 클릭한 후 [Illustrator Options] 대화상자에서 'Version : Illustrator CS6'로 설정하고 [OK]를 클릭합니다.

---

02 코알라 캐릭터 만들기

1 Rectangle Tool(■)로 작업 도큐먼트를 클릭한 후 'Width : 23mm, Height : 17mm'를 입력하여 그리고 '면 : C50M60Y60K40, 테두리 : 없음'을 지정합니다.

2 Direct Selection Tool(▶)로 사각형 상단의 2개의 고정점을 드래그하여 선택한 후 Scale Tool(▧)을 더블 클릭하고 'Uniform : 80%'를 지정합니다. [Effect]-[Illustrator Effects]-[Stylize]-[Round Corners]를 선택하고 'Radius : 6mm'를 지정하여 모서리를 둥글게 만든 후 [Object]-[Expand Appearance]를 선택하여 오브젝트의 속성을 확장합니다.

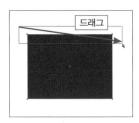  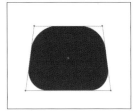 

3 Ellipse Tool()로 드래그하여 하단 중앙에 타원을 그리고 '면 : C50M60Y60K40, 테두리 : 없음'을 지정합니다. **Ctrl** + **A** 를 눌러 모두 선택하고 Pathfinder 패널에서 'Unite()'를 클릭하여 합칩니다.

4 Ellipse Tool()로 드래그하여 얼굴 모양과 겹치도록 왼쪽 상단에 타원을 그리고 '면 : C50M60Y60K40, 테두리 : 없음'을 지정한 후 Rotate Tool()을 더블 클릭하여 'Angle : −15°'를 지정하여 회전합니다. Direct Selection Tool()로 타원 하단의 고정점을 클릭하고 왼쪽 방향선을 그림과 같이 드래그하여 조정합니다.

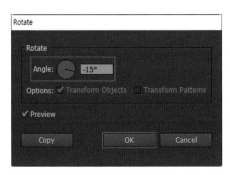  

5 Ellipse Tool()로 **Shift** 를 누르고 드래그하여 왼쪽 상단에 임의 색상의 정원을 그린 후 귀 모양과 함께 선택하고 Pathfinder 패널에서 'Minus Front()'를 클릭합니다.

   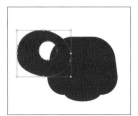

6 Selection Tool(①)로 얼굴 모양을 선택하고 [Object]-[Path]-[Offset Path]를 선택한 후 'Offset : 1mm'를 지정하여 확대된 복사본을 만듭니다. 확대된 얼굴 모양과 귀 모양을 선택하고 Pathfinder 패널에서 'Minus Back(②)'을 클릭합니다.

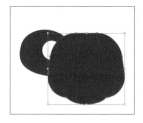 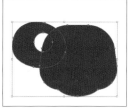  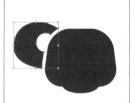

7 Pen Tool(①)로 클릭하여 귀 모양 위에 패스를 그리고 '면 : C50M60Y60K40, 테두리 : 없음'을 지정한 후 귀 모양과 함께 선택하고 Pathfinder 패널에서 'Unite(①)'를 클릭합니다.

 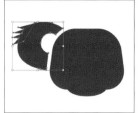  

8 Ellipse Tool(①)로 **Shift** 를 누르고 드래그하여 코를 그리고 '면 : K100, 테두리 : 없음'을 지정한 후 Direct Selection Tool(①)로 하단의 고정점을 아래로 드래그하여 이동합니다. [Object]-[Path]-[Offset Path]를 선택한 후 'Offset : 0.5mm'를 지정하여 확대된 복사본을 만들고 '면 : C0M0Y0K0, 테두리 : 없음'을 지정합니다.

9 Ellipse Tool(①)로 드래그하여 타원을 그리고 '면 : C0M0Y0K0, 테두리 : 없음'을 지정한 후 Direct Selection Tool(①)로 타원의 오른쪽 고정점을 왼쪽으로 드래그하여 하이라이트 부분을 만듭니다. Selection Tool(①)로 하이라이트 모양을 선택하고 Rotate Tool(①)을 더블 클릭하여 'Angle : -20°'를 지정하여 회전합니다.

10 Ellipse Tool(⬭)로 드래그하여 원을 그리고 '면 : C0M0Y0K0, 테두리 : 없음'을 지정하고 Direct Selection Tool(▶)로 타원의 오른쪽 고정점을 오른쪽으로 드래그하여 이동합니다. Ellipse Tool(⬭)로 **Shift** 를 누르고 크기가 다른 2개의 정원을 그린 후 '면 : K100, C0M0Y0K0, 테두리 : 없음'을 각각 지정하여 눈동자를 만듭니다.

 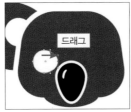  

11 **Ctrl** + **U** 를 눌러 Smart Guides를 활성화시키고 귀 모양과 눈 모양 오브젝트를 모두 선택합니다. Reflect Tool(🔲)로 **Alt** 를 누르고 코 모양의 중심점을 클릭하여 'Axis : Vertical'을 지정하고 [Copy]를 눌러 복사합니다.

03 잎사귀 모양 만들기

1 Ellipse Tool(⬭)로 코알라 얼굴 상단에 클릭한 후 'Width : 5mm, Height : 25mm'를 입력하여 그리고 '면 : C30Y80, 테두리 : 없음'을 지정합니다.

2 Convert Anchor Point Tool(◤)로 타원 상단의 고정점을 클릭한 후 뾰족하게 만들고 Direct Selection Tool(▶)로 타원 하단의 고정점을 위로 드래그하여 이동합니다. Arc Tool(◠)로 그림과 같이 드래그하여 곡선을 그리고 '면 : 없음, 테두리 : C30Y80K20'을 지정한 후 Stroke 패 널에서 'Weight : 2pt'를 지정합니다.

   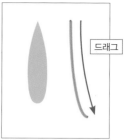

③ [Object]-[Path]-[Outline Stroke]을 선택하여 면으로 확장합니다. Direct Selection Tool(￼)로 상단의 2개의 고정점을 드래그하여 선택하고 [Object]-[Path]-[Average]를 선택한 후 'Axis : Both'를 지정하여 한 점에 정렬합니다.

④ 잎사귀 모양을 선택하고 Rotate Tool(￼)로 잎사귀 모양 상단의 고정점을 클릭하여 회전축을 변경한 후 그림과 같이 반시계 방향으로 드래그하여 회전합니다.

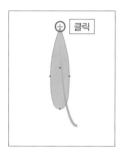  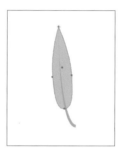

⑤ Selection Tool(￼)로 잎사귀와 줄기 모양을 선택하고 **Ctrl** + **G** 를 눌러 그룹을 지정한 후 회전시켜 배치하고 **Shift** + **Ctrl** + **[** 을 눌러 맨 뒤로 보내기를 합니다.

⑥ Rotate Tool(￼)로 줄기 모양 하단의 고정점을 클릭하여 회전축을 변경합니다. **Alt** 를 누르고 오른쪽으로 드래그하여 회전시켜 복사한 후 **Ctrl** + **D** 를 눌러 반복 복사합니다.

⑦ 가운데 잎사귀 모양을 선택하고 Scale Tool(￼)로 줄기 하단을 **Alt** 를 누르면서 클릭한 후 'Uniform : 80%'를 지정하여 축소합니다. 오른쪽 잎사귀 모양도 동일한 방법으로 'Uniform : 60%'를 지정합니다.

8 Group Selection Tool(▸⁺)로 축소된 2개의 잎 모양을 각각 선택하고 '면 : C50Y80, C70Y80, 테두리 : 없음'을 지정합니다.

04 별 문양 만들고 패턴 등록하기

1 Star Tool(★)로 작업 도큐먼트를 클릭한 후 'Radius 1 : 10mm, Radius 2 : 6mm, Points : 8'를 지정하여 그리고 '면 : C30Y80, 테두리 : 없음'을 지정합니다.

2 [Effect]-[Illustrator Effects]-[Stylize]-[Round Corners]를 선택하고 'Radius : 4mm'를 지정하여 모서리를 둥글게 만든 후 [Object]-[Expand Appearance]를 선택하여 속성을 확장합니다. [Object]-[Path]-[Offset Path]를 선택한 후 'Offset : 1mm'를 지정하여 확대된 복사본을 만들고 '면 : C60Y100, 테두리 : 없음'을 지정합니다.

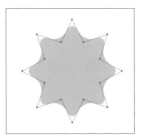  

2 Star Tool(★)로 작업 도큐먼트를 클릭한 후 'Radius 1 : 9mm, Radius 2 : 5mm, Points : 4'를 지정하여 그리고 '면 : C80Y80, 테두리 : 없음'을 적용합니다. Rotate Tool(◑)을 더블 클릭하여 'Angle : 45°'를 지정하여 회전합니다.

4️⃣ [Effect]-[Illustrator Effects]-[Stylize]-[Round Corners]를 선택하고 'Radius : 1.5mm'를 지정하여 모서리를 둥글게 만든 후 [Object]-[Expand Appearance]를 선택하여 오브젝트의 속성을 확장합니다.

5️⃣ Rotate Tool(🔄)을 더블 클릭하여 'Angle : 45°'를 지정하고 [Copy]를 눌러 복사한 후 '면 : C30Y80, 테두리 : 없음'을 지정합니다. Transparency 패널에서 'Opacity : 60%'를 지정하여 불투명도를 조절합니다.

6️⃣ Ellipse Tool(⬭)로 Shift 를 누르고 드래그하여 정원을 그리고 '면 : C80Y80, 테두리 : 없음' 을 지정합니다.

7️⃣ Rectangle Tool(▭)로 Alt 와 Shift 를 누르고 원의 중심점에서 드래그하여 별 문양보다 큰 정사각형을 그린 후 '면 : 없음, 테두리 : 없음'을 지정하고 Shift + Ctrl + [를 눌러 맨 뒤로 보내기를 합니다.

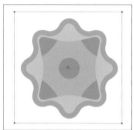

합격생의 비법

간격이 있는 패턴 정의하기 위해 정사각형을 그리고 '면 : 없음, 테두리 : 없음'을 지정하고 맨 뒤로 보내기를 합니다.

⑧ 투명한 정사각형과 별 문양 모두를 선택하고 Align 패널에서 'Horizontal Align Center(📐)'와 'Vertical Align Center(📐)'를 클릭하여 가운데 정렬을 맞춥니다.

⑨ [Object]-[Pattern]-[Make]로 'Name : 별 문양'을 지정하고 패턴으로 등록하여 Swathes 패널에 저장합니다. 도큐먼트 상단의 'Done'을 클릭하여 정상 모드로 전환한 후 Selection Tool(▶)로 투명한 정사각형을 선택하고 **Delete** 를 눌러 삭제합니다.

05 커피 캐리어 모양 만들기

① Rectangle Tool(■)로 작업 도큐먼트를 클릭한 후 'Width : 66mm, Height : 33mm'를 입력하여 그리고 '면 : C20M20Y40, 테두리 : 임의 색상'을 지정합니다.

② Rounded Rectangle Tool(■)로 사각형 상단에 클릭한 후 'Width : 42mm, Height : 35mm, Corner Radius : 9mm'를 입력하여 그리고 '면 : C20M20Y40, 테두리 : 임의 색상'을 지정합니다. 사각형과 둥근 사각형을 선택하고 Align 패널에서 'Horizontal Align Center(📐)'를 클릭하여 가로 가운데 정렬을 지정한 후 Pathfinder 패널에서 'Unite(■)'를 클릭하여 합칩니다.

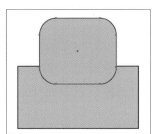 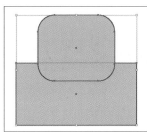 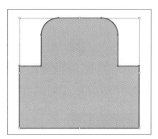

③ Rounded Rectangle Tool(■)로 작업 도큐먼트를 클릭한 후 각각 'Width : 20mm, Height : 7mm, Corner Radius : 9mm'와 'Width : 25mm, Height : 40mm, Corner Radius : 9mm'를 입력하여 각각 그리고 '면 : 임의 색상, 테두리 : 임의 색상'을 지정하고 배치합니다.

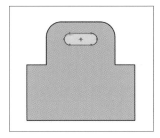 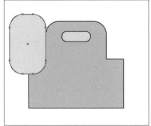

④ **Ctrl** + **U** 를 눌러 Smart Guides를 활성화시킨 후 Reflect Tool(🔁)로 **Alt** 를 누르고 가운데 둥근 사각형의 중심점을 클릭하여 'Axis : Vertical'을 지정하고 [Copy]를 눌러 복사합니다. 캐리어 모양을 모두 선택하고 Pathfinder 패널에서 'Minus Front(■)'를 클릭하여 '테두리 : 없음'을 지정합니다.

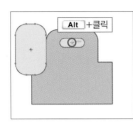 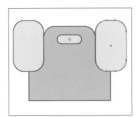 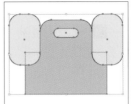 

5 Line Segment Tool()로 캐리어 모양 왼쪽 위 모서리에 클릭하여 'Length : 66mm, Angle : 0°'를 지정하여 수평선을 그리고 '면 : 없음, 테두리 : C50M60Y60K40'을 지정하고 Stroke 패널에서 'Weight : 1pt'를 지정합니다. 수평선 왼쪽 지점에 'Length : 23mm, Angle : 270°'를 지정하여 수직선을 그린 후 '면 : 없음, 테두리 : C50M60Y60K40'을 지정하고 Stroke 패널에서 'Weight : 1pt'를 지정합니다.

6 Line Segment Tool()로 **Shift** 를 누르고 왼쪽 상단에 수직선을 그린 후 '면 : 없음, 테두리 : C50M60Y60K40'을 지정하고 Stroke 패널에서 'Weight : 1pt, Dashed Line : 체크, dash : 8pt'를 입력하여 점선을 그립니다. Pen Tool()로 오른쪽에 열린 패스를 그리고 배치합니다.

7 Line Segment Tool()로 사선을 그린 후 '면 : 없음, 테두리 : C50M60Y60K40'을 지정하고 Stroke 패널에서 'Weight : 0.5pt, Dashed Line : 체크, dash : 2pt'를 입력하여 점선을 그려 배치합니다. Reflect Tool()로 **Alt** 를 누르고 그림과 같이 수직선 위를 클릭하여 'Axis : Vertical'을 지정하고 [Copy]를 눌러 복사합니다.

⑧ Ellipse Tool(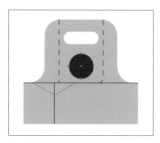)로 **Shift**를 누르고 정원을 그린 후 '면 : C80M100K20, 테두리 : 없음'을 지정하고 중앙에 배치합니다. 별 문양을 선택하고 **Ctrl**+**C**로 복사한 후 **Ctrl**+**V**로 캐리어 모양 위에 붙여 넣고 Scale Tool(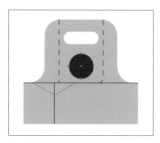)을 더블 클릭하고 'Uniform : 50%'를 지정합니다.

 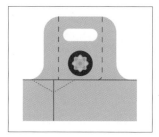

06 패턴 적용하기

❶ Rectangle Tool()로 작업 도큐먼트를 클릭한 후 'Width : 66mm, Height : 13mm'를 입력하여 그리고 Swatches 패널에서 '별 문양' 패턴을 클릭하여 적용하고 '테두리 : 없음'을 지정합니다.

 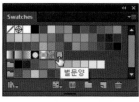 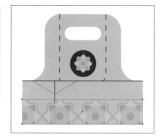

❷ Scale Tool()을 더블 클릭하고 'Uniform : 20%, Transform Objects : 체크 해제, Transform Patterns : 체크'를 지정하여 패턴의 크기를 축소한 후 Transparency 패널에서 'Opacity : 80%'를 지정하여 불투명도를 조절합니다.

07 문자 입력하고 이펙트 적용하기

❶ Type Tool()로 도큐먼트를 클릭한 후 Character 패널에서 'Set the font family : Arial, Set the font style : Bold, Set the font size : 15pt'를 설정하고 '면 : K100, 테두리 : 없음'을 지정한 후 koala House를 입력합니다.

❷ Type Tool()로 도큐먼트를 클릭한 후 Character 패널에서 'Set the font family : Arial, Set the font style : Regular, Set the font size : 8pt'를 설정하고 '면 : K100, 테두리 : 없음'을 지정한 후 Take Out Espresso를 입력합니다.

3 'Take Out Espresso' 문자를 선택하고 Rotate Tool(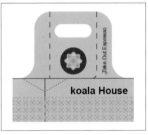)을 더블 클릭하여 'Angle : 90°, Transform Objects : 체크, Transform Patterns : 체크 해제'를 지정하여 회전합니다.

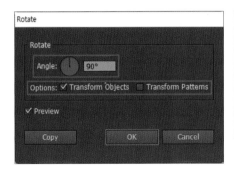

4 Selection Tool(▶)로 문자와 캐리어 모양을 모두 선택하고 [Ctrl]+[G]를 눌러 그룹을 지정합니다. [Effect]-[Illustrator Effects]-[Stylize]-[Drop Shadow]를 선택하고 'Opacity : 75%, X Offset : 2mm, Y Offset : 2mm, Blur : 1.2mm'를 지정하여 그림자 효과를 적용합니다.

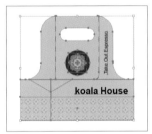
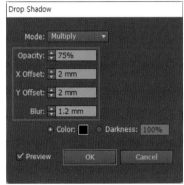

08 컵 모양 만들기

1 Rounded Rectangle Tool(▢)로 작업 도큐먼트를 클릭한 후 'Width : 60mm, Height : 87mm, Corner Radius : 3mm'를 입력하여 그리고 '면 : 임의 색상, 테두리 : 임의 색상'을 지정합니다. Direct Selection Tool(▶)로 둥근 사각형의 하단을 드래그하여 선택한 후 Scale Tool(▨)을 더블 클릭하고 'Uniform : 70%, Objects : 체크'를 지정합니다.

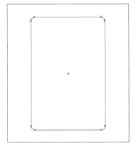
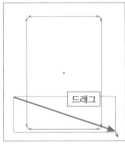

2 Gradient 패널에서 'Type : Linear'를 적용하고 Gradient Slider의 왼쪽 'Color Stop'을 더블 클릭하여 C10Y20을, Gradient Slider의 가운데 빈 공간을 클릭하여 'Color Stop'을 추가한 후 더블 클릭하여 C20M10Y40K20을, 오른쪽 'Color Stop'을 더블 클릭하여 C10M10Y10을 지정하여 적용합니다.

3 Rounded Rectangle Tool(□)로 크기와 모서리의 둥근 정도가 다른 4개의 둥근 사각형을 그림과 같이 그리고 '면 : 임의 색상, 테두리 : 임의 색상'을 지정하고 배치합니다.

4 Selection Tool(▶)로 컵 모양을 모두 선택하고 Align 패널에서 'Horizontal Align Center(👤)'를 클릭하여 가로 가운데 정렬을 지정합니다.

5 Rounded Rectangle Tool(□)로 상단에 드래그하여 임의 색상의 둥근 사각형을 그리고 Rotate Tool(↻)을 더블 클릭하여 'Angle : 25°'를 지정하여 회전한 후 그림과 같이 배치합니다. 뚜껑 모양의 오브젝트를 모두 선택하고 Pathfinder 패널에서 'Unite(■)'를 클릭하여 합친 후 '면 : C50M70Y70K80, 테두리 : 없음'을 지정합니다.

6 Rectangle Tool(■)로 드래그하여 뚜껑 모양의 하단이 겹치도록 사각형을 그린 후 Selection Tool(▶)로 뚜껑 모양과 함께 선택하고 Pathfinder 패널에서 'Minus Front(▣)'를 클릭합니다.

7 Selection Tool(▶)로 캐리어 모양을 더블 클릭하여 Isolation Mode로 전환한 후에 원과 별 문양을 선택합니다. **Ctrl** + **C** 를 눌러 복사하고 **Esc** 를 눌러 정상 모드로 전환한 후 **Ctrl** + **V** 를 눌러 컵 중앙에 붙여 넣기를 합니다. Scale Tool(▦)을 더블 클릭하여 'Uniform : 180%'를 지정하고 확대합니다.

8 Group Selection Tool(▶⁺)로 원과 별 문양 내부의 오브젝트를 선택하고 '면 : C60M60Y70K40, M50Y80, 테두리 : 없음'을 각각 지정합니다.

9 Selection Tool(▶)로 캐리어 모양을 더블 클릭하여 Isolation Mode로 전환한 후에 'koala House' 문자를 선택합니다. **Ctrl** + **C** 를 눌러 복사하고 **Esc** 를 눌러 정상 모드로 전환한 후 **Ctrl** + **V** 를 눌러 컵 중앙에 붙여 넣기를 하고 'Set the font size : 17pt'를 설정합니다.

09 브러쉬 및 클리핑 마스크 적용하기

1 Brushes 패널 하단에 'Brush Libraries Menu'를 클릭한 후 [Artistic]-[Artistic_ChalkCharcoalPencil]를 선택하여 추가 브러쉬 패널에서 'Charcoal – Pencil'을 선택합니다.

2 Line Segment Tool(✏)로 그림과 같이 오른쪽에서 왼쪽으로 드래그하여 그린 후 '면 : 없음, 테두리 : C60M60Y70K40'을 지정하고 Stroke 패널에서 'Weight : 1pt'를 지정합니다.

3 Selection Tool(▶)로 코알라와 잎사귀 모양을 선택한 후 ⌈Ctrl⌋+⌈C⌋를 눌러 복사하고 ⌈Ctrl⌋+⌈V⌋를 3번 눌러 붙여 넣기를 합니다. 그림과 같이 회전하고 크기를 조절하여 컵 위에 배치합니다.

4 Selection Tool(▶)로 컵 모양을 선택하고 ⌈Ctrl⌋+⌈C⌋를 눌러 복사한 후 ⌈Ctrl⌋+⌈F⌋를 눌러 앞 붙여 넣기를 하고 ⌈Shift⌋+⌈Ctrl⌋+⌈]⌋를 눌러 맨 앞으로 가져오기를 합니다. Selection Tool (▶)로 컵과 3개의 코알라 모양을 선택하고 [Object]-[Clipping Mask]-[Make](⌈Ctrl⌋+⌈7⌋) 로 마스크를 적용합니다.

10 저장 및 답안 전송하기

1 [View]−[Guides]−[Hide Guides](**Ctrl**+**;**)를 선택하여 안내선을 숨기고 [View]−[Fit Artboard in Window](**Ctrl**+**0**)을 선택하여 현재 창에 맞추기를 한 후 [File]−[Save As]를 선택하고 '저장 위치 : 내문서\GTQ, Format : Adobe Illustrator(*AI), 파일 이름 : 수험번호−성명−문제번호.ai'를 입력하고 [저장]을 클릭한 후 [Illustrator Options] 대화상자에서 'Version : Illustrator CS6'로 설정하고 [OK]를 클릭합니다.

2 답안 저장이 완료가 되면 [File]−[Close](**Ctrl**+**W**)를 선택하여 파일을 닫고 수험 프로그램에서 [답안 전송]을 클릭하여 감독관 컴퓨터로 전송합니다.

문제 03 광고 디자인

작업과정	새 도큐먼트 만들기 및 임시 파일 저장하기 ➡ 새 모양 만들고 심볼 등록하기 ➡ 메쉬로 배경 만들기 ➡ 레코드 판 만들기 ➡ 별 모양 오브젝트 만들기 ➡ 심볼 적용 및 편집하기 ➡ 문자 입력하고 이펙트 및 클리핑 마스크 적용하기 ➡ 저장 및 답안 전송하기
완성 이미지	Part05\기출 유형 문제 6회\수험번호−성명−3.ai

01 새 도큐먼트 만들기 및 임시 파일 저장하기

1 [File]−[New]를 선택하고 'Width : 210mm, Height : 297mm, Units : Millimeters, Color Mode : CMYK'를 설정하여 새 도큐먼트를 만들고 [View]−[Rulers]−[Show Rulers](**Ctrl**+**R**)를 선택하여 눈금자를 표시합니다.

2 작품의 규격 왼쪽 상단에 원점(0,0)을 확인하고 왼쪽과 상단 눈금자 위에서 마우스를 드래그하여 제시된 출력형태와 레이아웃 구성을 동일하게 작업하기 위해서 안내선을 표시합니다.

3 작업 도큐먼트를 저장하기 위해 [File]−[Save As]를 선택하고 '저장 위치 : 내문서\GTQ, Format : Adobe Illustrator(*AI), 파일 이름 : 수험번호−성명−문제번호.ai'를 입력하고 [저장]을 클릭한 후 [Illustrator Options] 대화상자에서 'Version : Illustrator CS6'로 설정하고 [OK]를 클릭합니다.

02 새 모양 만들고 심볼 등록하기

1 Pen Tool(✏)로 새의 몸통과 꼬리 모양의 패스를 그리고 '면 : 임의 색상, 테두리 : 임의 색상'을 지정합니다.

   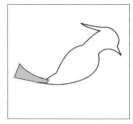

2 Rotate Tool(🔄)로 꼬리 모양의 오른쪽 고정점을 클릭하여 회전축을 지정한 후 **Alt**를 누르고 드래그하여 복사하고 **Ctrl** + **D**를 눌러 반복 복사합니다. Scale Tool(🔲)로 가운데 꼬리 모양의 오른쪽 고정점을 클릭하여 변형축을 지정한 후 왼쪽으로 드래그하여 너비를 확대합니다.

3 **Ctrl** + **A**를 눌러 모두 선택하고 Pathfinder 패널에서 'Unite(🔲)'를 클릭하여 합칩니다.

4 Pen Tool(✏️)로 머리 부분과 배 부분에 곡선의 열린 패스를 그리고 '면 : 없음, 테두리 : 임의 색상'을 지정합니다. **Ctrl** + **A**를 눌러 모두 선택하고 'Divide(🔳)'를 클릭하여 면을 분할한 후, Group Selection Tool(▶⁺)로 머리와 배 부분을 선택하여 '면 : M30, 테두리 : 없음'을 지정합니다.

5 Group Selection Tool(▶⁺)로 몸통을 선택하고 Gradient 패널에서 'Type : Linear'를 적용합니다. Gradient Slider의 왼쪽 'Color Stop'을 더블 클릭하여 C50Y20을, Gradient Slider의 가운데 빈 공간을 클릭하여 'Color Stop'을 추가한 후 더블 클릭하여 C50M100K20을, 오른쪽 'Color Stop'을 더블 클릭하여 C50M70을 적용하고 '테두리 : 없음'을 지정합니다.

6 Pen Tool()로 그림과 같이 날개 모양을 그리고 Gradient 패널에서 'Type : Linear, Angle : −45°'를 적용합니다. Gradient Slider의 왼쪽 'Color Stop'을 더블 클릭하여 C50Y20을, 오른쪽 'Color Stop'을 더블 클릭하여 C50M100K20을 적용하고 '테두리 : 없음'을 지정합니다.

합격생의 비법

이미 적용한 그라디언트의 불필요한 특정 Color Stop은 패널 아래로 드래그하면 삭제됩니다.

7 Ellipse Tool()로 배 부분에 타원을 그리고 '면 : M70, 테두리 : 없음'을 지정합니다. Rotate Tool())을 더블 클릭하여 'Angle : 130°'를 지정하고 회전시켜 배치합니다. Scale Tool()을 더블 클릭하여 'Uniform : 70%'를 지정하고 [Copy]를 눌러 복사한 후 Selection Tool()로 축소된 타원을 선택하고 **Alt** 를 누르고 드래그하여 복사합니다.

8 Ellipse Tool()로 머리 부분에 정원을 그리고 Direct Selection Tool()로 원의 상단 고정점을 클릭합니다. **Delete** 를 눌러 삭제한 후 '면 : 없음, 테두리 : C50M100K20'을 지정하고 Stroke 패널에서 'Weight : 1pt'를 지정합니다.

⑨ Pen Tool(　)로 곡선의 열린 패스를 그리고 '면 : 없음, 테두리 : M30'을 지정한 후 Stroke 패널에서 'Weight : 2pt'를 지정합니다. Ellipse Tool(　)로 **Shift**를 누르면서 새의 머리 모양 위에 정원을 그리고 '면 : C50M100K20, 테두리 : 없음'을 지정합니다.

⑩ 원과 곡선 패스를 선택하고 **Ctrl**+**G**를 눌러 그룹을 지정합니다. Rotate Tool(　)로 패스의 하단 고정점을 클릭한 후 **Alt**를 누르고 드래그하여 복사하고 **Ctrl**+**D**를 눌러 반복 복사합니다. **Ctrl**+**A**를 눌러 모두 선택한 후 Symbols 패널 하단에 'New Symbol'을 클릭하고 'Name : 새, Type : Graphic'을 지정하여 심볼로 등록합니다. **Delete**를 눌러 삭제합니다.

03 메쉬로 배경 만들기

❶ Rectangle Tool(　)로 작업 도큐먼트 왼쪽 상단의 원점(0,0)을 클릭한 후 'Width : 210mm, Height : 297mm'를 입력하여 그리고 '면 : C40Y30, 테두리 : 없음'을 지정합니다.

❷ Mesh Tool(　)로 사각형의 오른쪽 상단과 왼쪽에 클릭하여 C0M0Y0K0 색상을 적용하고 Handle을 드래그하여 곡선으로 변형합니다.

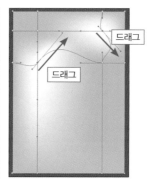

04 레코드 판 만들기

1 Ellipse Tool(●)로 작업 도큐먼트를 클릭한 후 'Width : 140mm, Height : 140mm'를 입력하여 그립니다. Gradient 패널에서 'Type : Linear, Angle : 45°'를 적용한 후 Gradient Slider의 왼쪽 'Color Stop'을 더블 클릭하여 K30을, 오른쪽 'Color Stop'을 더블 클릭하여 K100을 적용하고 '테두리 : 없음'을 지정합니다.

2 Polar Grid Tool(⊛)로 원의 중심점에 **Alt** 를 누르고 클릭합니다. 'Width : 140mm, Height : 140mm, Concentric Dividers Number : 10, Radial Dividers Number : 0'을 입력하여 그리고 '면 : 없음, 테두리 : 임의 색상'을 지정합니다.

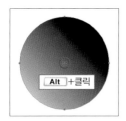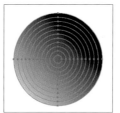

3 Group Selection Tool(▶+)로 중앙에서 3번째와 8번째 원을 선택하고 **Delete** 를 눌러 삭제합니다. 가운데 3개의 원을 각각 선택하고 '면 : M80Y90, K30, C0M0Y0K0, 테두리 : 없음'을 지정합니다.

4 나머지 원들도 선택한 후 '면 : 없음, 테두리 : K30'을 지정하고 Stroke 패널에서 'Weight : 2pt'를 지정합니다. Group Selection Tool()로 드래그하여 가운데 3개의 원을 제외한 나머지 원들을 모두 선택하고 [Object]-[Lock]-[Selection](Ctrl + 2)을 선택하여 오브젝트 잠금을 합니다.

5 Ellipse Tool(●)로 원의 중심점에 Alt 를 누르고 클릭한 후 'Width : 140mm, Height : 140mm'를 입력하여 그리고 '면 : 임의 색상, 테두리 : 없음'을 지정합니다.

6 Line Segment Tool(/)로 Shift 를 누르고 드래그하여 원의 중심을 지나는 수직선을 그리고 '면 : 없음, 테두리 : 임의 색상'을 지정합니다. 원과 함께 선택하고 Pathfinder 패널에서 'Divide (▦)'를 클릭합니다.

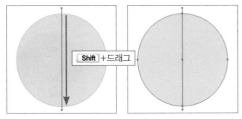  

7 Group Selection Tool()로 분할된 오른쪽 반원을 선택하고 Delete 를 눌러 삭제한 후 왼쪽 반원을 선택하고 Gradient 패널에서 'Type : Linear'를 적용하고 Gradient Slider의 왼쪽 'Color Stop'을 더블 클릭하여 K80을, 오른쪽 'Color Stop'을 더블 클릭하여 K100을 적용하고 Transparency 패널에서 'Opacity : 80%'를 지정합니다.

8 Line Segment Tool()로 그림과 같이 원의 중심을 지나는 수평선을 그리고 '면 : 없음, 테두리 : 임의 색상'을 지정합니다. 중앙 3개의 원과 함께 선택하고 Pathfinder 패널에서 'Divide ()'를 클릭합니다.

9 Group Selection Tool()로 상단 바깥쪽과 하단 안쪽 2개의 오브젝트를 각각 선택하고 '면 : M80Y90K20, K50, 테두리 : 없음'을 지정합니다.

10 중앙의 2개의 반원을 선택하고 Pathfinder 패널에서 'Unite()'를 클릭한 후, [Object]- [Unlock All]을 선택하여 잠금을 해제합니다. 레코드 판 전체를 선택하고 Ctrl + G 를 눌러 그룹을 지정합니다.

11 Pen Tool()로 작업 도큐먼트를 완전히 벗어나는 2개의 곡선을 그립니다. 상단 곡선은 '면 : 없음, 테두리 : Y20'을 지정한 후 Stroke 패널에서 'Weight : 1pt'를 적용하고 하단 곡선은 '면 : 없음, 테두리 : C70Y40'을 지정한 후 Stroke 패널에서 'Weight : 2pt'를 적용합니다.

⓬ 2개의 곡선을 선택한 후 [Object]-[Blend]-[Make]를 선택하고 [Object]-[Blend]-[Blend Options]로 'Specified Steps : 15'를 적용한 후 Transparency 패널에서 'Opacity : 70%'를 지정합니다.

⓭ Brushes 패널 하단에 'Brush Libraries Menu'를 클릭한 후 [Decorative]-[Decorative_Text Dividers]를 선택하여 추가 브러쉬 패널을 불러온 후 'Text Divider 13'을 선택합니다.

⓮ Pen Tool(✐)로 드래그하여 도큐먼트 하단에 패스를 그리고 Stroke 패널에서 'Weight : 5pt'를 지정한 후 Transparency 패널에서 'Opacity : 70%'를 지정하여 불투명도를 조절합니다.

05 별 모양 오브젝트 만들기

❶ Star Tool(★)로 작업 도큐먼트의 오른쪽에 클릭한 후 'Radius 1 : 30mm, Radius 2 : 25mm, Points : 7'을 지정하여 그리고 '면 : Y20, 테두리 : 없음'을 지정합니다.

❷ Scale Tool(▦)을 더블 클릭하여 'Uniform : 40%'를 지정하고 [Copy]를 눌러 복사한 후 Ctrl + D를 눌러 반복 복사합니다. 축소 복사한 2개의 별 모양을 그림과 같이 배치한 후 각각 선택하여 '면 : M50Y30, Y80, 테두리 : 없음'을 지정합니다.

06 심볼 적용 및 편집하기

❶ Symbols 패널에서 '새' 심볼을 선택하고 Symbol Sprayer Tool(▣)로 작업 도큐먼트를 드래그하여 뿌려줍니다. Symbol Sizer Tool(▣)로 Alt 를 누르고 클릭하여 일부 심볼의 크기를 축소하고 Symbol Shifter Tool(▣)로 심볼의 위치를 이동시킨 후 Symbol Spinner Tool(▣)로 일부를 회전하여 배치합니다.

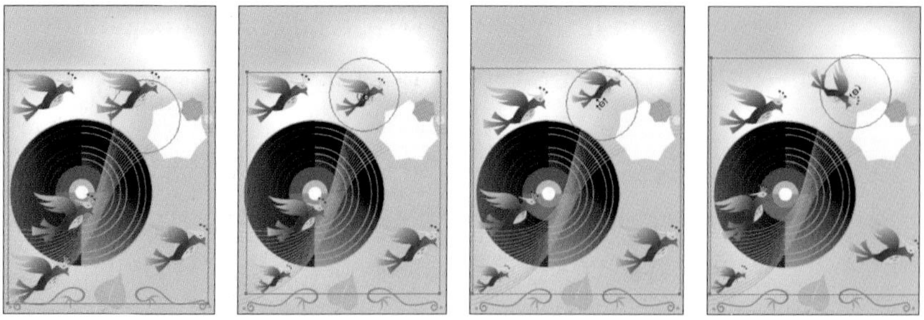

2 Symbol Stainer Tool( )로 Swatches 패널에서 제시된 출력형태와 유사한 색상을 선택하고 일부에 클릭하여 색조의 변화를 적용한 후 Symbol Screener Tool( )로 일부를 클릭하여 투명하게 합니다.

07 문자 입력하고 이펙트 및 클리핑 마스크 적용하기

1 Type Tool(T)로 클릭한 후 Character 패널에서 'Set the font family : Arial, Set the font style : Regular, Set the font size : 17pt'를 설정하고 '면 : K100, 테두리 : 없음'을 지정합니다. 2022. 5. 22 Sunday를 입력하고 Paragraph 패널에서 'Align center'를 선택하여 배치합니다.

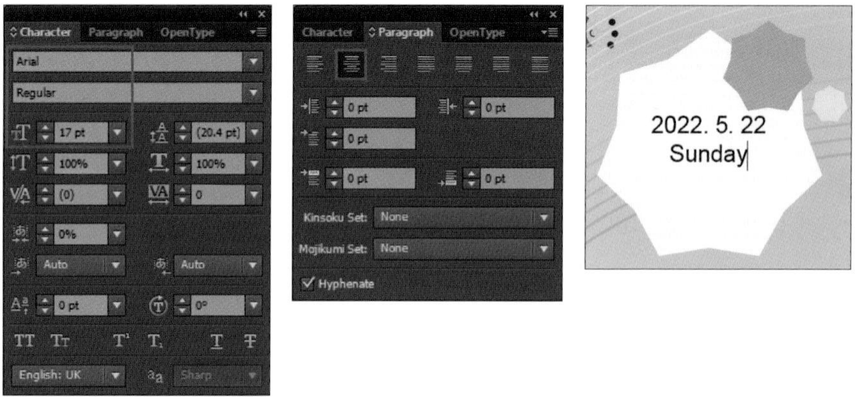

2 Type Tool(T)로 'Sunday' 문자를 드래그하여 선택하고 Character 패널에서 'Set the font size : 15pt'를 설정하고 '면 : C70M20, 테두리 : 없음'을 지정합니다.

3 Type Tool(T)로 클릭한 후 Character 패널에서 'Set the font family : Arial, Set the font style : Regular, Set the font size : 20pt'를 설정하고 '면 : M100Y90K10, 테두리 : 없음'을 지정한 후 Peacock Plaza을 입력하여 배치합니다.

4 Type Tool(T)로 도큐먼트 상단에 클릭한 후 Character 패널에서 'Set the font family : Arial, Set the font style : Bold, Set the font size : 55pt'를 설정하고 '면 : C0M0Y0K0, 테두리 : 없음'을 지정한 후 CLASSICAL MUSIC을 입력합니다.

⑤ 'CLASSICAL MUSIC' 문자를 선택하고 [Object]−[Envelope Distort]−[Make with Warp]를 선택한 후 'Style : Arc Lower, Bend : 25%'를 지정하여 문자를 왜곡시킵니다.

⑥ [Effect]−[Illustrator Effects]−[Stylize]−[Drop Shadow]를 선택하고 'Opacity : 75%, X Offset : 2mm, Y Offset : 2mm, Blur : 1.5mm'를 지정하여 그림자 효과를 적용합니다.

⑦ Rectangle Tool(■)로 작업 도큐먼트 왼쪽 상단의 원점(0,0)을 클릭한 후 'Width : 210mm, Height : 297mm'를 입력하여 그리고 '면 : 임의 색상, 테두리 : 없음'을 지정합니다.

⑧ **Ctrl** + **A** 로 전체 오브젝트를 선택하고 [Object]−[Clipping Mask]−[Make]로 마스크를 적용합니다.

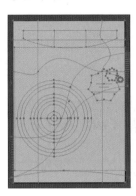 

08 저장 및 답안 전송하기

❶ [View]−[Guides]−[Hide Guides](**Ctrl** + **;**)를 선택하여 안내선을 숨기고 [View]−[Fit Artboard in Window](**Ctrl** + **0**)을 선택하여 현재 창에 맞추기를 한 후 [File]−[Save As]를 선택하고 '저장 위치 : 내문서₩GTQ, Format : Adobe Illustrator(*AI), 파일 이름 : 수험번호−성명−문제번호.ai'를 입력하고 [저장]을 클릭한 후 [Illustrator Options] 대화상자에서 'Version : Illustrator CS6'로 설정하고 [OK]를 클릭합니다.

❷ 답안 저장이 완료가 되면 [File]−[Exit](**Ctrl** + **Q**)를 선택하여 일러스트레이터 프로그램을 종료하고 수험 프로그램에서 [답안 전송]을 클릭하여 감독관 컴퓨터로 전송합니다.

급수	버전	문제유형	시험시간	수험번호	성명
1급		A	90분		

수 험 자 유 의 사 항

- 수험자는 문제지를 받는 즉시 응시하고자 하는 과목 및 급수가 맞는지 확인한 후 수험번호와 성명을 작성합니다.
- 파일명은 본인의 "수험번호–성명–문제번호"로 공백 없이 정확히 입력하고 답안폴더(내문서₩GTQ 또는 라이브러리₩문서₩GTQ)에 ai 파일 포맷으로 저장(버전 : Illustrator CS4(영문))해야 하며, 다른 파일 형식과 버전으로 저장하였을 경우 0점 처리됩니다. 답안문서 파일명이 "수험번호–성명–문제번호"와 일치하지 않거나, 답안 파일을 전송하지 않아 미제출로 처리될 경우 불합격 처리됩니다.
- 수험자 정보와 저장한 파일명, 저장 위치가 다를 경우 전송이 되지 않으므로, 주의하시기 바랍니다.
- 답안 작성 중에도 주기적으로 '저장'과 '답안 전송'을 이용하여 감독위원 PC로 답안을 전송하셔야 합니다. (※ 작업한 내용을 저장하지 않고 전송할 경우 이전의 저장내용이 전송되오니 이점 반드시 유념하시기 바랍니다.)
- 답안문서는 지정된 경로 외의 다른 보조기억장치에 저장하는 행위, 지정된 시험 시간 외에 작성된 파일을 활용 한 행위, 기타 통신수단(이메일, 메신저, 네트워크 등)을 이용하여 타인에게 전달 또는 외부 반출하는 행위는 부정으로 간주되어 자격기본법 제32조에 의거 본 시험 및 국가공인 자격시험을 2년간 응시할 수 없습니다.
- 시험 중 부주의 또는 고의로 시스템을 파손한 경우와 〈수험자 유의사항〉에 기재된 방법대로 이행하지 않아 생기는 불이익은 수험자의 책임임을 알려 드립니다
- 시험을 완료한 수험자는 최종적으로 저장한 답안파일이 전송되었는지 확인한 후 감독위원의 지시에 따라 문 제지를 제출하고 퇴실합니다.

답 안 작 성 요 령

- **온라인 답안 작성 절차**

  수험자 등록 ⇒ 시험 시작 ⇒ 답안파일 저장 ⇒ 답안 전송 ⇒ 시험 종료
- 배점은 총 100점으로 이루어지며, 점수는 각 문제별로 차등 배분됩니다.
- 각 문제는 제시된 조건에 맞게 답안을 작성하셔야 하며, 조건을 지키지 못했을 경우에는 0점 또는 감점 처리됩니다.
- 조건에서 주어진 단위는 'mm(밀리미터)'입니다. 눈금자는 작성하지 않으며, 그 외는 출력형태(레이아웃, 색상, 문자, 규격 등)와 같게 작업하십시오.
- 문제 조건에 서체의 지정이 없을 경우 한글은 굴림이나 돋움, 영문은 Arial로 작업하십시오. (단, 그 외 제시되지 않은 문자 속성을 기본값으로 작성하지 않은 경우는 감점 처리됩니다.)
- 문제 조건에 크기와 색상, 두께의 지정이 없을 경우 《출력형태》를 참고하여 작업해 주시기 바랍니다.
- Image Mode(이미지 모드)는 별도의 처리조건이 없을 경우에는 CMYK로 작업하십시오.
- 조건에서 제시한 기능을 임의로 합치거나 각 기능에 대한 속성을 해지할 경우 해당 요소는 0점 처리됩니다.

한 국 생 산 성 본 부

문제 1 BI, CI 디자인

: 무료 동영상 :

25점

다음의 《조건》에 따라 아래의 《출력형태》와 같이 작업하시오.

조건

파일저장규칙	AI	파일명	내문서₩GTQ₩수험번호-성명-1.ai
		크기	100 × 80mm

1. 작업 방법
① 도형, 변형 툴과 Pathfinder 등을 이용하여, 오브젝트를 만든다.
② 그 외 《출력형태》 참조

2. 문자 효과
① Sports Wear Design (Arial, Regular, 20pt, 15pt, 10pt, K100)

출력형태

C20Y10, C100Y60K40,
C40Y20K20

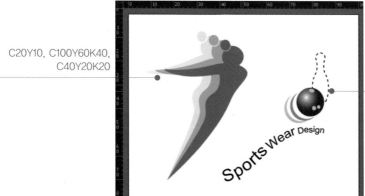

K30, K60,
C0M0Y0K0 → C80M100K60,
(선) K100, 1pt

문제 2 패키지, 비즈니스 디자인

: 무료 동영상 : ▶

35점

다음의 《조건》에 따라 아래의 《출력형태》와 같이 작업하시오.

조건

파일저장규칙	AI	파일명	내문서₩GTQ₩수험번호-성명-2.ai
		크기	160 × 120mm

1. 작업 방법

① 핸드폰 케이스는 Pattern 기능을 이용하여 작업한다. (패턴 등록 : 젤리)

② 패키지는 Clipping Mask를 적용한다.

③ Brush는 아래를 참고하여 작업한다.

　– Artistic > Artistic_ChalkCharcoalPencil > Charcoal – Thin

④ Effect는 아래를 참고하여 작업한다.

　– Illustrator Effects > Stylize > Drop Shadow

⑤ 그 외 《출력형태》참조

2. 문자 효과

① JELLY WORLD (Arial, Bold, 11pt, M90Y90, C70M100)

② Yummy~~ (Arial, Regular, 13pt, M20Y100)

출력형태

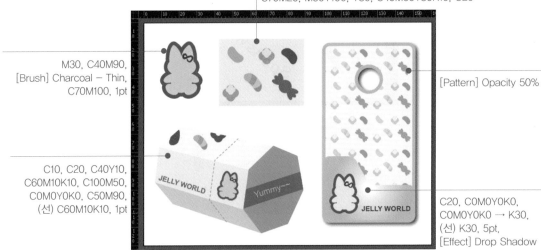

C70Y10, C50M90, M40Y50, M50Y90, C20Y100,
C70M20, M50Y100, Y80, C40M60Y80K10, C20

M30, C40M90,
[Brush] Charcoal – Thin,
C70M100, 1pt

[Pattern] Opacity 50%

C10, C20, C40Y10,
C60M10K10, C100M50,
C0M0Y0K0, C50M90,
(선) C60M10K10, 1pt

C20, C0M0Y0K0,
C0M0Y0K0 → K30,
(선) K30, 5pt,
[Effect] Drop Shadow

40점

다음의 《조건》에 따라 아래의 《출력형태》와 같이 작업하시오.

조건

파일저장규칙	AI	파일명	내문서₩GTQ₩수험번호−성명−3.ai
		크기	210 × 297mm

1. 작업 방법
① 아이스크림 모양은 《참고도안》을 참고하여 직접 제작한 후 Symbol 기능을 활용한다. (심볼 등록 : 아이스크림)
② 'SUMMER NIGHT / holiday Party' 문자에 Envelope Distort 기능을 적용한다.
③ Brush는 아래를 참고하여 작업한다.
　– Decorative > Decorative_Scatter > Confetti
④ Effect는 아래를 참고하여 작업한다.
　– Illustrator Effects 〉 Stylize 〉 Drop Shadow
⑤ Clipping Mask를 이용하여 디자인을 정리한다.
⑥ 그 외《출력형태》참조

참고도안

M50, C50M10Y10,
C40M60Y70K30,
C40Y10, Y100,
C0M0Y0K0, M100,
C50M100, C10M20Y40,
M10Y60, M70Y60,
(선) C0M0Y0K0, 1pt

2. 문자 효과
① SUMMER NIGHT (Arial, Black, 60pt, C0M0Y0K0)
② Blue Beach (Times New Roman, Regular, 35pt, M100)
③ holiday Party (Arial, Regular, 60pt, Y100)

출력형태

[Effect] Drop Shadow

[Blend] 단계 : 20,
Opacity 80%,
(선) C0M0Y0K0, 1pt →
M80, 1pt

C10 → C0M0Y0K0,
C70M10, C50,
C80M50, Opacity 80%

210 × 297mm
[Mesh] C90M20K90, C20Y10

Symbol

[Brush] Confetti, 1pt, 0.75pt

C0M0Y0K0, M20Y100, K30,
M50Y100K10

Y40K10 → C20M20Y60K10

BI, CI 디자인

작업과정	새 도큐먼트 만들기 및 임시 파일 저장하기 ➡ 사람 모양 만들기 ➡ 볼링 핀 모양 만들기 ➡ 볼링 공 만들기 ➡ 문자 입력하기 ➡ 저장 및 답안 전송하기
완성 이미지	Part05₩기출 유형 문제 7회₩수험번호−성명−1.ai

01 새 도큐먼트 만들기 및 임시 파일 저장하기

1 [File]−[New]를 선택하고 'Width : 100mm, Height : 80mm, Units : Millimeters, Color Mode : CMYK'를 설정하여 새 도큐먼트를 만들고 [View]−[Rulers]−[Show Rulers](**Ctrl** + **R**)를 선택하여 눈금자를 표시합니다.

2 작업 도큐먼트를 저장하기 위해 [File]−[Save As]를 선택하고 '저장 위치 : 내문서₩GTQ, Format : Adobe Illustrator(*AI), 파일 이름 : 수험번호−성명−문제번호.ai'를 입력하고 [저장]을 클릭한 후 [Illustrator Options] 대화상자에서 'Version : Illustrator CS6'로 설정하고 [OK]를 클릭합니다.

02 사람 모양 만들기

1 Ellipse Tool( )로 작업 도큐먼트를 클릭한 후 'Width : 9mm, Height : 9mm'를 입력하여 그리고 '면 : C20Y10, 테두리 : 없음'을 지정합니다. 계속해서 'Width : 5mm, Height : 5mm'를 입력하여 그리고 '면 : 임의 색상, 테두리 : 없음'을 지정한 후 큰 원과 겹치도록 배치합니다.

 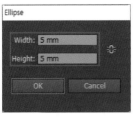 

2 Scale Tool( )을 더블 클릭하여 'Uniform : 80%'를 지정하고 [Copy]를 눌러 복사한 후 '면 : C20Y10, 테두리 : 없음'을 지정합니다. Selection Tool( )로 큰 원과 중간 크기의 원을 선택하고 Pathfinder 패널에서 'Minus Front( )'를 클릭합니다.

 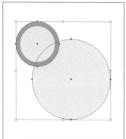  

③ Pen Tool(🖊)로 그림과 같이 몸의 모양을 그리고 '면 : C20Y10, 테두리 : 없음'을 지정합니다.
Ctrl + **A**를 눌러 모두 선택하고 Pathfinder 패널에서 'Unite(🗗)'를 클릭하여 합칩니다.

    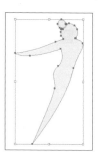

④ Rotate Tool(🔄)로 사람 모양 하단의 고정점을 **Alt**를 누르고 클릭하여 회전축을 변경한 후
'Angle : −5°'를 지정하여 [Copy]를 눌러 복사하고 **Ctrl** + **D**를 눌러 반복 복사합니다.
Selection Tool(🖱)로 각각 선택하고 '면 : C100Y60K40, C40Y20K20, 테두리 : 없음'을 지정
합니다.

  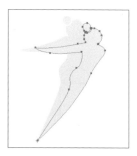 

03 볼링 핀 모양 만들기

① Ellipse Tool(⬭)로 작업 도큐먼트를 클릭한 후 'Width : 4mm, Height : 4mm'를 입력하여
그리고 '면 : 없음, 테두리 : 임의 색상'을 지정합니다. 계속해서 'Width : 7mm, Height :
15mm'를 입력하여 그리고 정원 하단에 배치합니다.

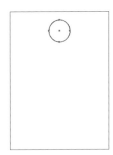

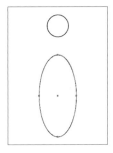

2 **Ctrl**+**U**를 눌러 Smart Guides를 활성화시키고 Rectangle Tool(▣)로 상단 정원의 왼쪽 고정점에 클릭한 후 'Width : 4mm, Height : 8mm'를 입력하여 그리고 '면 : 없음, 테두리 : 임의 색상'을 지정합니다. 3개의 오브젝트를 선택하고 Align 패널에서 'Horizontal Align Center(▣)'를 클릭하여 가로 가운데 정렬을 지정합니다.

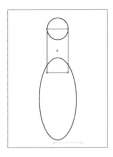
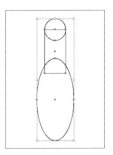

3 Ellipse Tool(◯)로 작업 도큐먼트를 클릭한 후 'Width : 5mm, Height : 10mm'를 입력하여 그리고 '면 : 없음, 테두리 : 임의 색상'을 지정합니다. Rotate Tool(↻)을 더블 클릭하여 'Angle : 3°'를 지정한 후 Reflect Tool(▨)로 **Alt**를 누르고 사각형의 중심점을 클릭하여 'Axis : Vertical'을 지정하고 [Copy]를 눌러 복사합니다.

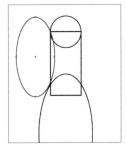
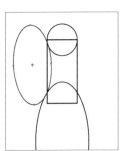
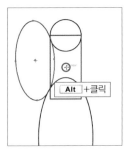
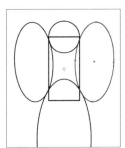

[View]–[Outline](Ctrl + Y)을 선택하면 오브젝트의 중심점이 'x'모양으로 표시되어 정확하게 클릭할 수 있습니다.

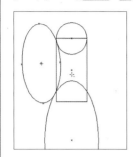

④ Selection Tool(▷)로 사각형과 함께 나란한 2개의 타원을 선택하고 Pathfinder 패널에서 'Minus Front(▣)'를 클릭합니다. Selection Tool(▷)로 3개의 오브젝트를 선택하고 Path-finder 패널에서 'Unite(▣)'를 클릭하여 합칩니다.

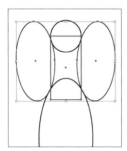 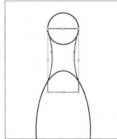 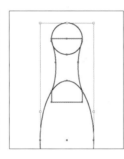 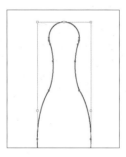

⑤ Rectangle Tool(▣)로 볼링 핀 모양 하단과 겹치도록 사각형을 그리고 볼링 핀 모양과 함께 선택한 후 Pathfinder 패널에서 'Minus Front(▣)'를 클릭합니다. '테두리 : K100'을 지정하고 Stroke 패널에서 'Weight : 1pt, Dashed Line : 체크, dash : 3pt'를 입력하여 점선을 적용합니다.

 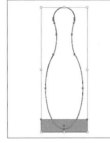 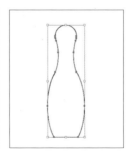 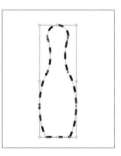

04 볼링 공 만들기

① Ellipse Tool(◯)로 작업 도큐먼트를 클릭한 후 'Width : 12mm, Height : 12mm'를 입력하여 그리고 '면 : 임의 색상, 테두리 : 임의 색상'을 지정합니다.

2 Ellipse Tool()로 크기가 다른 3개의 원을 그리고 '면 : K30, 테두리 : 없음'을 지정한 후, 상단의 타원을 회전시켜 배치합니다.

 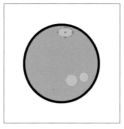  

3 Selection Tool()로 큰 원을 선택한 후 Gradient 패널에서 'Type : Radial'을 적용합니다. Gradient Slider의 왼쪽 'Color Stop'을 더블 클릭하여 C0M0Y0K0을, 오른쪽 'Color Stop'을 더블 클릭하여 C80M100K60을 지정하여 적용한 후 Gradient Tool()로 드래그합니다.

4 Ellipse Tool(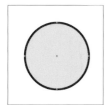)로 **Shift** 를 누르고 볼링 공과 비슷한 크기로 임의 색상의 정원을 그리고 Selection Tool()로 **Alt** 를 누르고 드래그하여 서로 겹쳐지도록 복사합니다. 2개의 원을 선택하고 Pathfinder 패널에서 'Minus Front()'를 클릭한 후 '면 : K30, 테두리 : 없음'을 지정합니다.

  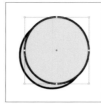  

5 Selection Tool()로 **Alt** 를 누르고 드래그하여 복사한 후 '면 : K60, 테두리 : 없음'을 지정하고 조절점 밖에 마우스 커서를 위치하여 회전합니다.

05 문자 입력하기

1 Pen Tool()로 볼링공 하단에 곡선의 열린 패스를 그리고 Type on a Path Tool(✓)로 곡선 패스의 왼쪽 끝점을 클릭합니다. Character 패널에서 'Set the font family : Arial, Set the font style : Regular, Set the font size : 10pt'를 설정하고 '면 : K100, 테두리 : 없음'을 지 정한 후 Sports Wear Design을 입력합니다.

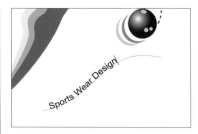

2 Type on a Path Tool(✓)로 'Wear' 문자를 드래그하여 선택하고 'Set the font size : 15pt'를 설정합니다.

3 Type on a Path Tool(✓)로 'Sports' 문자를 드래그하여 선택하고 'Set the font size : 20pt' 를 설정합니다.

4 Group Selection Tool(▶+)로 패스 상의 수직선 모양(⊥)을 클릭하고 오른쪽으로 이동하여 문 자의 위치를 조절합니다.

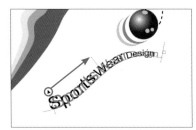

06 저장 및 답안 전송하기

1 [View]-[Guides]-[Hide Guides](`Ctrl` + `;`)를 선택하여 안내선을 숨기고 [View]-[Fit Artboard in Window](`Ctrl` + `0`)을 선택하여 현재 창에 맞추기를 한 후 [File]-[Save As] 를 선택하고 '저장 위치 : 내문서\GTQ, Format : Adobe Illustrator(*AI), 파일 이름 : 수험 번호-성명-문제번호.ai'를 입력하고 [저장]을 클릭한 후 [Illustrator Options] 대화상자에서 'Version : Illustrator CS6'로 설정하고 [OK]를 클릭합니다.

2 답안 저장이 완료가 되면 [File]-[Close](`Ctrl` + `W`)를 선택하여 파일을 닫고 수험 프로그램 에서 [답안 전송]을 클릭하여 감독관 컴퓨터로 전송합니다.

문제 02 패키지, 비즈니스 디자인

작업과정	새 도큐먼트 만들기 및 임시 파일 저장하기 ➡ 토끼 모양 만들고 브러쉬 적용하기 ➡ 젤리 모양 만들고 패턴 등록하기 ➡ 입체 패키지 만들기 ➡ 클리핑 마스크 적용하기 ➡ 문자 입력하기 ➡ 휴대폰 케이스 만들기 ➡ 패턴 적용 및 변형하고 이펙트 적용하기 ➡ 저장 및 답안 전송하기
완성 이미지	Part05\기출 유형 문제 7회\수험번호-성명-2.ai

---

01 새 도큐먼트 만들기 및 임시 파일 저장하기

1 [File]-[New]를 선택하고 'Width : 160mm, Height : 120mm, Units : Millimeters, Color Mode : CMYK'를 설정하여 새 도큐먼트를 만들고 [View]-[Rulers]-[Show Rulers](`Ctrl` + `R`)를 선택하여 눈금자를 표시합니다.

2 작업 도큐먼트를 저장하기 위해 [File]-[Save As]를 선택하고 '저장 위치 : 내문서\GTQ, Format : Adobe Illustrator(*AI), 파일 이름 : 수험번호-성명-문제번호.ai'를 입력하고 [저 장]을 클릭한 후 [Illustrator Options] 대화상자에서 'Version : Illustrator CS6'로 설정하고 [OK]를 클릭합니다.

---

02 토끼 모양 만들고 브러쉬 적용하기

1 Ellipse Tool( )로 작업 도큐먼트를 클릭한 후 'Width : 16mm, Height : 10mm'를 입력하여 그리고 '면 : M30, 테두리 : 임의 색상'을 지정합니다.

2 Ellipse Tool( )로 드래그하여 타원을 그리고 '면 : M30, 테두리 : 임의 색상'을 지정한 후 Direct Selection Tool( )로 상단 고정점의 방향선을 그림과 같이 각각 조절하고 고정점을 왼 쪽으로 이동하여 귀 모양을 만듭니다.

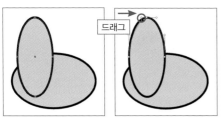 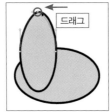 

③ Ellipse Tool(●)로 드래그하여 크기가 다른 3개의 타원을 그리고 '면 : M30, 테두리 : 임의 색상'을 지정합니다. Selection Tool(▶)로 타원을 선택하고 조절점 밖에 마우스 커서를 위치하여 각각 회전합니다.

④ Ctrl + U를 눌러 Smart Guides를 활성화시킨 후 Selection Tool(▶)로 귀와 다리 모양을 선택합니다. Reflect Tool(▷◁)로 Alt 를 타원의 중심점을 클릭하여 'Axis : Vertical'을 지정하고 [Copy]를 눌러 복사합니다.

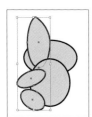 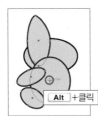 

⑤ Ctrl + A를 눌러 모두 선택하고 Pathfinder 패널에서 'Unite(▣)'를 클릭하여 합친 후 '면 : M30, 테두리 : 없음'을 지정합니다. [Object]-[Path]-[Offset Path]를 선택한 후 'Offset : 2mm'를 지정하여 확대된 복사본을 만들고 '면 : C40M90, 테두리 : 없음'을 지정합니다.

 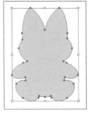  

⑥ Brushes 패널 하단에 'Brush Libraries Menu'를 클릭하고 [Artistic]-[Artistic_ChalkCharcoalPencil]를 선택하여 추가 브러쉬 패널을 불러온 후 'Charcoal - Thin'을 선택합니다.

7 Paintbrush Tool()로 드래그하여 리본 모양을 그리고 '면 : 없음, 테두리 : C70M100'을 지정한 후 Stroke 패널에서 'Weight : 1pt'를 적용하여 그림과 같이 배치합니다.

03 젤리 모양 만들고 패턴 등록하기

1 Rounded Rectangle Tool(■)로 작업 도큐먼트를 클릭한 후 'Width : 10mm, Height : 5mm, Corner Radius : 3mm'를 입력하여 그리고 '면 : C70Y10, 테두리 : 없음'을 지정합니다. [Object]-[Envelope Distort]-[Make with Warp]를 선택하고 'Style : Arch, Bend : -30%'를 지정하여 모양을 왜곡시킨 후 [Object]-[Envelope Distort]-[Expand]를 선택하여 확장합니다.

2 Reflect Tool(■)로 **Alt** 를 누르면서 콩 모양 젤리 하단을 클릭하여 'Axis : Horizontal'을 지정하고 [Copy]를 눌러 복사한 후 '면 : C50M90, 테두리 : 없음'을 지정합니다.

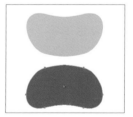

3 Scale Tool(■)을 더블 클릭하고 'Horizontal : 120%, Vertical : 100%'를 지정하고 [Copy]를 눌러 복사합니다.

4 확대된 콩 모양 젤리를 선택한 상태에서 Knife Tool(✏)로 그림과 같이 패스 위에 드래그하여 면을 분할한 후 Group Selection Tool(▶)로 각각 선택하여 '면 : M40Y50, M50Y90, C20Y100, C70M20, 테두리 : 없음'을 지정합니다.

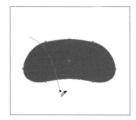  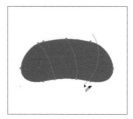 

5 Ellipse Tool(⬭)로 작업 도큐먼트를 클릭한 후 'Width : 8mm, Height : 8mm'를 입력하여 그리고 '면 : M50Y100, 테두리 : 없음'을 지정합니다. [Effect]-[Illustrator Effects]-[Distort & Transform]-[Pucker & Bloat]를 선택하고 15%를 지정하고 [Object]-[Expand Appearance]를 선택한 후 오브젝트의 속성을 확장합니다.

 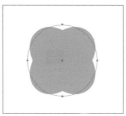 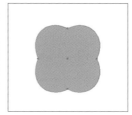

6 Rotate Tool(↻)을 더블 클릭하여 'Angle : −45°'를 지정하여 회전합니다.

7 Scale Tool(▦)로 **Alt** 를 누르고 꽃 모양의 상단 선분을 클릭하여 'Uniform : 60%'를 지정하고 [Copy]를 눌러 복사한 후 '면 : Y80, 테두리 : 없음'을 지정합니다.

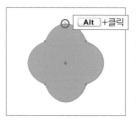 

8 Ellipse Tool(⬭)로 작업 도큐먼트를 클릭한 후 'Width : 7mm, Height : 7mm'를 입력하여 그리고 '면 : C40M60Y80K10, 테두리 : 없음'을 지정하여 정원과 겹치도록 타원을 왼쪽에 그립니다. Rotate Tool(↻)로 타원의 오른쪽 고정점을 클릭한 후 **Alt** 를 누르고 드래그하여 회전 복사하고 **Ctrl** + **D** 를 눌러 반복 복사합니다.

  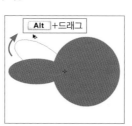 

⑨ 3개의 타원을 선택하고 Rotate Tool(⟳)로 오른쪽 고정점을 클릭한 후 드래그합니다.

 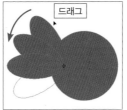 

⑩ Reflect Tool(◁▷)로 [Alt]를 누르면서 정원의 중심점에 클릭한 후 'Axis : Vertical'을 지정하고 [Copy]를 눌러 복사합니다.

⑪ 사탕 모양을 모두 선택하고 Pathfinder 패널에서 'Unite(▣)'를 클릭하여 합칩니다.

⑫ Rectangle Tool(▣)로 작업 도큐먼트를 클릭한 후 'Width : 47mm, Height : 36mm'를 입력하여 그리고 '면 : C20, 테두리 : 없음'을 지정합니다. [Shift]+[Ctrl]+[[ ]를 눌러 맨 뒤로 보내기를 합니다.

⑬ Selection Tool(▶)로 젤리 모양을 사각형 위에 배치하고 꽃 모양은 [Alt]를 누르고 드래그하여 복사합니다.

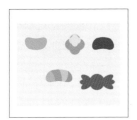  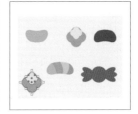

⑭ 꽃 모양을 제외한 4개의 오브젝트를 선택하고 [Object]-[Transform]-[Transform Each]를 클릭하여 'Angle : -45°'를 지정한 후 각각을 회전시킵니다.

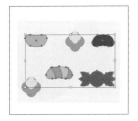 

[Object]-[Transform]-[Transform Each]는 각각의 오브젝트의 중심점을 축으로 하여 회전합니다. Rotate Tool( )로 회전하면 전체가 회전되어 배열을 다시 해야 합니다.

⑮ 사각형과 젤리 모양 모두를 선택하고 [Object]-[Pattern]-[Make]로 'Name : 젤리'를 지정하고 패턴으로 등록하여 Swathes 패널에 저장합니다. 도큐먼트 상단의 'Done'을 클릭하여 정상 모드로 전환합니다.

04 입체 패키지 만들기

1 Polygon Tool( )로 작업 도큐먼트를 클릭한 후 'Radius : 25mm, Sides : 7'을 지정하고 '면 : 임의 색상, 테두리 : 없음'을 적용하여 다각형을 그립니다.

2 [Effect]-[Illustrator Effects]-[3D]-[Extrude & Bevel]을 선택하고 'Specify rotation around the X axis : -160°, Y axis : 40°, Z axis : -165°, Perspective : 55°, Extrude Depth : 230pt'를 입력하여 입체 모양을 만듭니다.

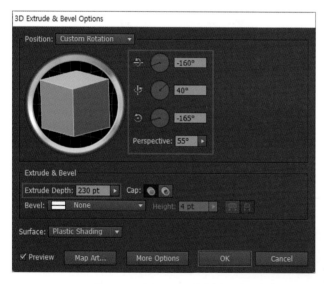

[Effect]-[Illustrator Effects]-[3D]-[Extrude & Bevel]를 활용하여 오브젝트의 X, Y, Z축의 회전과 원근감, 돌출의 정도를 조절하여 3차원 오브젝트를 쉽게 구현할 수 있습니다.

3 [Object]-[Expand Appearance]를 선택하여 오브젝트의 속성을 확장한 후 Group Selection Tool( )로 '면 : C10, C20, C40Y10, C60M10K10, 테두리 : 없음'을 각각 지정합니다.

4️⃣ Group Selection Tool(📐)로 다각형을 선택하고 **Alt** 를 누르면서 왼쪽으로 드래그하여 복사합니다. Direct Selection Tool(📐)로 **Shift** 를 누르고 오른쪽 3개의 고정점을 선택하고 **Delete** 를 눌러 삭제합니다.

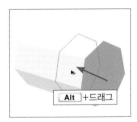
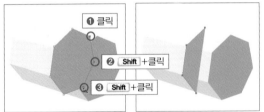

5️⃣ 도구 상자 하단의 Swap Fill and Stroke(🔄)를 눌러 오브젝트의 면과 테두리 색상을 서로 교체합니다. Direct Selection Tool(📐)로 열린 패스의 양 끝 고정점을 각각 선택하여 모양에 맞게 이동하고 Stroke 패널에서 'Weight : 1pt, Cap : Round Cap, Dashed Line : 체크, dash : 3pt'를 입력하여 점선을 지정합니다.

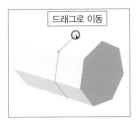

6️⃣ Rectangle Tool(⬛)로 사각형을 그리고 '면 : C100M50, 테두리 : 없음'을 지정하고 다각형과 겹치도록 배치합니다. Shear Tool(↗)로 다각형의 오른쪽 고정점을 클릭하고 그림과 같이 **Shift** 를 누르면서 아래로 드래그합니다.

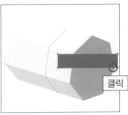
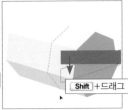
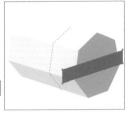

7️⃣ Group Selection Tool(📐)로 다각형을 선택하고 **Ctrl** + **C** 를 눌러 복사한 후 **Ctrl** + **F** 를 눌러 앞에 붙이기를 하고 평행사변형과 함께 선택합니다. Pathfinder 패널에서 'Intersect (🔲)'를 클릭하여 겹쳐진 부분을 남깁니다.

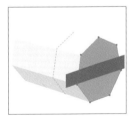

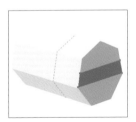

⑧ Selection Tool(⟨↖⟩)로 토끼와 리본 모양을 선택하고 ⟨Ctrl⟩+⟨C⟩를 눌러 복사하고 ⟨Ctrl⟩+ ⟨V⟩를 눌러 붙여 넣은 후 Scale Tool(⟨⬜⟩)을 더블 클릭하고 'Uniform : 50%, Scale Strokes & Effects : 체크'를 지정합니다. Rotate Tool(⟨⟳⟩)을 더블 클릭하여 'Angle : −10°'를 지정하여 그림과 같이 패키지 위에 배치합니다.

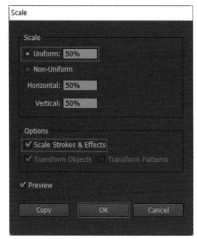
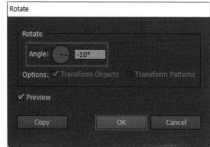
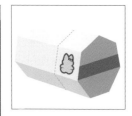

05 클리핑 마스크 적용하기

① 3개의 젤리 모양을 ⟨Ctrl⟩+⟨C⟩를 눌러 복사하고 ⟨Ctrl⟩+⟨V⟩를 눌러 붙여 넣은 후 크기와 각도를 조절하여 배치하고 꽃 모양은 '면 : C50M90, C0M0Y0K0, 테두리 : 없음'을 지정합니다.

② 입체 패키지를 선택하고 [Object]−[Ungroup]을 적용하여 그룹을 해제합니다. 상단의 오브젝트를 선택하고 ⟨Ctrl⟩+⟨C⟩를 눌러 복사한 후 ⟨Ctrl⟩+⟨F⟩를 눌러 앞에 붙이기를 하고 ⟨Shift⟩+ ⟨Ctrl⟩+⟨]⟩를 선택하고 눌러 맨 앞으로 가져오기를 합니다.

③ 3개의 젤리 모양과 맨 앞으로 가져오기를 한 오브젝트를 선택하고 [Object]−[Clipping Mask]−[Make]로 마스크를 적용합니다.

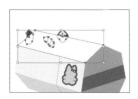
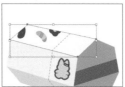

합격생의 비법

앞에 놓인 오브젝트의 색상으로 가려진 오브젝트는 [View]−[Outline](⟨Ctrl⟩+⟨Y⟩)으로 윤곽선 보기를 하면 쉽게 선택할 수 있습니다.

06 문자 입력하기

1 Type Tool(▣)로 패키지에 클릭한 후 Character 패널에서 'Set the font family : Arial, Set the font style : Bold, Set the font size : 11pt'를 설정하고 '면 : M90Y90, 테두리 : 없음'을 지정한 후 JELLY WORLD를 입력합니다. Selection Tool(▣)로 회전시켜 배치합니다.

2 Type Tool(▣)로 도큐먼트를 클릭한 후 Character 패널에서 'Set the font family : Arial, Set the font style : Regular, Set the font size : 13pt'를 설정하고 '면 : M20Y100, 테두리 : 없음'을 지정한 후 Yummy~~를 입력하고 회전시켜 배치합니다.

07 휴대폰 케이스 만들기

1 Rounded Rectangle Tool(▣)로 작업 도큐먼트를 클릭한 후 'Width : 50mm, Height : 95mm, Corner Radius : 3mm'를 입력하여 그리고 '면 : C0M0Y0K0, 테두리 : K30'을 지정하고 Stroke 패널에서 'Weight : 5pt'를 지정합니다.

2 Ellipse Tool(▣)로 둥근 사각형 상단에 클릭한 후 'Width : 14mm, Height : 14mm'를 입력하여 정원을 그리고 '면 : 임의 색상, 테두리 : 임의 색상'을 지정합니다. 둥근 사각형과 정원을 선택하고 Align 패널에서 'Horizontal Align Center(▣)'를 클릭하여 가로 가운데 정렬을 지정한 후 Pathfinder 패널에서 'Minus Front(▣)'를 클릭합니다.

   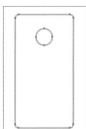

③ Pen Tool(✒)로 클릭하여 휴대폰 케이스 하단과 겹치도록 닫힌 패스를 그리고 Gradient 패널에서 'Type : Radial'를 적용합니다. Gradient Slider의 왼쪽 'Color Stop'을 더블 클릭하여 C0M0Y0K0을, 오른쪽 'Color Stop'을 더블 클릭하여 K30을 적용합니다.

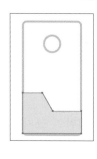  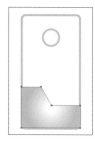

④ [Effect]-[Illustrator Effects]-[Stylize]-[Round Corners]를 선택하고 'Radius : 3mm'를 지정하여 모서리를 둥글게 한 후 [Object]-[Expand Appearance]를 선택하여 오브젝트의 속성을 확장합니다.

⑤ 토끼와 리본 모양을 선택하여 **Ctrl** + **C** 를 눌러 복사하고 **Ctrl** + **V** 를 눌러 붙여 넣습니다. Scale Tool(⊡)을 더블 클릭하고 'Uniform : 70%, Scale Strokes & Effects : 체크'를 지정하고 축소한 후 안쪽 토끼 모양을 선택하고 '면 : C20, 테두리 : 없음'을 지정합니다.

⑥ Type Tool(T)로 휴대폰 케이스 하단에 클릭한 후 Character 패널에서 'Set the font family : Arial, Set the font style : Bold, Set the font size : 11pt'를 설정하고 '면 : C70M100, 테두리 : 없음'을 지정한 후 JELLY WORLD를 입력합니다.

08 패턴 적용 및 변형하고 이펙트 적용하기

① 휴대폰 케이스를 선택하고 [Object]-[Path]-[Offset Path]를 선택한 후 'Offset : −1mm'를 지정하여 축소된 복사본을 만듭니다. Swatches 패널에서 '젤리' 패턴을 클릭하여 적용하고 '테두리 : 없음'을 지정합니다.

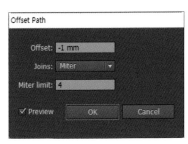
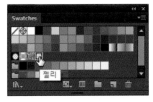

② Scale Tool()을 더블 클릭하고 'Uniform : 50%, Scale Strokes & Effects : 체크 해제, Transform Objects : 체크 해제, Transform Patterns : 체크'를 지정하여 패턴의 크기를 축소한 후 Transparency 패널에서 'Opacity : 50%'를 지정하여 불투명도를 조절합니다.

③ 휴대폰 케이스 전체를 선택하고 [Object]-[Group](**Ctrl** + **G**)으로 그룹을 지정한 후 [Effect]-[Illustrator Effects]-[Stylize]-[Drop Shadow]를 선택하고 'Opacity : 75%, X Offset : 1mm, Y Offset : 1mm, Blur : 1mm'를 지정하여 그림자 효과를 적용합니다.

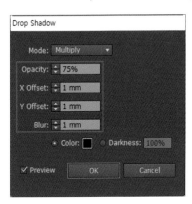

09 저장 및 답안 전송하기

① [View]-[Guides]-[Hide Guides](**Ctrl** + **;**)를 선택하여 안내선을 숨기고 [View]-[Fit Artboard in Window](**Ctrl** + **0**)을 선택하여 현재 창에 맞추기를 한 후 [File]-[Save As]를 선택하고 '저장 위치 : 내문서₩GTQ, Format : Adobe Illustrator(*AI), 파일 이름 : 수험번호-성명-문제번호.ai'를 입력하고 [저장]을 클릭한 후 [Illustrator Options] 대화상자에서 'Version : Illustrator CS6'로 설정하고 [OK]를 클릭합니다.

② 답안 저장이 완료가 되면 [File]-[Close](**Ctrl** + **W**)를 선택하여 파일을 닫고 수험 프로그램에서 [답안 전송]을 클릭하여 감독관 컴퓨터로 전송합니다.

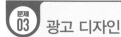
작업과정	새 도큐먼트 만들기 및 임시 파일 저장하기 ➡ 아이스크림 모양 만들기 ➡ 메쉬로 배경 만들기 ➡ 물결 모양 만들기 ➡ 배 모양 만들기 ➡ 블렌드 효과 및 브러쉬 적용하기 ➡ 파도 모양 만들기 ➡ 심볼 적용 및 문자 입력하기 ➡ 이펙트 및 클리핑 마스크 적용하기 ➡ 저장 및 답안 전송하기
완성 이미지	Part05₩기출 유형 문제 7회₩수험번호-성명-3.ai

01 새 도큐먼트 만들기 및 임시 파일 저장하기

1 [File]-[New]를 선택하고 'Width : 210mm, Height : 297mm, Units : Millimeters, Color Mode : CMYK'를 설정하여 새 도큐먼트를 만들고 [View]-[Rulers]-[Show Rulers](**Ctrl** + **R**)를 선택하여 눈금자를 표시합니다.

2 작품의 규격 왼쪽 상단에 원점(0,0)을 확인하고 왼쪽과 상단 눈금자 위에서 마우스를 드래그하여 제시된 출력형태와 레이아웃 구성을 동일하게 작업하기 위해서 안내선을 표시합니다.

3 작업 도큐먼트를 저장하기 위해 [File]-[Save As]를 선택하고 '저장 위치 : 내문서₩GTQ, Format : Adobe Illustrator(*AI), 파일 이름 : 수험번호-성명-문제번호.ai'를 입력하고 [저장]을 클릭한 후 [Illustrator Options] 대화상자에서 'Version : Illustrator CS6'로 설정하고 [OK]를 클릭합니다.

02 아이스크림 모양 만들기

1 Rectangle Tool( )로 작업 도큐먼트를 클릭한 후 'Width : 6mm, Height : 35mm'를 입력하여 그립니다. Selection Tool( )을 더블 클릭하여 [Move] 대화 상자에서 'Horizontal : 6mm, Vertical : 0mm'를 지정하고 [Copy]를 눌러 오른쪽으로 이동하여 복사한 후 **Ctrl** + **D** 를 눌러 반복 복사하고 각각 선택하여 '면 : M50, C50M10Y10, C40M60Y70K30, 테두리 : 없음'을 지정합니다.

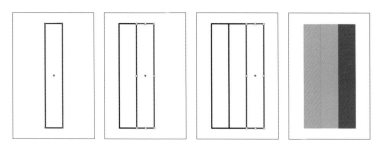

2 Direct Selection Tool(📐)로 상단 고정점을 모두 선택한 후 [Object]-[Path]-[Average]를 선택하고 'Axis : Both'로 지정하여 한 점에 정렬합니다.

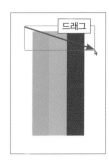  

3 [Object]-[Envelope Distort]-[Make with Warp]를 선택한 후 'Style : Fish, Vertical : 체크, Bend : -50%'를 지정하여 모양을 왜곡시키고 [Object]-[Envelope Distort]-[Expand]를 선택하여 확장합니다.

4 Selection Tool(📐)로 **Alt** 를 누르면서 위로 드래그하여 복사한 후 Reflect Tool(📐)을 더블 클릭하여 'Axis : Vertical'을 지정하고 가운데 오브젝트는 '면 : C40Y10'을 지정합니다.

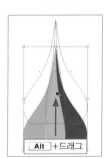 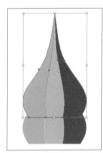 

5 Ellipse Tool(⬭)로 동일한 크기의 정원을 그리고 '면 : Y100, C0M0Y0K0, M100, C50M100, 테두리 : 없음'을 각각 지정합니다.

6 Rectangle Tool(⬜)로 임의 색상의 크기가 다른 3개의 사각형을 그린 후 Direct Selection Tool(📐)로 가장 아래에 배치된 사각형의 하단 2개의 고정점을 선택하고 Scale Tool(📐)을 더블 클릭하여 'Uniform : 30%'를 지정합니다.

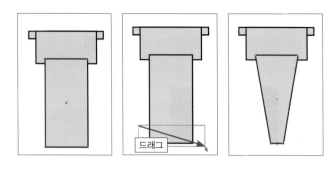

7 3개의 사각형을 선택하고 Align 패널에서 'Horizontal Align Center(⬚)'를 클릭하여 가로 가운데 정렬을 지정한 후 Pathfinder 패널에서 'Unite(⬚)'를 클릭합니다.

8 [Effect]–[Illustrator Effects]–[Stylize]–[Round Corners]를 선택하고 'Radius : 3mm'를 지정하여 모서리를 둥글게 한 후 [Object]–[Expand Appearance]를 선택하여 오브젝트의 속성을 확장합니다.

9 Line Segment Tool(◢)로 **Shift**를 누르면서 콘의 모양보다 긴 수평선을 그리고 Selection Tool(▨)로 **Alt**를 누르고 아래로 이동하여 복사한 후 **Ctrl**+**D**를 눌러 반복 복사합니다.

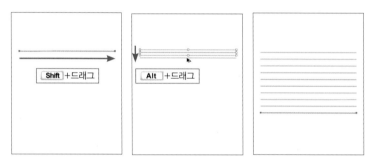

10 Selection Tool(▨)로 수평선을 모두 선택하고 Rotate Tool(◑)을 더블 클릭하여 'Angle : 90°'를 지정하고 [Copy]를 눌러 복사합니다.

11 Selection Tool(▨)로 수평선과 수직선 모두를 선택하고 Rotate Tool(◑)을 더블 클릭하여 'Angle : 45°'를 지정한 후 **Ctrl**+**G**를 눌러 그룹을 지정합니다.

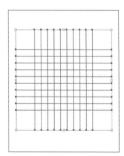
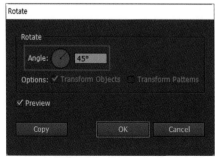
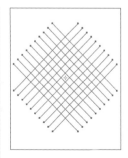

⓬ Line Segment Tool()로 **Shift** 를 누르면서 드래그하여 수평선을 그리고 Selection Tool(🖱)로 콘 모양과 함께 선택합니다. Pathfinder 패널에서 'Divide(⬚)'를 클릭한 후 [Object]–[Ungroup](**Shift** + **Ctrl** + **G**)을 선택하고 그룹을 해제합니다.

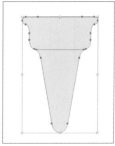

⓭ 회전시킨 선들을 그림과 같이 콘 모양과 겹치도록 배치한 후, 콘 모양의 하단을 선택하여 **Ctrl** + **C** 를 눌러 복사하고 **Ctrl** + **F** 를 눌러 앞에 붙여 넣기를 합니다. 그룹 상태인 선과 함께 콘 모양의 하단을 선택하고 [Object]–[Clipping Mask]–[Make]로 마스크를 적용합니다.

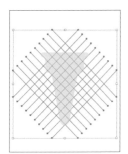

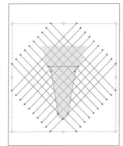

⓮ Selection Tool(🖱)로 콘 모양 하단을 더블 클릭하여 Isolation Mode로 전환한 후에 선을 선택하고 '면 : 없음, 테두리 : C0M0Y0K0'을 지정합니다. Stroke 패널에서 'Weight : 1pt'를 지정하고 **Esc** 를 눌러 정상 모드로 전환한 후, 콘 모양의 상단과 하단을 선택하고 '면 : C10M20Y40, 테두리 : 없음'을 지정합니다.

⓯ Rounded Rectangle Tool(▢)로 둥근 사각형을 그린 후 '면 : M10Y60, 테두리 : 없음'을 지정하고 Knife Tool(✏)로 그림과 같이 4번 드래그하여 면을 분할합니다. Selection Tool(🖱)로 분할된 2개의 면을 선택하고 '면 : M70Y60, 테두리 : 없음'을 지정한 후 막대 과자 모양 전체를 선택하고 [Object]–[Group](**Ctrl** + **G**)으로 그룹을 지정합니다.

16 막대 과자 모양을 배치하고 **Shift** + **Ctrl** + **[** 를 눌러 맨 뒤로 보내기를 합니다. Rotate Tool(🔄)로 막대 과자 하단을 클릭한 후 **Alt** 를 누르고 회전하여 복사합니다.

 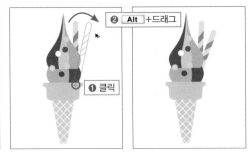

17 Selection Tool(▶)로 아이스크림 모양 전체를 선택합니다. Symbols 패널 하단에 'New Symbol'을 클릭하고 'Name : 아이스크림, Type : Graphic'을 지정하여 심볼로 등록한 후 아이스크림 모양은 **Delete** 를 눌러 삭제합니다.

03 메쉬로 배경 만들기

1 Rectangle Tool(■)로 작업 도큐먼트 왼쪽 상단의 원점(0,0)을 클릭한 후 'Width : 210mm, Height : 297mm'를 입력하여 그리고 '면 : C90M20K90, 테두리 : 없음'을 지정합니다.

2 Mesh Tool(▦)로 사각형의 상단과 중간에 클릭하여 C20Y10 색상을 적용합니다.

04 물결 모양 만들기

1 Line Segment Tool()로 작업 도큐먼트의 너비보다 넓은 수평선을 하단에 그리고 '면 : 없음, 테두리 : C0M0Y0K0'을 지정한 후 Stroke 패널에서 'Weight : 1pt'를 지정합니다. [Effect]-[Illustrator Effects]-[Distort & Transform]-[Zig Zag]를 선택하고 'Size : 3mm, Ridges per segment : 12, Points : Smooth'를 지정합니다.

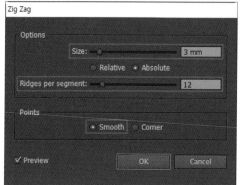
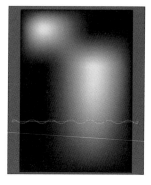

2 Selection Tool(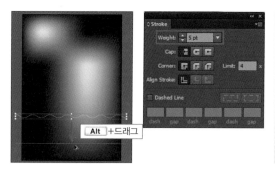)로 **Alt**를 누르면서 아래로 드래그하여 복사하고 Stroke 패널에서 'Weight : 5pt'를 지정합니다. 2개의 패스를 선택하고 [Object]-[Blend]-[Make]를 적용한 후 [Object]-[Blend]-[Blend Options]로 'Specified Steps : 5'를 적용합니다.

3 [Object]-[Blend]-[Expand]를 선택하여 블렌드를 확장하고 [Object]-[Path]-[Outline Stroke]을 선택하여 면으로 확장합니다.

4 Pen Tool()로 도큐먼트 하단에 닫힌 패스를 그리고 Gradient 패널에서 'Type : Linear, Angle : -45°'를 적용한 후 Gradient Slider의 왼쪽 'Color Stop'을 더블 클릭하여 Y40K10을, 오른쪽 'Color Stop'을 더블 클릭하여 C20M20Y60K10을 적용합니다.

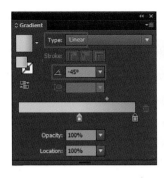 

05 배 모양 만들기

1 Pen Tool()로 배와 돛 모양을 그리고 면 : M20Y100, C0M0Y0K0, 테두리 : 없음, 임의 색
상'을 각각 지정합니다. Selection Tool( )로 돛 모양을 선택하고 Scale Tool( )을 더블 클
릭하고 'Uniform : 60%'를 지정한 후 [Copy]를 눌러 복사합니다.

2 Reflect Tool( )을 더블 클릭하여 'Axis : Vertical'을 지정하고 오른쪽으로 이동하여 배치합
니다. 배 모양을 모두 선택하여 오른쪽 하단에 배치하고 돛 모양은 '면 : C0M0Y0K0, 테두리 :
없음'을 지정합니다.

3 Reflect Tool( )로 **Alt** 를 누르면서 그림과 같이 클릭하여 'Axis : Vertical'을 지정하고
[Copy]를 눌러 복사합니다. Selection Tool( )로 크기를 축소한 후 '면 : K30, M50Y100K10,
테두리 : 없음'을 지정합니다.

06 블렌드 효과 및 브러쉬 적용하기

1 Pen Tool(✐)로 작업 도큐먼트를 완전히 벗어나는 2개의 곡선을 그립니다. 상단 곡선은 '면 : 없음, 테두리 : C0M0Y0K0'을 지정한 후 Stroke 패널에서 'Weight : 1pt'를 적용하고 하단 곡선은 '면 : 없음, 테두리 : M80'을 지정한 후 Stroke 패널에서 'Weight : 1pt'를 적용합니다. 2개의 곡선을 선택한 후 [Object]−[Blend]−[Make]를 적용하고 [Object]−[Blend]−[Blend Options]로 'Specified Steps : 20'을 적용한 후 Transparency 패널에서 'Opacity : 80%'를 지정합니다.

 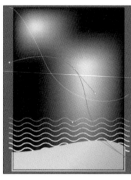 

2 Brushes 패널 하단에 'Brush Libraries Menu'를 클릭하고 [Decorative]−[Decorative_Scatter]를 선택하여 추가 브러쉬 패널을 불러온 후 'Confetti'를 선택합니다.

3 Ellipse Tool(⬤)로 크기가 다른 2개의 정원을 그린 후 '면 : 없음, 테두리 : 임의 색상'을 지정하고 Stroke 패널에서 각각 'Weight : 1pt, 0.75pt'를 지정합니다.

07 파도 모양 만들기

1 Ellipse Tool(◯)로 작업 도큐먼트를 클릭한 후 'Width : 83mm, Height : 83mm'를 입력하여 그리고 Gradient 패널에서 'Type : Radial'을 적용합니다. Gradient Slider의 왼쪽 'Color Stop'을 더블 클릭하여 C10을, 오른쪽 'Color Stop'을 더블 클릭하여 C0M0Y0K0을 지정합니다.

 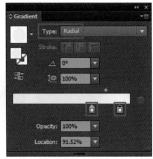 

2 Ellipse Tool(◯)과 Pen Tool(✒)로 그림과 같이 임의 색상의 원과 패스를 그리고 함께 선택한 후 Pathfinder 패널에서 'Unite(◻)'를 클릭합니다.

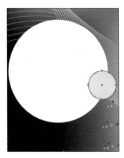 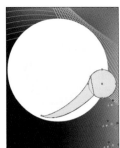  

3 하나로 합친 오브젝트에 '면 : C80M50, 테두리 : 없음'을 지정하고 Transparency 패널에서 'Opacity : 80%'를 지정하여 불투명도를 조절합니다.

4 Pen Tool(✒)로 2개의 파도 모양을 그리고 '면 : C70M10, C50, 테두리 : 없음'을 지정합니다. Ellipse Tool(◯)로 크기가 다른 2개의 정원을 그리고 '면 : C50, C70M10, 테두리 : 없음'을 지정합니다.

08 심볼 적용 및 문자 입력하기

1 Symbols 패널에서 '아이스크림' 심볼을 선택하고 Symbol Sprayer Tool(🎨)로 작업 도큐먼트를 드래그하여 뿌려줍니다.

2 Symbol Sizer Tool(🎨)로 **Alt** 를 누르고 클릭하여 일부 심볼의 크기를 축소한 후 Symbol Shifter Tool(🎨)로 심볼의 위치를 이동하여 배치합니다. Symbol Spinner Tool(🎨)로 일부를 회전하고 Symbol Stainer Tool(🎨)로 Swatches 패널에서 제시된 출력형태와 유사한 색상을 선택한 후 일부에 클릭하여 색조의 변화를 적용합니다.

3 Type Tool(T)로 원에 클릭한 후 Character 패널에서 'Set the font family : Times New Roman, Set the font style : Regular, Set the font size : 35pt'를 설정하고 '면 : M100, 테두리 : 없음'을 지정한 후 Blue Beach를 입력합니다.

4 Type Tool(T)로 도큐먼트 상단을 클릭한 후 Character 패널에서 'Set the font family : Arial, Set the font style : Black, Set the font size : 60pt'를 설정하고 '면 : C0M0Y0K0, 테두리 : 없음'을 지정한 후 SUMMER NIGHT를 입력합니다.

5 'SUMMER NIGHT' 문자를 선택하고 [Object]-[Envelope Distort]-[Make with Warp]를 선택한 후 'Style : Arch, Bend : -20%, Horizontal : -50%'를 지정하여 문자를 왜곡시킵니다.

6 Type Tool(T)로 클릭한 후 Character 패널에서 'Set the font family : Arial, Set the font style : Regular, Set the font size : 60pt'를 설정하고 '면 : Y100, 테두리 : 없음'을 지정한 후 holiday Party를 입력합니다.

7 'holiday Party' 문자를 선택하고 [Object]-[Envelope Distort]-[Make with Warp]를 선택한 후 'Style : Arch, Bend : -20%, Horizontal : 50%'를 지정하여 문자를 왜곡시킨 후 Selection Tool(▶)로 조절점 밖을 드래그하여 회전합니다.

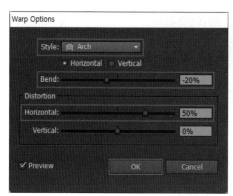

09 이펙트 및 클리핑 마스크 적용하기

1 'SUMMER NIGHT' 문자를 선택하고 [Effect]-[Illustrator Effects]-[Stylize]-[Drop Shadow]를 선택한 후 'Opacity : 75%, X Offset : 2.47mm, Y Offset : 2.47mm, Blur : 1.76mm'를 지정하여 그림자 효과를 적용합니다.

2 Rectangle Tool(■)로 작업 도큐먼트 왼쪽 상단의 원점(0,0)을 클릭한 후 'Width : 210mm, Height : 297mm'를 입력하여 그리고 '면 : 임의 색상, 테두리 : 없음'을 지정합니다. **Ctrl**+**A**로 전체 오브젝트를 선택하고 [Object]-[Clipping Mask]-[Make]로 마스크를 적용합니다.

10 저장 및 답안 전송하기

1 [View]-[Guides]-[Hide Guides](**Ctrl**+**;**)를 선택하여 안내선을 숨기고 [View]-[Fit Artboard in Window](**Ctrl**+**0**)을 선택하여 현재 창에 맞추기를 한 후 [File]-[Save As]를 선택하고 '저장 위치 : 내문서₩GTQ, Format : Adobe Illustrator(*AI), 파일 이름 : 수험번호-성명-문제번호.ai'를 입력하고 [저장]을 클릭한 후 [Illustrator Options] 대화상자에서 'Version : Illustrator CS6'로 설정하고 [OK]를 클릭합니다.

2 답안 저장이 완료가 되면 [File]-[Exit](**Ctrl**+**Q**)를 선택하여 일러스트레이터 프로그램을 종료하고 수험 프로그램에서 [답안 전송]을 클릭하여 감독관 컴퓨터로 전송합니다.

급수	버전	문제유형	시험시간	수험번호	성명
1급		A	90분		

수 험 자 유 의 사 항

답 안 작 성 요 령

한 국 생 산 성 본 부

문제 1 BI, CI 디자인

: 무료 동영상 : ▶

25점

다음의 《조건》에 따라 아래의 《출력형태》와 같이 작업하시오.

조건

파일저장규칙	AI	파일명	내문서₩GTQ₩수험번호—성명—1.ai
		크기	100 × 80mm

1. 작업 방법
① 도형, 변형 툴과 Pathfinder 등을 이용하여, 오브젝트를 만든다.
② 그 외《출력형태》참조

2. 문자 효과
① TEA Ceremony (Times New Roman, Bold Italic, 17pt, C30Y60, C0M0Y0K0)

출력형태

C50Y40, Y90 → C0M0Y0K0, (선)
M30Y80, 1pt

C0M0Y0K0, M10Y70,
C10 → C40K20 → C60Y20K50

C90K90, (선) M90Y80K10, 6pt

: 무료 동영상 : ▶

35점

다음의 《조건》에 따라 아래의 《출력형태》와 같이 작업하시오.

조건

파일저장규칙	AI	파일명	내문서₩GTQ₩수험번호-성명-2.ai
		크기	160 × 120mm

1. 작업 방법
① 오른쪽 패키지는 Pattern 기능을 이용하여 작업한다. (패턴 등록 : 국화)
② 배너는 Clipping Mask를 적용한다.
③ Brush는 아래를 참고하여 작업한다.
　 – Artistic > Artistic_ChalkCharcoalPencil > Charcoal – Pencil
④ Effect는 아래를 참고하여 작업한다.
　 – Illustrator Effects > Stylize > Drop Shadow
⑤ 그 외 《출력형태》참조

2. 문자 효과
① NATURE (Times New Roman, Regular, 8pt, C0M0Y0K0)
② 국화꽃빵 (궁서, 9pt, 30pt, K100, C40M70Y100K50)

출력형태

C10M70Y80, M30Y100, C0M0Y0K0,
(선) M40Y90, 5pt,
[Effect] Drop Shadow

M30Y80, Y90, C30Y80,
[Brush] Charcoal – Pencil,
C50Y100, 1pt

Opacity 60%

K20, K60, M90Y80,
C0M0Y0K0 →
C40Y100K10, (선)
K100, 1pt

Y20, C40Y100K40,
C30Y90, C80M10Y100,
(선) K100, 1pt

[Pattern] Opacity 60%

문제 3 광고 디자인

: 무료 동영상 :

40점

다음의 《조건》에 따라 아래의 《출력형태》와 같이 작업하시오.

조건

| 파일저장규칙 | AI | 파일명 | 내문서₩GTQ₩수험번호-성명-3.ai |
| | | 크기 | 210 × 297mm |

1. 작업 방법

① 토마토 캐릭터는 《참고도안》을 참고하여 직접 제작한 후 Symbol 기능을 활용한다. (심볼 등록 : 토마토)
② 'TOMATO Festival / 검색창에 토마토 비빔밥을 입력해 보세요!' 문자에 Envelope Distort 기능을 적용
   한다.
③ Brush는 아래를 참고하여 작업한다.
   - Artistic > Artistic_Ink > Calligraphy 1
④ Effect는 아래를 참고하여 작업한다.
   - Illustrator Effects > Stylize > Drop Shadow
⑤ Clipping Mask를 이용하여 디자인을 정리한다.
⑥ 그 외 《출력형태》 참조

참고도안

C10M100Y90K10,
C70Y100, K100,
C0M0Y0K0,
(선) C0M0Y0K0, 2pt,
C70Y100, 3pt

2. 문자 효과

① TOMATO Festival (Times New Roman, Bold, 60pt, Y70)
② 토마토 비빔밥 검색 (굴림, 15pt, K100)
③ 검색창에 토마토 비빔밥을 입력해 보세요! (돋움, 18pt, K100)

출력형태

210 × 297mm
[Mesh] M80Y90, Y80, C20Y10

C0M0Y0K0, M90Y80,
M40Y100, M70Y100, C70Y100,
M70Y80, C10M100Y90K10,
C10M100Y90K10 →
C0M0Y0K0 → C10M100Y90K10

[Blend] 단계 : 17, Opacity 80%,
(선) M50Y100, 5pt → C0M0Y0K0, 1pt

Symbol

[Effect] Drop Shadow

C50Y100,
[Brush] Calligraphy 1,
C50M70Y80K70, 3pt

C50Y10, Opacity 50%, C0M0Y0K0

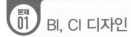 BI, CI 디자인

작업과정	새 도큐먼트 만들기 및 임시 파일 저장하기 ➡ 배경 문양 만들기 ➡ 다기 모양 만들기 ➡ 쟁반 모양 만들고 문자 입력하기 ➡ 저장 및 답안 전송하기
완성 이미지	Part05₩기출 유형 문제 8회₩수험번호-성명-1.ai

01 새 도큐먼트 만들기 및 임시 파일 저장하기

1 [File]-[New]를 선택하고 'Width : 100mm, Height : 80mm, Units : Millimeters, Color Mode : CMYK'를 설정하여 새 도큐먼트를 만들고 [View]-[Rulers]- [Show Rulers](**Ctrl** + **R**)를 선택하여 눈금자를 표시합니다.

2 작업 도큐먼트를 저장하기 위해 [File]-[Save As]를 선택하고 '저장 위치 : 내문서₩GTQ, Format : Adobe Illustrator(*AI), 파일 이름 : 수험번호-성명-문제번호.ai'를 입력하고 [저장]을 클릭한 후 [Illustrator Options] 대화상자에서 'Version : Illustrator CS6'로 설정하고 [OK]를 클릭합니다.

02 배경 문양 만들기

1 Polygon Tool( )로 작업 도큐먼트를 클릭한 후 'Radius : 20mm, Sides : 15'를 지정하여 다각형을 그리고 '면 : C50Y40, 테두리 : 없음'을 지정합니다.

2 [Effect]-[Illustrator Effects]-[Distort & Transform]-[Pucker & Bloat]를 선택하고 -5%를 적용하여 날카롭게 수축된 모양으로 만듭니다.

3 Scale Tool( )을 더블 클릭하여 'Uniform : 80%'를 지정하고 [Copy]를 눌러 복사한 후 '면 : 임의 색상, 테두리 : 없음'을 지정합니다.

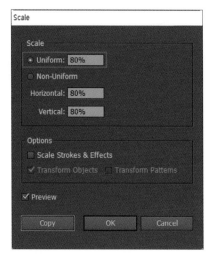
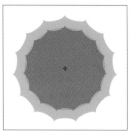

④ Appearance 패널에서 'Pucker & Bloat'를 클릭하여 선택한 후 10%를 적용하여 볼록하게 팽창된 모양으로 만듭니다.

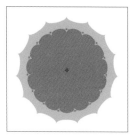

⑤ Polygon Tool(⬡)로 작업 도큐먼트를 클릭한 후 'Radius : 10mm, Sides : 10'을 지정하여 다각형을 그리고 '면 : C0M0Y0K0, 테두리 : 임의 색상'을 지정합니다. [Effect]-[Pucker & Bloat](**Alt** + **Shift** + **Ctrl** + **E**)를 선택하고 30%를 적용합니다.

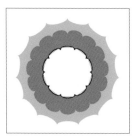
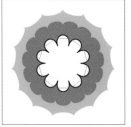

⑥ **Ctrl** + **A** 를 눌러 모두 선택하고 Align 패널에서 'Horizontal Align Center(⊞)'와 'Vertical Align Center(⊡)'를 각각 클릭하여 가운데 정렬을 맞춥니다.

⑦ Selection Tool(▶)로 **Shift** 를 누르고 가장 큰 다각형을 클릭하여 선택을 해제한 후 [Object]-[Transform]-[Move]를 선택하고 'Horizontal : 0mm, Vertical : 2mm'를 지정하여 하단으로 이동하여 배치합니다. **Ctrl** + **A** 를 눌러 모두 선택하고 [Object]-[Expand Appearance]를 선택하여 오브젝트의 속성을 확장합니다.

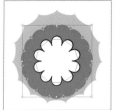
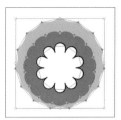
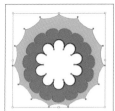

⑧ Selection Tool(▶)로 바깥쪽 2개의 오브젝트를 선택하고 Pathfinder 패널에서 'Minus Front(▣)'를 클릭합니다.

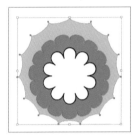

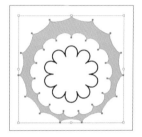

⑨ Selection Tool(▶)로 가운데 오브젝트를 더블 클릭하여 Isolation Mode로 전환한 후에 오브 젝트의 면을 클릭하여 선택합니다. Gradient 패널에서 'Type : Radial'을 적용하고 Gradient Slider의 왼쪽 'Color Stop'을 더블 클릭하여 Y90을, 오른쪽 'Color Stop'을 더블 클릭하여 C0M0Y0K0을 지정하여 적용합니다.

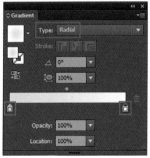

⑩ Selection Tool(▶)로 오브젝트의 테두리를 클릭하여 선택합니다. Stroke 패널에서 'Weight : 1pt, Dashed Line : 체크, dash : 2pt'를 적용하고 '면 : 없음, 테두리 : M30Y80'을 지정한 후 **Esc** 를 눌러 정상 모드로 전환합니다.

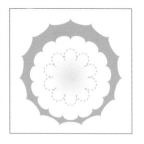

03 다기 모양 만들기

1 Ellipse Tool(●)로 작업 도큐먼트를 클릭한 후 'Width : 30mm, Height : 30mm'를 입력하여 그리고 '면 : 임의 색상, 테두리 : 임의 색상'을 지정합니다. Ellipse Tool(●)로 원의 상단에 클릭한 후 지름이 각각 15mm, 5mm인 2개의 정원을 그립니다.

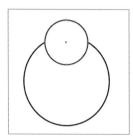
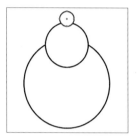

2 Rounded Rectangle Tool(■)로 드래그하여 그림과 같이 하단 2개의 원이 접하는 부분에 겹치도록 그리고 Selection Tool(▶)로 4개의 오브젝트를 선택합니다. Align 패널에서 'Horizontal Align Center(■)'를 클릭하여 가로 가운데 정렬을 지정하고 Pathfinder 패널에서 'Unite(■)'를 클릭합니다.

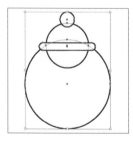

3 Direct Selection Tool(▶)로 다기 모양의 하단 고정점을 클릭하고 위로 이동합니다.

4 Direct Selection Tool(📍)로 다기 모양의 상단 고정점을 클릭하고 위로 이동하여 배치한 후 Convert Anchor Point Tool(📍)로 고정점을 클릭하여 방향선을 삭제합니다.

5 Rectangle Tool(📍)과 Rounded Rectangle Tool(📍)로 그림과 같이 손잡이 모양으로 배치하여 그립니다. Selection Tool(📍)로 사각형과 둥근 사각형을 선택하고 Align 패널에서 'Vertical Align Center(📍)'를 클릭하여 세로 가운데 정렬을 합니다.

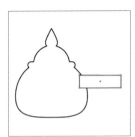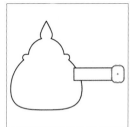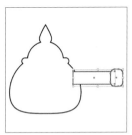

6 손잡이와 다기 모양을 선택하고 Pathfinder 패널에서 'Unite(📍)'를 클릭합니다.

7 Direct Selection Tool(📍)로 손잡이 모양 안쪽 2개의 고정점을 드래그하여 선택하고 왼쪽으로 이동하여 조절합니다.

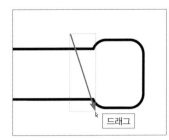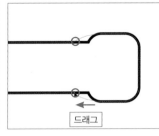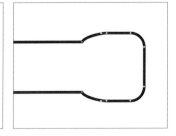

8 Pen Tool(📍)로 클릭하여 다기 모양 왼쪽에 직선의 닫힌 패스를 그린 후 Selection Tool(📍)로 2개의 오브젝트를 선택하고 Pathfinder 패널에서 'Unite(📍)'를 클릭합니다.

9 Gradient 패널에서 'Type : Radial'을 적용하고 Gradient Slider의 왼쪽 'Color Stop'을 더블 클릭하여 C10을, Gradient Slider의 가운데 빈 공간을 클릭하여 'Color Stop'을 추가한 후 더블 클릭하여 C40K20을, 오른쪽 'Color Stop'을 더블 클릭하여 C60Y20K50을 적용하고 '테두리 : 없음'을 지정한 후, Gradient Tool((📍)로 왼쪽 상단에서 오른쪽 하단으로 드래그합니다.

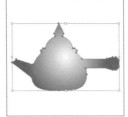

🔟 Pen Tool(✏️)로 다기 하단에 곡선의 열린 패스를 그리고 '면 : 없음, 테두리 : C0M0Y0K0'을 지정합니다. Stroke 패널에서 'Weight : 3pt'를 지정한 후 [Object]-[Path]-[Outline Stroke]을 선택하여 면으로 확장합니다. Delete Anchor Point Tool(✏️)로 그림과 같이 왼쪽과 오른쪽 2개의 고정점에 각각 클릭하여 삭제한 후 끝 부분의 모양을 조정합니다.

1️⃣1️⃣ Selection Tool(▶️)로 선택한 후 Reflect Tool(◀️)로 **Alt**를 누르고 다기의 가운데 부분을 클릭하여 'Axis : Vertical'을 지정한 후 [Copy]를 눌러 복사합니다. Selection Tool(▶️)로 회전시킨 후 '면 : M10Y70, 테두리 : 없음'을 지정합니다.

1️⃣2️⃣ Scale Tool(🔲)을 더블 클릭하고 'Uniform : 50%'를 지정한 후 [Copy]를 눌러 복사합니다. Selection Tool(▶️)로 회전하고 이동합니다.

04 쟁반 모양 만들고 문자 입력하기

1 Rectangle Tool(▢)로 작업 도큐먼트를 클릭한 후 'Width : 55mm, Height : 10mm'를 입력하여 그리고 '면 : C90K90, 테두리 : 없음'을 지정하여 다기 하단에 배치합니다.

2 Direct Selection Tool(▸)로 **Shift** 를 누르면서 사각형 상단의 2개의 고정점을 선택하고 Scale Tool(▦)을 더블 클릭한 후 'Uniform : 120%'를 지정하여 쟁반 모양의 상단을 확대합니다.

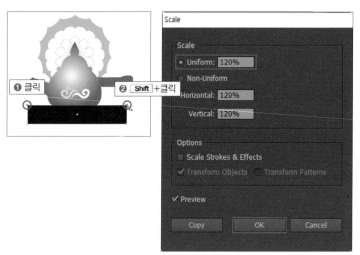

3 Rectangle Tool(▢)로 쟁반 모양의 왼쪽 하단 고정점을 클릭한 후 'Width : 55mm, Height : 4mm'를 입력하여 그리고 '면 : C90K90, 테두리 : 없음'을 지정합니다.

4 Rounded Rectangle Tool(▢)로 드래그하여 쟁반 모양 하단에 그림과 같이 겹치도록 그리고 '면 : 임의 색상, 테두리 : 없음'을 지정한 후 쟁반 모양을 모두 선택합니다. Align 패널에서 'Horizontal Align Center(▦)'를 클릭하여 가로 가운데 정렬을 지정합니다.

5 Selection Tool(▸)로 하단의 사각형과 둥근 사각형을 선택하고 Pathfinder 패널에서 'Minus Front(▣)'를 클릭하여 오목한 부분을 만듭니다.

⑥ Line Segment Tool()로 쟁반 모양의 왼쪽 중간 지점을 클릭한 후 'Length : 55mm, Angle : 0°'를 지정하여 수평선을 그리고 '면 : 없음, 테두리 : M90Y80K10'을 지정합니다. Stroke 패널에서 'Weight : 6pt, Dashed Line : 체크, dash : 2pt'를 입력하여 점선을 그려 배치합니다.

⑦ Type Tool()로 쟁반 상단에 클릭한 후 Character 패널에서 'Set the font family : Times New Roman, Set the font style : Bold Italic, Set the font size : 17pt'를 설정하고 '면 : C0M0Y0K0, 테두리 : 없음'을 지정한 후 TEA Ceremony를 입력합니다.

⑧ Type Tool()로 'TEA' 문자를 드래그하여 선택하고 '면 : C30Y60, 테두리 : 없음'을 지정합니다.

05 저장 및 답안 전송하기

① [View]-[Guides]-[Hide Guides](Ctrl + ;)를 선택하여 안내선을 숨기고 [View]-[Fit Artboard in Window](Ctrl + 0)를 선택하여 현재 창에 맞추기를 한 후 [File]-[Save As]를 선택하고 '저장 위치 : 내문서₩GTQ, Format : Adobe Illustrator(*AI), 파일 이름 : 수험번호-성명-문제번호.ai'를 입력하고 [저장]을 클릭한 후 [Illustrator Options] 대화상자에서 'Version : Illustrator CS6'로 설정하고 [OK]를 클릭합니다.

② 답안 저장이 완료가 되면 [File]-[Close](Ctrl + W)를 선택하여 파일을 닫고 수험 프로그램에서 [답안 전송]을 클릭하여 감독관 컴퓨터로 전송합니다.

문제 02 패키지, 비즈니스 디자인

작업과정	새 도큐먼트 만들기 및 임시 파일 저장하기 ➡ 브러쉬 적용하여 국화꽃 모양 만들고 패턴 등록하기 ➡ 원형 빵 모양 만들고 이펙트 적용하기 ➡ 패키지 만들기 ➡ 문자 입력하고 패턴 적용하기 ➡ 배너 모양 만들기 ➡ 클리핑 마스크 적용하기 ➡ 저장 및 답안 전송하기
완성 이미지	Part05₩기출 유형 문제 8회₩수험번호-성명-2.ai

01 새 도큐먼트 만들기 및 임시 파일 저장하기

1 [File]-[New]를 선택하고 'Width : 160mm, Height : 120mm, Units : Millimeters, Color Mode : CMYK'를 설정하여 새 도큐먼트를 만들고 [View]-[Rulers]-[Show Rulers](**Ctrl** + **R**)를 선택하여 눈금자를 표시합니다.

2 작업 도큐먼트를 저장하기 위해 [File]-[Save As]를 선택하고 '저장 위치 : 내문서₩GTQ, Format : Adobe Illustrator(*AI), 파일 이름 : 수험번호-성명-문제번호.ai'를 입력하고 [저장]을 클릭한 후 [Illustrator Options] 대화상자에서 'Version : Illustrator CS6'로 설정하고 [OK]를 클릭합니다.

02 브러쉬 적용하여 국화꽃 모양 만들고 패턴 등록하기

1 Ellipse Tool(●)로 작업 도큐먼트를 클릭한 후 'Width : 5mm, Height : 15mm'를 입력하여 그리고 '면 : 임의 색상, 테두리 : 없음'을 지정합니다. Convert Anchor Point Tool(▶)로 타원 하단의 고정점을 클릭하여 방향선을 삭제한 후 Direct Selection Tool(▶)로 가운데 2개의 고정점을 선택하고 위로 이동합니다.

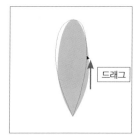

2 Brushes 패널 하단에 'Brush Libraries Menu'를 클릭하고 [Artistic]-[Artistic_Ink]를 선택하여 추가 브러쉬 패널을 불러온 후 'Tapered Stroke'를 선택하고 '면 : 없음, 테두리 : M30Y80'을 지정합니다. Stroke 패널에서 'Weight : 0.25pt'를 지정한 후 Scissors Tool(✂)로 하단의 고정점을 클릭합니다.

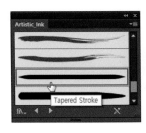  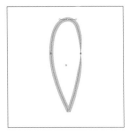 

❸ Selection Tool(🔺)로 꽃잎 모양을 선택한 후 Rotate Tool(🔄)로 **Alt** 를 누르면서 하단 고정점을 클릭하여 'Angle : 45°'를 지정하고 [Copy]를 눌러 복사하고 **Ctrl** + **D** 를 눌러 반복 복사합니다. **Ctrl** + **A** 를 눌러 모두 선택하고 Scale Tool(🔲)을 더블 클릭하여 'Uniform : 120%'를 지정하고 [Copy]를 눌러 복사합니다.

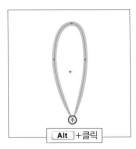   

❹ Rotate Tool(🔄)을 더블 클릭하고 'Angle : 20°'를 지정하고 회전한 후 **Shift** + **Ctrl** + **[** 를 눌러 맨 뒤로 보내기를 하고 '면 : Y90, 테두리 : 없음'을 지정합니다. 왼쪽 꽃잎 모양 1개를 선택하고 Scale Tool(🔲)을 더블 클릭하여 'Uniform : 40%'를 지정하고 [Copy]를 눌러 복사한 후 '면 : M30Y80, 테두리 : 없음'을 지정합니다.

❺ Rotate Tool(🔄))을 꽃 모양의 중심을 클릭하고 **Alt** 를 누르면서 왼쪽 아래로 드래그하여 복사한 후 **Ctrl** + **D** 를 눌러 반복 복사합니다. 축소된 2개의 꽃잎을 선택하여 **Shift** + **Ctrl** + **]** 로 맨 앞으로 가져오기를 합니다.

6 'Tapered Stroke'가 적용된 꽃잎 모양을 모두 선택한 후 [Object]-[Expand Appearance]를 선택하여 오브젝트의 속성을 확장합니다.

7 Pen Tool(✐)로 잎사귀 모양을 그리고 '면 : C30Y80, 테두리 : 없음'을 지정한 후, Selection Tool(▸)로 **Alt**를 누르면서 아래로 드래그하여 복사합니다. Brushes 패널 하단에 'Brush Libraries Menu'를 클릭하고 [Artistic]-[Artistic_ChalkCharcoalPencil]를 선택하여 추가 브러쉬 패널을 불러온 후 'Charcoal - Pencil'을 선택하고 '면 : 없음, 테두리 : C50Y100'을 지정하고 Stroke 패널에서 'Weight : 1pt'를 적용합니다.

  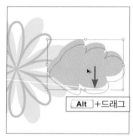 

8 Paintbrush Tool(✐)로 드래그하여 잎의 줄기 모양을 그린 후 잎사귀 모양을 모두 선택하고 **Shift**+**Ctrl**+**[**을 눌러 맨 뒤로 보내기를 합니다.

9 잎사귀를 제외한 꽃 모양을 모두 선택하고 [Object]-[Pattern]-[Make]로 'Name : 국화'를 지정하고 패턴으로 등록하여 Swatches 패널에 저장합니다. 도큐먼트 상단의 'Done'을 클릭하여 정상 모드로 전환합니다.

03 원형 빵 모양 만들고 이펙트 적용하기

1 Ellipse Tool(⬭)로 작업 도큐먼트를 클릭한 후 'Width : 26mm, Height : 26mm'를 입력하여 그리고 '면 : C10M70Y80, 테두리 : M40Y90'을 지정하고 Stroke 패널에서 'Weight : 5pt'를 적용합니다.

2 Ellipse Tool(⬭)로 크기가 다른 2개의 정원과 2개의 타원을 그리고 '면 : M30Y100, C0M0Y0K0, 테두리 : 없음'을 각각 지정하여 배치한 후, 큰 원과 함께 모두 선택하고 Align 패널에서 'Horizontal Align Center(⬒)'를 클릭하여 가로 가운데 정렬을 지정합니다.

③ 2개의 타원을 선택하고 **Ctrl** + **U** 를 눌러 Smart Guides를 활성화시킵니다. Rotate Tool(◯)로 **Alt** 를 누르면서 작은 원의 중심점을 클릭하여 'Angle : 45°'를 지정하고 [Copy]를 눌러 복사한 후, **Ctrl** + **D** 를 눌러 반복 복사합니다.

④ 큰 원을 제외한 나머지 오브젝트를 선택하고 **Ctrl** + **G** 로 그룹을 지정한 후, [Effect]-[Illustrator Effects]-[Stylize]-[Drop Shadow]에서 'Opacity : 75%, X Offset : 1mm, Y Offset : 1mm, Blur : 0.5mm'를 지정하여 그림자 효과를 적용합니다.

04 패키지 만들기

① Rectangle Tool(▣)로 작업 도큐먼트를 클릭한 후 'Width : 30mm, Height : 37mm'를 입력하여 그리고 '면 : Y20, 테두리 : K100'을 지정하고 Stroke 패널에서 'Weight : 1pt'를 적용합니다.

② Ellipse Tool(◯)로 사각형의 상단에 클릭하여 'Width : 30mm, Height : 10mm'를 입력하여 그리고 '면 : C40Y100K40, 테두리 : 없음'을 지정한 후, Convert Anchor Point Tool(◣)로 타원의 왼쪽과 오른쪽 고정점에 각각 클릭합니다.

   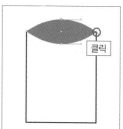

3 Selection Tool()로 양끝이 뾰족해진 타원을 선택하고 **Ctrl** + **C**를 눌러 복사하고 **Ctrl** +
F를 눌러 앞에 붙이기를 한 후 Direct Selection Tool(▶)로 상단의 고정점을 선택하고
Delete를 눌러 삭제한 후 '면 : 없음, 테두리 : K100'을 지정하고 Stroke 패널에서 'Weight :
1pt, Dashed Line : 체크, dash : 3pt'를 입력하여 점선을 배치합니다.

4 Rounded Rectangle Tool(■)로 양끝이 뾰족한 타원과 겹치도록 둥근 사각형을 그린 후 패키
지 모양을 모두 선택하고 Align 패널에서 'Horizontal Align Center(■)'를 클릭하여 가로 가
운데 정렬을 지정합니다.

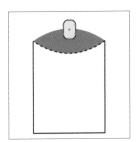

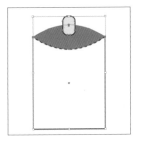

5 양쪽이 뾰족한 타원과 둥근 사각형을 선택하고 Pathfinder 패널에서 'Minus Front(■)'를 클
릭합니다.

6 **Ctrl** + **U**를 눌러 Smart Guides를 활성화시키고 상단의 점선과 함께 선택한 후 Reflect
Tool(■)로 **Alt**를 누르고 사각형의 중심점을 클릭하여 'Axis : Horizontal'을 지정하고
[Copy]를 눌러 복사합니다.

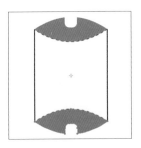

7 Selection Tool(▶)로 국화꽃 모양 전체를 선택한 후 Scale Tool(▣)을 더블 클릭하고 'Uniform : 50%, Scale Strokes & Effects : 체크'를 지정하고 [Copy]를 눌러 축소 복사합니다. Rotate Tool(↻)을 더블 클릭하고 'Angle : −45°'를 지정하여 패키지 위에 배치합니다.

8 Selection Tool(▶)로 국화꽃 모양을 제외한 패키지 모두를 선택한 후 **Alt** 를 누르면서 오른쪽으로 드래그하여 복사하고 2개의 뾰족한 타원을 선택하여 '면 : C30Y90, 테두리 : 없음'을 지정합니다.

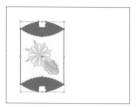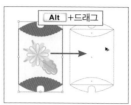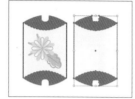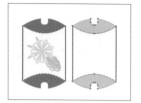

9 원형 빵 모양을 전체를 선택하고 Scale Tool(▣)을 더블 클릭한 후 'Uniform : 60%, Scale Strokes & Effects : 체크'를 지정하고 [Copy]를 눌러 축소 복사합니다. 오른쪽 패키지 위에 배치하고 큰 원을 선택하여 '면 : C80M10Y100'을 지정합니다.

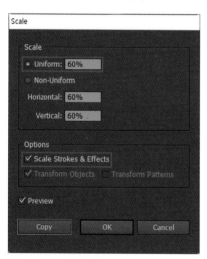

05 문자 입력하고 패턴 적용하기

1 Type Tool(T)로 왼쪽 패키지 하단에 클릭한 후 Character 패널에서 'Set the font family : Times New Roman, Set the font style : Regular, Set the font size : 8pt'를 설정하고 '면 : C0M0Y0K0, 테두리 : 없음'을 지정한 후 NATURE를 입력합니다.

2 Type Tool(T)로 오른쪽 패키지 하단에 클릭한 후 Character 패널에서 'Set the font family : 궁서, Set the font size : 9pt'를 설정하고 '면 : K100, 테두리 : 없음'을 지정한 후 국화꽃빵을 입력합니다.

3 오른쪽 패키지의 가운데 사각형을 선택하고 **Ctrl** + **C** 를 눌러 복사한 후 **Ctrl** + **F** 를 눌러 앞에 붙이기를 하고 Swatches 패널에서 '국화' 패턴을 클릭하여 지정합니다.

4 Scale Tool(📐)을 더블 클릭하고 'Uniform : 15%, Transform Objects : 체크 해제, Transform Patterns : 체크'를 지정하여 패턴의 크기를 축소한 후 Rotate Tool(🔄)을 더블 클릭하고 'Angle : 30°, Transform Objects : 체크 해제, Transform Patterns : 체크'를 지정하여 패턴을 회전시키고 Transparency 패널에서 'Opacity : 60%'를 적용합니다.

06 배너 모양 만들기

1 Rectangle Tool(▭)로 드래그하여 2개의 직사각형과 Rounded Rectangle Tool(▢)로 크기가 다른 3개의 둥근 사각형을 그린 후 '면 : K20, 테두리 : K100'을 적용하고 Stroke 패널에서 'Weight : 1pt'를 지정합니다.

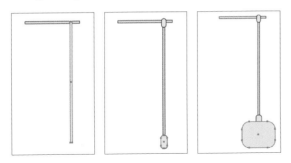

2 Rounded Rectangle Tool(▢)로 2개의 둥근 사각형을 하단 둥근 사각형과 겹치도록 그린 후 상단의 직사각형을 제외한 6개의 오브젝트를 선택하고 Align 패널에서 'Horizontal Align Center(🔲)'를 클릭하여 가로 가운데 정렬을 지정합니다.

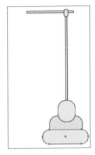  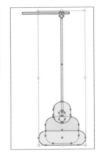

❸ 하단의 2개의 둥근 사각형을 선택하고 Pathfinder 패널에서 'Minus Front(▣)'를 클릭합니다.

❹ 그림과 같이 배너 하단의 2개의 오브젝트를 선택하고 Pathfinder 패널에서 'Divide(▣)'를 클릭한 후 Group Selection Tool(▶⁺)로 불필요한 상단의 오브젝트를 선택하고 **Delete**를 눌러 삭제하고 '면 : K60'을 지정합니다. Rectangle Tool(▢)로 상단 직사각형 아래를 클릭하여 'Width : 25mm, Height : 75mm'를 입력하여 그리고 '면 : 임의 색상, 테두리 : 임의 색상'을 지정합니다.

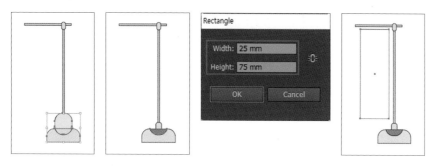

❺ 도큐먼트 상단의 국화꽃 모양을 모두 선택하고 Scale Tool(▣)을 더블 클릭하여 'Uniform : 80%, Scale Strokes & Effects : 체크, Transform Objects : 체크, Transform Patterns : 체크 해제'를 지정한 후 [Copy]를 눌러 복사합니다. Rotate Tool(↻)로 'Angle : 45°'를 회전하고 배너 하단에 배치한 후, 3개의 작은 꽃잎 모양을 선택하고 '면 : M90Y80, 테두리 : 없음'을 지정합니다.

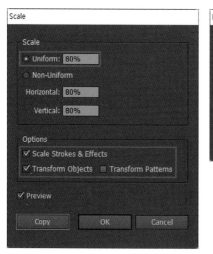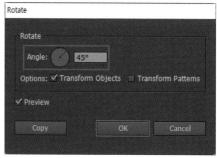

❻ 국화꽃 모양을 모두 선택하고 Rotate Tool(↻)을 더블 클릭하여 'Angle : 180°'를 지정하여 [Copy]를 눌러 복사합니다. Scale Tool(▣)을 더블 클릭하여 'Uniform : 70%'를 적용하고 Transparency 패널에서 'Opacity : 60%'를 지정한 후 배너 상단에 배치합니다.

7 Selection Tool(🔖)로 '국화꽃빵' 문자를 선택하고 **Ctrl** + **C** 를 눌러 복사한 후 **Ctrl** + **V** 를 눌러 배너에 붙여 넣습니다. [Type]-[Type Orientation]-[Vertical]을 선택하여 세로쓰기로 전환한 후 Character 패널에서 'Set the font size : 30pt'를 설정하고 '면 : C40M70Y100K50, 테두리 : 없음'을 지정합니다.

  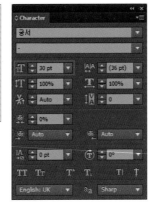 

07 클리핑 마스크 적용하기

1 Selection Tool(🔖)로 사각형을 선택하고 **Shift** + **Ctrl** + **]** 를 눌러 맨 앞으로 가져오기를 한 후 2개의 국화꽃 모양과 문자를 함께 선택하고 [Object]-[Clipping Mask]-[Make]로 마스크를 적용합니다.

 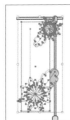 

2 Selection Tool(🔖)로 배너 모양을 더블 클릭하여 Isolation Mode로 전환한 후에 사각형을 선택합니다. Gradient 패널에서 'Type : Linear, Angle : 90°'를 적용하고 Gradient Slider의 왼쪽 'Color Stop'을 더블 클릭하여 C0M0Y0K0을, 오른쪽 'Color Stop'을 더블 클릭하여 C40Y100K10을 적용하고 '테두리 : K100'을 지정하고 Stroke 패널에서 'Weight : 1pt'를 지정한 후 **Esc** 를 누릅니다.

08 저장 및 답안 전송하기

1 [View]-[Guides]-[Hide Guides](**Ctrl**+**;**)를 선택하여 안내선을 숨기고 [View]-[Fit Artboard in Window](**Ctrl**+**0**)를 선택하여 현재 창에 맞추기를 한 후 [File]-[Save As]를 선택하고 '저장 위치 : 내문서₩GTQ, Format : Adobe Illustrator(*AI), 파일 이름 : 수험번호-성명-문제번호.ai'를 입력하고 [저장]을 클릭한 후 [Illustrator Options] 대화상자에서 'Version : Illustrator CS6'로 설정하고 [OK]를 클릭합니다.

2 답안 저장이 완료가 되면 [File]-[Close](**Ctrl**+**W**)를 선택하여 파일을 닫고 수험 프로그램에서 [답안 전송]을 클릭하여 감독관 컴퓨터로 전송합니다.

문제 03 광고 디자인

작업과정	새 도큐먼트 만들기 및 임시 파일 저장하기 ➡ 토마토 캐릭터 만들고 심볼 등록하기 ➡ 메쉬 및 블렌드 효과 ➡ 브러쉬 적용하기 ➡ 비빔밥 그릇 만들기 ➡ 검색 창 만들고 불투명도 적용하기 ➡ 심볼 적용 및 편집하기 ➡ 문자 입력 및 클리핑 마스크 적용하기 ➡ 저장 및 답안 전송하기
완성 이미지	Part05₩기출 유형 문제 8회₩수험번호-성명-3.ai

---

01 새 도큐먼트 만들기 및 임시 파일 저장하기

1 [File]-[New]를 선택하고 'Width : 210mm, Height : 297mm, Units : Millimeters, Color Mode : CMYK'를 설정하여 새 도큐먼트를 만들고 [View]-[Rulers]-[Show Rulers](**Ctrl**+**R**)를 선택하여 눈금자를 표시합니다.

2 작품의 규격 왼쪽 상단에 원점(0,0)을 확인하고 왼쪽과 상단 눈금자 위에서 마우스를 드래그하여 제시된 출력형태와 레이아웃 구성을 동일하게 작업하기 위해서 안내선을 표시합니다.

3 작업 도큐먼트를 저장하기 위해 [File]-[Save As]를 선택하고 '저장 위치 : 내문서₩GTQ, Format : Adobe Illustrator(*AI), 파일 이름 : 수험번호-성명-문제번호.ai'를 입력하고 [저장]을 클릭한 후 [Illustrator Options] 대화상자에서 'Version : Illustrator CS6'로 설정하고 [OK]를 클릭합니다.

---

02 토마토 캐릭터 만들고 심볼 등록하기

1 Ellipse Tool(⬤)로 작업 도큐먼트를 클릭한 후 'Width : 20mm, Height : 20mm'를 입력하여 그리고 '면 : 임의 색상, 테두리 : 임의 색상'을 지정합니다.

② Direct Selection Tool()로 하단과 상단의 고정점을 선택하고 위와 아래로 각각 이동한 후 상단 고정점의 방향점을 **Alt** 를 누르고 그림과 같이 드래그하여 조절합니다.

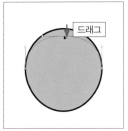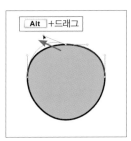

③ [Object]-[Path]-[Offset Path]를 선택하고 'Offset : -2mm'를 지정하여 축소된 복사본을 만듭니다. 하단으로 이동하여 배치한 후 '면 : 없음, 테두리 : C0M0Y0K0'을 지정하고 Stroke 패널에서 'Weight : 2pt'를 지정합니다.

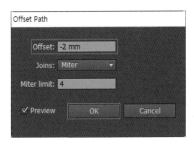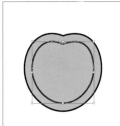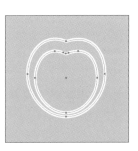

④ Ellipse Tool()로 크기가 다른 2개의 정원을 그리고 '면 : C10M100Y90K10, K100, 테두리 : 없음'을 각각 지정합니다. 2개의 원을 Reflect Tool()로 더블 클릭하여 'Axis : Vertical'을 지정하고 [Copy]를 눌러 오른쪽으로 복사하여 배치합니다. Ellipse Tool()로 입의 위치에 임의 색상의 정원과 타원을 겹치도록 그리고 2개의 원을 선택한 후 Pathfinder 패널에서 'Minus Front()'를 클릭하고 '면 : C0M0Y0K0, 테두리 : 없음'을 지정합니다.

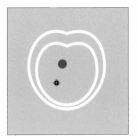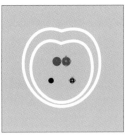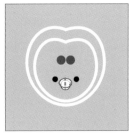

⑤ Pen Tool()로 팔과 다리 모양을 그린 후 '면 : 없음, 테두리 : C0M0Y0K0'을 지정하고 Stroke 패널에서 'Weight : 2pt'를 지정합니다. Reflect Tool()로 'Axis : Vertical'을 지정하고 [Copy]를 눌러 오른쪽으로 복사합니다.

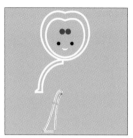  

6 Pen Tool(🖊)로 원피스 모양과 토마토 상단의 오브젝트를 그리고 '면 : C10M100Y90K10, C70Y100, 테두리 : 없음'을 각각 지정하여 배치합니다. Selection Tool(▸)로 토마토 상단 오브젝트를 선택하고 Reflect Tool(🪞)로 **Alt** 를 누르면서 토마토 모양의 가운데를 클릭하여 'Axis : Vertical'을 지정하고 [Copy]를 눌러 복사합니다.

 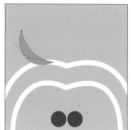 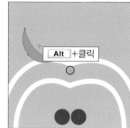 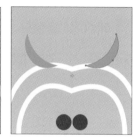

7 2개의 오브젝트를 선택하고 [Object]−[Blend]−[Make]를 적용합니다. [Object]−[Blend]− [Blend Options]를 선택하여 'Specified Steps : 2'를 적용한 후 [Object]−[Blend]−[Expand] 를 선택하여 확장합니다.

8 Arc Tool(◠)로 드래그하여 호를 그린 후 '면 : 없음, 테두리 : C70Y100'을 지정하고 Stroke 패널에서 'Weight : 3pt'를 지정합니다. Ellipse Tool(⬭)로 호의 끝 부분에 정원을 그리고 '면 : C70Y100, 테두리 : 없음'을 적용합니다.

⑨ 토마토 캐릭터 상단의 4개의 오브젝트를 선택하고 Scale Tool(📐)을 더블 클릭하고 'Uniform : 150%'를 지정하고 [Copy]를 눌러 복사한 후 Reflect Tool(🔯)을 더블 클릭하여 'Axis : Horizontal'을 지정하고 캐릭터의 어깨에 배치합니다. 토마토 캐릭터 상단의 오브젝트를 선택하고 **Shift** + **Ctrl** + **[** 로 맨 뒤로 보내기를 합니다.

⑩ Selection Tool(🔺)로 토마토 캐릭터를 선택한 후 Symbols 패널 하단에 'New Symbol'을 클릭하고 'Name : 토마토, Type : Graphic'을 지정하여 심볼로 등록합니다. 토마토 캐릭터는 비빔밥에 들어갈 단면을 편집하기 위해 작업 도큐먼트의 외부에 배치합니다.

03 메쉬 및 블렌드 효과

① Rectangle Tool(■)로 작업 도큐먼트 왼쪽 상단의 원점(0,0)을 클릭한 후 'Width : 210mm, Height : 297mm'를 입력하여 그리고 '면 : M80Y90, 테두리 : 없음'을 지정합니다.

② Mesh Tool(🔳)로 사각형의 상단에 그림과 같이 2번 클릭하여 Y80, C20Y10 색상을 각각 적용하고 방향선을 조절합니다.

③ Pen Tool(✒)로 작업 도큐먼트를 완전히 벗어나는 2개의 곡선을 그리고 상단 곡선은 '면 : 없음, 테두리 : M50Y100'을 지정한 후 Stroke 패널에서 'Weight : 5pt'를 적용하고 하단 곡선은 '면 : 없음, 테두리 : C0M0Y0K0'을 지정한 후 Stroke 패널에서 'Weight : 1pt'를 적용합니다. 2개의 곡선을 선택한 후 [Object]-[Blend]-[Make]를 적용하고 [Object]-[Blend]-[Blend Options]로 'Specified Steps : 17'을 적용한 후 Transparency 패널에서 'Opacity : 80%'를 지정합니다.

 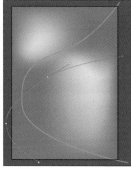 

04 브러쉬 적용하기

1 Brushes 패널 하단에 'Brush Libraries Menu'를 클릭하고 [Artistic]−[Artistic_Ink]를 선택하여 추가 브러쉬 패널을 불러온 후 'Calligraphy 1'을 선택합니다.

2 Ellipse Tool(◉)로 작업 도큐먼트를 클릭한 후 'Width : 140mm, Height : 140mm'를 입력하여 그리고 '면 : C50Y100, 테두리 : C50M70Y80K70'을 지정하고 Stroke 패널에서 'Weight : 3pt'를 적용합니다.

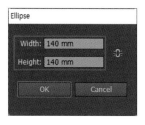 

05 비빔밥 그릇 만들기

1 Ellipse Tool(◉)로 원 위에 클릭한 후 'Width : 110mm, Height : 110mm'를 입력하여 그립니다. 크기가 작은 정원을 중앙에 겹쳐 그리고 '면 : C0M0Y0K0, M90Y80, 테두리 : 없음'을 각각 지정합니다.

2 Pen Tool(✏)과 Ellipse Tool(◉)로 달걀 모양을 그리고 '면 : C0M0Y0K0, M40Y100, 테두리 : 없음'을 각각 지정합니다. Pen Tool(✏)로 달걀 노른자 위에 음영을 그리고 '면 : M70Y100, C0M0Y0K0, 테두리 : 없음'을 각각 지정하고 배치합니다.

③ 토마토의 단면을 만들기 위해 작업 도큐먼트의 외부에 배치된 '토마토' 심볼을 선택한 후 Symbols 패널 하단의 'Break Link to Symbol()'을 클릭하고 [Object]-[Ungroup]을 선택하여 그룹을 해제합니다.

④ 과육과 상단 오브젝트를 제외한 나머지를 모두 선택한 후 **Delete**를 눌러 삭제합니다. 토마토 과육을 선택하고 '면 : 임의 색상, M70Y80, 테두리 : 없음'을 각각 지정합니다.

⑤ Line Segment Tool(╱)로 사선을 그리고 '면 : 없음, 테두리 : 임의 색상'을 지정합니다. Reflect Tool(▨)로 **Alt**를 누르고 토마토 단면의 가운데 부분을 클릭하여 'Axis : Vertical'을 지정한 후 [Copy]를 눌러 복사합니다.

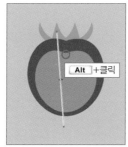

⑥ 토마토의 안쪽 단면과 2개의 선을 선택하고 Pathfinder 패널에서 'Divide(▣)'를 클릭한 후 Group Selection Tool(▨)로 가운데 오브젝트를 선택하고 **Delete**를 눌러 삭제합니다.

⑦ Ellipse Tool(◯)로 크기가 다른 3개의 정원을 그리고 '면 : C10M100Y90K10, 테두리 : 없음'을 지정합니다. Reflect Tool(▨)로 **Alt**를 누르고 토마토 단면의 가운데 부분을 클릭하여 'Axis : Vertical'을 지정하고 [Copy]를 눌러 복사합니다.

⑧ 바깥쪽 토마토 단면을 선택하고 Gradient 패널에서 'Type : Linear, Angle : 90°'를 적용합니다. Gradient Slider의 왼쪽 'Color Stop'을 더블 클릭하여 C10M100Y90K10을, Gradient Slider의 가운데 빈 공간을 클릭하여 'Color Stop'을 추가한 후 더블 클릭하여 C0M0Y0K0을, 오른쪽 'Color Stop'을 더블 클릭하여 C10M100Y90K10을 지정하여 적용합니다.

⑨ 토마토 단면을 모두 선택하고 **Ctrl** + **G** 를 눌러 그룹을 지정합니다. Scale Tool(📐)을 더블 클릭하고 'Uniform : 250%'를 지정하여 확대한 후 Rotate Tool(🔄)을 더블 클릭하고 'Angle : −45°'를 지정하여 회전합니다.

⑩ Scale Tool(📐)을 더블 클릭하여 'Uniform : 70%'를 지정하고 [Copy]를 눌러 복사한 후 Selection Tool(▶)로 조절점 밖에 마우스 커서를 위치하여 회전합니다.

⑪ 그릇 모양의 작은 정원을 선택하고 [Effect]-[Illustrator Effects]-[Stylize]-[Drop Shadow]를 선택한 후 'Opacity : 75%, X Offset : 2mm, Y Offset : 2mm, Blur : 1mm'를 지정하여 그림자 효과를 적용합니다.

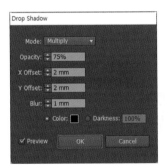
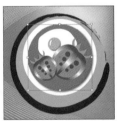

06 검색 창 만들고 불투명도 적용하기

❶ Rectangle Tool(⬛)로 작업 도큐먼트의 오른쪽 하단을 클릭한 후 'Width : 50mm, Height : 14mm'를 입력하여 그리고 Rounded Rectangle Tool(⬜)로 오른쪽에 둥근 사각형을 그립니다. 사각형과 둥근 사각형을 함께 선택하고 '면 : C50Y10, 테두리 : 없음'을 지정한 후 Transparency 패널에서 'Opacity : 50%'를 지정하여 불투명도를 조절합니다.

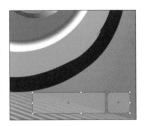

2 사각형을 선택하고 [Object]-[Path]-[Offset Path]에서 'Offset : −2mm'를 지정하여 축소된 복사본을 만든 후 '면 : C0M0Y0K0, 테두리 : 없음'을 지정하고 Transparency 패널에서 'Opacity : 100%'를 지정합니다.

07 심볼 적용 및 편집하기

1 Symbols 패널에서 '토마토' 심볼을 선택하고 Symbol Sprayer Tool(📷)로 작업 도큐먼트를 드래그하여 뿌려줍니다.

2 Symbol Sizer Tool(📷)로 **Alt** 를 누르고 클릭하여 일부 심볼의 크기를 축소하고 Symbol Shifter Tool(📷)로 심볼의 위치를 이동시킵니다. Symbol Stainer Tool(📷)로 Swatches 패널에서 제시된 출력형태와 유사한 색상을 선택하고 일부에 클릭하여 색조의 변화를 적용하고 Symbol Spinner Tool(📷)로 일부를 회전하여 배치합니다.

08 문자 입력 및 클리핑 마스크 적용하기

1 Type Tool(T)로 사각형에 클릭한 후 Character 패널에서 'Set the font family : 굴림, Set the font size : 15pt'를 설정하고 '면 : K100, 테두리 : 없음'을 지정한 후 토마토 비빔밥 검색을 입력합니다.

2 Type Tool(T)로 도큐먼트 상단을 클릭한 후 Character 패널에서 'Set the font family : Times New Roman, Set the font style : Bold, Set the font size : 60pt'를 설정하고 '면 : Y70, 테두리 : 없음'을 지정한 후 TOMATO Festival을 입력합니다.

③ 'TOMATO Festival' 문자를 선택하고 [Object]-[Envelope Distort]-[Make with Warp]를 선택한 후 'Style : Shell Upper, Bend : 20%'를 지정하여 왜곡시킵니다.

④ Type Tool(T)로 클릭한 후 Character 패널에서 'Set the font family : 돋움, Set the font size : 18pt'를 설정하고 '면 : K100, 테두리 : 없음'을 지정한 후 검색창에 토마토 비빔밥을 입력해 보세요!를 입력합니다.

⑤ '검색창에 토마토 비빔밥을 입력해 보세요!' 문자를 선택하고 [Object]-[Envelope Distort]-[Make with Warp]를 선택한 후 'Style : Arc, Bend : -100%'를 지정하여 왜곡시킵니다.

⑥ Rectangle Tool(■)로 작업 도큐먼트 왼쪽 상단의 원점(0,0)을 클릭한 후 'Width : 210mm, Height : 297mm'를 입력하여 그리고 '면 : 임의 색상, 테두리 : 없음'을 지정합니다. **Ctrl** + **A**로 전체 오브젝트를 선택하고 [Object]-[Clipping Mask]-[Make]로 마스크를 적용합니다.

  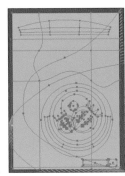 

09 저장 및 답안 전송하기

① [View]-[Guides]-[Hide Guides](**Ctrl** + **;**)를 선택하여 안내선을 숨기고 [View]-[Fit Artboard in Window](**Ctrl** + **0**)를 선택하여 현재 창에 맞추기를 한 후 [File]-[Save As]를 선택하고 '저장 위치 : 내문서₩GTQ, Format : Adobe Illustrator(*AI), 파일 이름 : 수험번호-성명-문제번호.ai'를 입력하고 [저장]을 클릭한 후 [Illustrator Options] 대화상자에서 'Version : Illustrator CS6'로 설정하고 [OK]를 클릭합니다.

② 답안 저장이 완료가 되면 [File]-[Exit](**Ctrl** + **Q**)를 선택하여 일러스트레이터 프로그램을 종료하고 수험 프로그램에서 [답안 전송]을 클릭하여 감독관 컴퓨터로 전송합니다.

급수	버전	문제유형	시험시간	수험번호	성명
1급		A	90분		

수 험 자 유 의 사 항

- 수험자는 문제지를 받는 즉시 응시하고자 하는 과목 및 급수가 맞는지 확인한 후 수험번호와 성명을 작성합니다.
- 파일명은 본인의 "수험번호–성명–문제번호"로 공백 없이 정확히 입력하고 답안폴더(내문서₩GTQ 또는 라이브러리₩문서₩GTQ)에 ai 파일 포맷으로 저장(버전 : Illustrator CS4(영문))해야 하며, 다른 파일 형식과 버전으로 저장하였을 경우 0점 처리됩니다. 답안문서 파일명이 "수험번호–성명–문제번호"와 일치하지 않거나, 답안 파일을 전송하지 않아 미제출로 처리될 경우 불합격 처리됩니다.
- 수험자 정보와 저장한 파일명, 저장 위치가 다를 경우 전송이 되지 않으므로, 주의하시기 바랍니다.
- 답안 작성 중에도 주기적으로 '저장'과 '답안 전송'을 이용하여 감독위원 PC로 답안을 전송하셔야 합니다. (※ 작업한 내용을 저장하지 않고 전송할 경우 이전의 저장내용이 전송되오니 이점 반드시 유념하시기 바랍니다.)
- 답안문서는 지정된 경로 외의 다른 보조기억장치에 저장하는 행위, 지정된 시험 시간 외에 작성된 파일을 활용 한 행위, 기타 통신수단(이메일, 메신저, 네트워크 등)을 이용하여 타인에게 전달 또는 외부 반출하는 행위는 부정으로 간주되어 자격기본법 제32조에 의거 본 시험 및 국가공인 자격시험을 2년간 응시할 수 없습니다.
- 시험 중 부주의 또는 고의로 시스템을 파손한 경우와 〈수험자 유의사항〉에 기재된 방법대로 이행하지 않아 생기는 불이익은 수험자의 책임임을 알려 드립니다
- 시험을 완료한 수험자는 최종적으로 저장한 답안파일이 전송되었는지 확인한 후 감독위원의 지시에 따라 문 제지를 제출하고 퇴실합니다.

답 안 작 성 요 령

- **온라인 답안 작성 절차**
  수험자 등록 ⇒ 시험 시작 ⇒ 답안파일 저장 ⇒ 답안 전송 ⇒ 시험 종료
- 배점은 총 100점으로 이루어지며, 점수는 각 문제별로 차등 배분됩니다.
- 각 문제는 제시된 조건에 맞게 답안을 작성하셔야 하며, 조건을 지키지 못했을 경우에는 0점 또는 감점 처리됩니다.
- 조건에서 주어진 단위는 'mm(밀리미터)'입니다. 눈금자는 작성하지 않으며, 그 외는 출력형태(레이아웃, 색상, 문자, 규격 등)와 같이 작업하십시오.
- 문제 조건에 서체의 지정이 없을 경우 한글은 굴림이나 돋움, 영문은 Arial로 작업하십시오. (단, 그 외 제시되지 않은 문자 속성을 기본값으로 작성하지 않은 경우는 감점 처리됩니다.)
- 문제 조건에 크기와 색상, 두께의 지정이 없을 경우 《출력형태》를 참고하여 작업해 주시기 바랍니다.
- Image Mode(이미지 모드)는 별도의 처리조건이 없을 경우에는 CMYK로 작업하십시오.
- 조건에서 제시한 기능을 임의로 합치거나 각 기능에 대한 속성을 해지할 경우 해당 요소는 0점 처리됩니다.

한 국 생 산 성 본 부

문제 1 BI, CI 디자인

: 무료 동영상 :

25점

다음의 《조건》에 따라 아래의 《출력형태》와 같이 작업하시오.

조건

파일저장규칙	AI	파일명	내문서₩GTQ₩수험번호-성명-1.ai
		크기	100 × 80mm

1. 작업 방법

① 도형, 변형 툴과 Pathfinder 등을 이용하여, 오브젝트를 만든다.

② 그 외《출력형태》 참조

2. 문자 효과

① Lovely Pet Shop (Arial, Regular, 17pt, M100)

출력형태

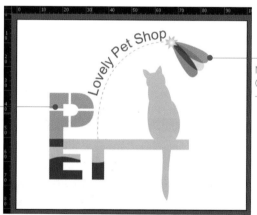

C20M40Y20, C50, C50M100, C20M90Y90K20

M60, C50M50, C90M90, C30, C100M70, C100M10, C0M0Y0K0 → M20Y100, (선) C70, 0.75pt

35점

다음의 《조건》에 따라 아래의 《출력형태》와 같이 작업하시오.

조건

파일저장규칙	AI	파일명	내문서₩GTQ₩수험번호-성명-2.ai
		크기	160 × 120mm

1. 작업 방법
① 쇼핑백은 Pattern 기능을 이용하여 작업한다. (패턴 등록 : 발바닥)
② 사료용 패키지에는 Clipping Mask를 적용한다.
③ Brush는 아래를 참고하여 작업한다.
　- Decorative > Decorative_Scatter > Hearts
④ Effect는 아래를 참고하여 작업한다.
　- Illustrator Effects > Stylize > Drop Shadow
⑤ 그 외《출력형태》참조

2. 문자 효과
① My Puppy (Arial, Regular, 10pt, C50M70Y80K70, K100)
② Organic feed (Times New Roman, Bold, 15pt, K100)

출력형태

C30M100Y80, M20Y70, M60Y90,
C10M10Y40K10

K100, C0M0Y0K0,
C30M40Y60K20

Y80,
C0M0Y0K0, Opacity
70%, [Pattern]

C0M0Y0K0, Opacity
60%

Opacity 70%

[Brush] Hearts, 0.4pt

M50Y60K30, M50Y60K10,
C0M0Y0K0 → M50Y60,
(선) K100, 1pt

C10M10Y40K10, C10M10Y40K30, Y90,
(선) M60Y90, 2pt, K100, 1pt, [Effect] Drop
Shadow

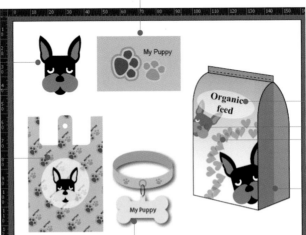

문제 3 **광고 디자인**

: 무료 동영상 : ▶

40점

다음의 《조건》에 따라 아래의 《출력형태》와 같이 작업하시오.

조건

파일저장규칙	AI	파일명	내문서₩GTQ₩수험번호-성명-3.ai
		크기	210 × 297mm

1. 작업 방법

① 강아지는 《참고도안》을 참고하여 직접 제작한 후 Symbol 기능을 활용한다. (심볼 등록 : 강아지)

② 'PET FAIR / 반려동물축제' 문자에 Envelope Distort 기능을 적용한다.

③ Brush는 아래를 참고하여 작업한다.

  – Decorative > Decorative_Banners and Seals > Banner 1

④ Effect는 아래를 참고하여 작업한다.

  – Illustrator Effects 〉 Stylize 〉 Drop Shadow

⑤ Clipping Mask를 이용하여 디자인을 정리한다.

⑥ 그 외 《출력형태》 참조

참고도안

M30Y20, M80Y50,
Y20, C50M100,
(선) K100, 1pt

2. 문자 효과

① PET FAIR (Arial, Bold, 90pt, Y90, M60)

② 반려동물축제 (돋움, 23pt, K100)

③ 09.10~09.15 한마음 Hall (궁서, 27pt, K100)

출력형태

210 × 297mm
[Mesh] C40M90, C10, C70M100K30

[Blend] 단계 : 10,
(선) C0M0Y0K0, 4pt
→ C0M0Y0K0, 0.5pt,
Opacity 50%

[Effect] Drop Shadow

C0M0Y0K0 → C40,
(선) C100Y100, 1pt

C0M0Y0K0, M30Y20, K100, (선)
K100, 1pt, [Brush]
Banner 1, 2pt

Symbol

M40, Opacity 40%

M40, Opacity 60%

BI, CI 디자인

작업과정	새 도큐먼트 만들기 및 임시 파일 저장하기 ➡ 문자 오브젝트 만들고 고양이 모양 만들기 ➡ 고양이 낚싯대 모양 만들기 ➡ 문자 입력하기 ➡ 저장 및 답안 전송하기
완성 이미지	Part05₩기출 유형 문제 9회₩수험번호−성명−1.ai

01 새 도큐먼트 만들기 및 임시 파일 저장하기

1 [File]−[New]를 선택하고 'Width : 100mm, Height : 80mm, Units : Millimeters, Color Mode : CMYK'를 설정하여 새 도큐먼트를 만들고 [View]−[Rulers]−[Show Rulers](**Ctrl** + **R**)를 선택하여 눈금자를 표시합니다.

2 작업 도큐먼트를 저장하기 위해 [File]−[Save As]를 선택하고 '저장 위치 : 내문서₩GTQ, Format : Adobe Illustrator(*AI), 파일 이름 : 수험번호−성명−문제번호.ai'를 입력하고 [저장]을 클릭한 후 [Illustrator Options] 대화상자에서 'Version : Illustrator CS6'로 설정하고 [OK]를 클릭합니다.

02 문자 오브젝트 만들고 고양이 모양 만들기

1 Type Tool(**T**)로 도큐먼트를 클릭한 후 Character 패널에서 'Set the font family : Arial, Set the font style : Black, Set the font size : 90pt'를 설정하고 '면 : C20M40Y20, 테두리 : 없음'을 지정한 후 PET을 입력합니다.

2 Selection Tool( )로 'PET' 문자를 선택하고 [Type]−[Create Outlines](**Shift** + **Ctrl** + **O**) 로 문자를 윤곽선으로 변환합니다.

합격생의 비법

Selection Tool( ) 또는 Direct Selection Tool( ), Group Selection Tool( )로 문자를 선택해야 [Type]−[Create Outlines]가 활성화됩니다.

3 Group Selection Tool( )로 'ET' 모양을 선택하고 '면 : C50, 테두리 : 없음'을 지정합니다. Scale Tool( )을 더블 클릭하고 'Uniform : 75%'를 지정하여 축소합니다.

4 Group Selection Tool()로 'E'와 'T' 모양을 'P' 모양의 하단으로 이동합니다. Direct Selection Tool(▶)로 'P'와 'E' 모양의 세로 8개의 고정점을 드래그하여 선택한 후 [Object]-[Path]-[Average]를 선택하고 'Axis : Vertical'을 지정하여 세로 평균점에 정렬합니다.

5 Rectangle Tool(■)로 드래그하여 직사각형을 그리고 '면 : C50, 테두리 : 없음'을 지정합니다. 'ET' 모양과 함께 선택하여 Pathfinder 패널에서 'Unite(■)'를 클릭합니다.

6 Rectangle Tool(■)로 그림과 같이 2개의 직사각형을 'P' 모양 위에 그린 후 'P' 모양과 2개의 직사각형을 선택하고 Pathfinder 패널에서 'Minus Front(■)'를 클릭합니다.

7 Pen Tool(✎)로 'ET' 모양 위에 곡선의 열린 패스를 그리고 '면 : 없음, 테두리 : 임의 색상'을 지정한 후 Ctrl + A 를 눌러 모두 선택하고 Pathfinder 패널에서 'Divide(■)'를 클릭합니다.

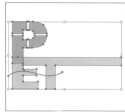

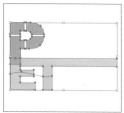

8 Group Selection Tool()로 그림과 같이 분할된 면을 각각 선택하여 '면 : C50M100, C20M90Y90K20, 테두리 : 없음'을 지정하고 'E'와 'T' 모양 사이에 생긴 불필요한 오브젝트는 Delete 를 눌러 삭제합니다.

  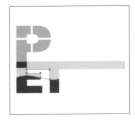 

⑨ Pen Tool(🖊)로 고양이 모양을 그리고 '면 : C50, 테두리 : 없음'을 지정하고 배치합니다.

 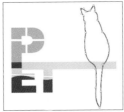 

03 고양이 낚싯대 모양 만들기

① Ellipse Tool(⬭)로 작업 도큐먼트를 클릭한 후 'Width : 17mm, Height : 5mm'를 입력하여 그리고 '면 : 임의 색상, 테두리 : 임의 색상'을 지정합니다.

② Direct Selection Tool(▸)로 타원 중간의 2개의 고정점을 드래그한 후 오른쪽으로 이동합니다.

  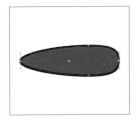

③ Selection Tool(▸)로 선택하고 Rotate Tool(↻)로 [Alt]를 누르고 왼쪽 고정점을 클릭하여 'Angle : −15°'를 지정하고 [Copy]를 눌러 복사한 후 [Ctrl]+[D]를 눌러 반복 복사합니다. Selection Tool(▸)로 3개의 오브젝트를 선택하고 Pathfinder 패널에서 'Divide(▦)'를 클릭합니다.

  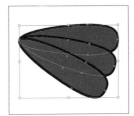 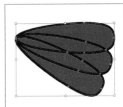

4 Group Selection Tool( )로 분할된 면을 각각 선택하여 '면 : M60, C50M50, C90M90, C30, C100M70, C100M10, 테두리 : 없음'을 지정합니다.

5 Star Tool( )로 오브젝트 왼쪽에 클릭하여 'Radius 1 : 3mm, Radius 2 : 1.5mm, Points : 8'를 지정하여 그리고 Gradient 패널에서 'Type : Radial'을 적용하고 Gradient Slider의 왼쪽 'Color Stop'을 더블 클릭하여 C0M0Y0K0을, 오른쪽 'Color Stop'을 더블 클릭하여 M20Y100을 적용한 후 '테두리 : 없음'을 지정합니다.

  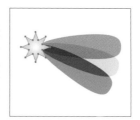

6 별 모양과 3개의 오브젝트를 선택하고 Rotate Tool( )을 더블 클릭하여 'Angle : -25°'를 지정한 후 배치합니다.

7 Pen Tool( )로 그림과 같이 곡선 패스를 그리고 '면 : 없음, 테두리 : C70'을 지정합니다. Stroke 패널에서 'Weight : 0.75pt, Dashed Line : 체크, dash : 3pt'를 입력한 후 [Object]-[Arrange]-[Send to Back](Shift + Ctrl + [ )으로 맨 뒤로 보내기를 합니다.

04 문자 입력하기

1 Selection Tool( )로 곡선 패스를 선택하고 Alt 를 누르면서 왼쪽 상단으로 드래그하여 복사합니다.

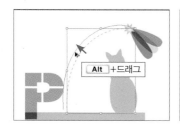 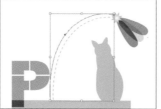

2 Type on a Path Tool(⟍)로 곡선 패스의 왼쪽을 클릭한 후 Character 패널에서 'Set the font family : Arial, Set the font style : Regular, Set the font size : 17pt'를 설정하고 '면 : M100, 테두리 : 없음'을 지정하여 Lovely Pet Shop을 입력합니다.

3 Selection Tool(▶)로 패스 상의 수직선 모양(▶)을 클릭하고 위쪽으로 이동하여 문자의 위치를 조절합니다.

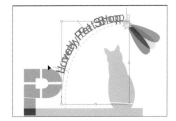 

05 저장 및 답안 전송하기

1 [View]-[Guides]-[Hide Guides](**Ctrl** + **;**)를 선택하여 안내선을 숨기고 [View]-[Fit Artboard in Window](**Ctrl** + **0**)를 선택하여 현재 창에 맞추기를 한 후 [File]-[Save As]를 선택하고 '저장 위치 : 내문서₩GTQ, Format : Adobe Illustrator(*AI), 파일 이름 : 수험번호-성명-문제번호.ai'를 입력하고 [저장]을 클릭한 후 [Illustrator Options] 대화상자에서 'Version : Illustrator CS6'로 설정하고 [OK]를 클릭합니다.

2 답안 저장이 완료가 되면 [File]-[Close](**Ctrl** + **W**)를 선택하여 파일을 닫고 수험 프로그램에서 [답안 전송]을 클릭하여 감독관 컴퓨터로 전송합니다.

문제 02 패키지, 비즈니스 디자인

작업과정	새 도큐먼트 만들기 및 임시 파일 저장하기 ➡ 강아지 모양 만들기 ➡ 발바닥 모양 만들고 패턴 등록하기 ➡ 쇼핑백 만들기 ➡ 패턴 적용하기 ➡ 목걸이 모양 만들고 이펙트 적용하기 ➡ 사료용 패키지 만들기 ➡ 브러쉬 및 클리핑 마스크 적용하기 ➡ 저장 및 답안 전송하기
완성 이미지	Part05₩기출 유형 문제 9회₩수험번호-성명-2.ai

---

01 새 도큐먼트 만들기 및 임시 파일 저장하기

1 [File]-[New]를 선택하고 'Width : 160mm, Height : 120mm, Units : Millimeters, Color Mode : CMYK'를 설정하여 새 도큐먼트를 만들고 [View]-[Rulers]-[Show Rulers](**Ctrl** + **R**)를 선택하여 눈금자를 표시합니다.

2 작업 도큐먼트를 저장하기 위해 [File]-[Save As]를 선택하고 '저장 위치 : 내문서₩GTQ, Format : Adobe Illustrator(*AI), 파일 이름 : 수험번호-성명-문제번호.ai'를 입력하고 [저장]을 클릭한 후 [Illustrator Options] 대화상자에서 'Version : Illustrator CS6'로 설정하고 [OK]를 클릭합니다.

02 강아지 모양 만들기

1 Rectangle Tool(▢)로 작업 도큐먼트를 클릭한 후 'Width : 17mm, Height : 14mm'를 입력하여 그리고 '면 : K100, 테두리 : 없음'을 지정합니다.

2 Ellipse Tool(⬭)로 크기가 다른 2개의 타원을 그리고 '면 : K100, C30M40Y60K20, 테두리 : 없음'을 각각 지정한 후 Direct Selection Tool(▷)로 큰 원의 상단 고정점을 이동하고 방향 선을 조절합니다.

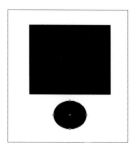 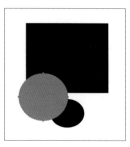 

3 Ellipse Tool(⬭)로 2개의 정원을 그리고 '면 : C0M0Y0K0, 임의 색상, 테두리 : 없음'을 각각 지정하고 배치합니다. Rectangle Tool(▢)로 사각형을 2개의 정원과 상단이 겹치도록 그리고 '면 : 임의 색상, 테두리 : 없음'을 지정한 후 회전시켜 배치합니다.

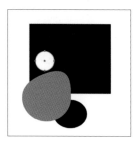   

4 Selection Tool(▷)로 2개의 원과 사각형을 선택하고 Pathfinder 패널에서 'Minus Front(▣)'를 클릭하여 눈 모양을 만듭니다.

5 Pen Tool(✒)로 귀 모양을 그리고 '면 : 임의 색상, 테두리 : 임의 색상'을 지정한 후 [Object] [Path]-[Offset Path]에서 'Offset : -1.5mm'를 지정하여 축소된 복사본을 만듭니다. 축소된 귀 모양을 왼쪽 아래로 이동하고 Direct Selection Tool(▷)로 왼쪽 하단의 고정점의 위치와 방향선을 조절한 후 '면 : K100, C30M40Y60K20, 테두리 : 없음'을 각각 지정합니다.

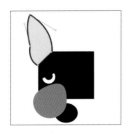  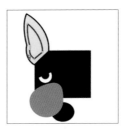 

6 **Ctrl** + **U** 를 눌러 Smart Guides를 활성화시키고 왼쪽 4개의 오브젝트를 선택합니다. Reflect Tool()로 **Alt** 를 누르고 사각형의 중심점을 클릭하여 'Axis : Vertical'을 지정하고 [Copy]를 눌러 복사합니다.

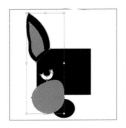  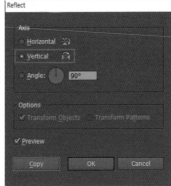 

7 Ellipse Tool()로 코의 위치에 정원을 그리고 Delete Anchor Point Tool()로 하단 고정 점 을 클릭하여 삭제한 후 '면 : K100, 테두리 : 없음'을 지정합니다.

03 발바닥 모양 만들고 패턴 등록하기

1 Pen Tool()로 발바닥 모양을 그리고 '면 : 임의 색상, 테두리 : 임의 색상'을 지정합니다.

2 **Ctrl** + **U** 눌러 Smart Guides를 활성화시키고 왼쪽 오브젝트를 선택합니다. Reflect Tool()로 **Alt** 를 누르고 중앙 상단의 고정점을 클릭하여 'Axis : Vertical'을 지정하고 [Copy]를 눌러 복사한 후 '면 : C30M100Y80, 테두리 : 없음'을 지정하고 배치합니다.

  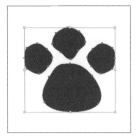

3 4개의 오브젝트를 선택하고 [Object]-[Path]-[Offset Path]에서 'Offset : 1mm'를 지정하여 확대된 복사본을 만든 후 '면 : M20Y70, 테두리 : 없음'을 지정합니다. Pathfinder 패널에서 'Unite(⬛)'를 클릭하여 합치고 **Shift** + **Ctrl** + **[** 를 눌러 맨 뒤로 보내기를 합니다.

4 다시 한 번 [Object]-[Path]-[Offset Path]를 선택한 후 'Offset : 1mm'를 지정하여 확대된 복사본을 만든 후 '면 : M60Y90, 테두리 : 없음'을 지정합니다.

5 가장 바깥쪽의 오브젝트를 제외한 나머지 오브젝트를 선택합니다. Scale Tool(⬚)을 더블 클릭하여 'Uniform : 80%'를 지정하고 [Copy]를 눌러 복사한 후 오른쪽으로 배치합니다. Selection Tool(▶)로 조절점을 드래그하여 회전한 후 안쪽 4개의 발바닥 모양을 선택하고 '면 : M60Y90, 테두리 : 없음'을 지정합니다.

 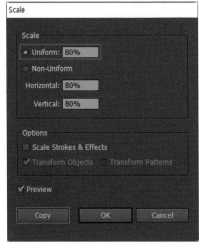 

6 왼쪽의 큰 발바닥 모양을 모두 선택하고 Rotate Tool(⟳)을 더블 클릭하여 'Angle : -80°'를 지정합니다.

7 Rectangle Tool(▭)로 2개의 발바닥 모양이 가려지도록 사각형을 그린 후 '면 : C10M10Y40K10, 테두리 : 없음'을 지정하고 **Shift** + **Ctrl** + **[** 을 눌러 맨 뒤로 보내기를 합니다.

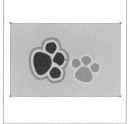

⑧ Type Tool(T)로 사각형 오른쪽 상단에 클릭한 후 Character 패널에서 'Set the font family : Arial, Set the font style : Regular, Set the font size : 10pt'를 설정하고 '면 : K100, 테두리 : 없음'을 지정한 후 My Puppy를 입력하고 'My' 문자는 '면 : C50M70Y80K70'을 지정합니다.

⑨ Selection Tool(▶)로 발바닥 모양과 함께 문자와 사각형을 모두 선택하고 [Object]-[Pattern]-[Make]로 'Name : 발바닥'을 지정하고 패턴으로 등록하여 Swathes 패널에 저장합니다. 도큐먼트 상단의 'Done'을 클릭하여 정상 모드로 전환합니다.

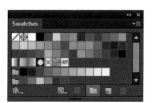

04 쇼핑백 만들기

① Rectangle Tool(■)로 작업 도큐먼트를 클릭한 후 'Width : 42mm, Height : 62mm'를 입력하여 그리고 '면 : 임의 색상, 테두리 : 임의 색상'을 지정합니다.

② Rounded Rectangle Tool(■)로 드래그하여 사각형 상단과 겹치도록 둥근 사각형을 그립니다. 2개의 오브젝트를 선택하고 Align 패널에서 'Horizontal Align Center(♣)'를 클릭하여 가로 가운데 정렬을 지정한 후 Pathfinder 패널에서 'Minus Front(■)'를 클릭합니다.

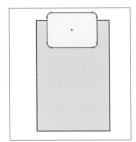   

③ Rounded Rectangle Tool(⬜)로 상단 중앙에 그림과 같이 임의 색상의 둥근 사각형을 그린 후 2개의 오브젝트를 선택하고 Pathfinder 패널에서 'Unite(⬜)'를 클릭합니다.

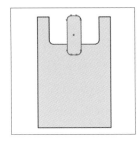 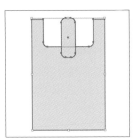  

④ Ellipse Tool(⬤)로 상단 중앙에 정원을 그린 후 2개의 오브젝트를 선택하고 Pathfinder 패널에서 'Minus Front(⬜)'를 클릭합니다.

05 패턴 적용하기

① 쇼핑백 모양을 선택한 후 Swatches 패널에서 '발바닥' 패턴을 클릭하여 적용하고 '테두리 : 없음'을 지정합니다. Scale Tool(⬜)을 더블 클릭하고 'Uniform : 30%, Scale Strokes & Effects : 체크 해제, Transform Objects : 체크 해제, Transform Patterns : 체크'를 지정하여 패턴의 크기를 축소한 후 Rotate Tool(⬜) 더블 클릭하고 'Angle : 45°, Transform Objects : 체크 해제, Transform Patterns : 체크'를 지정하여 패턴을 회전합니다.

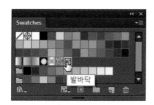

2 Ellipse Tool()로 쇼핑백 중앙에 **Shift** 를 누르면서 정원을 그리고 '면 : C0M0Y0K0, 테두리 : 없음'을 지정한 후 Transparency 패널에서 'Opacity : 70%'를 적용하여 불투명도를 조절합니다.

3 강아지 얼굴 모양을 모두 선택하고 Scale Tool(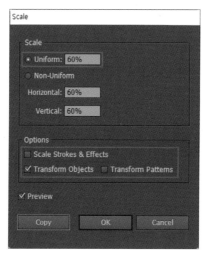)을 더블 클릭하여 'Uniform : 60%, Transform Objects : 체크, Transform Patterns : 체크 해제'를 지정하고 [Copy]를 눌러 복사한 후 **Shift** + **Ctrl** + **]** 를 눌러 정원 위에 배치합니다. 귀와 볼 부분의 오브젝트를 선택한 후 '면 : Y80, 테두리 : 없음'을 지정합니다.

06 목걸이 모양 만들고 이펙트 적용하기

1 Ellipse Tool()로 작업 도큐먼트를 클릭한 후 'Width : 33mm, Height : 15mm'를 입력하여 그리고 '면 : 없음, 테두리 : 임의 색상'을 지정합니다. Selection Tool()로 **Alt** 를 누르고 위로 복사하여 배치합니다.

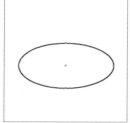

2 Rectangle Tool()로 작업 도큐먼트를 클릭한 후 'Width : 32.9mm, Height : 20mm'를 입력하여 그리고 '면 : 임의 색상, 테두리 : 임의 색상'을 지정합니다.

3 2개의 타원과 사각형을 선택하고 Align 패널에서 'Horizontal Align Center()'를 클릭하여 가로 가운데 정렬을 지정한 후 Pathfinder 패널에서 'Divide()'를 클릭합니다.

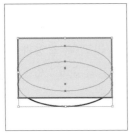

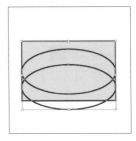

4 Selection Tool()로 오브젝트를 더블 클릭하여 Isolation Mode로 전환한 후에 그림과 같이 불필요한 오브젝트를 선택하고 **Delete** 를 눌러 삭제합니다. 하단 4개의 오브젝트를 선택하고 Pathfinder 패널에서 'Unite()'를 클릭하여 합친 후 '면 : C10M10Y40K10, C10M10Y40K30, 테두리 : 없음'을 각각 지정하고 **Esc** 를 눌러 정상 모드로 전환합니다.

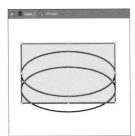

5 Rounded Rectangle Tool()로 목걸이 모양 하단에 사각형을 그린 후, Ellipse Tool()로 정원을 그리고 복사하여 '면 : 임의 색상, 테두리 : 임의 색상'을 지정합니다.

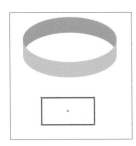
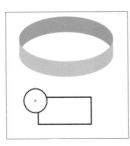
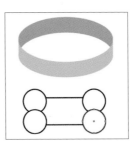

6 Rounded Rectangle Tool()로 사각형의 상단 중앙과 겹치도록 둥근 사각형을 그리고 사각형과 4개의 원과 함께 선택한 후 Pathfinder 패널에서 'Unite()'를 클릭합니다.

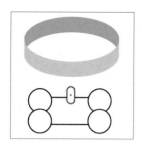 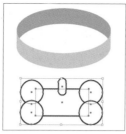  

7 Ellipse Tool(⬤)로 그림과 같은 위치에 정원을 그리고 뼈 모양과 함께 선택하고 Pathfinder 패널에서 'Minus Front(▣)'를 클릭한 후 '면 : Y90, 테두리 : 없음'을 지정합니다.

8 목걸이 모양 중앙에 정원과 타원을 그린 후 '면 : 없음, 테두리 : M60Y90, K100'을 지정하고 Stroke 패널에서 'Weight : 2pt, 1pt'를 각각 지정합니다. Scissors Tool(✂)로 타원의 상단과 하단의 고정점에 각각 클릭하여 패스를 자른 후 왼쪽의 열린 패스를 선택하고 **Ctrl** + **[** 를 2 번 눌러 뒤로 보내기를 합니다.

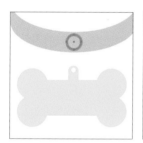   

9 작은 발바닥 모양을 선택하고 Scale Tool(⬚)을 더블 클릭하여 'Uniform : 30%, Transform Objects : 체크'를 지정하고 [Copy]를 눌러 복사한 후 **Shift** + **Ctrl** + **]** 를 누르고 목걸이 위에 배치합니다. Selection Tool(▷)로 **Alt** 를 누르면서 드래그하여 그림과 같이 배치합니다.

 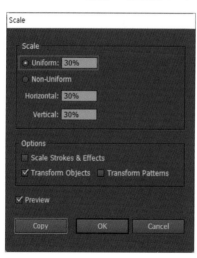 

⑩ 도큐먼트 상단의 'My Puppy' 문자를 선택하고 [Ctrl]+[C]를 눌러 복사한 후 [Ctrl]+[V]를 눌러 붙여 넣기를 하여 뼈 모양 중앙에 배치합니다.

⑪ Selection Tool(▶)로 목걸이 모양을 모두 선택하고 [Ctrl]+[G]를 눌러 그룹을 지정합니다. [Effect]-[Illustrator Effects]-[Stylize]-[Drop Shadow]를 선택하고 'Opacity : 75%, X Offset : 1mm, Y Offset : 1mm, Blur : 1mm'를 지정하여 그림자 효과를 적용합니다.

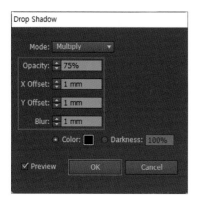 

07 사료용 패키지 만들기

① Pen Tool(✐)로 열린 패스를 그리고 '면 : 없음, 테두리 : 임의 색상'을 지정한 후 Selection Tool(▶)로 선택하고 [Alt]를 누르면서 오른쪽으로 복사합니다. Direct Selection Tool(▶)로 패스의 상단 2개의 고정점을 선택하고 [Object]-[Path]-[Join]([Ctrl]+[J])으로 2개의 고정 점을 연결한 후 하단의 2개의 고정점도 같은 방법으로 연결합니다.

   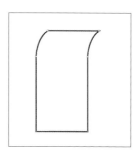

② Selection Tool(▶)로 선택하고 Reflect Tool(◁)을 더블 클릭하여 'Axis : Vertical'을 지정한 후 [Copy]를 눌러 복사합니다. 오른쪽으로 이동하여 상단 고정점이 서로 겹치도록 배치합니다.

③ Rectangle Tool(▭)로 드래그하여 상단에 직사각형을 그리고 3개의 오브젝트를 선택한 후 Pathfinder 패널에서 'Divide(▦)'를 클릭하여 면을 분할합니다.

④ Group Selection Tool()로 왼쪽 2개의 오브젝트를 선택하고 Pathfinder 패널에서 'Unite(🔳)'를 클릭하여 합칩니다. 패키지 모양을 모두 선택하고 Shear Tool(🔁)을 더블 클릭한 후 'Shear Angle : 13°, Axis : Vertical'을 지정하여 기울여 줍니다.

 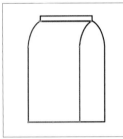 

⑤ Direct Selection Tool(▶)로 오른쪽 하단과 상단의 고정점을 각각 선택하고 이동하여 모양을 조절한 후 [Object]-[Ungroup]을 선택하고 그룹을 해제합니다.

  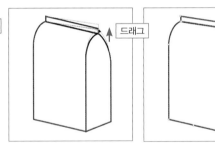

⑥ Rectangle Tool(🔲)로 오른쪽에 위치한 오브젝트와 세로 절반이 겹치도록 임의 색상의 사각형을 그려 배치한 후 패키지의 오른쪽 오브젝트를 선택하고 **Ctrl** + **C** 로 복사한 후 **Ctrl** + **F** 로 앞에 붙여 넣기를 합니다. 복사된 오른쪽 오브젝트를 사각형과 함께 선택하고 Pathfinder 패널에서 'Intersect(🔳)'를 클릭한 후 '면 : M50Y60K30, 테두리 : 없음'을 지정합니다.

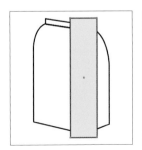   

7 상단 오브젝트와 오른쪽 하단 오브젝트를 선택한 후 '면 : M50Y60K10, 테두리 : K100'을 지정하고 Stroke 패널에서 'Weight : 1pt'를 적용합니다. 도큐먼트 상단의 강아지 모양 전체를 선택하고 **Ctrl** + **C**를 눌러 복사한 후 **Ctrl** + **V**를 눌러 붙여 넣고 회전합니다.

8 Scale Tool( )을 더블 클릭한 후 'Uniform : 60%'를 지정하고 [Copy]를 눌러 복사합니다. 사료용 패키지 왼쪽 상단에 배치하고 회전한 후 Transparency 패널에서 'Opacity : 70%'를 지정하여 불투명도를 조절합니다.

9 Ellipse Tool( )로 드래그하여 패키지 상단에 타원을 그리고 '면 : C0M0Y0K0, 테두리 : 없음'을 지정한 후 Transparency 패널에서 'Opacity : 60%'를 적용하여 불투명도를 조절합니다.

10 Type Tool( )로 패키지 상단을 클릭한 후 Character 패널에서 'Set the font family : Times New Roman, Set the font style : Bold, Set the font size : 15pt'를 설정하고 '면 : K100, 테두리 : 없음'을 지정하여 Organic feed를 입력합니다. Paragraph 패널에서 'Align center'를 선택하여 문장을 가운데 배치합니다.

11 Selection Tool( )로 'Organic feed' 문자와 타원을 선택하고 Rotate Tool( )을 더블 클릭하여 'Angle : −10°'를 지정합니다.

 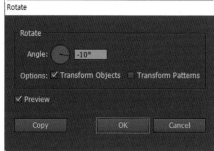 

08 브러쉬 및 클리핑 마스크 적용하기

1 Brushes 패널 하단에 'Brush Libraries Menu'를 클릭하고 [Decorative]-[Decorative_ Scatter]를 선택하여 추가 브러쉬 패널을 불러온 후 'Hearts'를 선택합니다.

2 Paintbrush Tool(✏)로 그림과 같이 왼쪽 하단에서 오른쪽 상단으로 드래그하여 그리고 '면 : 없음, 테두리 : 임의 색상'을 지정한 후 Stroke 패널에서 'Weight : 0.4pt'를 적용합니다.

3 Selection Tool(▶)로 패키지의 앞면 오브젝트를 선택하고 **Shift**+**Ctrl**+**]**로 맨 앞으로 가져오기를 합니다. Selection Tool(▶)로 겹쳐진 오브젝트를 모두 선택하고 [Object]- [Clipping Mask]-[Make]로 마스크를 적용합니다.

4 Selection Tool(▶)로 마스크가 적용된 오브젝트를 더블 클릭하여 Isolation Mode로 전환한 후에 투명해진 오브젝트를 선택하고 Gradient 패널에서 'Type : Linear, Angle : 90°'를 적용합니다. Gradient Slider의 왼쪽 'Color Stop'을 더블 클릭하여 C0M0Y0K0을, 오른쪽 'Color Stop'을 더블 클릭하여 M50Y60을 적용하고 '테두리 : K100'을 지정하고 Stroke 패널에서 'Weight : 1pt'를 지정합니다.

5 **Esc**를 눌러 정상 모드로 전환한 후 Line Segment Tool(╱)로 패키지 상단에 드래그하여 선을 그리고 '면 : 없음, 테두리 : K100'을 지정하고 Stroke 패널에서 'Weight : 1pt, Dashed Line : 체크, dash : 3pt'를 입력합니다. 패키지 오른쪽 하단 뒷면에 배치된 오브젝트를 선택하고 **Ctrl**+**C**를 눌러 복사한 후 **Ctrl**+**F**를 눌러 앞에 붙여 넣습니다. **Shift**+**Ctrl**+**]**를 눌러 맨 앞으로 가져오기를 한 후 '면 : 없음, 테두리 : K100'을 지정하고 Stroke 패널에서 'Weight : 1pt'를 적용합니다.

09 저장 및 답안 전송하기

1 [View]-[Guides]-[Hide Guides](**Ctrl** + **;**)를 선택하여 안내선을 숨기고 [View]-[Fit Artboard in Window](**Ctrl** + **0**)를 선택하여 현재 창에 맞추기를 한 후 [File]-[Save As] 를 선택하고 '저장 위치 : 내문서₩GTQ, Format : Adobe Illustrator(*AI), 파일 이름 : 수험 번호-성명-문제번호.ai'를 입력하고 [저장]을 클릭한 후 [Illustrator Options] 대화상자에서 'Version : Illustrator CS6'로 설정하고 [OK]를 클릭합니다.

2 답안 저장이 완료가 되면 [File]-[Close](**Ctrl** + **W**)를 선택하여 파일을 닫고 수험 프로그램 에서 [답안 전송]을 클릭하여 감독관 컴퓨터로 전송합니다.

문제 03 광고 디자인

작업과정	새 도큐먼트 만들기 및 임시 파일 저장하기 ➡ 강아지 모양 만들고 심볼 등록하기 ➡ 메쉬 및 블렌드 효과 ➡ 고양이 모양 만들고 불투명도 적용하기 ➡ 토끼 모양 만들고 브러쉬 적용하기 ➡ 문자 입력 및 왜곡하기 ➡ 심볼 적용 및 클리핑 마스크 적용하기 ➡ 저장 및 답안 전송하기
완성 이미지	Part05₩기출 유형 문제 9회₩수험번호-성명-3.ai

01 새 도큐먼트 만들기 및 임시 파일 저장하기

1 [File]-[New]를 선택하고 'Width : 210mm, Height : 297mm, Units : Millimeters, Color Mode : CMYK'를 설정하여 새 도큐먼트를 만들고 [View]-[Rulers]-[Show Rulers](**Ctrl** + **R**)를 선택하여 눈금자를 표시합니다.

2 작품의 규격 왼쪽 상단에 원점(0,0)을 확인하고 왼쪽과 상단 눈금자 위에서 마우스를 드래그하여 제시된 출력형태와 레이아웃 구성을 동일하게 작업하기 위해서 안내선을 표시합니다.

3 작업 도큐먼트를 저장하기 위해 [File]-[Save As]를 선택하고 '저장 위치 : 내문서₩GTQ, Format : Adobe Illustrator(*AI), 파일 이름 : 수험번호-성명-문제번호.ai'를 입력하고 [저장]을 클릭한 후 [Illustrator Options] 대화상자에서 'Version : Illustrator CS6'로 설정하고 [OK]를 클릭합니다.

02 강아지 모양 만들고 심볼 등록하기

1 Ellipse Tool(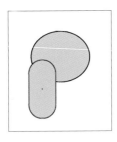)로 작업 도큐먼트를 클릭한 후 'Width : 24mm, Height : 20mm'를 입력하여 그린 후 '면 : M30Y20, 테두리 : K100'을 지정하고 Stroke 패널에서 'Weight : 1pt'를 적용합니다.

2 Rounded Rectangle Tool(■)로 둥근 사각형을 그리고 Rotate Tool(○)을 더블 클릭하여 'Angle : −12°'를 지정하고 [Copy]를 눌러 복사합니다. **Ctrl** + **A**를 눌러 모두 선택하고 Pathfinder 패널에서 'Unite(■)'를 클릭하여 합칩니다.

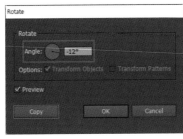

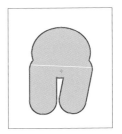

3 Pen Tool(✒)로 그림과 같이 얼굴과 입 모양을 그린 후 '면 : M30Y20, 테두리 : K100'을 지정하고 Stroke 패널에서 'Weight : 1pt'를 지정합니다. Rounded Rectangle Tool(■)로 입 모양 중앙에 둥근 사각형을 그리고 '면 : M80Y50, 테두리 : 없음'을 지정합니다.

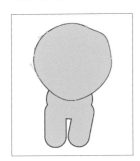
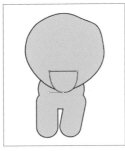
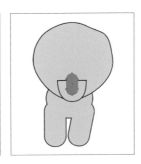

4 Pen Tool(✒)로 그림과 같이 그린 후 '면 : Y20, 테두리 : K100'을 지정하고 Stroke 패널에서 'Weight : 1pt'를 지정합니다. Ellipse Tool(○)로 눈과 코의 위치에 크기가 다른 정원을 그리고 '면 : C50M100, 테두리 : 없음'을 지정합니다.

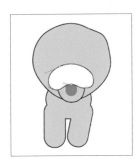

⑤ **Ctrl** + **A** 를 눌러 모두 선택하고 Symbols 패널 하단에 'New Symbol'을 클릭하고 'Name : 강아지, Type : Graphic'을 지정하여 심볼로 등록한 후 강아지 모양은 **Delete** 를 눌러 삭제합니다.

03 메쉬 및 블렌드 효과

① Rectangle Tool(▣)로 작업 도큐먼트 왼쪽 상단의 원점(0,0)을 클릭한 후 'Width : 210mm, Height : 297mm'를 입력하여 그리고 '면 : C40M90, 테두리 : 없음'을 지정합니다.

② Mesh Tool(圝)로 사각형 상단의 왼쪽과 오른쪽에 각각 클릭하고 C10, C70M100K30 색상을 적용한 후 방향선을 조절합니다.

③ Ellipse Tool(⬭)로 상단에 2개의 타원을 그리고 작은 타원은 '면 : 없음, 테두리 : C0M0Y0K0'을 지정한 후 Stroke 패널에서 'Weight : 4pt'를 적용하고 큰 타원은 '면 : 없음, 테두리 : C0M0Y0K0'을 지정한 후 Stroke 패널에서 'Weight : 0.5pt'를 적용하고 Transparency 패널에서 'Opacity : 50%'를 적용합니다.

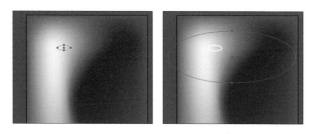

④ 2개의 타원을 선택한 후 [Object]-[Blend]-[Make]를 적용하고 [Object]-[Blend]-[Blend Options]로 'Specified Steps : 10'을 적용합니다.

04 고양이 모양 만들고 불투명도 적용하기

1 Pen Tool(✏)로 드래그하여 고양이 모양을 그리고 '면 : M40, 테두리 : 없음'을 지정한 후 도큐먼트의 왼쪽 하단에 크기를 조절하여 배치하고 Transparency 패널에서 'Opacity : 60%'를 지정하여 불투명도를 조절합니다.

2 Scale Tool(▣)을 더블 클릭하여 'Uniform : 300%'를 지정하고 [Copy]를 눌러 확대 복사하고 오른쪽으로 이동하여 배치한 후 Transparency 패널에서 'Opacity : 40%'를 지정하여 불투명도를 조절합니다.

4 Scale Tool(▣)을 더블 클릭하여 'Uniform : 70%'를 지정하고 [Copy]를 눌러 축소 복사합니다. Reflect Tool(◪)을 더블 클릭하여 'Axis : Vertical'을 지정한 후 그림과 같이 겹치도록 배치합니다.

05 토끼 모양 만들고 브러쉬 적용하기

1 Ellipse Tool(◯)로 그림과 같이 3개의 원을 그리고 '면 : C0M0Y0K0, 테두리 : K100'을 지정한 후 Stroke 패널에서 'Weight : 1pt'를 지정하여 배치합니다. Convert Anchor Point Tool(◣)로 타원의 상단 고정점을 클릭하여 귀 모양을 만듭니다.

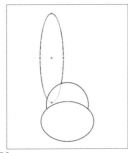 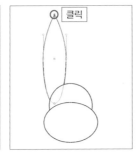

2 Selection Tool(🔺)로 귀 모양을 선택하고 Rotate Tool(🔄)을 더블 클릭하여 'Angle : 20°'를 지정하여 회전합니다. Scale Tool(📐)을 더블 클릭하여 'Uniform : 70%'를 지정하고 [Copy]를 눌러 축소 복사한 후 '면 : M30Y20'을 지정합니다.

3 가운데 상단의 원을 선택하고 **Ctrl** + **C**를 눌러 복사한 후 **Ctrl** + **F**를 눌러 앞에 붙여 넣기를 합니다. 축소된 귀 모양과 함께 선택하고 Pathfinder 패널에서 'Minus Front(🔲)'를 클릭합니다.

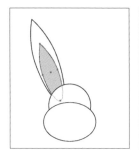 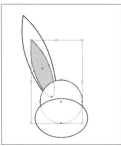  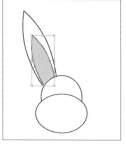

4 Ellipse Tool(⬭)로 눈의 위치에 정원을 그리고 '면 : C0M0Y0K0, 테두리 : K100'을 지정한 후 Stroke 패널에서 'Weight : 1pt'를 지정합니다. Delete Anchor Point Tool(🖊)로 하단 고정점을 클릭하여 삭제합니다.

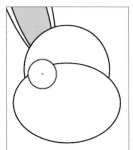 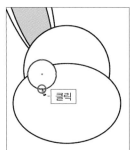 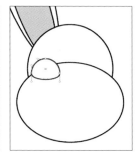

5 Selection Tool(🔺)로 눈 모양을 선택하고 Scale Tool(📐)을 더블 클릭하여 'Uniform : 70%'를 지정하고 [Copy]를 눌러 복사한 후 '면 : K100, 테두리 : 없음'을 적용합니다.

6 Ellipse Tool(⬭)로 눈과 코의 위치에 크기가 다른 2개의 원을 그리고 '면 : C0M0Y0K0, K100, 테두리 : 없음'을 각각 지정합니다. Convert Anchor Point Tool(🖊)로 코의 하단 고정점을 클릭하고 Direct Selection Tool(🔺)로 상단 고정점을 아래로 이동하여 조절합니다.

  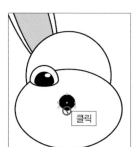 

7 Arc Tool()로 2개의 호를 그린 후 '면 : 없음, 테두리 : K100'을 지정하고 Stroke 패널에서 'Weight : 1pt'를 적용합니다. 수염 모양의 호를 선택하고 Rotate Tool()로 호의 오른쪽을 클릭한 후 **Alt** 를 누르고 아래로 드래그하여 복사하고 **Ctrl** + **D** 를 눌러 반복 복사합니다.

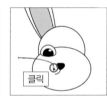

8 Ellipse Tool(⬤)로 왼쪽 수염 모양 위에 타원을 그리고 '면 : C0M0Y0K0, 테두리 : K100'을 지정한 후 Selection Tool(▶)로 조절점 밖에 마우스 커서를 위치하여 회전시켜 배치합니다.

9 **Ctrl** + **U** 를 눌러 Smart Guides를 활성화시키고 코 모양과 가운데 2개의 원을 제외한 모두를 선택합니다. Reflect Tool(◁)로 **Alt** 를 토끼 모양의 가운데를 클릭하여 'Axis : Vertical'을 지정하고 [Copy]를 눌러 복사합니다.

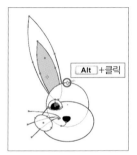

10 가운데 2개의 원과 바깥쪽의 2개의 큰 귀 모양을 선택하고 Pathfinder 패널에서 'Unite(◱)'를 클릭하여 합친 후 **Shift** + **Ctrl** + **[** 를 눌러 맨 뒤로 보내기를 합니다.

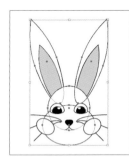

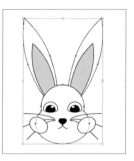

11 합쳐진 토끼 얼굴과 2개의 작은 귀와 발 모양의 타원을 선택하고 Brushes 패널 하단에 'Brush Libraries Menu'를 클릭하고 [Artistic]−[Artistic_Ink]를 선택하여 추가 브러쉬 패널을 불러온 후 'Tapered Stroke'를 선택합니다. Stroke 패널에서 'Weight : 0.25pt'를 지정하고 [Object]− [Expand Appearance]를 선택하여 오브젝트의 속성을 확장합니다.

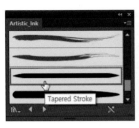   

12 Brushes 패널 하단에 'Brush Libraries Menu'를 클릭하고 [Decorative]−[Decorative_ Banners and Seals]를 선택하여 추가 브러쉬 패널을 불러온 후 'Banner 1'을 선택합니다.

13 Line Segment Tool(⟋)로 오른쪽에서 왼쪽으로 **Shift**를 누르면서 드래그하여 수평선을 그리고 Stroke 패널에서 'Weight : 2pt'를 적용합니다. 2개의 발 모양 타원을 선택하고 **Shift** + **Ctrl** + **]**를 눌러 맨 앞으로 가져오기를 합니다.

06 문자 입력 및 왜곡하기

1 Type Tool(**T**)로 리본 모양 배너에 클릭한 후 Character 패널에서 'Set the font family : 돋움, Set the font size : 23pt'를 설정하고 '면 : K100, 테두리 : 없음'을 지정한 후 반려동물축제를 입력합니다.

2 '반려동물축제'문자를 선택하고 [Object]−[Envelope Distort]−[Make with Warp]를 선택한 후 'Style : Arc, Bend : −40%'를 지정하여 문자를 왜곡시킵니다.

③ Ellipse Tool()과 Pen Tool(✎)로 말풍선 모양을 그리고 2개의 오브젝트를 Pathfinder 패널에서 'Unite(⬚)'를 클릭하여 합칩니다. Gradient 패널에서 'Type : Linear, Angle : 90'를 적용하고 Gradient Slider의 왼쪽 'Color Stop'을 더블 클릭하여 C0M0Y0K0을, 오른쪽 'Color Stop'을 더블 클릭하여 C40을 적용하고 '테두리 : 없음'을 지정합니다.

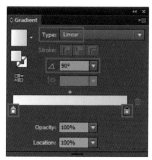
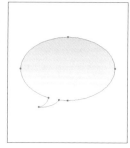

④ [Object]-[Path]-[Offset Path]를 선택하고 'Offset : −2mm'를 지정하여 축소된 복사본을 만든 후 '면 : 없음, 테두리 : C100Y100'을 지정합니다. Stroke 패널에서 'Weight : 1pt, Dashed Line : 체크, dash : 5pt'를 입력합니다.

⑤ Type Tool(T)로 말풍선을 클릭한 후 Character 패널에서 'Set the font family : 궁서, Set the font size : 27pt'를 설정하고 '면 : K100, 테두리 : 없음'을 지정한 후 09.10~09.15 한마음 Hall을 입력하고 Paragraph 패널에서 'Align center'를 클릭합니다.

⑥ '09.10~09.15 한마음 Hall' 문자와 2개의 말풍선 모양을 선택하고 Rotate Tool(⟲)을 더블 클릭하여 'Angle : −15˚'를 지정합니다.

⑦ Type Tool(T)로 작업 도큐먼트 상단을 클릭한 후 Character 패널에서 'Set the font family : Arial, Set the font style : Bold, Set the font size : 90pt'를 설정하고 PET FAIR를 입력한 후 '면 : Y90, M60, 테두리 : 없음'을 각각 지정합니다.

⑧ 'PET FAIR' 문자를 선택하고 [Object]-[Envelope Distort]-[Make with Warp]를 선택한 후 'Style : Flag, Bend : 50%, Horizontal : −20%'를 지정하여 문자를 왜곡시킵니다.

⑨ 'PET FAIR' 문자를 선택하고 [Effect]-[Illustrator Effects]-[Stylize]-[Drop Shadow]에서 'Opacity : 75%, X Offset : 2.47mm, Y Offset : 2.47mm, Blur : 1.76mm'를 지정하여 그림자 효과를 적용합니다.

07 심볼 적용 및 클리핑 마스크 적용하기

1 Symbols 패널에서 '강아지' 심볼을 선택하고 Symbol Sprayer Tool(아이콘)로 작업 도큐먼트를 드래그하여 뿌려줍니다.

2 Symbol Sizer Tool(아이콘)로 **Alt** 를 누르면서 클릭하여 일부 심볼의 크기를 축소하고 Symbol Spinner Tool(아이콘)로 일부를 회전합니다. Symbol Shifter Tool(아이콘)로 심볼의 위치를 이동하고 Symbol Stainer Tool(아이콘)로 Swatches 패널에서 제시된 출력형태와 유사한 색상을 선택한 후 일부에 클릭하여 색조의 변화를 적용합니다.

3 Rectangle Tool(아이콘)로 작업 도큐먼트 왼쪽 상단의 원점(0,0)을 클릭한 후 'Width : 210mm, Height : 297mm'를 입력하여 그리고 '면 : 임의 색상, 테두리 : 없음'을 지정합니다. **Ctrl** + **A** 로 전체 오브젝트를 선택하고 [Object]-[Clipping Mask]-[Make]로 마스크를 적용합니다.

08 저장 및 답안 전송하기

1 [View]-[Guides]-[Hide Guides](**Ctrl** + **;**)를 선택하여 안내선을 숨기고 [View]-[Fit Artboard in Window](**Ctrl** + **0**)를 선택하여 현재 창에 맞추기를 한 후 [File]-[Save As]를 선택하고 '저장 위치 : 내문서₩GTQ, Format : Adobe Illustrator(*AI), 파일 이름 : 수험 번호-성명-문제번호.ai'를 입력하고 [저장]을 클릭한 후 [Illustrator Options] 대화상자에서 'Version : Illustrator CS6'로 설정하고 [OK]를 클릭합니다.

2 답안 저장이 완료가 되면 [File]-[Exit](**Ctrl** + **Q**)를 선택하여 일러스트레이터 프로그램을 종료하고 수험 프로그램에서 [답안 전송]을 클릭하여 감독관 컴퓨터로 전송합니다.

급수	버전	문제유형	시험시간	수험번호	성명
1급		A	90분		

수 험 자 유 의 사 항

- 수험자는 문제지를 받는 즉시 응시하고자 하는 과목 및 급수가 맞는지 확인한 후 수험번호와 성명을 작성합니다.
- 파일명은 본인의 "수험번호−성명−문제번호"로 공백 없이 정확히 입력하고 답안폴더(내문서₩GTQ 또는 라이브러리₩문서₩GTQ)에 ai 파일 포맷으로 저장(버전 : lllustrator CS4(영문))해야 하며, 다른 파일 형식과 버전으로 저장하였을 경우 0점 처리됩니다. 답안문서 파일명이 "수험번호−성명−문제번호"와 일치하지 않거나, 답안 파일을 전송하지 않아 미제출로 처리될 경우 불합격 처리됩니다.
- 수험자 정보와 저장한 파일명, 저장 위치가 다를 경우 전송이 되지 않으므로, 주의하시기 바랍니다.
- 답안 작성 중에도 주기적으로 '저장'과 '답안 전송'을 이용하여 감독위원 PC로 답안을 전송하셔야 합니다. (※ 작업한 내용을 저장하지 않고 전송할 경우 이전의 저장내용이 전송되오니 이점 반드시 유념하시기 바랍니다.)
- 답안문서는 지정된 경로 외의 다른 보조기억장치에 저장하는 행위, 지정된 시험 시간 외에 작성된 파일을 활용한 행위, 기타 통신수단(이메일, 메신저, 네트워크 등)을 이용하여 타인에게 전달 또는 외부 반출하는 행위는 부정으로 간주되어 자격기본법 제32조에 의거 본 시험 및 국가공인 자격시험을 2년간 응시할 수 없습니다.
- 시험 중 부주의 또는 고의로 시스템을 파손한 경우와 〈수험자 유의사항〉에 기재된 방법대로 이행하지 않아 생기는 불이익은 수험자의 책임임을 알려 드립니다
- 시험을 완료한 수험자는 최종적으로 저장한 답안파일이 전송되었는지 확인한 후 감독위원의 지시에 따라 문 제지를 제출하고 퇴실합니다.

답 안 작 성 요 령

- **온라인 답안 작성 절차**
  수험자 등록 ⇒ 시험 시작 ⇒ 답안파일 저장 ⇒ 답안 전송 ⇒ 시험 종료
- 배점은 총 100점으로 이루어지며, 점수는 각 문제별로 차등 배분됩니다.
- 각 문제는 제시된 조건에 맞게 답안을 작성하셔야 하며, 조건을 지키지 못했을 경우에는 0점 또는 감점 처리됩니다.
- 조건에서 주어진 단위는 'mm(밀리미터)'입니다. 눈금자는 작성하지 않으며, 그 외는 출력형태(레이아웃, 색상, 문자, 규격 등)와 같이 작업하십시오.
- 문제 조건에 서체의 지정이 없을 경우 한글은 굴림이나 돋움, 영문은 Arial로 작업하십시오. (단, 그 외 제시되지 않은 문자 속성을 기본값으로 작성하지 않은 경우는 감점 처리됩니다.)
- 문제 조건에 크기와 색상, 두께의 지정이 없을 경우 《출력형태》를 참고하여 작업해 주시기 바랍니다.
- Image Mode(이미지 모드)는 별도의 처리조건이 없을 경우에는 CMYK로 작업하십시오.
- 조건에서 제시한 기능을 임의로 합치거나 각 기능에 대한 속성을 해지할 경우 해당 요소는 0점 처리됩니다.

한 국 생 산 성 본 부

문제 1 BI, CI 디자인

: 무료 동영상 : ▶

25점

다음의 《조건》에 따라 아래의 《출력형태》와 같이 작업하시오.

조건

파일저장규칙	AI	파일명	내문서₩GTQ₩수험번호-성명-1.ai
		크기	100 × 80mm

1. 작업 방법
① 도형, 변형 툴과 Pathfinder 등을 이용하여, 오브젝트를 만든다.
② 그 외 《출력형태》 참조

2. 문자 효과
① SKI JUMP (Arial, Bold Italic, 15pt, 20pt, K100)

출력형태

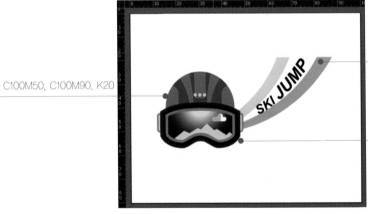

C100M50, C100M90, K20

C40, C100

C100M100K50, K100,
M80Y90, Y80 → M80Y100
→ C30M100Y10K80, C20Y50, K30,
C0M0Y0K0, C10Y90,
(선) K60, 2pt

문제 2 패키지, 비즈니스 디자인

: 무료 동영상 : ▶

35점

다음의 《조건》에 따라 아래의 《출력형태》와 같이 작업하시오.

조건

파일저장규칙	AI	파일명	내문서₩GTQ₩수험번호-성명-2.ai
		크기	160 × 120mm

1. 작업 방법

① 헬멧은 Pattern 기능을 이용하여 작업한다. (패턴 등록 : 눈)
② 보드는 Clipping Mask를 적용한다.
③ Brush는 아래를 참고하여 작업한다.
  – Artistic > Artistic_ChalkCharcoalPencil > Charcoal – Pencil
④ Effect는 아래를 참고하여 작업한다.
  – Illustrator Effects > Stylize > Drop Shadow
⑤ 그 외《출력형태》참조

2. 문자 효과

① EXTREME SPORTS (Arial, Bold, 9pt, 11pt, K100, C100M100Y20K20)
② SNOWBOARDING (Arial, Bold Italic, 27pt, K100)

출력형태

C80M80K90

K20, C0M0Y0K0

C90K50, K90, C0M0Y0K0, C90M30Y20 → C20,
(선) K90, 3pt, 1pt,
[Pattern] Opacity 70%

[Brush] Charcoal – Pencil, C80M50, 1pt

C50M80, K50 → C0M0Y0K0,
(선) C50M80, 4pt,
[Effect] Drop Shadow

문제 3 광고 디자인

: 무료 동영상 : ▶

40점

다음의 《조건》에 따라 아래의 《출력형태》와 같이 작업하시오.

조건

파일저장규칙	AI	파일명	내문서₩GTQ₩수험번호−성명−3.ai
		크기	210 × 297mm

1. 작업 방법

① 나무 모양은 《참고도안》을 참고하여 직접 제작한 후 Symbol 기능을 활용한다. (심볼 등록 : 나무)

② 'WINTER TRIP / ENJOY THE WINTER' 문자에 Envelope Distort 기능을 적용한다.

③ Brush는 아래를 참고하여 작업한다.

　– Decorative > Decorative_Scatter > Snowflake

④ Effect는 아래를 참고하여 작업한다.

　– Illustrator Effects > Stylize > Outer Glow

　– Illustrator Effects > Stylize > Drop Shadow

⑤ Clipping Mask를 이용하여 디자인을 정리한다.

⑥ 그 외 《출력형태》 참조

참고도안

C50M90Y90K40,
C40M70Y50K10,
C80M30Y90,
C80M30Y90K50,
C0M0Y0K0,
C80M30Y90 →
C100M30Y100K80

2. 문자 효과

① WINTER TRIP (Arial, Bold, 45pt, C0M0Y0K0)

② SNOWY NIGHT (Arial, Bold, 38pt, C0M0Y0K0)

③ ENJOY THE WINTER (Times New Roman, Bold, 20pt, M100Y100)

출력형태

210 × 297mm
[Mesh] C30Y20, C70Y20K80

[Effect] Drop Shadow

[Blend] 단계 : 15,
(선) C30, 2pt
→ C60Y20K10, 3pt

Y50, [Effect] Outer Glow

K40, C0M0Y0K0

C50Y100 → C0M0Y0K0,
Opacity 50%

C30Y20K10,
C50Y20K50 → C30Y20K10 →
C0M0Y0K0

M70Y60K40, M100Y40K90,
M40Y80, M70Y60, Y70,
M70Y60K50

[Symbol]

[Brush] Snowflake, 1pt

작업과정	새 도큐먼트 만들기 및 임시 파일 저장하기 ➡ 헬멧 모양 만들기 ➡ 고글 모양 만들기 ➡ 점프대 모양 만들고 문자 입력하기 ➡ 저장 및 답안 전송하기
완성 이미지	Part05₩기출 유형 문제 10회₩수험번호-성명-1.ai

01 새 도큐먼트 만들기 및 임시 파일 저장하기

1 [File]-[New]를 선택하고 'Width : 100mm, Height : 80mm, Units : Millimeters, Color Mode : CMYK'를 설정하여 새 도큐먼트를 만들고 [View]-[Rulers]-[Show Rulers](**Ctrl** + **R**)를 선택하여 눈금자를 표시합니다.

2 작업 도큐먼트를 저장하기 위해 [File]-[Save As]를 선택하고 '저장 위치 : 내문서₩GTQ, Format : Adobe Illustrator(*AI), 파일 이름 : 수험번호-성명-문제번호.ai'를 입력하고 [저장]을 클릭한 후 [Illustrator Options] 대화상자에서 'Version : Illustrator CS6'로 설정하고 [OK]를 클릭합니다.

02 헬멧 모양 만들기

1 Rounded Rectangle Tool(◉)로 작업 도큐먼트를 클릭한 후 'Width : 30mm, Height : 40mm, Corner Radius : 15mm'를 입력하여 둥근 사각형을 그리고 '면 : C100M50, 테두리 : 없음'을 지정합니다.

2 Rectangle Tool(◻)로 드래그하여 사각형을 그리고 '면 : 임의 색상, 테두리 : 임의 색상'을 지정합니다. 둥근 사각형과 함께 선택한 후 Pathfinder 패널에서 Pathfinder 패널에서 'Minus Front(◧)'를 클릭합니다.

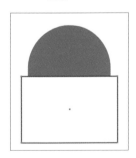 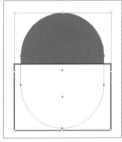  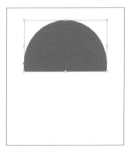

3 Rounded Rectangle Tool(◉)로 임의 색상의 둥근 사각형을 상단과 겹치도록 그리고 2개의 오브젝트를 선택합니다. Align 패널에서 'Horizontal Align Center(🏛)'를 클릭하여 가로 가운데 정렬을 지정합니다. Rounded Rectangle Tool(◉)로 임의 색상의 둥근 사각형을 오브젝트와 겹치도록 왼쪽에 그리고 배치합니다.

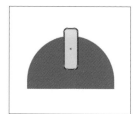  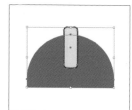 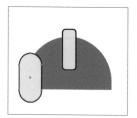

④ Arc Tool(◠)로 오른쪽 하단에서 왼쪽 상단으로 그림과 같이 드래그하여 2개의 호를 그리고 '면 : 없음, 테두리 : 임의 색상'을 지정합니다.

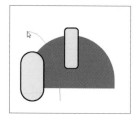 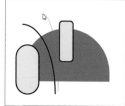 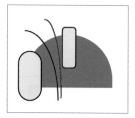

⑤ **Ctrl**+**U**를 눌러 Smart Guides를 활성화시키고 Selection Tool(▶)로 2개의 호와 왼쪽의 둥근 사각형을 선택합니다. Reflect Tool(◁)로 **Alt**를 누르고 가운데 둥근 사각형의 중심점을 클릭하여 'Axis : Vertical'을 지정하고 [Copy]를 눌러 복사합니다.

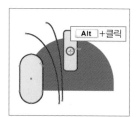 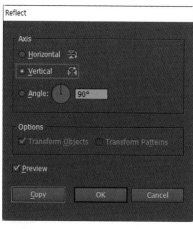 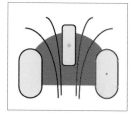

⑥ **Ctrl**+**A**를 눌러 모두 선택하고 Pathfinder 패널에서 'Divide(▣)'를 클릭하여 면을 분할합니다.

⑦ Selection Tool(▶)로 오브젝트를 더블 클릭하여 Isolation Mode로 전환한 후에 불필요한 오브젝트를 **Delete**를 눌러 삭제합니다. 오브젝트를 각각 선택하고 '면 : C100M50, C100M90, 테두리 : 없음'을 지정한 후 **Esc**를 눌러 정상 모드로 전환합니다.

⑧ Ellipse Tool(◯)로 중앙에 정원을 그리고 '면 : K20, 테두리 : 없음'을 지정합니다. Selection Tool(▶)로 **Alt** 를 누르고 오른쪽으로 복사한 후 **Ctrl** + **D** 를 눌러 반복 복사합니다.

03 고글 모양 만들기

① Ellipse Tool(◯)과 Rectangle Tool(▢)로 타원과 사각형을 그린 후 '면 : 없음, 테두리 : 임의 색상'을 지정하고 배치합니다. 원과 사각형을 선택하고 Pathfinder 패널에서 'Intersect(▣)'를 클릭합니다.

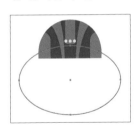 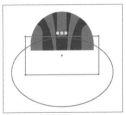 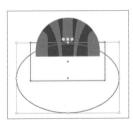 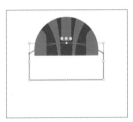

② Ellipse Tool(◯)로 그림과 같은 위치에 동일한 크기의 원을 2개 그리고 '면 : 없음, 테두리 : 임의 색상'을 지정합니다. 3개의 오브젝트를 선택하고 Pathfinder 패널에서 'Divide(▣)'를 클릭합니다.

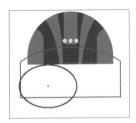 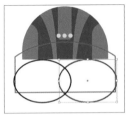  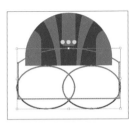

③ Selection Tool(▶)로 분할된 오브젝트를 더블 클릭하여 Isolation Mode로 전환한 후에 하단 양 끝의 삼각형과 좌우의 튀어나온 부분을 **Shift** 를 누르면서 선택하고 **Delete** 를 눌러 삭제합니다.

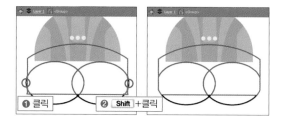

4 Rectangle Tool(▦)로 임의 색상의 사각형을 그리고 교차지점에 배치합니다. 나머지 오브젝트와 함께 선택하고 Pathfinder 패널에서 'Unite(▣)'를 클릭하여 합칩니다.

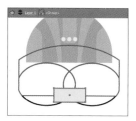 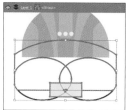  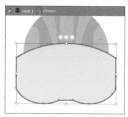

5 Ellipse Tool(⬤)로 임의 색상의 타원을 그리고 그림과 같이 배치한 후 고글 모양과 함께 선택하고 Pathfinder 패널에서 'Minus Front(▣)'를 클릭합니다.

 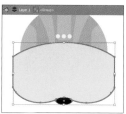  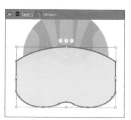

6 Direct Selection Tool(▷)로 고글 모양 하단과 상단의 고정점을 선택합니다. 그림과 같이 각각 이동하여 모양을 조절한 후, **Esc** 를 눌러 정상 모드로 전환합니다.

 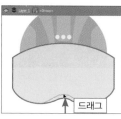  

7 Selection Tool(▶)로 고글 모양을 선택하고 [Object]-[Path]-[Offset Path]에서 'Offset : -3.5mm'를 지정하여 축소된 복사본을 만듭니다.

8 2개의 고글 모양을 선택하여 [Object]-[Blend]-[Make]를 적용하고 [Object]-[Blend]-[Blend Options]를 선택하여 'Specified Steps : 2'를 적용한 후 [Object]-[Blend]-[Expand]를 선택하여 확장합니다.

09 바깥쪽부터 순서대로 선택한 후 '면 : C100M100K50, K100, M80Y90, 테두리 : 없음'을 지정합니다.

10 고글 모양의 가장 안쪽 오브젝트를 선택하고 Gradient 패널에서 'Type : Radial'을 적용합니다. Gradient Slider의 왼쪽 'Color Stop'을 더블 클릭하여 Y80을, Gradient Slider의 가운데 빈 공간을 클릭하여 'Color Stop'을 추가한 후 더블 클릭하여 M80Y100을, 오른쪽 'Color Stop'을 더블 클릭하여 C30M100Y10K80을 지정하여 적용하고 '테두리 : 없음'을 지정합니다.

11 Gradient Tool(▨)로 고글 모양의 상단 중앙에서 하단으로 드래그합니다.

12 Pen Tool(✎)로 고글 모양과 겹치도록 산 모양을 그리고 '면 : C20Y50, 테두리 : 없음'을 지정하여 배치합니다. 안쪽 고글 모양과 함께 선택하고 Pathfinder 패널에서 'Divide(▨)'를 클릭한 후 Group Selection Tool(▶⁺)로 하단의 불필요한 오브젝트를 선택하여 **Delete** 를 눌러 삭제합니다.

13 Ellipse Tool(⬤)과 Rectangle Tool(▮)로 임의 색상의 크기가 다른 4개의 정원과 사각형을 그림과 같이 겹치도록 그립니다. 5개의 오브젝트를 선택하고 Pathfinder 패널에서 'Unite(▣)'를 클릭하여 구름 모양을 만듭니다.

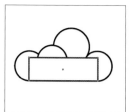  

⑭ Line Segment Tool()로 구름 모양을 통과하는 수직선을 그리고 구름 모양과 함께 선택합니다. Pathfinder 패널에서 'Divide( )'를 클릭한 후 각각 선택하고 '면 : K30, C0M0Y0K0, 테두리 : 없음'을 지정하고 고글 모양 위에 배치합니다.

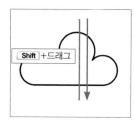  

⑮ Rounded Rectangle Tool( )로 고글 모양보다 너비가 큰 둥근 사각형을 그리고 '면 : C10Y90, 테두리 : K60'을 지정합니다. Stroke 패널에서 'Weight : 2pt'를 지정한 후 **Shift** + **Ctrl** + **[**을 눌러 맨 뒤로 보내기를 합니다.

04 점프대 모양 만들고 문자 입력하기

➊ Pen Tool( )로 도큐먼트 오른쪽에 그림과 같이 패스를 그리고 '면 : C40, 테두리 : 없음'을 지정한 후 **Shift** + **Ctrl** + **[**을 눌러 맨 뒤로 보내기를 합니다. Scale Tool( )을 더블 클릭하여 'Uniform : 120%'를 지정하고 [Copy]를 눌러 복사한 후 오른쪽에 배치합니다.

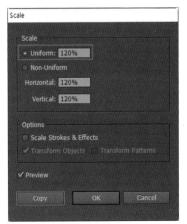

2 Rotate Tool(🔄)로 왼쪽 상단의 고정점을 클릭한 후 왼쪽 상단으로 드래그하고 '면 : C100, 테두리 : 없음'을 지정합니다. Direct Selection Tool(▶)로 상단의 4개의 고정점을 드래그하여 선택한 후 [Object]-[Path]-[Average]에서 'Axis : Horizontal'을 지정하여 수평의 평균 위치에 정렬합니다.

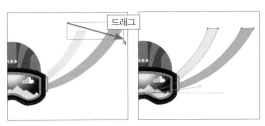

3 Pen Tool(✒)로 그림과 같이 오른쪽 오브젝트의 왼쪽 선분 위에 곡선 패스를 그립니다. Type on a Path Tool(🖊)로 곡선 패스의 왼쪽을 클릭하고 Character 패널에서 'Set the font family : Arial, Set the font style : Bold Italic, Set the font size : 15pt'를 설정한 후 '면 : K100, 테두리 : 없음'을 지정하여 SKI JUMP를 입력합니다.

4 Type on a Path Tool(🖊)로 'JUMP' 문자를 드래그하여 선택하고 Character 패널에서 'Set the font size : 20pt'를 설정합니다.

05 저장 및 답안 전송하기

1 [View]-[Guides]-[Hide Guides](**Ctrl** + **;**)를 선택하여 안내선을 숨기고 [View]-[Fit Artboard in Window](**Ctrl** + **0**)를 선택하여 현재 창에 맞추기를 한 후 [File]-[Save As]를 선택하고 '저장 위치 : 내문서₩GTQ, Format : Adobe Illustrator(*AI), 파일 이름 : 수험번호-성명-문제번호.ai'를 입력하고 [저장]을 클릭한 후 [Illustrator Options] 대화상자에서 'Version : Illustrator CS6'로 설정하고 [OK]를 클릭합니다.

2 답안 저장이 완료가 되면 [File]-[Close](**Ctrl** + **W**)를 선택하여 파일을 닫고 수험 프로그램에서 [답안 전송]을 클릭하여 감독관 컴퓨터로 전송합니다.

문제 02 패키지, 비즈니스 디자인

작업과정	새 도큐먼트 만들기 및 임시 파일 저장하기 ➡ 눈 결정체 및 사람 모양 만들기 ➡ 헬멧 모양 만들고 패턴 적용하기 ➡ 보드 모양 만들고 문자 입력하기 ➡ 클리핑 마스크 및 이펙트 적용하기 ➡ 저장 및 답안 전송하기
완성 이미지	Part05₩기출 유형 문제 10회₩수험번호-성명-2.ai

---

01 새 도큐먼트 만들기 및 임시 파일 저장하기

1 [File]-[New]를 선택하고 'Width : 160mm, Height : 120mm, Units : Millimeters, Color Mode : CMYK'를 설정하여 새 도큐먼트를 만들고 [View]-[Rulers]-[Show Rulers](**Ctrl** + **R**)를 선택하여 눈금자를 표시합니다.

2 작업 도큐먼트를 저장하기 위해 [File]-[Save As]를 선택하고 '저장 위치 : 내문서₩GTQ, Format : Adobe Illustrator(*AI), 파일 이름 : 수험번호-성명-문제번호.ai'를 입력하고 [저장]을 클릭한 후 [Illustrator Options] 대화상자에서 'Version : Illustrator CS6'로 설정하고 [OK]를 클릭합니다.

---

02 눈 결정체 및 사람 모양 만들기

1 Rectangle Tool(■)로 작업 도큐먼트를 클릭한 후 'Width : 30mm, Height : 30mm'를 입력하여 그리고 '면 : K20, 테두리 : 없음'을 지정합니다.

2 Ellipse Tool(●)로 사각형 중앙에 **Alt** 를 누르고 클릭하여 'Width : 6mm, Height : 6mm'를 입력합니다. Line Segment Tool(╱)로 수직선을 그리고 '면 : 없음, 테두리 : C0M0Y0K0'을 지정한 후 Stroke 패널에서 'Weight : 5pt'를 지정합니다.

3 Line Segment Tool(□)로 수직선 왼쪽에 사선을 그리고 **Ctrl** + **U** 를 눌러 Smart Guides 를 활성화합니다. Reflect Tool(□)로 **Alt** 를 누르고 정원의 중심점을 클릭하여 'Axis : Vertical'을 지정한 후 [Copy]를 눌러 복사합니다.

4 원과 3개의 선을 선택하고 [Object]-[Path]-[Outline Stroke]을 선택하여 선을 면으로 확장한 후 Ellipse Tool(◯)로 상단에 정원을 그리고 '면 : C0M0Y0K0, 테두리 : 없음'을 지정합니다. 상단 4개의 오브젝트를 선택하고 Rotate Tool(◯)로 **Alt** 를 누르면서 원의 중심점을 클릭하여 'Angle : 60˚'를 지정하고 [Copy]를 눌러 복사한 후 **Ctrl** + **D** 를 눌러 반복 복사합니다.

5 사각형을 제외한 모든 오브젝트를 선택하고 Pathfinder 패널에서 'Unite(□)'를 클릭하여 합칩니다.

6 사각형을 선택하여 '면 : 없음, 테두리 : 없음'을 지정하고 **Ctrl** + **A** 를 눌러 모두 선택한 후 [Object]-[Pattern]-[Make]로 'Name : 눈'을 지정하고 패턴으로 등록하여 Swathes 패널에 저장합니다. 도큐먼트 상단의 'Done'을 클릭하여 정상 모드로 전환합니다.

7 Selection Tool()로 사각형을 선택하고 '면 : K20, 테두리 : 없음'을 지정합니다.

8 Pen Tool()로 보드 타는 사람 모양의 외곽선을 먼저 그린 후 안쪽 3개의 패스를 그려줍니다. 4개의 패스를 선택하고 Pathfinder 패널에서 'Minus Front()'를 클릭한 후 '면 : C80M80K90, 테두리 : 없음'을 지정합니다.

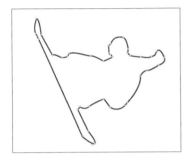
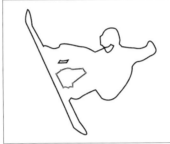

03 헬멧 모양 만들고 패턴 적용하기

1 Rounded Rectangle Tool()로 작업 도큐먼트를 클릭한 후 'Width : 50mm, Height : 60mm, Corner Radius : 22mm'를 입력하여 그리고 '면 : 없음, 테두리 : 임의 색상'을 지정합니다.

2 Rotate Tool()을 더블 클릭하여 'Angle : −25°'를 지정하여 회전하고 Rounded Rectangle Tool()로 둥근 사각형을 왼쪽에 겹치도록 그리고 회전하여 배치합니다. 2개의 둥근 사각형을 선택하고 Pathfinder 패널에서 'Minus Front()'를 클릭합니다.

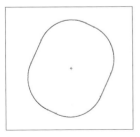
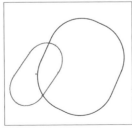

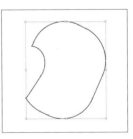

3 Line Segment Tool()로 오브젝트 하단에 사선과 Rounded Rectangle Tool()로 둥근 사각형을 그리고 회전하여 배치합니다. 헬멧 모양 모두를 선택하고 Pathfinder 패널에서 'Divide()'를 클릭하여 분리합니다.

 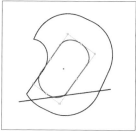  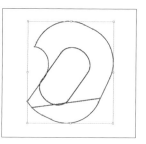

4 Selection Tool(▶)로 더블 클릭하여 Isolation Mode로 전환한 후 불필요한 오브젝트는 삭제합니다. 나머지를 모두 선택하고 Pathfinder 패널에서 'Unite(▣)'를 클릭하여 합칩니다.

  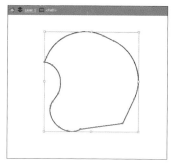

5 Esc 를 눌러 정상 모드로 전환한 후 Convert Anchor Point Tool(▶)로 그림과 같이 드래그하여 뾰족한 부분을 곡선으로 조절하고 '면 : C90K50, 테두리 : 없음'을 지정합니다.

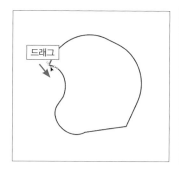 

6 [Object]-[Path]-[Offset Path]를 선택한 후 'Offset : 2mm'를 지정하여 확대된 복사본을 만듭니다. 안쪽 헬멧 모양을 선택하여 Gradient 패널에서 'Type : Radial'을 적용하고 Gradient Slider의 왼쪽 'Color Stop'을 더블 클릭하여 C90M30Y20을, 오른쪽 'Color Stop'을 더블 클릭하여 C20을 지정하여 적용합니다.

7 Gradient Tool(▣)로 그라디언트의 중심을 위로 이동하여 드래그합니다. 안쪽 헬멧 모양을 선택하고 Ctrl + C 를 눌러 복사한 후 Ctrl + F 를 눌러 앞에 붙여 넣기를 하고 Swatches 패널에서 '눈' 패턴을 클릭하여 적용합니다.

  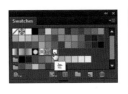 

⑧ Scale Tool(⬚)을 더블 클릭하고 'Uniform : 30%, Transform Objects : 체크 해제, Transform Patterns : 체크'를 지정하여 패턴의 크기를 축소합니다. Transparency 패널에서 'Opacity : 70%'를 지정하여 불투명도를 조절합니다.

⑨ Rounded Rectangle Tool(◻)로 헬멧 모양 왼쪽 하단에 2개의 둥근 사각형을 겹치도록 그린 후 함께 선택하고 Pathfinder 패널에서 "Minus Front(◻)"를 클릭합니다. 헬멧 고리 모양의 오브젝트에 '면 : 없음, 테두리 : K90'을 지정하고 Stroke 패널에서 'Weight : 5pt'를 지정합니다.

⑩ Rotate Tool(◯)을 더블 클릭하여 'Angle : −45°, Transform Objects : 체크, Transform Patterns : 체크 해제'를 지정하여 회전한 후 [Object]-[Path]-[Outline Stroke]을 선택하여 선을 면으로 확장합니다.

⑪ Pen Tool(✎)로 헬멧의 끈 모양을 그리고 '면 : C0M0Y0K0, 테두리 : K90'을 지정한 후 Stroke 패널에서 'Weight : 3pt'를 지정합니다. [Object]-[Path]-[Offset Path]를 선택하고 'Offset : −1mm'를 지정하여 축소된 복사본을 만든 후 Stroke 패널에서 'Weight : 1pt, Dashed Line : 체크, dash : 2pt'를 지정합니다.

⑫ 헬멧의 고리와 끈 모양을 함께 선택하고 **Shift** + **Ctrl** + **[** 을 눌러 맨 뒤로 보내기를 합니다.

13 도큐먼트 상단의 사람 모양을 선택하고 Scale Tool()을 더블 클릭하여 'Uniform : 40%, Transform Objects : 체크, Transform Patterns : 체크 해제'를 지정한 후 [Copy]를 눌러 복사합니다. Reflect Tool()을 더블 클릭하고 'Angle : -100°'을 지정하여 헬멧 모양 상단에 배치합니다. **Shift** + **Ctrl** + **]** 을 눌러 맨 앞으로 가져옵니다.

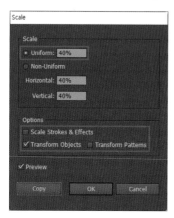

14 Type Tool(**T**)로 헬멧 하단에 클릭한 후 Character 패널에서 'Set the font family : Arial, Set the font style : Bold, Set the font size : 9pt'를 설정하고 '면 : K100, 테두리 : 없음'을 지정한 후 EXTREME SPORTS를 입력합니다.

15 Brushes 패널 하단에 'Brush Libraries Menu'를 클릭하고 [Artistic]-[Artistic_ChalkCharcoalPencil]를 선택하여 추가 브러쉬 패널을 불러온 후 'Charcoal - Pencil'을 선택합니다.

16 Line Segment Tool()로 문자 하단에 왼쪽에서 오른쪽으로 드래그하여 선을 그리고 '면 : 없음, 테두리 : C80M50'을 지정한 후 Stroke 패널에서 'Weight : 1pt'를 지정합니다. 'EXTREME SPORTS' 문자와 브러쉬가 적용된 선을 함께 선택하고 Rotate Tool()을 더블 클릭하여 'Angle : 8°'를 지정한 후 헬멧 모양 하단에 배치합니다.

04 보드 모양 만들고 문자 입력하기

1 Rounded Rectangle Tool(⬜)로 작업 도큐먼트를 클릭한 후 'Width : 122mm, Height : 24mm, Corner Radius : 9mm'를 입력하여 임의 색상의 둥근 사각형을 그립니다.

2 [Object]-[Path]-[Add Anchor Points]를 선택하고 고정점을 균일하게 추가합니다. Direct Selection Tool(▶)로 가운데 2개의 고정점을 선택하고 Scale Tool(🔲)을 더블 클릭한 후 'Uniform : 80%'를 지정합니다.

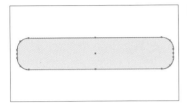 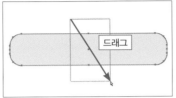 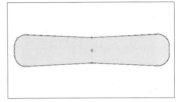

3 도큐먼트 상단의 눈 결정체 모양을 선택하고 Rotate Tool(🔄)을 더블 클릭하여 'Angle : 30°'를 지정하고 [Copy]를 눌러 복사한 후 **Shift**+**Ctrl**+**]**을 눌러 맨 앞으로 가져오고 보드 왼쪽에 배치합니다. Scale Tool(🔲)을 더블 클릭하여 'Uniform : 130%'를 지정하고 [Copy]를 눌러 오른쪽에 배치합니다.

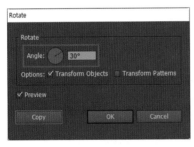 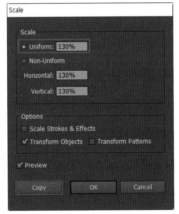 

4 도큐먼트 상단의 사람 모양을 선택한 후 **Ctrl**+**C**를 누르고 **Ctrl**+**V**로 붙여 넣고 Scale Tool(🔲)을 더블 클릭하여 'Uniform : 70%'를 지정합니다. Rotate Tool(🔄)을 더블 클릭하고 'Angle : 45°'를 지정하여 보드의 오른쪽에 배치하고 '면 : C50M80, 테두리 : 없음'을 지정합니다.

5 Type Tool(T)로 보드의 왼쪽 하단을 클릭한 후 Character 패널에서 'Set the font family : Arial, Set the font style : Bold Italic, Set the font size : 27pt'를 설정하고 '면 : K100, 테두리 : 없음'을 지정한 후 SNOWBOARDING을 입력하여 배치합니다.

6 Selection Tool()로 헬멧 하단의 'EXTREME SPORTS' 문자를 선택하고 **Ctrl** + **C** 를 눌러 복사한 후 Type Tool(**T**)로 보드 모양 상단에 클릭하여 **Ctrl** + **V** 를 눌러 붙여 넣기를 합니다. Character 패널에서 'Set the font size : 11pt'를 설정하고 '면 : C100M100Y20K20, 테두리 : 없음'을 지정합니다.

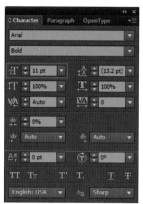

05 클리핑 마스크 및 이펙트 적용하기

1 보드 모양을 선택하고 **Shift** + **Ctrl** + **]** 를 눌러 맨 앞으로 가져오기를 한 후 마스크를 적용할 오브젝트를 모두 선택하고 [Object]-[Clipping Mask]-[Make]로 마스크를 적용합니다. Selection Tool()로 보드를 더블 클릭하여 Isolation Mode로 전환한 후에 투명해진 보드 모양을 선택합니다.

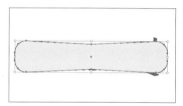

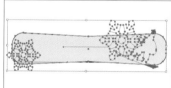

2 Gradient 패널에서 'Type : Linear'를 적용하고 Gradient Slider의 왼쪽 'Color Stop'을 더블 클릭하여 K50을, Gradient Slider의 가운데 빈 공간을 클릭하여 'Color Stop'을 추가한 후 더블 클릭하여 C0M0Y0K0을, 오른쪽 빈 공간을 클릭하여 'Color Stop'을 추가한 후 더블 클릭하여 K50을, 오른쪽 'Color Stop'을 더블 클릭하여 C0M0Y0K0을 지정하여 적용한 후 '테두리 : C50M80'을 지정하고 Stroke 패널에서 'Weight : 4pt'를 지정합니다.

3 **Esc** 를 눌러 정상 모드로 전환한 후 보드 모양을 선택하고 [Effect]-[Illustrator Effects]-[Stylize]-[Drop Shadow]를 선택한 후 'Opacity : 75%, X Offset : 1mm, Y Offset : 1mm, Blur : 1mm'를 지정하여 그림자 효과를 적용합니다.

06 저장 및 답안 전송하기

1 [View]-[Guides]-[Hide Guides](**Ctrl** + **;**)를 선택하여 안내선을 숨기고 [View]-[Fit Artboard in Window](**Ctrl** + **0**)를 선택하여 현재 창에 맞추기를 한 후 [File]-[Save As]를 선택하고 '저장 위치 : 내문서₩GTQ, Format : Adobe Illustrator(*AI), 파일 이름 : 수험번호-성명-문제번호.ai'를 입력하고 [저장]을 클릭한 후 [Illustrator Options] 대화상자에서 'Version : Illustrator CS6'로 설정하고 [OK]를 클릭합니다.

2 답안 저장이 완료가 되면 [File]-[Close](**Ctrl** + **W**)를 선택하여 파일을 닫고 수험 프로그램에서 [답안 전송]을 클릭하여 감독관 컴퓨터로 전송합니다.

문제 03	광고 디자인
작업과정	새 도큐먼트 만들기 및 임시 파일 저장하기 ➡ 나무 모양 만들고 심볼 등록하기 ➡ 산과 구름 만들기 ➡ 집 모양 만들기 ➡ 심볼 및 브러쉬 적용하기 ➡ 문자 입력 및 왜곡하고 이펙트 적용하기 ➡ 저장 및 답안 전송하기
완성 이미지	Part05₩기출 유형 문제 10회₩수험번호-성명-3.ai

01 새 도큐먼트 만들기 및 임시 파일 저장하기

1 [File]-[New]를 선택하고 'Width : 210mm, Height : 297mm, Units : Millimeters, Color Mode : CMYK'를 설정하여 새 도큐먼트를 만들고 [View]-[Rulers]-[Show Rulers](**Ctrl** + **R**)를 선택하여 눈금자를 표시합니다.

2 작품의 규격 왼쪽 상단에 원점(0,0)을 확인하고 왼쪽과 상단 눈금자 위에서 마우스를 드래그하여 제시된 출력형태와 레이아웃 구성을 동일하게 작업하기 위해서 안내선을 표시합니다.

③ 작업 도큐먼트를 저장하기 위해 [File]-[Save As]를 선택하고 '저장 위치 : 내문서₩GTQ, Format : Adobe Illustrator(*AI), 파일 이름 : 수험번호-성명-문제번호.ai'를 입력하고 [저장]을 클릭한 후 [Illustrator Options] 대화상자에서 'Version : Illustrator CS6'로 설정하고 [OK]를 클릭합니다.

02 나무 모양 만들고 심볼 등록하기

① Rectangle Tool(■)로 드래그하여 직사각형을 그리고 '면 : C50M90Y90K40, 테두리 : 없음'을 지정합니다. Ellipse Tool(●)로 사각형 상단에 타원을 그린 후 '면 : 없음, 테두리 : C50M90Y90K40'을 지정하고 Stroke 패널에서 'Weight : 5pt'를 지정하여 배치합니다.

② Direct Selection Tool(▶)로 타원 상단의 고정점을 선택하고 **Delete**를 눌러 삭제합니다. [Object]-[Path]-[Outline Stroke]를 선택하여 선을 면으로 확장한 후 사각형과 함께 선택하고 Pathfinder 패널에서 'Unite(■)'를 클릭하여 합칩니다.

③ Rectangle Tool(■)로 그림과 같이 직사각형을 겹쳐 그리고 Direct Selection Tool(▶)로 사각형 상단의 2개의 고정점을 선택하고 [Object]-[Path]-[Average]에서 'Axis : Both'를 지정하여 한 점에 정렬합니다.

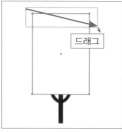

4 Gradient 패널에서 'Type : Linear, Angle : −90°'를 적용하고 Gradient Slider의 왼쪽 'Color Stop'을 더블 클릭하여 C80M30Y90을, 오른쪽 'Color Stop'을 더블 클릭하여 C100M30Y100K80을 적용합니다. Ellipse Tool(◯)로 크기가 다른 타원을 여러 개 그린 후 '면 : C0M0Y0K0, 테두리 : 없음'을 지정하고 배치합니다.

5 Rectangle Tool(▢)로 2개의 직사각형을 나무 모양 오른쪽에 그리고 '면 : C40M70Y50K10, 테두리 : 없음'을 지정한 후 왼쪽 직사각형은 Selection Tool(▸)로 회전시킵니다.

6 Pen Tool(✒)로 그림과 같이 왼쪽에 패스를 그리고 Reflect Tool(◁)로 **Alt** 를 누르면서 패스의 상단 고정점을 클릭하여 'Axis : Vertical'을 지정한 후 [Copy]를 눌러 복사하고 '면 : C80M30Y90, C80M30Y90K50, 테두리 : 없음'을 각각 적용합니다.

7 작은 나무를 왼쪽 나무와 조금 겹치도록 이동하고 **Shift** + **Ctrl** + **[** 을 눌러 맨 뒤로 보내기를 합니다. Ellipse Tool(◯)로 크기가 다른 2개의 타원을 그리고 '면 : C0M0Y0K0, 테두리 : 없음'을 지정합니다.

⑧ **Ctrl** + **A** 를 눌러 모두 선택하고 Symbols 패널 하단에 'New Symbol'을 클릭합니다. 'Name : 나무, Type : Graphic'을 지정하여 심볼로 등록한 후 나무 모양은 **Delete** 를 눌러 삭제합니다.

⑨ Rectangle Tool(□)로 작업 도큐먼트 왼쪽 상단의 원점(0,0)을 클릭한 후 'Width : 210mm, Height : 297mm'를 입력하여 그리고 '면 : C30Y20, 테두리 : 없음'을 지정합니다. Mesh Tool(▦)로 사각형의 오른쪽 상단을 클릭하여 C70Y20K80 색상을 적용하고 Handle을 드래그하여 곡선으로 변형합니다.

03 산과 구름 만들기

❶ Pen Tool(✐)로 그림과 같이 산 모양을 그려줍니다. Gradient 패널에서 'Type : Linear, Angle : 90°'를 적용하고 Gradient Slider의 왼쪽 'Color Stop'을 더블 클릭하여 C50Y20K50 을, Gradient Slider의 가운데 빈 공간을 클릭하여 'Color Stop'을 추가한 후 더블 클릭하여 C30Y20K10을, 오른쪽 'Color Stop'을 더블 클릭하여 C0M0Y0K0을 적용하고 '테두리 : 없음' 을 지정합니다.

2 Pen Tool()로 산 모양 위에 3개의 음영 부분을 그리고 '면 : C30Y20K10, 테두리 : 없음'을 지정합니다.

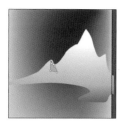 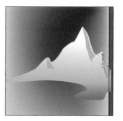

3 Rectangle Tool(■)과 Ellipse Tool(●)로 그림과 같이 구름 모양이 되도록 겹쳐서 그리고 Pen Tool()로 오른쪽 모양을 그립니다.

 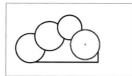 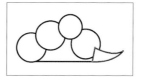

4 구름 모양을 모두 선택하고 Pathfinder 패널에서 'Unite(■)'를 클릭하여 합친 후 복사하여 2 개를 배치하고 '면 : K40, C0M0Y0K0, 테두리 : 없음'을 각각 지정합니다.

5 Ellipse Tool(●)로 정원을 그리고 복사하여 서로 겹치도록 배치하고 2개의 원을 선택하여 Pathfinder 패널에서 'Minus Front(■)'를 클릭한 후 '면 : Y50, 테두리 : 없음'을 지정하고 구름 모양 사이에 배치합니다.

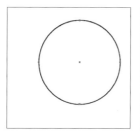 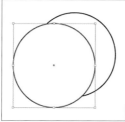  

6 [Effect]-[Illustrator Effects]-[Stylize]-[Outer Glow]를 선택하고 'Opacity : 97%, Blur : 6.35mm'를 지정한 후 'Screen' 옆에 색상을 클릭하여 Color Picker 패널에서 Y50%를 지정하여 외부 광선 효과를 적용합니다.

7 Pen Tool()로 작업 도큐먼트를 완전히 벗어나는 2개의 곡선을 그립니다. 왼쪽 곡선은 '면 : 없음, 테두리 : C30'을 지정한 후 Stroke 패널에서 'Weight : 2pt'를 적용하고 오른쪽 곡선은 '면 : 없음, 테두리 : C60Y20K10'을 지정한 후 Stroke 패널에서 'Weight : 3pt'를 적용합니다.

 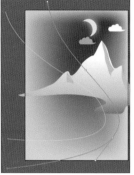

8 2개의 곡선을 선택한 후 [Object]-[Blend]-[Makc]를 적용하고 [Object]-[Blend]-[Blend Options]로 'Specified Steps : 15'를 적용합니다.

04 집 모양 만들기

1 Polygon Tool(⬡)로 육각형을 그리고 '면 : 없음, 테두리 : 임의 색상'을 지정한 후 Stroke 패 널에서 'Weight : 20pt, Cap : Round Cap, Corner : Bevel Join'을 적용합니다. Direct Selection Tool(▶)로 육각형 하단의 2개의 고정점을 선택하고 **Delete** 를 눌러 삭제합니다.

2 Direct Selection Tool(▶)로 상단의 2개의 고정점을 선택하고 Scale Tool(⬚)을 더블 클릭 하여 'Uniform : 45%'를 지정한 후 위로 드래그합니다.

 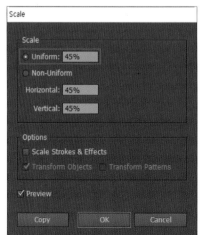 

3 Rectangle Tool()로 임의 색상의 사각형을 그리고 Line Segment Tool(■)로 사각형의 왼쪽과 오른쪽에 수직선을 그립니다. 2개의 수직선을 선택하고 [Object]-[Blend]-[Make]를 적용하고 [Object]-[Blend]-[Blend Options]로 'Specified Steps : 8'을 적용한 후 [Object]-[Blend]-[Expand]를 선택하여 확장합니다.

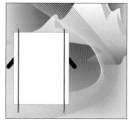
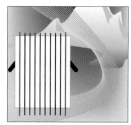
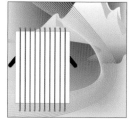

4 지붕 모양의 패스를 선택하고 **Ctrl**+**C**를 눌러 복사한 후 **Ctrl**+**F**를 눌러 앞에 붙여 넣기를 합니다. 사각형과 수직선을 함께 선택한 후 Pathfinder 패널에서 'Divide(■)'를 클릭합니다.

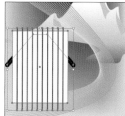

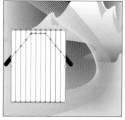

5 Selection Tool(■)로 집 모양을 더블 클릭하여 Isolation Mode로 전환한 후에 상단의 불필요한 오브젝트는 선택하여 삭제합니다. 집 모양을 선택하고 '면 : M70Y60K40, 테두리 : M100Y40K90'을 지정하고 Stroke 패널에서 'Weight : 5pt'를 지정합니다. **Esc**를 눌러 정상 모드로 전환한 후 **Ctrl**+**[**를 눌러 뒤로 보내기를 합니다.

6 집 모양을 모두 선택하고 Scale Tool(■)로 **Alt**를 누르면서 집 모양 하단을 클릭한 후 'Uniform : 50%, Scale Strokes & Effects : 체크'를 지정하고 [Copy]를 눌러 복사합니다.

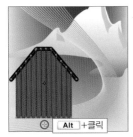 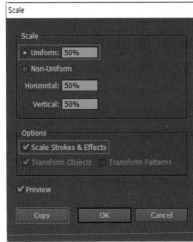 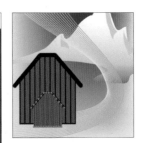

7 Selection Tool(⬚)로 축소된 집 모양의 하단을 선택하고 Pathfinder 패널에서 'Unite(⬚)'를 클릭하여 합친 후 Stroke 패널에서 'Weight : 5pt'를 지정합니다.

8 Rectangle Tool(⬛)로 축소된 집 모양의 하단에 클릭하여 'Width : 32mm, Height : 32mm'를 입력하여 그린 후 '면 : M40Y80, 테두리 : 없음'을 지정합니다.

9 Rectangular Grid Tool(▦)로 사각형의 왼쪽 상단 고정점에 클릭하여 'Width : 32mm, Height : 32mm, Horizontal Dividers : 2, Vertical Dividers : 3, Use Outside Rectangle As Frame : 체크'를 지정하고 그립니다. '면 : 없음, 테두리 : M100Y40K90'을 지정하고 Stroke 패널에서 'Weight : 5pt'를 적용합니다.

10 Group Selection Tool(▶)로 4개의 선을 **Shift**를 누르면서 선택한 후 Stroke 패널에서 'Weight : 3pt'를 지정합니다. Selection Tool(⬚)로 문 모양을 모두 선택하고 위로 이동하여 그림과 같이 배치합니다.

11 Selection Tool(🔺)로 집 모양 모두를 선택하고 [Object]-[Path]-[Outline Stroke]을 선택하여 선을 면으로 확장합니다.

12 Rounded Rectangle Tool(⬜)로 지붕 사이 중앙에 둥근 사각형을 그리고 '면 : M70Y60, 테두리 : 없음'을 지정합니다. Rectangle Tool(⬜)로 임의 색상의 사각형을 둥근 사각형과 하단 이 겹치도록 그리고 함께 선택하여 Pathfinder 패널에서 'Minus Front(🔲)'를 클릭합니다.

13 [Object]-[Path]-[Offset Path]를 선택하고 'Offset : −2mm'를 지정하여 축소된 복사본을 만든 후 '면 : Y70, 테두리 : 없음'을 지정합니다. Rectangle Tool(⬜)로 창 모양 위에 임의 색상의 사각형을 3개 그리고 배치한 후 축소된 둥근 창 모양과 함께 선택하고 Pathfinder 패널에서 'Minus Front(🔲)'를 클릭합니다.

🔟 Rectangle Tool(▢)과 Rounded Rectangle Tool(▢)로 큰 지붕 모양 왼쪽에 굴뚝 모양을 그리고 '면 : M70Y60K50, M100Y40K90, 테두리 : 없음'을 각각 지정한 후 **Ctrl** + **[** 를 여러 번 눌러 뒤로 보내기를 하고 배치합니다.

05 심볼 및 브러쉬 적용하기

1️⃣ Symbols 패널에서 '나무 심볼'을 선택하고 Symbol Sprayer Tool(📷)로 작업 도큐먼트를 드래그하여 뿌려줍니다.

2️⃣ Symbol Sizer Tool(📷)로 **Alt** 를 누르면서 클릭하여 일부 심볼의 크기를 축소하고 Symbol Shifter Tool(📷)로 심볼의 위치를 이동시킨 후 Symbol Spinner Tool(📷)로 일부를 회전하여 배치합니다. Symbol Stainer Tool(📷)로 Swatches 패널에서 제시된 출력형태와 유사한 색상을 선택하고 일부에 클릭하여 색조의 변화를 적용한 후 Symbol Screener Tool(📷)로 일부를 클릭하여 투명하게 합니다.

3️⃣ Brushes 패널 하단에 'Brush Libraries Menu'를 클릭하고 [Decorative]-[Decorative_Scatter]를 선택하여 추가 브러쉬 패널을 불러온 후 'Snowflake'를 선택합니다.

4️⃣ Pen Tool(✏)로 왼쪽 도큐먼트 밖으로 나가는 곡선 패스를 그리고 '면 : 없음, 테두리 : 임의 색상'을 지정한 후 Stroke 패널에서 'Weight : 1pt'를 지정합니다.

06 문자 입력 및 왜곡하고 이펙트 적용하기

1 Type Tool(T)로 도큐먼트 상단을 클릭한 후 Character 패널에서 'Set the font family : Arial, Set the font style : Bold, Set the font size : 45pt'를 설정하고 '면 : C0M0Y0K0, 테두리 : 없음'을 지정한 후 WINTER TRIP을 입력합니다.

2 'WINTER TRIP' 문자를 선택하고 [Object]-[Envelope Distort]-[Make with Warp]를 선택한 후 'Style : Arc Upper, Bend : 40%'를 지정하여 문자를 왜곡시킵니다.

3 Type Tool(T)로 'WINTER TRIP' 문자 하단에 클릭한 후 Character 패널에서 'Set the font family : Arial, Set the font style : Bold, Set the font size : 38pt'를 설정하고 '면 : C0M0Y0K0, 테두리 : 없음'을 지정한 후 SNOWY NIGHT를 입력합니다.

4 'WINTER TRIP'과 'SNOWY NIGHT' 문자를 선택하고 [Effect]-[Illustrator Effects]-[Stylize]-[Drop Shadow]를 선택한 후 'Opacity : 75%, X Offset : 2mm, Y Offset : 2mm, Blur : 1.5mm'를 지정하여 그림자 효과를 적용합니다.

5 Ellipse Tool(○)로 산 모양 중간에 타원을 그리고 Gradient 패널에서 'Type : Linear'를 적용합니다. Gradient Slider의 왼쪽 'Color Stop'을 더블 클릭하여 C50Y100을, 오른쪽 'Color Stop'을 더블 클릭하여 C0M0Y0K0을 적용한 후 '테두리 : 없음'을 지정하고 Transparency 패널에서 'Opacity : 50%'를 지정하여 불투명도를 조절합니다.

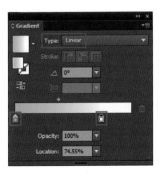  

6 Type Tool(T)로 타원 위에 클릭한 후 Character 패널에서 'Set the font family : Times New Roman, Set the font style : Bold, Set the font size : 20pt'를 설정하고 '면 : M100Y100, 테두리 : 없음'을 지정한 후 ENJOY THE WINTER를 입력하고 Paragraph 패널에서 'Align center'를 선택하여 문장을 가운데 배치합니다.

7 'ENJOY THE WINTER' 문자를 선택하고 [Object]−[Envelope Distort]−[Make with Warp]를 선택한 후 'Style : Flag, Bend : 20%'를 지정하여 문자를 왜곡시킵니다.

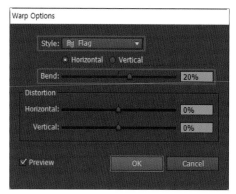

8 Rectangle Tool(■)로 작업 도큐먼트 왼쪽 상단의 원점(0,0)을 클릭한 후 'Width : 210mm, Height : 297mm'를 입력하여 그리고 '면 : 임의 색상, 테두리 : 없음'을 지정합니다. Ctrl + A로 전체 오브젝트를 선택하고 [Object]−[Clipping Mask]−[Make]로 마스크를 적용합니다.

07 저장 및 답안 전송하기

1 [View]−[Guides]−[Hide Guides](Ctrl + ;)를 선택하여 안내선을 숨기고 [View]−[Fit Artboard in Window](Ctrl + 0)를 선택하여 현재 창에 맞추기를 한 후 [File]−[Save As]를 선택하고 '저장 위치 : 내문서\WGTQ, Format : Adobe Illustrator(*AI), 파일 이름 : 수험번호−성명−문제번호.ai'를 입력하고 [저장]을 클릭한 후 [Illustrator Options] 대화상자에서 'Version : Illustrator CS6'로 설정하고 [OK]를 클릭합니다.

2 답안 저장이 완료가 되면 [File]-[Exit](**Ctrl** + **Q**)를 선택하여 일러스트레이터 프로그램을 종료하고 수험 프로그램에서 [답안 전송]을 클릭하여 감독관 컴퓨터로 전송합니다.

당신의 합격을 위한

"

자기가 하는 일에
신념을 갖지 않으면 안 된다.
그리고 누구나 자기가 하는 일이
좋다고 굳게 믿으면
힘이 생기는 법이다.

"

- 괴테 -